Gesammelte Grimm-Märchen von Bernadette

Lektorat Katja Alves

Gesetzt in der Adobe Garamond. Druck: Proost N.V., Turnhout
ISBN-13: 978-3-314-01511-3; ISBN-10: 3-314-01511-9

2. Auflage 2006

Besuchen Sie uns im Internet: www.nord-sued.com

Die schönsten Märchen der Brüder Grimm

Mit Bildern von Bernadette

NordSüd

Inhalt

Aschenputtel

Einem reichen Manne, dem wurde seine Frau krank, und als sie fühlte, dass ihr Ende herankam, rief sie ihr einziges Töchterlein zu sich ans Bett und sprach: »Liebes Kind, bleib fromm und gut, so wird dir der liebe Gott immer beistehen, und ich will vom Himmel auf dich herabblicken und will um dich sein.« Darauf tat sie die Augen zu und verschied. Das Mädchen ging jeden Tag hinaus zu dem Grabe der Mutter und weinte und blieb fromm und gut. Als der Winter kam, deckte der Schnee ein weißes Tüchlein auf das Grab, und als die Sonne im Frühjahr es wieder herabgezogen hatte, nahm sich der Mann eine andere Frau.

Die Frau hatte zwei Töchter mit ins Haus gebracht, die schön und weiß von Angesicht waren, aber garstig und schwarz von Herzen. Da ging eine schlimme Zeit für das arme Stiefkind an. »Soll die dumme Gans bei uns in der Stube sitzen!«, sprachen sie. »Wer Brot essen will, muss es verdienen: Hinaus mit der Küchenmagd!« Sie nahmen ihm seine schönen Kleider weg, zogen ihm einen grauen alten Kittel an und gaben ihm hölzerne Schuhe. »Seht einmal die stolze Prinzessin, wie sie geputzt ist!«, riefen sie, lachten und führten es in die Küche. Da musste es von Morgen bis Abend schwere Arbeit tun, früh vor Tag aufstehn, Wasser tragen, Feuer anmachen, kochen und waschen. Obendrein taten ihm die Schwestern alles ersinnliche Herzeleid an, verspotteten es und schütteten ihm die Erbsen und Linsen in die Asche, so dass es sitzen und sie wieder auslesen musste. Abends, wenn es sich müde gearbeitet hatte, kam es in kein Bett, sondern musste sich neben den Herd in die Asche legen. Und weil es darum immer staubig und schmutzig aussah, nannten sie es *Aschenputtel.*

Es trug sich zu, dass der Vater einmal in die Messe ziehen wollte, da fragte er die beiden Stieftöchter, was er ihnen mitbringen sollte.

»Schöne Kleider«, sagte die eine, »Perlen und Edelsteine« die zweite. »Aber du, Aschenputtel«, sprach er, »was willst du haben?«

TYR ODYN
MOEL HEBOG

»Vater, das erste Reis, das Euch auf Eurem Heimweg an den Hut stößt, das brecht für mich ab.« Er kaufte nun für die beiden Stiefschwestern schöne Kleider, Perlen und Edelsteine, und auf dem Rückweg, als er durch einen grünen Busch ritt, streifte ihn ein Haselreis und stieß ihm den Hut ab. Da brach er das Reis ab und nahm es mit. Als er nach Haus kam, gab er den Stieftöchtern, was sie sich gewünscht hatten, und dem Aschenputtel gab er das Reis von dem Haselbusch. Aschenputtel dankte ihm, ging zu seiner Mutter Grab und pflanzte das Reis darauf und weinte so sehr, dass die Tränen darauf niederfielen und es begossen. Es wuchs aber und ward ein schöner Baum.

Aschenputtel ging alle Tage dreimal darunter, weinte und betete, und allemal kam ein weißes Vöglein auf den Baum, und wenn es einen Wunsch aussprach, so warf ihm das Vöglein herab, was es sich gewünscht hatte. Es begab sich aber, dass der König ein Fest anstellte, das drei Tage dauern sollte und wozu alle schönen Jungfrauen im Lande eingeladen wurden, damit sich sein Sohn eine Braut aussuchen möchte.

Die zwei Stiefschwestern, als sie hörten, dass sie auch dabei erscheinen sollten, waren guter Dinge, riefen Aschenputtel und sprachen: »Kämm uns die Haare, bürste uns die Schuhe und mache uns die Schnallen fest, wir gehen zur Hochzeit auf des Königs Schloss.«

Aschenputtel gehorchte, weinte aber, weil es auch gern zum Tanz mitgegangen wäre, und bat die Stiefmutter, sie möchte es ihm erlauben. »Du, Aschenputtel«, sprach sie, »bist voll Staub und Schmutz und willst zur Hochzeit? Du hast keine Kleider und Schuhe und willst tanzen!« Als es aber mit Bitten anhielt, sprach sie endlich: »Da habe ich dir eine Schüssel Linsen in die Asche geschüttet, wenn du die Linsen in zwei Stunden wieder ausgelesen hast, so sollst du mitgehen.«

Das Mädchen ging durch die Hintertüre nach dem Garten und rief: »Ihr zahmen Täubchen, ihr Turteltäubchen, all ihr Vöglein unter dem Himmel, kommt und helft mir lesen, die guten ins Töpfchen, die schlechten ins Kröpfchen.«

Da kamen zum Küchenfenster zwei weiße Täubchen herein und danach die Turteltäubchen, und endlich schwirrten und schwärmten alle Vöglein unter dem Himmel herein und ließen sich um die Asche nieder. Und die Täubchen nickten mit den Köpfchen und fingen an pick, pick, pick, pick, und da fingen die übrigen auch an pick, pick, pick, pick und lasen alle guten Körnlein in die Schüssel. Kaum war eine Stunde herum, so waren sie schon fertig und flogen alle wieder hinaus.

Da brachte das Mädchen die Schüssel der Stiefmutter, freute sich und glaubte, es dürfte nun mit auf die Hochzeit gehen. Aber sie sprach: »Nein, Aschenputtel, du hast keine Kleider und kannst nicht tanzen; du wirst nur ausgelacht.«

Als es nun weinte, sprach sie: »Wenn du mir zwei Schüsseln voll Linsen in einer Stunde aus der Asche rein lesen kannst, so sollst du mitgehen«, und dachte: »Das kann es ja nimmermehr.« Als sie die zwei Schüsseln Linsen in die Asche geschüttet hatte, ging das Mädchen durch die Hintertüre nach dem Garten und rief: »Ihr zahmen Täubchen, ihr Turteltäubchen, all ihr Vöglein unter dem Himmel, kommt und helft mir lesen, die guten ins Töpfchen, die schlechten ins Kröpfchen.«

Da kamen zum Küchenfenster zwei weiße Täubchen herein und danach die Turteltäubchen, und endlich schwirrten und schwärmten alle Vöglein unter dem Himmel herein und ließen sich um die Asche nieder. Und die Täubchen nickten mit ihren Köpfchen und fingen an pick, pick, pick, pick, und da fingen die übrigen auch an pick, pick, pick, pick und lasen alle guten Körner in die Schüsseln.

Und eh eine halbe Stunde herum war, waren sie schon fertig und flogen alle wieder hinaus. Da trug das Mädchen die Schüsseln zu der Stiefmutter, freute sich und glaubte, nun dürfte es mit auf die Hochzeit gehen. Aber sie sprach: »Es hilft dir alles nichts; du kommst nicht mit, denn du hast keine Kleider und kannst nicht tanzen; wir müssten uns deiner schämen.« Darauf kehrte sie ihm den Rücken zu und eilte mit ihren zwei stolzen Töchtern fort.

Als nun niemand mehr daheim war, ging Aschenputtel zu seiner Mutter Grab unter den Haselbaum und rief:

»Bäumchen, rüttel dich und schüttel dich,
wirf Gold und Silber über mich.«

Da warf ihm der Vogel ein golden und silbern Kleid herunter und mit Seide und Silber ausgestickte Pantoffeln. In aller Eile zog es das Kleid an und ging zur Hochzeit. Seine Schwestern aber und die Stiefmutter kannten es nicht und meinten, es müsste eine fremde Königstochter sein, so schön sah es in dem goldenen Kleide aus. An Aschenputtel dachten sie gar nicht und dachten, es säße daheim im Schmutz und suchte die Linsen aus der Asche.

Der Königssohn kam ihm entgegen, nahm es bei der Hand und tanzte mit ihm. Er wollte auch mit sonst niemand tanzen, also dass er ihm die Hand nicht losließ, und wenn ein anderer kam, es aufzufordern, sprach er: »Das ist meine Tänzerin.« Es tanzte, bis es Abend war, da wollte es nach Haus gehen.

Der Königssohn aber sprach: »Ich gehe mit und begleite dich«, denn er wollte sehen, wem das schöne Mädchen angehörte. Sie entwischte ihm aber und sprang in das Taubenhaus.

Nun wartete der Königssohn, bis der Vater kam, und sagte ihm, das fremde Mädchen wär' in das Taubenhaus gesprungen. Der Alte dachte: »Sollte es Aschenputtel sein«, und sie mussten ihm Axt und Hacken bringen, damit er das Taubenhaus entzweischlagen konnte; aber es war niemand darin.

Und als sie ins Haus kamen, lag Aschenputtel in seinen schmutzigen Kleidern in der Asche, und ein trübes Öllämpchen brannte im Schornstein; denn Aschenputtel war geschwind aus dem Taubenhaus hinten herabgesprungen und war zu dem Haselbäumchen gelaufen; da hatte es die schönen Kleider abgezogen und aufs Grab gelegt, und der Vogel hatte sie wieder weggenommen, und dann hatte es sich in seinem grauen Kittelchen in die Küche zur Asche gesetzt.

Am andern Tag, als das Fest von neuem anhub und die Eltern und Stiefschwestern wieder fort waren, ging Aschenputtel zu dem Haselbaum und sprach:

»Bäumchen, rüttel dich, und schüttel dich
wirf Gold und Silber über mich.«

Da warf der Vogel ein noch viel stolzeres Kleid herab als am vorigen Tag. Und als es mit diesem Kleide auf der Hochzeit erschien, erstaunte jedermann über seine Schönheit. Der Königssohn aber hatte gewartet, bis es kam, nahm es gleich bei der Hand und tanzte nur allein mit ihm.

Wenn die andern kamen und es aufforderten, sprach er: »Das ist meine Tänzerin.« Als es nun Abend war, wollte es fort, und der Königssohn ging ihm nach und wollte sehen, in welches Haus es ging; aber es sprang ihm fort und in den Garten hinter dem Haus. Darin stand ein schöner großer Baum, an dem die herrlichsten Birnen hingen, es kletterte so behend wie ein Eichhörnchen zwischen die Äste, und der Königssohn wusste nicht, wo es hingekommen war. Er wartete aber, bis der Vater kam, und sprach zu ihm: »Das fremde Mädchen ist mir entwischt, und ich glaube, es ist auf den Birnbaum gesprungen.«

Der Vater dachte: »Sollte es Aschenputtel sein«, ließ sich die Axt holen und hieb den Baum um, aber es war niemand darauf. Und als sie in die Küche kamen, lag Aschenputtel da in der Asche, wie sonst auch, denn es war auf der andern Seite vom Baum herabgesprungen, hatte dem Vogel auf dem Haselbäumchen die schönen Kleider wieder gebracht und sein graues Kittelchen angezogen.

Am dritten Tag, als die Eltern und Schwestern fort waren, ging Aschenputtel wieder zu seiner Mutter Grab und sprach zu dem Bäumchen:

»Bäumchen, rüttel dich und schüttel dich,
wirf Gold und Silber über mich.«

Nun warf ihm der Vogel ein Kleid herab, das war so prächtig wie es noch keins gehabt hatte, und die Pantoffeln waren ganz golden.

Als es in dem Kleid zu der Hochzeit kam, wussten sie alle nicht, was sie vor Verwunderung sagen sollten. Der Königssohn tanzte ganz allein mit ihm, und wenn es einer aufforderte, sprach er: »Das ist meine Tänzerin.«

Als es nun Abend war, wollte Aschenputtel fort, und der Königssohn wollte es begleiten, aber es entsprang ihm so geschwind, dass er nicht folgen konnte. Der Königssohn hatte aber eine List gebraucht und hatte die ganze Treppe mit Pech bestreichen lassen; da war, als es hinabsprang, der linke Pantoffel des Mädchens hängen geblieben. Der Königssohn hob ihn auf, und er war klein und zierlich und ganz golden.

Am nächsten Morgen ging er damit zu dem Mann und sagte zu ihm: »Keine andere soll meine Gemahlin werden als die, an deren Fuß dieser goldene Schuh passt.« Da freuten sich die beiden Schwestern, denn sie hatten schöne Füße. Die Älteste ging mit dem Schuh in die Kammer und wollte ihn anprobieren, und die Mutter stand dabei. Aber sie konnte mit der großen Zehe nicht hineinkommen, und der Schuh war ihr zu klein, da reichte ihr die Mutter ein Messer und sprach: »Hau die Zehe ab: Wann du Königin bist, so brauchst du nicht mehr zu Fuß zu gehen.«

Das Mädchen hieb die Zehe ab, zwängte den Fuß in den Schuh, verbiss den Schmerz und ging heraus zum Königssohn. Da nahm er sie als seine Braut aufs Pferd und ritt mit ihr fort. Sie mussten aber an dem Grabe vorbei, da saßen die zwei Täubchen auf dem Haselbäumchen und riefen:

»Rucke di guck, rucke di guck, Blut ist im Schuck (Schuh);
der Schuck ist zu klein, die rechte Braut sitzt noch daheim.«

Da blickte er auf ihren Fuß und sah, wie das Blut herausquoll.

Er wendete sein Pferd um, brachte die falsche Braut wieder nach Haus und sagte, das wäre nicht die rechte, die andere Schwester sollte den Schuh anziehen.

Da ging diese in die Kammer und kam mit den Zehen glücklich in den Schuh, aber die Ferse war zu groß. Da reichte ihr die Mutter ein Messer und sprach: »Hau ein Stück von der Ferse ab: Wann du Königin bist, brauchst du nicht mehr zu Fuß zu gehen.«

Das Mädchen hieb ein Stück von der Ferse ab, zwängte den Fuß in den Schuh, verbiss den Schmerz und ging heraus zum Königssohn. Da nahm er sie als seine Braut aufs Pferd und ritt mit ihr fort. Als sie an dem Haselbäumchen vorbeikamen, saßen die zwei Täubchen darauf und riefen:

»Rucke di guck, rucke di guck, Blut ist im Schuck;
der Schuck ist zu klein, die rechte Braut sitzt noch daheim.«

Er blickte nieder auf ihren Fuß und sah, wie das Blut aus dem Schuh quoll und an den weißen Strümpfen ganz rot heraufgestiegen war.

Da wendete er sein Pferd und brachte die falsche Braut wieder nach Haus. »Das ist auch nicht die rechte«, sprach er, »habt Ihr keine andere Tochter?« »Nein«, sagte der Mann, »nur von meiner verstorbenen Frau ist noch ein kleines verbuttetes Aschenputtel da; das kann unmöglich die Braut sein.« Der Königssohn sprach, er sollte es heraufschicken, die Mutter aber antwortete: »Ach nein, das ist viel zu schmutzig, das darf sich nicht sehen lassen.« Er wollte es aber durchaus haben, und Aschenputtel musste gerufen werden. Da wusch es sich erst Hände und Angesicht rein, ging dann hin und neigte sich vor dem Königssohn, der ihm den goldenen Schuh reichte. Dann setzte es sich auf einen Schemel, zog den Fuß aus dem schweren Holzschuh und steckte ihn in den Pantoffel, der war wie angegossen. Und als es sich in die Höhe richtete und der König ihm ins Gesicht sah, so erkannte er das schöne Mädchen, das mit ihm getanzt hatte, und rief: »Das ist die rechte Braut!« Die Stiefmutter und die beiden Schwestern erschraken und wurden bleich vor Ärger; er aber nahm Aschenputtel aufs Pferd und ritt mit ihm fort.

Als sie an dem Haselbäumchen vorbeikamen, riefen die zwei weißen Täubchen:

»Rucke di guck, rucke di guck, kein Blut im Schuck;
der Schuck ist nicht zu klein, die rechte Braut, die führt er heim.«

Und als sie das gerufen hatten, kamen sie beide herabgeflogen und setzten sich dem Aschenputtel auf die Schultern, eine rechts, die andere links, und blieben da sitzen.

Als die Hochzeit mit dem Königssohn sollte gehalten werden, kamen die falschen Schwestern, wollten sich einschmeicheln und teil an seinem Glück nehmen. Als die Brautleute nun zur Kirche gingen, war die Älteste zur rechten, die Jüngste zur linken Seite; da pickten die Tauben einer jeden das eine Auge aus. Hernach, als sie herausgingen, war die Älteste zur Linken und die Jüngste zur Rechten; da pickten die Tauben einer jeden das andere Auge aus. Und waren sie also für ihre Bosheit und Falschheit mit Blindheit auf ihr Lebtag gestraft.

Rotkäppchen

Es war einmal ein kleines süßes Mädchen, das hatte jedermann lieb, der es nur ansah, am allerliebsten aber seine Großmutter, die wusste gar nicht, was sie alles dem Kinde geben sollte. Einmal schenkte sie ihm ein Käppchen von rotem Sammet, und weil ihm das so wohl stand und es nichts anders mehr tragen wollte, hieß es nur das Rotkäppchen. Eines Tages sprach seine Mutter zu ihm: »Komm, Rotkäppchen, da hast du ein Stück Kuchen und eine Flasche Wein, bring das der Großmutter hinaus; sie ist krank und schwach und wird sich daran laben. Mach dich auf, bevor es heiß wird, und wenn du hinauskommst, so geh hübsch sittsam und lauf nicht vom Weg ab, sonst fällst du und zerbrichst das Glas, und die Großmutter hat nichts. Und wenn du in ihre Stube kommst, so vergiss nicht, guten Morgen zu sagen, und guck nicht erst in alle Ecken herum.«

»Ich will schon alles gut machen«, sagte Rotkäppchen zur Mutter und gab ihr die Hand darauf. Die Großmutter aber wohnte draußen im Wald, eine halbe Stunde vom Dorf.

Wie nun Rotkäppchen in den Wald kam, begegnete ihm der Wolf. Rotkäppchen aber wusste nicht, was das für ein böses Tier war, und fürchtete sich nicht vor ihm. »Guten Tag, Rotkäppchen«, sprach er. »Schönen Dank, Wolf.« »Wo hinaus so früh, Rotkäppchen?« »Zur Großmutter.« »Was trägst du unter der Schürze?« »Kuchen und Wein; gestern haben wir gebacken, da soll sich die kranke und schwache Großmutter etwas zugut tun und sich damit stärken.« »Rotkäppchen, wo wohnt deine Großmutter?« »Noch eine gute Viertelstunde weiter im Wald, unter den drei großen Eichbäumen, da steht ihr Haus, unten sind die Nusshecken, das wirst du ja wissen«, sagte Rotkäppchen.

Der Wolf dachte bei sich: »Das junge zarte Ding, das ist ein fetter Bissen, der wird noch besser schmecken als die Alte: Du musst es listig

anfangen, damit du beide erschnappst.« Da ging er ein Weilchen neben Rotkäppchen her, dann sprach er: »Rotkäppchen, sieh einmal die schönen Blumen, die ringsumher stehen, warum guckst du dich nicht um?

Ich glaube, du hörst gar nicht, wie die Vöglein so lieblich singen? Du gehst ja für dich hin, als wenn du zur Schule gingst, und ist so lustig tief draußen in dem Wald.«

Rotkäppchen schlug die Augen auf, und als es sah, wie die Sonnenstrahlen durch die Bäume hin und her tanzten und alles voll schöner Blumen stand, dachte es: »Wenn ich der Großmutter einen frischen Strauß mitbringe, der wird ihr auch Freude machen; es ist so früh am Tag, dass ich doch zu rechter Zeit ankomme«, lief vom Wege ab in den Wald hinein und suchte Blumen. Und wenn es eine gebrochen hatte, meinte es, weiter hinaus stände eine schönere, und lief darnach, und geriet immer tiefer in den Wald hinein. Der Wolf aber ging geradeswegs nach dem Haus der Großmutter und klopfte an die Türe. »Wer ist draußen?«

»Rotkäppchen, das bringt Kuchen und Wein, mach auf.« »Drück nur auf die Klinke«, rief die Großmutter, »ich bin zu schwach und kann nicht aufstehen.« Der Wolf drückte auf die Klinke, die Türe sprang auf, und er ging, ohne ein Wort zu sprechen, gerade zum Bett der Großmutter und verschluckte sie. Dann tat er ihre Kleider an, setzte ihre Haube auf, legte sich in ihr Bett und zog die Vorhänge vor.

Rotkäppchen aber war nach den Blumen herumgelaufen, und als es so viel zusammenhatte, dass es keine mehr tragen konnte, fiel ihm die Großmutter wieder ein, und es machte sich auf den Weg zu ihr. Es wunderte sich, dass die Türe aufstand, und wie es in die Stube trat, so kam es ihm so seltsam darin vor, dass es dachte: »Ei, du mein Gott, wie ängstlich wird mir's heute zumut, und bin sonst so gerne bei der Großmutter!« Es rief: »Guten Morgen«, bekam aber keine Antwort. Darauf ging es zum Bett und zog die Vorhänge zurück: Da lag die Großmutter und hatte die Haube tief ins Gesicht gesetzt und sah so wunderlich aus.

»Ei, Großmutter, was hast du für große Ohren!« »Dass ich dich besser hören kann.« »Ei, Großmutter, was hast du für große Augen!« »Dass ich dich besser sehen kann.« »Ei, Großmutter, was hast du für große Hände!« »Dass ich dich besser packen kann.« »Aber, Großmutter, was hast du für ein entsetzlich großes Maul!« »Dass ich dich besser fressen kann.« Kaum hatte der Wolf das gesagt, so tat er einen Satz aus dem Bette und verschlang das arme Rotkäppchen.

Wie der Wolf seinen Hunger gestillt hatte, legte er sich wieder ins Bett, schlief ein und fing an, überlaut zu schnarchen. Der Jäger ging eben an dem Haus vorbei und dachte: »Wie die alte Frau schnarcht, du musst doch sehen, ob ihr etwas fehlt.« Da trat er in die Stube, und wie er vor das Bette kam, so sah er, dass der Wolf darin lag. »Finde ich dich hier, du alter Sünder«, sagte er, »ich habe dich lange gesucht.«

Nun wollte er seine Büchse anlegen, da fiel ihm ein, der Wolf könnte die Großmutter gefressen haben und sie wäre noch zu retten. Er schoss nicht, sondern nahm eine Schere und fing an, dem schlafenden Wolf den Bauch aufzuschneiden.

Wie er ein paar Schnitte getan hatte, da sah er das rote Käppchen leuchten, und noch ein paar Schnitte, da sprang das Mädchen heraus und rief: »Ach, wie war ich erschrocken, wie war's so dunkel in dem Wolf seinem Leib!« Und dann kam die alte Großmutter auch noch lebendig heraus und konnte kaum atmen. Rotkäppchen aber holte geschwind große Steine, damit füllten sie dem Wolf den Leib, und wie er aufwachte, wollte er fortspringen, aber die Steine waren so schwer, dass er gleich niedersank und sich totfiel.

Da waren alle drei vergnügt; der Jäger zog dem Wolf den Pelz ab und ging damit heim, die Großmutter aß den Kuchen und trank den Wein, den Rotkäppchen gebracht hatte, und erholte sich wieder, Rotkäppchen aber dachte: »Du willst dein Lebtag nicht wieder allein vom Wege ab in den Wald laufen, wenn dir's die Mutter verboten hat.«

Hänsel und Gretel

Vor einem großen Walde wohnte ein armer Holzhacker mit seiner Frau und seinen zwei Kindern; das Bübchen hieß Hänsel und das Mädchen Gretel. Er hatte wenig zu beißen und zu brechen, und einmal, als große Teuerung ins Land kam, konnte er das tägliche Brot nicht mehr schaffen.

Wie er sich nun abends im Bette Gedanken machte und sich vor Sorgen herumwälzte, seufzte er und sprach zu seiner Frau: »Was soll aus uns werden? Wie können wir unsere armen Kinder ernähren, da wir für uns selbst nichts mehr haben?« »Weißt du was, Mann«, antwortete die Frau, »wir wollen morgen in aller Frühe die Kinder hinaus in den Wald führen, wo er am dicksten ist. Da machen wir ihnen ein Feuer an und geben jedem noch ein Stückchen Brot, dann gehen wir an unsere Arbeit und lassen sie allein. Sie finden den Weg nicht wieder nach Haus, und wir sind sie los.« »Nein, Frau«, sagte der Mann, »das tue ich nicht; wie sollt ich's übers Herz bringen, meine Kinder im Walde allein zu lassen! Die wilden Tiere würden bald kommen und sie zerreißen.«

»Oh, du Narr«, sagte sie, »dann müssen wir alle viere Hungers sterben, du kannst nur die Bretter für die Särge hobeln«, und ließ ihm keine Ruhe, bis er einwilligte. »Aber die armen Kinder dauern mich doch«, sagte der Mann.

Die zwei Kinder hatten vor Hunger auch nicht einschlafen können und hatten gehört, was die Stiefmutter zum Vater gesagt hatte. Gretel weinte bittere Tränen und sprach zu Hänsel: »Nun ist's um uns geschehen.« »Still, Gretel«, sprach Hänsel, »gräme dich nicht, ich will uns schon helfen.« Und als die Alten eingeschlafen waren, stand er auf, zog sein Röcklein an, machte die Untertüre auf und schlich sich hinaus.

Da schien der Mond ganz hell, und die weißen Kieselsteine, die vor dem Haus lagen, glänzten wie lauter Batzen. Hänsel bückte sich und steckte so viele in sein Rocktäschlein, als nur hineinwollten. Dann ging er wieder zurück, sprach zu Gretel: »Sei getrost, liebes Schwesterchen, und schlaf nur ruhig ein, Gott wird uns nicht verlassen«, und legte sich wieder in sein Bett.

Als der Tag anbrach, noch ehe die Sonne aufgegangen war, kam schon die Frau und weckte die beiden Kinder: »Steht auf, ihr Faulenzer, wir wollen in den Wald gehen und Holz holen.« Dann gab sie jedem ein Stückchen Brot und sprach: »Da habt ihr etwas für den Mittag, aber esst's nicht vorher auf, weiter kriegt ihr nichts.« Gretel nahm das Brot unter die Schürze, weil Hänsel die Steine in der Tasche hatte. Danach machten sie sich alle zusammen auf den Weg nach dem Wald. Als sie ein Weilchen gegangen waren, stand Hänsel still und guckte nach dem Haus zurück und tat das wieder und immer wieder.

Der Vater sprach: »Hänsel, was guckst du da und bleibst zurück, hab Acht und vergiss deine Beine nicht!« »Ach, Vater«, sagte Hänsel, »ich sehe nach meinem weißen Kätzchen, das sitzt oben auf dem Dach und will mir ade sagen.«

Die Frau sprach: »Narr, das ist dein Kätzchen nicht, das ist die Morgensonne, die auf den Schornstein scheint.« Hänsel aber hatte nicht nach dem Kätzchen gesehen, sondern immer einen von den blanken Kieselsteinen aus seiner Tasche auf den Weg geworfen.

Als sie mitten in den Wald gekommen waren, sprach der Vater: »Nun sammelt Holz, ihr Kinder, ich will ein Feuer anmachen, damit ihr nicht friert.« Hänsel und Gretel trugen Reisig zusammen, einen kleinen Berg hoch. Das Reisig ward angezündet, und als die Flamme recht hoch brannte, sagte die Frau: »Nun legt euch ans Feuer, ihr Kinder, und ruht euch aus, wir gehen in den Wald und hauen Holz. Wenn wir fertig sind, kommen wir wieder und holen euch ab.«

Hänsel und Gretel saßen um das Feuer, und als der Mittag kam, aß jedes sein Stücklein Brot. Und weil sie die Schläge der Holzaxt hörten, so glaubten sie, ihr Vater wär' in der Nähe. Es war aber nicht die Holzaxt,

es war ein Ast, den er an einen dürren Baum gebunden hatte und den der Wind hin und her schlug. Und als sie so lange gesessen hatten, fielen ihnen die Augen vor Müdigkeit zu, und sie schliefen fest ein.

Als sie endlich erwachten, war es schon finstere Nacht. Gretel fing an zu weinen und sprach: »Wie sollen wir nun aus dem Wald kommen?« Hänsel aber tröstete sie: »Wart nur ein Weilchen, bis der Mond aufgegangen ist, dann wollen wir den Weg schon finden.«

Und als der volle Mond aufgestiegen war, so nahm Hänsel sein Schwesterchen an der Hand und ging den Kieselsteinen nach, die schimmerten wie neugeschlagene Batzen und zeigten ihnen den Weg.

Sie gingen die ganze Nacht hindurch und kamen bei anbrechendem Tag wieder zu ihres Vaters Haus. Sie klopften an die Tür, und als die Frau aufmachte und sah, dass es Hänsel und Gretel waren, sprach sie:

»Ihr bösen Kinder, was habt ihr so lange im Walde geschlafen, wir haben geglaubt, ihr wollet gar nicht wiederkommen.« Der Vater aber freute sich, denn es war ihm zu Herzen gegangen, dass er sie so allein zurückgelassen hatte.

Nicht lange danach war wieder Not in allen Ecken, und die Kinder hörten, wie die Mutter nachts im Bette zu dem Vater sprach: »Alles ist wieder aufgezehrt, wir haben noch einen halben Laib Brot, hernach hat das Lied ein Ende. Die Kinder müssen fort, wir wollen sie tiefer in den Wald hineinführen, damit sie den Weg nicht wieder herausfinden; es ist sonst keine Rettung für uns.« Dem Mann fiel's schwer aufs Herz, und er dachte: »Es wäre besser, dass du den letzten Bissen mit deinen Kindern teiltest.« Aber die Frau hörte auf nichts, was er sagte, schalt ihn und machte ihm Vorwürfe. Wer A sagt, muss B sagen, und weil er das erste Mal nachgegeben hatte, so musste er es auch zum zweiten Mal.

Die Kinder waren aber noch wach gewesen und hatten das Gespräch mit angehört. Als die Alten schliefen, stand Hänsel wieder auf, wollte hinaus und die Kieselsteine auflesen, wie das vorige Mal; aber die Frau hatte die Tür verschlossen, und Hänsel konnte nicht heraus.

Aber er tröstete sein Schwesterchen und sprach: »Weine nicht, Gretel, und schlaf nur ruhig, der liebe Gott wird uns schon helfen.« Am frühen Morgen kam die Frau und holte die Kinder aus dem Bette. Sie erhielten ihr Stückchen Brot, das war aber noch kleiner als das vorige Mal. Auf dem Wege nach dem Wald bröckelte es Hänsel in der Tasche, stand oft still und warf ein Bröcklein auf die Erde. »Hänsel, was stehst du und guckst dich um?«, sagte der Vater, »geh deiner Wege!« »Ich sehe nach meinem Täubchen, das sitzt auf dem Dache und will mir ade sagen«, antwortete Hänsel. »Narr«, sagte die Frau, »das ist dein Täubchen nicht, das ist die Morgensonne, die auf den Schornstein oben scheint.« Hänsel aber warf nach und nach alle Bröcklein auf den Weg.

Die Frau führte die Kinder noch tiefer in den Wald, wo sie ihr Lebtag noch nicht gewesen waren. Da ward wieder ein großes Feuer angemacht, und die Mutter sagte: »Bleibt nur da sitzen, ihr Kinder, und wenn ihr müde seid, könnt ihr ein wenig schlafen. Wir gehen in den Wald und hauen Holz, und abends, wenn wir fertig sind, kommen wir und holen euch ab.« Als es Mittag war, teilte Gretel ihr Brot mit Hänsel, der sein Stück auf den Weg gestreut hatte. Dann schliefen sie ein, und der Abend verging; aber niemand kam zu den armen Kindern.

Sie erwachten erst in der finstern Nacht, und Hänsel tröstete sein Schwesterchen und sagte: »Wart nur, Gretel, bis der Mond aufgeht, dann werden wir die Brotbröcklein sehen, die ich ausgestreut habe, die zeigen uns den Weg nach Haus.« Als der Mond kam, machten sie sich auf, aber sie fanden kein Bröcklein mehr, denn die vieltausend Vögel, die im Walde und im Felde umherfliegen, die hatten sie weggepickt. Hänsel sagte zu Gretel: »Wir werden den Weg schon finden.« Aber sie fanden ihn nicht. Sie gingen die ganze Nacht und noch einen Tag von Morgen bis Abend, aber sie kamen aus dem Wald nicht heraus und waren so hungrig, denn sie hatten nichts als die paar Beeren, die auf der Erde standen. Und weil sie so müde waren, dass die Beine sie nicht mehr tragen wollten, so legten sie sich unter einen Baum und schliefen ein.

Nun war's schon der dritte Morgen, dass sie ihres Vaters Haus verlassen hatten. Sie fingen wieder an zu gehen, aber sie gerieten immer tiefer in den Wald, und wenn nicht bald Hilfe kam, mussten sie verhungern.

Als es Mittag war, sahen sie ein schönes, schneeweißes Vögelein auf einem Ast sitzen, das sang so schön, dass sie stehen blieben und ihm zuhörten. Und als es fertig war, schwang es seine Flügel und flog vor ihnen her, und sie gingen ihm nach, bis sie zu einem Häuschen gelangten, auf dessen Dach es sich setzte, und als sie ganz nahe herankamen, so sahen sie, dass das Häuslein aus Brot gebaut war und mit Kuchen gedeckt; aber die Fenster waren von hellem Zucker. »Da wollen wir uns dranmachen«, sprach Hänsel, »und eine gesegnete Mahlzeit halten. Ich will ein Stück vom Dach essen, Gretel, du kannst vom Fenster essen, das schmeckt süß.« Hänsel reichte in die Höhe und brach sich ein wenig vom Dach ab, um zu versuchen, wie es schmeckte, und Gretel stellte sich an die Scheiben und knupperte daran. Da rief eine feine Stimme aus der Stube heraus:

»Knupper, knupper, kneischen, wer knuppert an meinem Häuschen?«

Die Kinder antworteten: *»Der Wind, der Wind, das himmlische Kind«*, und aßen weiter, ohne sich irremachen zu lassen. Hänsel, dem das Dach sehr gut schmeckte, riss sich ein großes Stück davon herunter, und Gretel stieß eine ganze runde Fensterscheibe heraus, setzte sich nieder und tat sich wohl damit.

Da ging auf einmal die Türe auf, und eine steinalte Frau, die sich auf eine Krücke stützte, kam herausgeschlichen. Hänsel und Gretel erschraken so gewaltig, dass sie fallen ließen, was sie in den Händen hielten.

Die Alte aber wackelte mit dem Kopfe und sprach: »Ei, ihr lieben Kinder, wer hat euch hierher gebracht? Kommt nur herein und bleibt bei mir, es geschieht euch kein Leid.« Sie fasste beide an der Hand und führte sie in ihr Häuschen. Da ward gutes Essen aufgetragen, Milch und Pfannkuchen mit Zucker, Äpfel und Nüsse. Hernach wurden zwei schöne Bettlein weiß gedeckt, und Hänsel und Gretel legten sich hinein und meinten, sie wären im Himmel.

Die Alte hatte sich nur freundlich angestellt, sie war aber eine böse Hexe, die den Kindern auflauerte, und hatte das Brothäuslein bloß gebaut, um sie herbeizulocken. Wenn eins in ihre Gewalt kam, so machte sie es tot, kochte es und aß es, und das war ihr ein Festtag.

Die Hexen haben rote Augen und können nicht weit sehen, aber sie haben eine feine Witterung wie die Tiere und merken's, wenn Menschen herankommen. Als Hänsel und Gretel in ihre Nähe kamen, da lachte sie boshaft und sprach höhnisch: »Die habe ich, die sollen mir nicht wieder entwischen!«

Frühmorgens, ehe die Kinder erwacht waren, stand sie schon auf, und als sie beide so lieblich ruhen sah, mit den vollen roten Backen, so murmelte sie vor sich hin: »Das wird ein guter Bissen werden.« Da packte sie Hänsel mit ihrer dürren Hand und trug ihn in einen kleinen Stall und sperrte ihn mit einer Gittertüre ein. Er mochte schrein, wie er wollte, es half ihm nichts. Dann ging sie zur Gretel, rüttelte sie wach und rief: »Steh auf, Faulenzerin, trag Wasser und koch deinem Bruder etwas Gutes, der sitzt draußen im Stall und soll fett werden. Wenn er fett ist, so will ich ihn essen.« Gretel fing an bitterlich zu weinen; aber es war alles vergeblich, sie musste tun, was die böse Hexe verlangte. Nun ward dem armen Hänsel das beste Essen gekocht, aber Gretel bekam nichts als Krebsschalen.

Jeden Morgen schlich die Alte zu dem Ställchen und rief: »Hänsel, streck deine Finger heraus, damit ich fühle, ob du bald fett bist.«

Hänsel streckte ihr aber ein Knöchlein heraus, und die Alte, die trübe Augen hatte, konnte es nicht sehen und meinte, es wären Hänsels

Finger, und verwunderte sich, dass er gar nicht fett werden wollte. Als vier Wochen herum waren und Hänsel immer mager blieb, da überkam sie die Ungeduld, und sie wollte nicht länger warten. »Heda, Gretel«, rief sie dem Mädchen zu, »sei flink und trag Wasser! Hänsel mag fett oder mager sein, morgen will ich ihn schlachten und kochen.«

Ach, wie jammerte das arme Schwesterchen, als es das Wasser tragen musste, und wie flossen ihm die Tränen über die Backen herunter! »Lieber Gott, hilf uns doch«, rief sie aus, »hätten uns nur die wilden Tiere im Wald gefressen, so wären wir doch zusammen gestorben!« »Spar nur dein Geplärre«, sagte die Alte, »es hilft dir alles nichts.«

Frühmorgens musste Gretel heraus, den Kessel mit Wasser aufhängen und Feuer anzünden. »Erst wollen wir backen«, sagte die Alte, »ich habe den Backofen schon eingeheizt und den Teig geknetet.«

Sie stieß die arme Gretel hinaus zu dem Backofen, aus dem die Feuerflammen schon herausschlugen. »Kriech hinein«, sagte die Hexe, »und sieh zu, ob recht eingeheizt ist, damit wir das Brot hineinschieben können.« Und wenn Gretel darin war, wollte sie den Ofen zumachen und Gretel sollte darin braten, und dann wollte sie's auch aufessen.

Aber Gretel merkte, was sie im Sinn hatte, und sprach: »Ich weiß nicht, wie ich's machen soll; wie komm ich da hinein?« »Dumme Gans«, sagte die Alte, »die Öffnung ist groß genug, siehst du wohl, ich könnte selbst hinein«, krabbelte heran und steckte den Kopf in den Backofen.

Da gab ihr Gretel einen Stoß, dass sie weit hineinfuhr, machte die eiserne Tür zu und schob den Riegel vor. Hu! Da fing sie an zu heulen, ganz grauselich; aber Gretel lief fort, und die gottlose Hexe musste elendiglich verbrennen.

Gretel aber lief schnurstracks zum Hänsel, öffnete sein Ställchen und rief: »Hänsel, wir sind erlöst, die alte Hexe ist tot.« Da sprang Hänsel heraus wie ein Vogel aus dem Käfig, wenn ihm die Türe aufgemacht wird. Wie haben sie sich gefreut, sind sich um den Hals gefallen, sind herumgesprungen und haben sich geküsst! Und weil sie sich nicht mehr zu fürchten brauchten, so gingen sie in das Haus der Hexe hinein. Da standen in allen Ecken Kasten mit Perlen und Edelsteinen.

»Die sind noch besser als Kieselsteine«, sagte Hänsel und steckte in seine Taschen, was hineinwollte. Und Gretel sagte: »Ich will auch etwas mit nach Haus bringen«, und füllte sein Schürzchen voll. »Aber jetzt wollen wir fort«, sagte Hänsel, »damit wir aus dem Hexenwald herauskommen.« Als sie aber ein paar Stunden gegangen waren, gelangten sie an ein großes Wasser. »Wir können nicht hinüber«, sprach Hänsel, »ich seh keinen Steg und keine Brücke.« »Hier fährt auch kein Schiffchen«, antwortete Gretel, »aber da schwimmt eine weiße Ente, wenn ich die bitte, so hilft sie uns hinüber.« Da rief sie:

»Entchen, Entchen, da steht Gretel und Hänsel. Kein Steg und keine Brücke, nimm uns auf deinen weißen Rücken.«

Das Entchen kam auch heran, und Hänsel setzte sich auf und bat sein Schwesterchen, sich zu ihm zu setzen. »Nein«, antwortete Gretel, »es wird dem Entchen zu schwer, es soll uns nacheinander hinüberbringen.«

Das tat das gute Tierchen, und als sie glücklich drüben waren und ein Weilchen fortgingen, da kam ihnen der Wald immer bekannter und immer bekannter vor, und da erblickten sie von weitem ihres Vaters Haus.

Da fingen sie an zu laufen, stürzten in die Stube hinein und fielen ihrem Vater um den Hals. Der Mann hatte keine frohe Stunde gehabt, seitdem er die Kinder im Walde gelassen hatte, die Frau aber war gestorben.

Gretel schüttelte sein Schürzchen aus, dass die Perlen und Edelsteine in der Stube herumsprangen, und Hänsel warf eine Hand voll nach der andern aus seiner Tasche dazu. Da hatten alle Sorgen ein Ende, und sie lebten in lauter Freude zusammen.

Mein Märchen ist aus, dort läuft eine Maus, wer sie fängt, darf sich eine große, große Pelzkappe daraus machen.

Dornröschen

Vorzeiten war ein König und eine Königin, die sprachen jeden Tag: »Ach, wenn wir doch ein Kind hätten!«, und kriegten immer keins. Da trug sich zu, als die Königin einmal im Bade saß, dass ein Frosch aus dem Wasser ans Land kroch und zu ihr sprach: »Dein Wunsch wird erfüllt werden, ehe ein Jahr vergeht, wirst du eine Tochter zur Welt bringen.«

Was der Frosch gesagt hatte, das geschah, und die Königin gebar ein Mädchen, das war so schön, dass der König vor Freude sich nicht zu lassen wusste und ein großes Fest anstellte.

Er lud nicht bloß seine Verwandten, Freunde und Bekannten, sondern auch die weisen Frauen dazu ein, damit sie dem Kind hold und gewogen wären. Es waren ihrer dreizehn in seinem Reiche, weil er aber nur zwölf goldene Teller hatte, von welchen sie essen sollten, so musste eine von ihnen daheim bleiben.

Das Fest ward mit aller Pracht gefeiert, und als es zu Ende war, beschenkten die weisen Frauen das Kind mit ihren Wundergaben: die eine mit Tugend, die andere mit Schönheit, die dritte mit Reichtum, und so mit allem, was auf der Welt zu wünschen ist. Als elfe ihre Sprüche eben getan hatten, trat plötzlich die dreizehnte herein. Sie wollte sich dafür rächen, dass sie nicht eingeladen war, und ohne jemand zu grüßen oder nur anzusehen, rief sie mit lauter Stimme:

»Die Königstochter soll sich in ihrem fünfzehnten Jahr an einer Spindel stechen und tot hinfallen!«

Und ohne ein Wort weiter zu sprechen, kehrte sie sich um und verließ den Saal. Alle waren erschrocken, da trat die zwölfte hervor, die ihren Wunsch noch übrig hatte, und weil sie den bösen Spruch nicht aufheben, sondern nur ihn mildern konnte, so sagte sie:

»Es soll aber kein Tod sein, sondern ein hundertjähriger tiefer Schlaf, in welchen die Königstochter fällt.«

Der König, der sein liebes Kind vor dem Unglück gern bewahren wollte, ließ den Befehl ausgehen, dass alle Spindeln im ganzen Königreiche sollten verbrannt werden.

An dem Mädchen aber wurden die Gaben der weisen Frauen sämtlich erfüllt, denn es war so schön, sittsam, freundlich und verständig, dass es jedermann, der es ansah, lieb haben musste.

Es geschah, dass an dem Tage, wo es gerade fünfzehn Jahr alt ward, der König und die Königin nicht zu Haus waren und das Mädchen ganz allein im Schloss zurückblieb.

Da ging es allerorten herum, besah Stuben und Kammern, wie es Lust hatte, und kam endlich auch an einen alten Turm. Es stieg die enge Wendeltreppe hinauf und gelangte zu einer kleinen Türe. In dem Schloss steckte ein verrosteter Schlüssel, und als es ihn umdrehte, sprang die Türe auf, und saß da in einem kleinen Stübchen eine alte Frau mit einer Spindel und spann emsig ihren Flachs.

»Guten Tag, du altes Mütterchen«, sprach die Königstochter, »was machst du da?« »Ich spinne«, sagte die Alte und nickte mit dem Kopf. »Was ist das für ein Ding, das so lustig herumspringt?«, sprach das Mädchen, nahm die Spindel und wollte auch spinnen. Kaum hatte sie aber die Spindel angerührt, so ging der Zauberspruch in Erfüllung, und sie stach sich damit in den Finger.

In dem Augenblick aber, wo sie den Stich empfand, fiel sie auf das Bett nieder, das da stand, und lag in einem tiefen Schlaf. Und dieser Schlaf verbreitete sich über das ganze Schloss: Der König und die Königin, die eben heimgekommen waren und in den Saal getreten waren, fingen an einzuschlafen, und der ganze Hofstaat mit ihnen.

Da schliefen auch die Pferde im Stall, die Hunde im Hofe, die Tauben auf dem Dache, die Fliegen an der Wand, ja, das Feuer, das auf dem Herd flackerte, ward still und schlief ein, und der Braten hörte auf zu brutzeln, und der Koch, der den Küchenjungen, weil er etwas versehen hatte, in den Haaren ziehen wollte, ließ ihn los und schlief.

Und der Wind legte sich, und auf den Bäumen vor dem Schloss regte sich kein Blättchen mehr.

Rings um das Schloss aber begann eine Dornenhecke zu wachsen, die jedes Jahr höher ward und endlich das ganze Schloss umzog und darüber hinauswuchs, dass gar nichts mehr davon zu sehen war, selbst nicht die Fahne auf dem Dach.

Es ging aber die Sage in dem Land von dem schönen schlafenden Dornröschen, denn so ward die Königstochter genannt, also dass von Zeit zu Zeit Königssöhne kamen und durch die Hecke in das Schloss dringen wollten. Es war ihnen aber nicht möglich, denn die Dornen, als hätten sie Hände, hielten fest zusammen, und die Jünglinge blieben darin hängen, konnten sich nicht wieder losmachen und starben eines jämmerlichen Todes.

Nach langen, langen Jahren kam wieder einmal ein Königssohn in das Land und hörte, wie ein alter Mann von der Dornenhecke erzählte, es sollte ein Schloss dahinter stehen, in welchem eine wunderschöne Königstochter, Dornröschen genannt, schon seit hundert Jahren schliefe, und mit ihr schliefe der König und die Königin und der ganze Hofstaat.

Er wusste auch von seinem Großvater, dass schon viele Königssöhne gekommen wären und versucht hätten, durch die Dornenhecke zu dringen, aber sie wären darin hängen geblieben und eines traurigen Todes gestorben. Da sprach der Jüngling: »Ich fürchte mich nicht, ich will hinaus und das schöne Dornröschen sehen.«

Der gute Alte mochte ihm abraten, wie er wollte, er hörte nicht auf seine Worte. Nun waren aber gerade die hundert Jahre verflossen, und der Tag war gekommen, wo Dornröschen wieder erwachen sollte.

Als der Königssohn sich der Dornenhecke näherte, waren es lauter große schöne Blumen, die taten sich von selbst auseinander und ließen ihn unbeschädigt hindurch, und hinter ihm taten sie sich wieder als eine Hecke zusammen. Im Schlosshof sah er die Pferde und scheckigen Jagdhunde liegen und schlafen, auf dem Dache saßen die Tauben und

hatten das Köpfchen unter den Flügel gesteckt. Und als er ins Haus kam, schliefen die Fliegen an der Wand, der Koch in der Küche hielt noch die Hand, als wollte er den Jungen anpacken, und die Magd saß vor dem schwarzen Huhn, das sollte gerupft werden.

Da ging er weiter und sah im Saale den ganzen Hofstaat liegen und schlafen, und oben bei dem Throne lagen der König und die Königin. Da ging er noch weiter, und alles war so still, dass einer seinen Atem hören konnte, und endlich kam er zu dem Turm und öffnete die Türe zu der kleinen Stube, in welcher Dornröschen schlief.

Da lag es und war so schön, dass er die Augen nicht abwenden konnte, und er bückte sich und gab ihm einen Kuss.

Wie er es mit dem Kuss berührt hatte, schlug Dornröschen die Augen auf, erwachte und blickte ihn ganz freundlich an. Da gingen sie zusammen herab, und der König erwachte und die Königin und der ganze Hofstaat und sahen einander mit großen Augen an.

Und die Pferde im Hof standen auf und rüttelten sich; die Jagdhunde sprangen und wedelten; die Tauben auf dem Dache zogen das Köpfchen unterm Flügel hervor, sahen umher und flogen ins Feld; die Fliegen an den Wänden krochen weiter; das Feuer in der Küche erhob sich, flackerte und kochte das Essen; der Braten fing wieder an zu brutzeln; und der Koch gab dem Jungen eine Ohrfeige, dass er schrie; und die Magd rupfte das Huhn fertig.

Und da wurde die Hochzeit des Königssohns mit dem Dornröschen in aller Pracht gefeiert, und sie lebten vergnügt bis an ihr Ende.

Frau Holle

Eine Witwe hatte zwei Töchter, davon war die eine schön und fleißig, die andere hässlich und faul. Sie hatte aber die hässliche und faule, weil sie ihre rechte Tochter war, viel lieber, und die andere musste alle Arbeit tun und das Aschenputtel im Hause sein. Das arme Mädchen musste sich täglich auf die große Straße bei einem Brunnen setzen und musste so viel spinnen, dass ihm das Blut aus den Fingern sprang.

Nun trug es sich zu, dass die Spule einmal ganz blutig war, da bückte es sich damit in den Brunnen und wollte sie abwaschen; sie sprang ihm aber aus der Hand und fiel hinab. Es weinte, lief zur Stiefmutter und erzählte ihr das Unglück. Sie schalt es aber so heftig und war so unbarmherzig, dass sie sprach: »Hast du die Spule hinunterfallen lassen, so hol sie auch wieder herauf.«

Da ging das Mädchen zu dem Brunnen zurück und wusste nicht, was es anfangen sollte; und in seiner Herzensangst sprang es in den Brunnen hinein, um die Spule zu holen. Es verlor die Besinnung, und als es erwachte und wieder zu sich selber kam, war es auf einer schönen Wiese, wo die Sonne schien und vieltausend Blumen standen.

Auf dieser Wiese ging es fort und kam zu einem Backofen, der war voller Brot; das Brot aber rief: »Ach, zieh mich raus, zieh mich raus, sonst verbrenn ich; ich bin schon längst ausgebacken.«

Da trat es herzu und holte mit dem Brotschieber alles nacheinander heraus. Danach ging es weiter und kam zu einem Baum, der hing voll Äpfel, und rief ihm zu: »Ach, schüttel mich, schüttel mich, wir Äpfel sind alle miteinander reif.«

Da schüttelte es den Baum, dass die Äpfel fielen, als regneten sie, und schüttelte, bis keiner mehr oben war; und als es alle in einen Haufen zusammengelegt hatte, ging es wieder weiter. Endlich kam es zu einem kleinen Haus, daraus guckte eine alte Frau, weil sie aber so große Zähne

hatte, ward ihm angst, und es wollte fortlaufen. Die alte Frau aber rief: »Was fürchtest du dich, liebes Kind? Bleib bei mir, wenn du alle Arbeit im Hause ordentlich tun willst, so soll dir's gut gehn. Du musst nur Acht geben, dass du mein Bett gut machst und es fleißig aufschüttelst, dass die Federn fliegen, dann schneit es in der Welt; ich bin die Frau Holle.«

Weil die Alte ihm so gut zusprach, so fasste sich das Mädchen ein Herz, willigte ein und begab sich in ihren Dienst. Es besorgte auch alles nach ihrer Zufriedenheit und schüttelte ihr das Bett immer gewaltig, auf dass die Federn wie Schneeflocken umherflogen; dafür hatte es auch ein gutes Leben bei ihr, kein böses Wort und alle Tage Gesottenes und Gebratenes.

Nun war es eine Zeit lang bei der Frau Holle, da ward es traurig und wusste anfangs selbst nicht, was ihm fehlte, endlich merkte es, dass es Heimweh war; ob es ihm hier gleich vieltausendmal besser ging als zu Haus, so hatte es doch ein Verlangen dahin.

Endlich sagte es zu ihr: »Ich habe den Jammer nach Haus gekriegt, und wenn es mir auch noch so gut hier unten geht, so kann ich doch nicht länger bleiben, ich muss wieder hinauf zu den Meinigen.«

Die Frau Holle sagte: »Es gefällt mir, dass du wieder nach Haus verlangst, und weil du mir so treu gedient hast, so will ich dich selbst wieder hinaufbringen.« Sie nahm es darauf bei der Hand und führte es vor ein großes Tor.

Das Tor ward aufgetan, und wie das Mädchen gerade darunterstand, fiel ein gewaltiger Goldregen, und alles Gold blieb an ihm hängen, so dass es über und über davon bedeckt war. »Das sollst du haben, weil du so fleißig gewesen bist«, sprach die Frau Holle und gab ihm auch die Spule wieder, die ihm in den Brunnen gefallen war.

Darauf ward das Tor verschlossen, und das Mädchen befand sich oben auf der Welt, nicht weit von seiner Mutter Haus; und als es in den Hof kam, saß der Hahn auf dem Brunnen und rief:

»Kikeriki, unsere goldene Jungfrau ist wieder hie.«

Da ging es hinein zu seiner Mutter, und weil es so mit Gold bedeckt ankam, ward es von ihr und der Schwester gut aufgenommen.

Das Mädchen erzählte alles, was ihm begegnet war, und als die Mutter hörte, wie es zu dem großen Reichtum gekommen war, wollte sie der andern, hässlichen und faulen Tochter gerne dasselbe Glück verschaffen. Sie musste sich an den Brunnen setzen und spinnen; und damit ihre Spule blutig ward, stach sie sich in die Finger und stieß sich die Hand in die Dornhecke.

Dann warf sie die Spule in den Brunnen und sprang selber hinein. Sie kam, wie die andere, auf die schöne Wiese und ging auf demselben Pfade weiter. Als sie zu dem Backofen gelangte, schrie das Brot wieder:

»Ach, zieh mich raus, zieh mich raus, sonst verbrenn ich, ich bin schon längst ausgebacken.« Die Faule aber antwortete: »Da hätt ich Lust, mich schmutzig zu machen«, und ging fort. Bald kam sie zu dem Apfelbaum, der rief: »Ach, schüttel mich, schüttel mich, wir Äpfel sind alle miteinander reif.« Sie antwortete aber: »Du kommst mir recht, es könnte mir einer auf den Kopf fallen«, und ging damit weiter.

Als sie vor der Frau Holle Haus kam, fürchtete sie sich nicht, weil sie von ihren großen Zähnen schon gehört hatte, und verdingte sich gleich zu ihr. Am ersten Tag tat sie sich Gewalt an, war fleißig und folgte der Frau Holle, wenn sie ihr etwas sagte, denn sie dachte an das viele Gold, das sie ihr schenken würde; am zweiten Tag aber fing sie schon an zu faulenzen, am dritten noch mehr, da wollte sie morgens gar nicht aufstehen.

Sie machte auch der Frau Holle das Bett nicht, wie sich's gebührte, und schüttelte es nicht, dass die Federn aufflogen. Das ward die Frau Holle bald müde und sagte ihr den Dienst auf. Die Faule war das wohl zufrieden und meinte, nun würde der Goldregen kommen; die Frau Holle führte sie auch zu dem Tor, als sie aber darunterstand, ward statt des Goldes ein großer Kessel voll Pech ausgeschüttet.

»Das ist zur Belohnung deiner Dienste«, sagte die Frau Holle und schloss das Tor zu. Da kam die Faule heim, aber sie war ganz mit Pech bedeckt, und der Hahn auf dem Brunnen, als er sie sah, rief:

»Kikeriki, unsere schmutzige Jungfrau ist wieder hie.«

Das Pech aber blieb fest an ihr hängen und wollte, solange sie lebte, nicht abgehen.

Rapunzel

Es war einmal ein Mann und eine Frau, die wünschten sich schon lange vergeblich ein Kind, endlich machte sich die Frau Hoffnung, der liebe Gott werde ihren Wunsch erfüllen. Die Leute hatten in ihrem Hinterhaus ein kleines Fenster, daraus konnte man in einen prächtigen Garten sehen, der voll der schönsten Blumen und Kräuter stand; er war aber von einer hohen Mauer umgeben, und niemand wagte hineinzugehen, weil er einer Zauberin gehörte, die große Macht hatte und von aller Welt gefürchtet ward.

Eines Tags stand die Frau am Fenster und sah in den Garten hinab. Da erblickte sie ein Beet, das mit den schönsten Rapunzeln bepflanzt war, und sie sahen so frisch und grün aus, dass sie lüstern ward und das größte Verlangen empfand, von den Rapunzeln zu essen.

Das Verlangen nahm jeden Tag zu, und da sie wusste, dass sie keine davon bekommen konnte, so fiel sie ganz ab, sah blass und elend aus.

Da erschrak der Mann und fragte: »Was fehlt dir, liebe Frau?«

»Ach«, antwortete sie, »wenn ich keine Rapunzeln aus dem Garten hinter unserm Hause zu essen kriege, so sterbe ich.« Der Mann, der sie lieb hatte, dachte: »Eh du deine Frau sterben lässest, holst du ihr von den Rapunzeln, es mag kosten, was es will.«

In der Abenddämmerung stieg er also über die Mauer in den Garten der Zauberin, stach in aller Eile eine Hand voll Rapunzeln und brachte sie seiner Frau. Sie machte sich sogleich Salat daraus und aß sie in voller Begierde auf. Sie hatten ihr aber so gut geschmeckt, dass sie den andern Tag noch dreimal so viel Lust bekam. Sollte sie Ruhe haben, so musste der Mann noch einmal in den Garten steigen.

Er machte sich also in der Abenddämmerung wieder hinab. Als er aber die Mauer herabgeklettert war, erschrak er gewaltig, denn er sah die Zauberin vor sich stehen.

»Wie kannst du es wagen«, sprach sie mit zornigem Blick, »in meinen Garten zu steigen und wie ein Dieb mir meine Rapunzeln zu stehlen? Das soll dir schlecht bekommen!«

»Ach«, antwortete er, »lasst Gnade für Recht ergehen, ich habe mich nur aus Not dazu entschlossen. Meine Frau hat Eure Rapunzeln aus dem Fenster erblickt und empfindet ein so großes Gelüsten, dass sie sterben würde, wenn sie nicht davon zu essen bekommt.«

Da ließ die Zauberin in ihrem Zorne nach und sprach zu ihm: »Verhält es sich so, wie du sagst, so will ich dir gestatten, Rapunzeln mitzunehmen, so viel du willst; allein ich mache eine Bedingung: Du musst mir das Kind geben, das deine Frau zur Welt bringen wird. Es soll ihm gut gehen, und ich will für es sorgen wie eine Mutter.«

Der Mann sagte in der Angst alles zu, und als die Frau in Wochen kam, so erschien sogleich die Zauberin, gab dem Kinde den Namen Rapunzel und nahm es mit sich fort. Rapunzel ward das schönste Kind unter der Sonne. Als es zwölf Jahre alt war, schloss es die Zauberin in einen Turm, der in einem Walde lag und weder Treppe noch Türe hatte; nur ganz oben war ein kleines Fensterchen. Wenn die Zauberin hineinwollte, so stellte sie sich unten hin und rief:

»Rapunzel, Rapunzel, lass mir dein Haar herunter!«

Rapunzel hatte lange, prächtige Haare, fein wie gesponnen Gold. Wenn sie nun die Stimme der Zauberin vernahm, so band sie ihre Zöpfe los, wickelte sie oben um einen Fensterhaken, und dann fielen die Haare zwanzig Ellen tief herunter, und die Zauberin stieg daran hinauf.

Nach ein paar Jahren trug es sich zu, dass der Sohn des Königs durch den Wald ritt und an dem Turm vorüberkam. Da hörte er einen Gesang, der war so lieblich, dass er stillhielt und horchte. Das war Rapunzel, die in ihrer Einsamkeit sich die Zeit damit vertrieb, ihre süße Stimme erschallen zu lassen.

Der Königssohn wollte zu ihr hinaufsteigen und suchte nach einer Türe des Turms, aber es war keine zu finden. Er ritt heim. Doch der

Gesang hatte ihm so sehr das Herz gerührt, dass er jeden Tag hinaus in den Wald ging und zuhörte. Als er einmal so hinter einem Baum stand, sah er, dass eine Zauberin herankam, und hörte, wie sie hinaufrief:

»Rapunzel, Rapunzel, lass dein Haar herunter!«

Da ließ Rapunzel die Haarflechten herab, und die Zauberin stieg zu ihr hinauf. »Ist das die Leiter, auf welcher man hinaufkommt, so will ich auch einmal mein Glück versuchen.«

Und den folgenden Tag, als es anfing dunkel zu werden, ging er zu dem Turme und rief:

»Rapunzel, Rapunzel, lass dein Haar herunter!«

Alsbald fielen die Haare herab, und der Königssohn stieg hinauf. Anfangs erschrak Rapunzel gewaltig, als ein Mann zu ihr hereinkam, wie ihre Augen noch nie einen erblickt hatten. Doch der Königssohn fing an, ganz freundlich mit ihr zu reden, und erzählte ihr, dass von ihrem Gesang sein Herz so sehr sei bewegt worden, dass es ihm keine Ruhe gelassen und er sie selbst habe sehen müssen. Da verlor Rapunzel ihre Angst, und als er sie fragte, ob sie ihn zum Manne nehmen wollte, und sie sah, dass er jung und schön war, so dachte sie: »Der wird mich lieber haben als die alte Frau Gothel«, und sagte ja, und legte ihre Hand in seine Hand.

Sie sprach: »Ich will gerne mit dir gehen, aber ich weiß nicht, wie ich herabkommen kann. Wenn du kommst, so bring jedes Mal einen Strang Seide mit, daraus will ich eine Leiter flechten, und wenn die fertig ist, so steige ich herunter, und du nimmst mich auf dein Pferd.«

Sie verabredeten, dass er bis dahin alle Abende zu ihr kommen sollte, denn bei Tag kam die Alte. Die Zauberin merkte auch nichts davon, bis einmal Rapunzel anfing und zu ihr sagte: »Sag Sie mir doch, Frau Gothel, wie kommt es nur, Sie wird mir viel schwerer heraufzuziehen als den jungen Königssohn, der ist in einem Augenblick bei mir?«

»Ach du gottloses Kind!«, rief die Zauberin, »was muss ich von dir hören; ich dachte, ich hätte dich von aller Welt geschieden, und du hast mich doch betrogen!«

In ihrem Zorn packte sie die schönen Haare der Rapunzel, schlug sie ein paarmal um ihre linke Hand, griff eine Schere mit der rechten, und ritsch, ratsch waren sie abgeschnitten, und die schönen Flechten lagen auf der Erde. Und sie war so unbarmherzig, dass sie die arme Rapunzel in eine Wüstenei brachte, wo sie in großem Jammer und Elend leben musste.

Denselben Tag aber, wo sie Rapunzel verstoßen hatte, machte abends die Zauberin die abgeschnittenen Flechten oben am Fensterhaken fest, und als der Königssohn kam und rief:

»*Rapunzel, Rapunzel, lass dein Haar herunter!*«,

so ließ sie die Haare hinab.

Der Königssohn stieg hinauf, aber er fand oben nicht seine liebste Rapunzel, sondern die Zauberin, die ihn mit bösen und giftigen Blicken ansah. »Aha«, rief sie höhnisch, »du willst die Frau Liebste holen, aber der schöne Vogel sitzt nicht mehr im Nest und singt nicht mehr, die Katze hat ihn geholt und wird dir auch noch die Augen auskratzen. Für dich ist Rapunzel verloren, du wirst sie nie wieder erblicken!«

Der Königssohn geriet außer sich vor Schmerz, und in der Verzweiflung sprang er den Turm herab. Das Leben brachte er davon, aber die Dornen, in die er fiel, zerstachen ihm die Augen. Da irrte er blind im Wald umher, aß nichts als Wurzeln und Beeren und tat nichts als jammern und weinen über den Verlust seiner liebsten Frau.

So wanderte er einige Jahre im Elend umher und geriet endlich in die Wüstenei, wo Rapunzel mit den Zwillingen, die sie geboren hatte, einem Knaben und einem Mädchen, kümmerlich lebte. Er vernahm eine Stimme, und sie deuchte ihm so bekannt.

Da ging er darauf zu und wie er herankam, erkannte ihn Rapunzel und fiel ihm um den Hals und weinte. Zwei von ihren Tränen aber benetzten seine Augen, da wurden sie wieder klar, und er konnte damit sehen wie sonst. Er führte sie in sein Reich, wo er mit Freude empfangen ward, und sie lebten noch lange glücklich und vergnügt.

Die Wichtelmänner

Es war ein Schuster ohne seine Schuld so arm geworden, dass ihm endlich nichts mehr übrig blieb als Leder zu einem einzigen Paar Schuhe. Nun schnitt er am Abend die Schuhe zu, die wollte er den nächsten Morgen in Arbeit nehmen; und weil er ein gutes Gewissen hatte, so legte er sich ruhig zu Bett, befahl sich dem lieben Gott und schlief ein.

Morgens, nachdem er sein Gebet verrichtet hatte und sich zur Arbeit niedersetzen wollte, so standen die beiden Schuhe ganz fertig auf seinem Tisch. Er verwunderte sich und wusste nicht, was er dazu sagen sollte.

Er nahm die Schuhe in die Hand, um sie näher zu betrachten; sie waren so sauber gearbeitet, dass kein Stich daran falsch war, gerade als wenn es ein Meisterstück sein sollte. Bald darauf trat auch schon ein Käufer ein, und weil ihm die Schuhe so gut gefielen, so bezahlte er mehr als gewöhnlich dafür, und der Schuster konnte von dem Geld Leder zu zwei Paar Schuhen erhandeln.

Er schnitt sie abends zu und wollte den nächsten Morgen mit frischem Mut an die Arbeit gehen, aber er brauchte es nicht, denn als er aufstand, waren sie schon fertig, und es blieben auch nicht die Käufer aus, die ihm so viel Geld gaben, dass er Leder zu vier Paar Schuhen einkaufen konnte. Er fand frühmorgens auch die vier Paar fertig; und so ging's immerfort, was er abends zuschnitt, das war am Morgen verarbeitet, also dass er bald wieder sein ehrliches Auskommen hatte und endlich ein wohlhabender Mann ward.

Nun geschah es eines Abends nicht lange vor Weihnachten, als der Mann wieder zugeschnitten hatte, dass er vor Schlafengehen zu seiner Frau sprach: »Wie wär's, wenn wir diese Nacht aufblieben, um zu sehen, wer uns solche hilfreiche Hand leistet?« Die Frau war's zufrieden und steckte ein Licht an; darauf verbargen sie sich in den Stubenecken, hinter den Kleidern, die da aufgehängt waren, und gaben Acht.

Als es Mitternacht war, da kamen zwei kleine, niedliche nackte Männlein, setzten sich vor des Schusters Tisch, nahmen alle zugeschnittene Arbeit zu sich und fingen an, mit ihren Fingerlein so behend und schnell zu stechen, zu nähen, zu klopfen, dass der Schuster vor Verwunderung die Augen nicht abwenden konnte. Sie ließen nicht nach, bis alles zu Ende gebracht war und fertig auf dem Tische stand, dann sprangen sie schnell fort.

Am andern Morgen sprach die Frau: »Die kleinen Männer haben uns reich gemacht, wir müssten uns doch dankbar dafür bezeigen. Sie laufen so herum, haben nichts am Leib und müssen frieren. Weißt du was? Ich will Hemdlein, Rock, Wams und Höslein für sie nähen, auch jedem ein Paar Strümpfe stricken; mach du jedem ein Paar Schühlein dazu.«

Der Mann sprach: »Das bin ich wohl zufrieden« und abends, wie sie alles fertig hatten, legten sie die Geschenke statt der zugeschnittenen Arbeit zusammen auf den Tisch und versteckten sich dann, um mit anzusehen, wie sich die Männlein dazu anstellen würden.

Um Mitternacht kamen sie herangesprungen und wollten sich gleich an die Arbeit machen, als sie aber kein zugeschnittenes Leder, sondern die niedlichen Kleidungsstücke fanden, verwunderten sie sich erst, dann aber bezeigten sie eine gewaltige Freude. Mit der größten Geschwindigkeit zogen sie sich an, strichen die schönen Kleider am Leib und sangen:

»Sind wir nicht Knaben glatt und fein?
Was sollen wir länger Schuster sein!«

Dann hüpften und tanzten sie, und sprangen über Stühle und Bänke. Endlich tanzten sie zur Tür hinaus. Von nun an kamen sie nicht wieder, dem Schuster aber ging es wohl, solang er lebte, und es glückte ihm alles, was er unternahm.

Schneewittchen

Es war einmal mitten im Winter, und die Schneeflocken fielen wie Federn vom Himmel herab. Da saß eine Königin an einem Fenster, das einen Rahmen von schwarzem Ebenholz hatte, und nähte. Und wie sie so nähte und nach dem Schnee aufblickte, stach sie sich mit der Nadel in den Finger, und es fielen drei Tropfen Blut in den Schnee. Und weil das Rote im weißen Schnee so schön aussah, dachte sie bei sich: »Hätt ich ein Kind, so weiß wie Schnee, so rot wie Blut und so schwarz wie das Holz an dem Rahmen.« Bald darauf bekam sie ein Töchterlein, das war so weiß wie Schnee, so rot wie Blut und so schwarzhaarig wie Ebenholz und ward darum das Schneewittchen (Schneeweißchen) genannt. Und wie das Kind geboren war, starb die Königin. Über ein Jahr nahm sich der König eine andere Gemahlin. Es war eine schöne Frau, aber sie war stolz und übermütig und konnte nicht leiden, dass sie an Schönheit von jemand sollte übertroffen werden. Sie hatte einen wunderbaren Spiegel; wenn sie vor den trat und sich darin beschaute, sprach sie:

»Spieglein, Spieglein an der Wand,
wer ist die Schönste im ganzen Land?«,
so antwortete der Spiegel:
»Frau Königin, Ihr seid die Schönste im Land.«

Da war sie zufrieden, denn sie wusste, dass der Spiegel die Wahrheit sagte. Schneewittchen aber wuchs heran und wurde immer schöner, und als es sieben Jahre alt war, war es so schön, wie der klare Tag und schöner als die Königin selbst. Als diese einmal ihren Spiegel fragte:

»Spieglein, Spieglein an der Wand,
wer ist die Schönste im ganzen Land?«,
so antwortete er:
»Frau Königin, Ihr seid die Schönste hier,
aber Schneewittchen ist tausendmal schöner als Ihr.«

Da erschrak die Königin und ward gelb und grün vor Neid. Von Stund an, wenn sie Schneewittchen erblickte, kehrte sich ihr das Herz im Leibe herum, so hasste sie das Mädchen. Und der Neid und Hochmut wuchsen wie ein Unkraut in ihrem Herzen immer höher, dass sie Tag und Nacht keine Ruhe mehr hatte. Da rief sie einen Jäger und sprach: »Bring das Kind hinaus in den Wald, ich will's nicht mehr vor meinen Augen sehen. Du sollst es töten und mir Lunge und Leber zum Wahrzeichen mitbringen.«

Der Jäger gehorchte und führte es hinaus, und als er den Hirschfänger gezogen hatte und Schneewittchens unschuldiges Herz durchbohren wollte, fing es an zu weinen und sprach: »Ach, lieber Jäger, lass mir mein Leben! Ich will in den wilden Wald laufen und nimmermehr wieder heimkommen.« Und weil es so schön war, hatte der Jäger Mitleiden und sprach: »So lauf hin, du armes Kind!« »Die wilden Tiere werden dich bald gefressen haben«, dachte er, und doch war's ihm, als wäre ein Stein von seinem Herzen gewälzt, weil er es nicht zu töten brauchte. Und als gerade ein junger Frischling dahergesprungen kam, stach er ihn ab, nahm Lunge und Leber heraus und brachte sie als Wahrzeichen der Königin mit.

Der Koch musste sie in Salz kochen, und das boshafte Weib aß sie auf und meinte, sie hätte Schneewittchens Lunge und Leber gegessen.

Nun war das arme Kind in dem großen Wald mutterseeligallein, und ward ihm so angst, dass es alle Blätter an den Bäumen ansah und nicht wusste, wie es sich helfen sollte. Da fing es an zu laufen und lief über die spitzen Steine und durch die Dornen, und die wilden Tiere sprangen an ihm vorbei, aber sie taten ihm nichts. Es lief, solange nur die Füße noch fortkonnten, bis es bald Abend werden wollte. Da sah es ein kleines Häuschen und ging hinein, sich zu ruhen.

In dem Häuschen war alles klein, aber so zierlich und reinlich, dass es nicht zu sagen ist. Da stand ein weißgedecktes Tischlein mit sieben kleinen Tellern, jedes Tellerlein mit seinem Löffelein, ferner sieben Messerlein und Gäblein und sieben Becherlein.

Hähnchen, da es magere Leute waren, die nicht viel Platz einnahmen, ließ sie beide einsteigen, doch mussten sie versprechen, ihm und seinem Hühnchen nicht auf die Füße zu treten. Spätabends kamen sie zu einem Wirtshaus, und weil sie die Nacht nicht weiterfahren wollten, die Ente auch nicht gut zu Fuß war und von einer Seite auf die andere fiel, so kehrten sie ein.

Der Wirt machte anfangs viel Einwendungen, sein Haus wäre schon voll, gedachte auch wohl, es möchte keine vornehme Herrschaft sein, endlich aber, da sie süße Reden führten, er sollte das Ei haben, welches das Hühnchen unterwegs gelegt hatte, auch die Ente behalten, die alle Tage eines legte, so sagte er endlich, sie möchten die Nacht über bleiben. Nun ließen sie wieder frisch auftragen und lebten in Saus und Braus.

Frühmorgens, als es dämmerte und noch alles schlief, weckte Hähnchen das Hühnchen, holte das Ei, pickte es auf, und sie verzehrten es zusammen; die Schalen aber warfen sie auf den Feuerherd. Dann gingen sie zu der Nähnadel, die noch schlief, packten sie beim Kopf und steckten sie in das Sesselkissen des Wirts, die Stecknadel aber in sein Handtuch, endlich flogen sie, mir nichts, dir nichts, über die Heide davon.

Die Ente, die gern unter freiem Himmel schlief und im Hof geblieben war, hörte sie fortschnurren, machte sich munter und fand einen Bach, auf dem sie hinabschwamm; und das ging geschwinder als vor dem Wagen.

Ein paar Stunden später machte sich erst der Wirt aus den Federn, wusch sich und wollte sich am Handtuch abtrocknen, da fuhr ihm die Stecknadel über das Gesicht und machte ihm einen roten Strich von einem Ohr zum andern; dann ging er in die Küche und wollte sich eine Pfeife anstecken; wie er aber an den Herd kam, sprangen ihm die Eierschalen in die Augen. »Heute Morgen will mir alles an meinen Kopf«, sagte er und ließ sich verdrießlich auf seinen Großvaterstuhl nieder; aber geschwind fuhr er wieder in die Höhe und schrie: »Auweh!«, denn die Nähnadel hatte ihn noch schlimmer und nicht in den Kopf gestochen.

Nun war er vollends böse und hatte Verdacht auf die Gäste, die so spät gestern Abend gekommen waren; und wie er ging und sich nach ihnen umsah, waren sie fort. Da tat er einen Schwur, kein Lumpengesindel mehr in sein Haus zu nehmen, das viel verzehrt, nichts bezahlt und zum Dank noch obendrein Schabernack treibt.

Schneeweißchen und Rosenrot

Eine arme Witwe, die lebte einsam in einem Hüttchen, und vor dem Hüttchen war ein Garten, darin standen zwei Rosenbäumchen, davon trug das eine weiße, das andere rote Rosen; und sie hatte zwei Kinder, die glichen den beiden Rosenbäumchen, und das eine hieß Schneeweißchen, das andere Rosenrot.

Sie waren aber so fromm und gut, so arbeitsam und unverdrossen, als je zwei Kinder auf der Welt gewesen sind: Schneeweißchen war nur stiller und sanfter als Rosenrot. Rosenrot sprang lieber in den Wiesen und Feldern umher, suchte Blumen und fing Sommervögel; Schneeweißchen aber saß daheim bei der Mutter, half ihr im Hauswesen oder las ihr vor, wenn nichts zu tun war. Die beiden Kinder hatten einander so lieb, dass sie sich immer an den Händen fassten, sooft sie zusammen ausgingen; und wenn Schneeweißchen sagte: »Wir wollen uns nicht verlassen«, so antwortete Rosenrot: »Solange wir leben, nicht«, und die Mutter setzte hinzu: »Was das eine hat, soll's mit dem andern teilen.«

Oft liefen sie im Walde allein umher und sammelten rote Beeren, aber kein Tier tat ihnen etwas zuleid, sondern sie kamen vertraulich herbei; das Häschen fraß ein Kohlblatt aus ihren Händen, das Reh graste an ihrer Seite, der Hirsch sprang ganz lustig vorbei, und die Vögel blieben auf den Ästen sitzen und sangen, was sie nur wussten. Kein Unfall traf sie; – wenn sie sich im Walde verspätet hatten und die Nacht sie überfiel, so legten sie sich nebeneinander auf das Moos und schliefen, bis der Morgen kam, und die Mutter wusste das und hatte ihrentwegen keine Sorge.

Einmal, als sie im Walde übernachtet hatten und das Morgenrot sie aufweckte, da sahen sie ein schönes Kind in einem weißen, glänzenden Kleidchen neben ihrem Lager sitzen. Es stand auf und blickte sie ganz freundlich an, sprach aber nichts und ging in den Wald hinein. Und als sie sich umsahen, so hatten sie ganz nahe bei einem Abgrunde geschlafen und wären gewiss hineingefallen, wenn sie in der Dunkelheit noch ein paar Schritte weitergegangen wären. Die Mutter aber sagte ihnen, das müsste der Engel gewesen sein, der gute Kinder bewache.

Schneeweißchen und Rosenrot hielten das Hüttchen der Mutter so reinlich, dass es eine Freude war hineinzuschauen. Im Sommer besorgte Rosenrot das Haus und stellte der Mutter jeden Morgen, ehe sie aufwachte, einen Blumenstrauß vors Bett, darin war von jedem Bäumchen eine Rose. Im Winter zündete Schneeweißchen das Feuer an und hing den Kessel an den Feuerhaken, und der Kessel war von Messing, glänzte aber wie Gold, so rein war er gescheuert.

Abends, wenn die Flocken fielen, sagte die Mutter: »Geh, Schneeweißchen, und schieb den Riegel vor«, und dann setzten sie sich an den Herd, und die Mutter nahm die Brille und las aus einem großen Buche vor und die beiden Mädchen hörten zu, saßen und spannen; neben ihnen lag ein Lämmchen auf dem Boden, und hinter ihnen auf einer Stange saß ein weißes Täubchen und hatte seinen Kopf unter den Flügel gesteckt.

Eines Abends, als sie so vertraulich beisammensaßen, klopfte jemand an die Türe, als wollte er eingelassen sein. Die Mutter sprach:

»Geschwind, Rosenrot, mach auf, es wird ein Wanderer sein, der Obdach sucht.« Rosenrot ging und schob den Riegel weg und dachte, es wäre ein armer Mann, aber der war es nicht, es war ein Bär, der seinen dicken schwarzen Kopf zur Türe hereinstreckte. Rosenrot schrie laut und sprang zurück; das Lämmchen blökte, das Täubchen flatterte auf, und Schneeweißchen versteckte sich hinter der Mutter Bett.

Der Bär aber fing an zu sprechen und sagte: »Fürchtet euch nicht, ich tue euch nichts zuleid, ich bin halb erfroren und will mich nur ein wenig bei euch wärmen.«

»Du armer Bär«, sprach die Mutter, »leg dich ans Feuer und gib nur Acht, dass dir dein Pelz nicht brennt.«

Steine, sie schimmerten und leuchteten so prächtig in allen Farben, dass die Kinder stehen blieben und sie betrachteten.

»Was steht ihr da und habt Maulaffen feil!«, schrie der Zwerg, und sein aschgraues Gesicht ward zinnoberrot vor Zorn. Er wollte mit seinen Scheltworten fortfahren, als sich ein lautes Brummen hören ließ und ein schwarzer Bär aus dem Walde herbeitrabte. Erschrocken sprang der Zwerg auf, aber er konnte nicht mehr zu seinem Schlupfwinkel gelangen, der Bär war schon in seiner Nähe. Da rief er in Herzensangst:

»Lieber Herr Bär, verschont mich, ich will Euch alle meine Schätze geben, sehet, die schönen Edelsteine, die da liegen. Schenkt mir das Leben, was habt Ihr an mir kleinem, schmächtigem Kerl? Ihr spürt mich nicht zwischen den Zähnen; da, die beiden gottlosen Mädchen packt, das sind für Euch zarte Bissen, fett wie junge Wachteln, die fresst in Gottes Namen.« Der Bär kümmerte sich um seine Worte nicht, gab dem boshaften Geschöpf einen einzigen Schlag mit der Tatze, und es regte sich nicht mehr.

Die Mädchen waren fortgesprungen, aber der Bär rief ihnen nach: »Schneeweißchen und Rosenrot, fürchtet euch nicht, wartet, ich will mit euch gehen.« Da erkannten sie seine Stimme und blieben stehen, und als der Bär bei ihnen war, fiel plötzlich die Bärenhaut ab, und er stand da als ein schöner Mann und war ganz in Gold gekleidet.

»Ich bin eines Königs Sohn«, sprach er, »und war von dem gottlosen Zwerg, der mir meine Schätze gestohlen hatte, verwünscht, als ein wilder Bär in dem Walde zu laufen, bis ich durch seinen Tod erlöst würde. Jetzt hat er seine wohlverdiente Strafe empfangen.«

Schneeweißchen ward mit ihm vermählt und Rosenrot mit seinem Bruder, und sie teilten die großen Schätze miteinander, die der Zwerg in seine Höhle zusammengetragen hatte. Die alte Mutter lebte noch lange Jahre ruhig und glücklich bei ihren Kindern. Die zwei Rosenbäumchen aber nahm sie mit, und sie standen vor ihrem Fenster und trugen jedes Jahr die schönsten Rosen, weiß und rot.

König Drosselbart

Ein König hatte eine Tochter, die war über alle Maßen schön, aber dabei so stolz und übermütig, dass ihr kein Freier gut genug war. Sie wies einen nach dem andern ab, und trieb noch dazu Spott mit ihnen.

Einmal ließ der König ein großes Fest anstellen, und lud dazu aus der Nähe und Ferne die heiratslustigen Männer ein. Sie wurden alle in eine Reihe nach Rang und Stand geordnet; erst kamen die Könige, dann die Herzöge, die Fürsten, Grafen und Freiherrn, zuletzt die Edelleute.

Nun ward die Königstochter durch die Reihen geführt, aber an jedem hatte sie etwas auszusetzen. Der eine war ihr zu dick: »Das Weinfass!«, sprach sie. Der andere zu lang: »Lang und schwank hat keinen Gang.« Der dritte zu kurz: »Kurz und dick hat kein Geschick.« Der vierte zu blass: »Der bleiche Tod!« Der fünfte zu rot: »Der Zinshahn!« Der sechste war nicht gerad genug: »Grünes Holz, hinterm Ofen getrocknet!« Und so hatte sie an einem jeden etwas auszusetzen, besonders aber machte sie sich über einen guten König lustig, der ganz oben stand und dem das Kinn ein wenig krumm gewachsen war.

»Ei«, rief sie und lachte, »der hat ein Kinn, wie die Drossel einen Schnabel«, und seit der Zeit bekam er den Namen Drosselbart.

Der alte König aber, als er sah, dass seine Tochter nichts tat als über die Leute spotten und alle Freier, die da versammelt waren, verschmähte, ward er zornig und schwur, sie sollte den ersten besten Bettler zum Manne nehmen, der vor seine Türe käme.

Ein paar Tage darauf hub ein Spielmann an, unter dem Fenster zu singen, um damit ein geringes Almosen zu verdienen. Als es der König hörte, sprach er: »Lasst ihn heraufkommen.« Da trat der Spielmann in seinen schmutzigen, verlumpten Kleidern herein, sang vor dem König und seiner Tochter, und bat, als er fertig war, um eine milde Gabe. Der König sprach:

Die Bremer Stadtmusikanten

Es hatte ein Mann einen Esel, der schon lange Jahre die Säcke unverdrossen zur Mühle getragen hatte, dessen Kräfte aber nun zu Ende gingen, so dass er zur Arbeit immer untauglicher ward. Da dachte der Herr daran, ihn aus dem Futter zu schaffen, aber der Esel merkte, dass kein guter Wind wehte, lief fort und machte sich auf den Weg nach Bremen: Dort, meinte er, könnte er ja Stadtmusikant werden.

Als er ein Weilchen fortgegangen war, fand er einen Jagdhund auf dem Wege liegen, der jappte wie einer, der sich müde gelaufen hat. »Nun, was jappst du so, Packan?«, fragte der Esel. »Ach«, sagte der Hund, »weil ich alt bin und jeden Tag schwächer werde, auch auf der Jagd nicht mehr fort kann, hat mich mein Herr wollen totschlagen, da hab ich Reißaus genommen; aber womit soll ich nun mein Brot verdienen?«

»Weißt du was«, sprach der Esel, »ich gehe nach Bremen und werde dort Stadtmusikant, geh mit und lass dich auch bei der Musik annehmen. Ich spiele die Laute, und du schlägst die Pauken.«

Der Hund war's zufrieden, und sie gingen weiter. Es dauerte nicht lange, so saß da eine Katze an dem Weg und machte ein Gesicht wie drei Tage Regenwetter. »Nun, was ist dir in die Quere gekommen, alter Bartputzer?«, sprach der Esel. »Wer kann da lustig sein, wenn's einem an den Kragen geht«, antwortete die Katze. »Weil ich nun zu Jahren komme, meine Zähne stumpf werden und ich lieber hinter dem Ofen sitze und spinne als nach Mäusen herumjage, hat mich meine Frau ersäufen wollen; ich habe mich zwar noch fortgemacht, aber nun ist guter Rat teuer: Wo soll ich hin?«

»Geh mit uns nach Bremen, du verstehst dich doch auf die Nachtmusik, da kannst du ein Stadtmusikant werden.«

Die Katze hielt das für gut und ging mit. Darauf kamen die drei Landesflüchtigen an einem Hof vorbei, da saß auf dem Tor der Haushahn und schrie aus Leibeskräften. »Du schreist einem durch Mark und Bein«, sprach der Esel, »was hast du vor?«

»Da hab ich gut Wetter prophezeit«, sprach der Hahn, »weil unserer lieben Frauen Tag ist, wo sie dem Christkindlein die Hemdchen gewaschen hat und sie trocknen will; aber weil morgen zum Sonntag Gäste kommen, so hat die Hausfrau doch kein Erbarmen und hat der Köchin gesagt, sie wollte mich morgen in der Suppe essen, und da soll ich mir heut Abend den Kopf abschneiden lassen. Nun schrei ich aus vollem Hals, solang ich noch kann.«

»Ei was, du Rotkopf«, sagte der Esel, »zieh lieber mit uns fort, wir gehen nach Bremen, etwas Besseres als den Tod findest du überall; du hast eine gute Stimme, und wenn wir zusammen musizieren, so muss es eine Art haben.« Der Hahn ließ sich den Vorschlag gefallen, und sie gingen alle viere zusammen fort.

Sie konnten aber die Stadt Bremen in einem Tag nicht erreichen und kamen abends in einen Wald, wo sie übernachten wollten. Der Esel und der Hund legten sich unter einen großen Baum, die Katze und der Hahn machten sich in die Äste, der Hahn aber flog bis in die Spitze, wo es am sichersten für ihn war. Ehe er einschlief, sah er sich noch einmal nach allen vier Winden um, da deuchte ihn, er sähe in der Ferne ein Fünkchen brennen, und rief seinen Gesellen zu, es müsste nicht gar weit ein Haus sein, denn es scheine ein Licht. Sprach der Esel: »So müssen wir uns aufmachen und noch hingehen, denn hier ist die Herberge schlecht.«

Der Hund meinte, ein paar Knochen und etwas Fleisch dran täten ihm auch gut. Also machten sie sich auf den Weg nach der Gegend, wo das Licht war, und sahen es bald heller schimmern, und es ward immer größer, bis sie vor ein hell erleuchtetes Räuberhaus kamen. Der Esel, als der Größte, näherte sich dem Fenster und schaute hinein. »Was siehst du, Grauschimmel?«, fragte der Hahn. »Was ich sehe?«, antwortete der Esel.

»Einen gedeckten Tisch mit schönem Essen und Trinken, und Räuber sitzen daran und lassen's sich wohl sein.« »Das wäre was für uns«, sprach der Hahn. »Ja, ja, ach, wären wir da!«, sagte der Esel.

Da ratschlagten die Tiere, wie sie es anfangen müssten, um die Räuber hinauszujagen, und fanden endlich ein Mittel. Der Esel musste sich mit den Vorderfüßen auf das Fenster stellen, der Hund auf des Esels Rücken springen, die Katze auf den Hund klettern, und endlich flog der Hahn hinauf und setzte sich der Katze auf den Kopf.

Wie das geschehen war, fingen sie auf ein Zeichen insgesamt an, ihre Musik zu machen: Der Esel schrie, der Hund bellte, die Katze miaute, und der Hahn krähte; dann stürzten sie durch das Fenster in die Stube hinein, dass die Scheiben klirrten. Die Räuber fuhren bei dem entsetzlichen Geschrei in die Höhe, meinten nicht anders, als ein Gespenst käme herein, und flohen in größter Furcht in den Wald hinaus. Nun setzten sich die vier Gesellen an den Tisch, nahmen mit dem vorlieb, was übrig geblieben war, und aßen, als wenn sie vier Wochen hungern sollten.

Wie die vier Spielleute fertig waren, löschten sie das Licht aus und suchten sich eine Schlafstätte, jeder nach seiner Natur und Bequemlichkeit. Der Esel legte sich auf den Mist, der Hund hinter die Türe, die Katze auf den Herd bei der warmen Asche, und der Hahn setzte sich auf den Hahnenbalken; und weil sie müde waren von ihrem langen Weg schliefen sie auch bald ein.

Als Mitternacht vorbei war und die Räuber von weitem sahen, dass kein Licht mehr im Haus brannte, auch alles ruhig schien, sprach der Hauptmann: »Wir hätten uns doch nicht sollen ins Bockshorn jagen lassen«, und hieß einen hingehen und das Haus untersuchen.

Der Abgeschickte fand alles still, ging in die Küche, ein Licht anzuzünden, und weil er die glühenden, feurigen Augen der Katze für lebendige Kohlen ansah, hielt er ein Schwefelhölzchen daran, dass es Feuer fangen sollte. Aber die Katze verstand keinen Spaß, sprang ihm ins Gesicht, spie und kratzte. Da erschrak er gewaltig, lief und wollte zur

Hintertüre hinaus, aber der Hund, der da lag, sprang auf und biss ihn ins Bein; und als er über den Hof an dem Miste vorbeirannte, gab ihm der Esel noch einen tüchtigen Schlag mit dem Hinterfuß; der Hahn aber, der vom Lärmen aus dem Schlaf geweckt und munter geworden war, rief vom Balken herab: »Kikeriki!«

Da lief der Räuber, was er konnte, zu seinem Hauptmann zurück und sprach: »Ach, in dem Haus sitzt eine greuliche Hexe, die hat mich angehaucht und mit ihren langen Fingern mir das Gesicht zerkratzt; und vor der Türe steht ein Mann mit einem Messer, der hat mich ins Bein gestochen; und auf dem Hof liegt ein schwarzes Ungetüm, das hat mit einer Holzkeule auf mich losgeschlagen; und oben auf dem Dache, da sitzt der Richter, der rief: Bringt mir den Schelm her. Da machte ich, dass ich fortkam.«

Von nun an getrauten sich die Räuber nicht weiter in das Haus, den vier Bremer Musikanten gefiel's aber so wohl darin, dass sie nicht wieder herauswollten. Und der das zuletzt erzählt hat, dem ist der Mund noch warm.

Der Wolf und die sieben jungen Geißlein

Es war einmal eine alte Geiß, die hatte sieben junge Geißlein und hatte sie lieb, wie eine Mutter ihre Kinder liebhat. Eines Tages wollte sie in den Wald gehen und Futter holen, da rief sie alle sieben herbei und sprach: »Liebe Kinder, ich will hinaus in den Wald, seid auf eurer Hut vor dem Wolf, wenn er hereinkommt, so frisst er euch alle mit Haut und Haar. Der Bösewicht verstellt sich oft, aber an seiner rauen Stimme und an seinen schwarzen Füßen werdet ihr ihn gleich erkennen.«

Die Geißlein sagten: »Liebe Mutter, wir wollen uns schon in Acht nehmen, Ihr könnt ohne Sorge fortgehen.« Da meckerte die Alte und machte sich getrost auf den Weg.

Es dauerte nicht lange, so klopfte jemand an die Haustür und rief: »Macht auf, ihr lieben Kinder, eure Muter ist da und hat jedem von euch etwas mitgebracht.« Aber die Geißerchen hörten an der rauen Stimme, dass es der Wolf war. »Wir machen nicht auf«, riefen sie, »du bist unsere Mutter nicht, die hat eine feine und liebliche Stimme, aber deine Stimme ist rau; du bist der Wolf.«

Da ging der Wolf fort zu einem Krämer und kaufte sich ein großes Stück Kreide; die aß er und machte damit seine Stimme fein. Dann kam er zurück, klopfte an die Haustür und rief:

»Macht auf, ihr lieben Kinder, eure Mutter ist da und hat jedem von euch etwas mitgebracht.« Aber der Wolf hatte seine schwarzen Pfoten in das Fenster gelegt, das sahen die Kinder und riefen:

»Wir machen nicht auf, unsere Mutter hat keinen schwarzen Fuß wie du: Du bist der Wolf.« Da lief der Wolf zu einem Bäcker und sprach:

Schneider, der Hochzeit hält. Die Alte aber sagte: »Jetzt geht und sucht Wackersteine, damit wollen wir dem gottlosen Tier den Bauch füllen, solange es noch im Schlafe liegt.«

Da schleppten die sieben Geißerchen in aller Eile die Steine herbei und steckten sie ihm in den Bauch, so viel sie hineinbringen konnten. Dann nähte ihn die Alte in aller Geschwindigkeit wieder zu, dass er nichts merkte und sich nicht einmal regte.

Als der Wolf endlich ausgeschlafen hatte, machte er sich auf die Beine, und weil ihm die Steine im Magen so großen Durst erregten, so wollte er zu einem Brunnen gehen und trinken. Als er aber anfing, zu gehen und sich hin und her zu bewegen, so stießen die Steine in seinem Bauch aneinander und rappelten. Da rief er:

»Was rumpelt und pumpelt
in meinem Bauch herum?
Ich meinte, es wären sechs Geißlein,
so sind's lauter Wackerstein.«

Und als er an den Brunnen kam und sich über das Wasser bückte und trinken wollte, da zogen ihn die schweren Steine hinein, und er musste jämmerlich ersaufen. Als die sieben Geißlein das sahen, da kamen sie herbeigelaufen, riefen laut: »Der Wolf ist tot! Der Wolf ist tot!«, und tanzten mit ihrer Mutter vor Freude um den Brunnen herum.

Brüderchen und Schwesterchen

Brüderchen nahm sein Schwesterchen an der Hand und sprach: »Seit die Mutter tot ist, haben wir keine gute Stunde mehr; die Stiefmutter schlägt uns alle Tage, und wenn wir zu ihr kommen, stößt sie uns mit den Füßen fort. Die harten Brotkrusten, die übrig bleiben, sind unsere Speise, und dem Hündlein unter dem Tisch geht's besser; dem wirft sie doch manchmal einen guten Bissen zu. Dass Gott erbarm, wenn das unsere Mutter wüsste! Komm, wir wollen miteinander in die weite Welt gehen.«

Sie gingen den ganzen Tag über Wiesen, Felder und Steine, und wenn es regnete, sprach das Schwesterchen: »Gott und unsere Herzen, die weinen zusammen!«

Abends kamen sie in einen großen Wald und waren so müde von Jammer, Hunger und dem langen Weg, dass sie sich in einen hohlen Baum setzten und einschliefen. Am andern Morgen, als sie aufwachten, stand die Sonne schon hoch am Himmel und schien heiß in den Baum hinein. Da sprach das Brüderchen:

»Schwesterchen, mich dürstet, wenn ich ein Brünnlein wüsste, ich ging und tränk einmal; ich mein, ich hört eins rauschen.«

Brüderchen stand auf, nahm Schwesterchen an der Hand, und sie wollten das Brünnlein suchen. Die böse Stiefmutter aber war eine Hexe und hatte wohl gesehen, wie die beiden Kinder fortgegangen waren, war ihnen nachgeschlichen, heimlich, wie die Hexen schleichen, und hatte alle Brunnen im Walde verwünscht. Als sie nun ein Brünnlein fanden, das so glitzerig über die Steine sprang, wollte das Brüderchen daraus trinken; aber das Schwesterchen hörte, wie es im Rauschen sprach: »*Wer aus mir trinkt, wird ein Tiger, wer aus mir trinkt, wird ein Tiger.*«

Da rief das Schwesterchen: »Ich bitte dich, Brüderchen, trink nicht, sonst wirst du ein wildes Tier und zerreißest mich.« Das Brüderchen trank nicht, ob es gleich so großen Durst hatte, und sprach: »Ich will warten bis zur nächsten Quelle.«

Als sie zum zweiten Brünnlein kamen, hörte das Schwesterchen, wie auch dieses sprach: »*Wer aus mir trinkt, wird ein Wolf, wer aus mir trinkt, wird ein Wolf!*« Da rief das Schwesterchen »Brüderchen, ich bitte dich, trink nicht, sonst wirst du ein Wolf und frissest mich.« Das Brüderchen trank nicht, und sprach: »Ich will warten, bis wir zur nächsten Quelle kommen, aber dann muss ich trinken, du magst sagen, was du willst, mein Durst ist gar zu groß.«

Und als sie zum dritten Brünnlein kamen, hörte das Schwesterlein, wie es im Rauschen sprach: »*Wer aus mir trinkt, wird ein Reh, wer aus mir trinkt, wird ein Reh.*« Das Schwesterchen sprach: »Ach Brüderchen, ich bitte dich, trink nicht, sonst wirst du ein Reh und läufst mir fort.« Aber das Brüderchen hatte sich gleich beim Brünnlein niedergekniet, hinabgebeugt und von dem Wasser getrunken, und wie die ersten Tropfen auf seine Lippen gekommen waren, lag es da als ein Rehkälbchen.

Nun weinte das Schwesterchen über das arme verwünschte Brüderchen, und das Rehchen weinte auch und saß so traurig neben ihm. Da sprach das Mädchen endlich:

»Sei still, liebes Rehchen, ich will dich ja nimmermehr verlassen.«

Dann band es sein goldenes Strumpfband ab und tat es dem Rehchen um den Hals, und rupfte Binsen und flocht ein weiches Seil daraus. Daran band es das Tierchen und führte es weiter und ging immer tiefer in den Wald hinein. Und als sie lange, lange gegangen waren, kamen sie endlich an ein kleines Haus, und das Mädchen schaute hinein, und weil es leer war, dachte es: »Hier können wir bleiben und wohnen.«

Da suchte es dem Rehchen Laub und Moos zu einem weichen Lager, und jeden Morgen ging es aus und sammelte sich Wurzeln, Beeren und Nüsse, und für das Rehchen brachte es zartes Gras mit, das fraß es ihm

aus der Hand, war vergnügt und spielte vor ihm herum. Abends, wenn Schwesterchen müde war und sein Gebet gesagt hatte, legte es seinen Kopf auf den Rücken des Rehkälbchens, das war sein Kissen, darauf es sanft einschlief. Und hätte das Brüderchen nur seine menschliche Gestalt gehabt, es wäre ein herrliches Leben gewesen. Das dauerte eine Zeit lang, dass sie so allein in der Wildnis waren.

Es trug sich aber zu, dass der König des Landes eine große Jagd in dem Wald hielt. Da schallte das Hörnerblasen, Hundegebell und das lustige Geschrei der Jäger durch die Bäume, und das Rehlein hörte es und wäre gar zu gerne dabei gewesen.

»Ach«, sprach es zum Schwesterlein, »lass mich hinaus in die Jagd, ich kann's nicht länger mehr aushalten«, und bat so lange, bis es einwilligte. »Aber«, sprach es zu ihm, »komm mir ja abends wieder, vor den wilden Jägern schließ ich mein Türlein; und damit ich dich kenne, so klopf und sprich: Mein Schwesterlein, lass mich herein; und wenn du nicht so sprichst, so schließ ich mein Türlein nicht auf.« Nun sprang das Rehchen hinaus, und war ihm so wohl und war so lustig in freier Luft.

Der König und seine Jäger sahen das schöne Tier und setzten ihm nach, aber sie konnten es nicht einholen, und wenn sie meinten, sie hätten es gewiss, da sprang es über das Gebüsch weg und war verschwunden. Als es dunkel ward, lief es zu dem Häuschen, klopfte und sprach: »Mein Schwesterlein, lass mich herein.«

Da ward ihm die kleine Tür aufgetan, es sprang hinein und ruhete sich die ganze Nacht auf seinem weichen Lager aus. Am andern Morgen ging die Jagd von neuem an, und als das Rehlein wieder das Hüfthorn hörte und das Hoho! der Jäger, da hatte es keine Ruhe und sprach: »Schwesterchen, mach mir auf, ich muss hinaus.«

Das Schwesterchen öffnete ihm die Türe und sprach: »Aber zu Abend musst du wieder da sein und dein Sprüchlein sagen.« Als der König und seine Jäger das Rehlein mit dem goldenen Halsband wieder sahen, jagten sie ihm alle nach, aber es war ihnen zu schnell und behend.

Das währte den ganzen Tag, endlich aber hatten es die Jäger abends umzingelt, und einer verwundete es ein wenig am Fuß, so dass es hinken musste und langsam fortlief. Da schlich ihm ein Jäger nach bis zu dem Häuschen und hörte, wie es rief:

»Mein Schwesterlein, lass mich herein«, und sah, dass die Tür ihm aufgetan und alsbald wieder zugeschlossen ward. Der Jäger behielt das alles wohl im Sinn, ging zum König und erzählte ihm, was er gesehen und gehört hatte. Da sprach der König: »Morgen soll noch einmal gejagt werden.«

Das Schwesterchen aber erschrak gewaltig, als es sah, dass sein Rehkälbchen verwundet war. Es wusch ihm das Blut ab, legte Kräuter auf und sprach: »Geh auf dein Lager, lieb Rehchen, dass du wieder heil wirst.«

Die Wunde aber war so gering, dass das Rehchen am Morgen nichts mehr davon spürte. Und als es die Jagdlust wieder draußen hörte, sprach es: »Ich kann's nicht aushalten, ich muss dabei sein; so bald soll mich keiner kriegen.«

Das Schwesterchen weinte und sprach: »Nun werden sie dich töten, und ich bin hier allein im Wald und bin verlassen von aller Welt, ich lass dich nicht hinaus.« »So sterb ich dir hier vor Betrübnis«, antwortete das Rehchen, »wenn ich das Hüfthorn höre, so mein ich, ich müsst aus den Schuhen springen!«

Da konnte das Schwesterchen nicht anders und schloss ihm mit schwerem Herzen die Tür auf, und das Rehchen sprang gesund und fröhlich in den Wald. Als es der König erblickte, sprach er zu seinen Jägern: »Nun jagt ihm nach den ganzen Tag bis in die Nacht, aber dass ihm keiner etwas zuleide tut.« Sobald die Sonne untergegangen war, sprach der König zum Jäger: »Nun komm und zeige mir das Waldhäuschen.«

Und als er vor dem Türlein war, klopfte er an und rief:

»Lieb Schwesterlein, lass mich herein.« Da ging die Tür auf, und der König trat herein, und da stand ein Mädchen, das war so schön, wie er noch keins gesehen hatte. Das Mädchen erschrak, als es sah, dass nicht sein Rehlein, sondern ein Mann hereinkam, der eine goldene Krone auf dem Haupt hatte. Aber der König sah es freundlich an, reichte ihm die Hand und sprach:

»Willst du mit mir gehen auf mein Schloss und meine liebe Frau sein?« »Ach ja«, antwortete das Mädchen, »aber das Rehchen muss auch mit, das verlass ich nicht.« Sprach der König: »Es soll bei dir bleiben, solange du lebst, und soll ihm an nichts fehlen.« Indem kam es hereingesprungen, da band es das Schwesterchen wieder an das Binsenseil, nahm es selbst in die Hand und ging mit ihm aus dem Waldhäuschen fort.

Der König nahm das schöne Mädchen auf sein Pferd und führte es in sein Schloss, wo die Hochzeit mit großer Pracht gefeiert wurde, und war es nun die Frau Königin, und lebten sie lange Zeit vergnügt zusammen; das Rehlein ward gehegt und gepflegt und sprang in dem Schlossgarten herum.

Die böse Stiefmutter aber, um derentwillen die Kinder in die Welt hineingegangen waren, die meinte nicht anders, als Schwesterchen wäre von den wilden Tieren im Walde zerrissen worden und Brüderchen als ein Rehkalb von den Jägern totgeschossen.

Als sie nun hörte, dass sie so glücklich waren und es ihnen so wohl ging, da wurden Neid und Missgunst in ihrem Herzen rege und ließen ihr keine Ruhe, und sie hatte keinen andern Gedanken, als wie sie die beiden doch noch ins Unglück bringen könnte. Ihre rechte Tochter, die hässlich war wie die Nacht und nur ein Auge hatte, die machte ihr Vorwürfe und sprach: »Eine Königin zu werden, das Glück hätte mir gebührt.« »Sei nur still«, sagte die Alte und sprach sie zufrieden: »Wenn's Zeit ist, will ich schon bei der Hand sein.«

Als nun die Zeit herangerückt war und die Königin ein schönes Knäblein zur Welt gebracht hatte und der König gerade auf der Jagd war, nahm die alte Hexe die Gestalt der Kammerfrau an, trat in die Stube, wo die Königin lag, und sprach zu ihr: »Kommt, das Bad ist fertig, das wird Euch wohl tun und frische Kräfte geben; geschwind, eh es kalt wird.«

Ihre Tochter war auch bei der Hand, sie trugen die schwache Königin in die Badstube und legten sie in die Wanne; dann schlossen sie die Tür ab und liefen davon. In der Badstube aber hatten sie ein rechtes Höllenfeuer angemacht, dass die schöne junge Königin bald ersticken musste.

Als das vollbracht war, nahm die Alte ihre Tochter, setzte ihr eine Haube auf, und legte sie ins Bett an der Königin Stelle. Sie gab ihr auch die Gestalt und das Ansehen der Königin, nur das verlorene Auge konnte sie ihr nicht wiedergeben. Damit es aber der König nicht merkte, musste sie sich auf die Seite legen, wo sie kein Auge hatte.

Am Abend, als er heimkam und hörte, dass ihm ein Söhnlein geboren war, freute er sich herzlich, und wollte ans Bett seiner lieben Frau gehen und sehen, was sie machte. Da rief die Alte geschwind: »Beileibe, lasst die Vorhänge zu, die Königin darf noch nicht ins Licht sehen und muss Ruhe haben.« Der König ging zurück und wusste nicht, dass eine falsche Königin im Bette lag.

Als es aber Mitternacht war und alles schlief, da sah die Kinderfrau, die in der Kinderstube neben der Wiege saß und allein noch wachte, wie die Türe aufging, und die rechte Königin hereintrat. Sie nahm das Kind aus der Wiege, legte es in ihren Arm und gab ihm zu trinken. Dann schüttelte sie ihm sein Kisschen, legte es wieder hinein und deckte es zu. Sie vergaß aber auch das Rehchen nicht, ging in die Ecke, wo es lag, und streichelte ihm über den Rücken. Darauf ging sie ganz stillschweigend wieder zur Türe hinaus, und die Kinderfrau fragte am anderen Morgen die Wächter, ob jemand während der Nacht ins Schloss gegangen wäre, aber sie antworteten: »Nein, wir haben niemand gesehen.«

So kam sie viele Nächte und sprach niemals ein Wort dabei; die Kinderfrau sah sie immer, aber sie getraute sich nicht, jemand etwas davon zu sagen. Als nun so eine Zeit verflossen war, da hub die Königin in der Nacht an zu reden und sprach:

»Was macht mein Kind? Was macht mein Reh?
Nun komm ich noch zweimal und dann nimmermehr.«

Die Kinderfrau antwortete ihr nicht, aber als sie wieder verschwunden war, ging sie zum König und erzählte ihm alles. Sprach der König: »Ach Gott, was ist das! Ich will in der nächsten Nacht bei dem Kinde wachen.«

Abends ging er in die Kinderstube, aber um Mitternacht erschien die Königin wieder und sprach:

»Was macht mein Kind? Was macht mein Reh?
Nun komm ich noch einmal und dann nimmermehr.«

Und pflegte dann des Kindes, wie sie gewöhnlich tat, ehe sie verschwand. Der König getraute sich nicht, sie anzureden, aber er wachte auch in der folgenden Nacht. Sie sprach abermals:

»Was macht mein Kind? Was macht mein Reh?
Nun komm ich noch diesmal und dann nimmermehr.«

Da konnte sich der König nicht zurückhalten, sprang zu ihr und sprach: »Du kannst niemand anders sein als meine liebe Frau.«

Da antwortete sie: »Ja, ich bin deine liebe Frau«, und hatte in dem Augenblick durch Gottes Gnade das Leben wiedererhalten, war frisch, rot und gesund. Darauf erzählte sie dem König den Frevel, den die böse Hexe und ihre Tochter an ihr verübt hatten.

Der König ließ beide vor Gericht führen, und es ward ihnen das Urteil gesprochen. Die Tochter ward in Wald geführt, wo sie die wilden Tiere zerrissen, die Hexe aber ward ins Feuer gelegt und musste jammervoll verbrennen.

Und wie sie zu Asche verbrannt war, verwandelte sich das Rehkälbchen und erhielt seine menschliche Gestalt wieder; Schwesterchen und Brüderchen aber lebten glücklich zusammen bis an ihr Ende.

Rumpelstilzchen

Es war einmal ein Müller, der war arm, hatte aber eine schöne Tochter. Nun traf es sich, dass er mit dem König zu sprechen kam, und um sich ein Ansehen zu geben, sagte er zu ihm: »Ich habe eine Tochter, die kann Stroh zu Gold spinnen.«

Der König sprach zum Müller: »Das ist eine Kunst, die mir wohl gefällt, wenn deine Tochter so geschickt ist, wie du sagst, so bring sie morgen in mein Schloss, da will ich sie auf die Probe stellen.« Als nun das Mädchen zu ihm gebracht ward, führte er es in eine Kammer, die ganz voll Stroh lag, gab ihr Rad und Haspel und sprach: »Jetzt mache dich an die Arbeit, und wenn du diese Nacht durch bis morgen früh dieses Stroh nicht zu Gold versponnen hast, so musst du sterben.« Darauf schloss er die Kammer selbst zu, und sie blieb allein darin. Da saß nun die arme Müllerstochter und wusste um ihr Leben keinen Rat; sie verstand gar nichts davon, wie man Stroh zu Gold spinnen konnte, und ihre Angst ward immer größer, dass sie endlich zu weinen anfing.

Da ging auf einmal die Türe auf und trat ein kleines Männchen herein und sprach: »Guten Abend, Jungfer Müllerin, warum weint Sie so sehr?« »Ach«, antwortete das Mädchen, »ich soll Stroh zu Gold spinnen und verstehe das nicht.« Sprach das Männchen:

»Was gibst du mir, wenn ich dir's spinne?« »Mein Halsband«, sagte das Mädchen. Das Männchen nahm das Halsband, setzte sich vor das Rädchen, und schnurr, schnurr, schnurr, dreimal gezogen, war die Spule voll. Dann steckte es eine andere auf, und schnurr, schnurr, schnurr, dreimal gezogen, war auch die zweite voll; und so ging's fort bis zum Morgen, da war alles Stroh versponnen, und alle Spulen waren voll Gold.

Bei Sonnenaufgang kam schon der König, und als er das Gold erblickte, erstaunte er und freute sich, aber sein Herz ward nur noch goldgieriger.

Er ließ die Müllerstochter in eine andere Kammer voll Stroh bringen, die noch viel größer war, und befahl ihr, das auch in einer Nacht zu spinnen, wenn ihr das Leben lieb wäre.

Das Mädchen wusste sich nicht zu helfen und weinte, da ging abermals die Türe auf, und das kleine Männchen erschien und sprach:

»Was gibst du mir, wenn ich dir das Stroh zu Gold spinne?« »Meinen Ring von dem Finger«, antwortete das Mädchen. Das Männchen nahm den Ring, fing wieder an zu schnurren mit dem Rade und hatte bis zum Morgen alles Stroh zu glänzendem Gold gesponnen. Der König freute sich über die Maßen bei dem Anblick, war aber noch immer nicht Goldes satt, sondern ließ die Müllerstochter in eine noch größere Kammer bringen und sprach:

»Die musst du noch in dieser Nacht verspinnen: Gelingt dir's aber, so sollst du meine Gemahlin werden.« »Wenn's auch nur eine Müllerstochter ist«, dachte er, »eine reichere Frau finde ich in der ganzen Welt nicht.«

Als das Mädchen allein war, kam das Männlein zum dritten Mal wieder und sprach: »Was gibst du mir, wenn ich dir noch diesmal das Stroh spinne?« »Ich habe nichts mehr, das ich geben könnte«, antwortete das Mädchen.» So versprich mir, wenn du Königin wirst, dein erstes Kind.« »Wer weiß, wie das noch geht«, dachte die Müllerstochter und wusste sich auch in der Not nicht anders zu helfen; sie versprach also dem Männchen, was es verlangte, und das Männchen spann dafür noch einmal das Stroh zu Gold. Und als am Morgen der König kam und alles fand, wie er gewünscht hatte, so hielt er Hochzeit mit ihr, und die schöne Müllerstochter ward eine Königin.

Über ein Jahr brachte sie ein schönes Kind zur Welt und dachte gar nicht mehr an das Männchen: Da trat es plötzlich in ihre Kammer und sprach: »Nun gib mir, was du versprochen hast.« Die Königin erschrak und bot dem Männchen alle Reichtümer des Königreichs an, wenn es ihr das Kind lassen wollte; aber das Männchen sprach: »Nein, etwas Lebendes ist mir lieber als alle Schätze der Welt.« Da fing die Königin so an zu jammern und zu weinen, dass das Männchen Mitleiden mit ihr hatte: »Drei Tage will ich dir Zeit lassen«, sprach er, »wenn du bis dahin meinen Namen weißt, so sollst du dein Kind behalten.«

Nun besann sich die Königin die ganze Nacht auf alle Namen, die sie jemals gehört hatte, und schickte einen Boten über Land, der sollte sich erkundigen weit und breit, was es sonst noch für Namen gäbe. Als am andern Tag das Männchen kam, fing sie an mit Kaspar, Melchior, Balzer und sagte alle Namen, die sie wusste, nach der Reihe her, aber bei jedem sprach das Männlein: »So heiß ich nicht.« Den zweiten Tag ließ sie in der Nachbarschaft herumfragen, wie die Leute da genannt würden, und sagte

dem Männlein die ungewöhnlichsten und seltsamsten Namen vor: »Heißt du vielleicht Rippenbiest oder Hammelswade oder Schnürbein?« Aber es antwortete immer: »So heiß ich nicht.« Den dritten Tag kam der Bote wieder zurück und erzählte: »Neue Namen habe ich keinen einzigen finden können, aber wie ich an einen hohen Berg um die Waldecke kam, wo Fuchs und Has sich gute Nacht sagen, so sah ich da ein kleines Haus, und vor dem Haus brannte ein Feuer, und um das Feuer sprang ein gar zu lächerliches Männchen, hüpfte auf einem Bein und schrie:

»Heute back ich, morgen brau ich,
übermorgen hol ich der Königin ihr Kind;
ach, wie gut ist, dass niemand weiß,
dass ich Rumpelstilzchen heiß!«

Da könnt ihr denken, wie die Königin froh war, als sie den Namen hörte, und als bald hernach dass Männlein hereintrat und fragte:

»Nun, Frau Königin, wie heiß ich?«, fragte sie erst: »Heißest du Kunz?« »Nein«. »Heißest du Heinz?« »Nein.« »Heißt du etwa Rumpelstilzchen?«

»Das hat dir der Teufel gesagt, das hat dir der Teufel gesagt!«, schrie das Männlein und stieß mit dem rechten Fuß vor Zorn so tief in die Erde, dass es bis in den Leib hineinfuhr, dann packte es in seiner Wut den linken Fuß mit beiden Händen und riss sich selbst mitten entzwei.

Das tapfere Schneiderlein

An einem Sommermorgen saß ein Schneiderlein auf seinem Tisch am Fenster, war guter Dinge und nähte aus Leibeskräften. Da kam eine Bauersfrau die Straße herab und rief: »Gut Mus feil! Gut Mus feil!«

Das klang dem Schneiderlein lieblich in die Ohren, er steckte sein zartes Haupt zum Fenster hinaus und rief: »Hier herauf, liebe Frau, hier wird sie ihre Ware los.«

Die Frau stieg die drei Treppen mit ihrem schweren Korbe zu dem Schneider herauf und musste die Töpfe sämtlich vor ihm auspacken. Er besah sie alle, hob sie in die Höhe, hielt die Nase dran und sagte endlich: »Das Mus scheint mir gut, wieg sie mir doch vier Lot ab, liebe Frau, wenn's auch ein Viertelpfund ist, kommt es mir nicht darauf an.«

Die Frau, welche gehofft hatte, einen guten Absatz zu finden, gab ihm, was er verlangte, ging aber ganz ärgerlich und brummig fort.

»Nun, das Mus soll mir Gott gesegnen«, rief das Schneiderlein, »und soll mir Kraft und Stärke geben«, holte das Brot aus dem Schrank, schnitt sich ein Stück über den ganzen Laib und strich das Mus darüber. »Das wird nicht bitter schmecken«, sprach er, »aber erst will ich den Wams fertig machen, eh ich anbeiße.«

Er legte das Brot neben sich, nähte weiter und machte vor Freude immer größere Stiche. Indes stieg der Geruch von dem süßen Mus hinauf an die Wand, wo die Fliegen in großer Menge saßen, so dass sie herangelockt wurden und sich scharenweis darauf niederließen.

»Ei, wer hat euch eingeladen?«, sprach das Schneiderlein und jagte die ungebetenen Gäste fort. Die Fliegen aber, die kein Deutsch verstanden, ließen sich nicht abweisen, sondern kamen in immer größerer Gesellschaft wieder. Da lief dem Schneiderlein endlich, wie man sagt, die Laus

über die Leber, es langte aus seiner Hölle nach einem Tuchlappen, und »Wart, ich will es euch geben!« schlug es unbarmherzig drauf. Als es abzog und zählte, so lagen nicht weniger als sieben vor ihm tot und streckten die Beine.

»Bist du so ein Kerl?«, sprach er und musste selbst seine Tapferkeit bewundern. »Das soll die ganze Stadt erfahren.« Und in der Hast schnitt sich das Schneiderlein einen Gürtel, nähte ihn und stickte mit großen Buchstaben darauf: »Siebene auf einen Streich!«

»Ei was, Stadt!«, sprach er weiter, »die ganze Welt soll's erfahren!«

Und sein Herz wackelte ihm vor Freude wie ein Lämmerschwänzchen. Der Schneider band sich den Gürtel um den Leib und wollte in die Welt hinaus, weil er meinte, die Werkstätte sei zu klein für seine Tapferkeit. Eh er abzog, suchte er im Haus herum, ob nichts da wäre, was er mitnehmen könnte. Er fand aber nichts als einen alten Käs, den steckte er ein. Vor dem Tore bemerkte er einen Vogel, der sich im Gesträuch gefangen hatte, der musste zu dem Käse in die Tasche.

Nun nahm er den Weg tapfer zwischen die Beine, und weil er leicht und behend war, fühlte er keine Müdigkeit. Der Weg führte ihn auf einen Berg, und als er den höchsten Gipfel erreicht hatte, so saß da ein gewaltiger Riese und schaute sich ganz gemächlich um. Das Schneiderlein ging beherzt auf ihn zu, redete ihn an und sprach: »Guten Tag, Kamerad, gelt, du sitzest da und besiehst dir die weitläufige Welt? Ich bin eben auf dem Wege dahin und will mich versuchen. Hast du Lust, mitzugehen?«

Der Riese sah den Schneider verächtlich an und sprach: »Du Lump! Du miserabler Kerl!«

»Das wäre!«, antwortete das Schneiderlein, knöpfte den Rock auf und zeigte dem Riesen den Gürtel. »Da kannst du lesen, was ich für ein Mann bin.« Der Riese las: »Siebene auf einen Streich«, meinte, das wären Menschen gewesen, die der Schneider erschlagen hätte, und kriegte ein wenig Respekt vor dem kleinen Kerl. Doch wollte er ihn erst prüfen, nahm einen Stein in die Hand und drückte ihn zusammen, dass das Wasser heraustropfte.

»Das mach mir nach«, sprach der Riese, »wenn du Stärke hast.«

»Ist's weiter nichts?«, sagte das Schneiderlein. »Das ist bei unsereinem Spielwerk«, griff in die Tasche, holte den weichen Käs und drückte ihn, dass der Saft herauslief. »Gelt«, sprach er, »das war ein wenig besser?«

Der Riese wusste nicht, was er sagen sollte, und konnte es von dem Männlein nicht glauben. Da hob der Riese einen Stein auf und warf ihn so hoch, dass man ihn mit Augen kaum noch sehen konnte.

»Nun, du Erpelmännchen, das tu mir nach.«

»Gut geworfen«, sagte der Schneider, »aber der Stein hat doch wieder zur Erde herabfallen müssen. Ich will dir einen werfen, der soll gar nicht wiederkommen«, griff in die Tasche, nahm den Vogel und warf ihn in die Luft. Der Vogel, froh über seine Freiheit, stieg auf, flog fort und kam nicht wieder. »Wie gefällt dir das Stückchen, Kamerad?«, fragte der Schneider.

»Werfen kannst du wohl«, sagte der Riese, »aber nun wollen wir sehen, ob du imstande bist, etwas Ordentliches zu tragen.« Er führte das Schneiderlein zu einem mächtigen Eichbaum, der da gefällt auf dem Boden lag, und sagte. »Wenn du stark genug bist, so hilf mir den Baum aus dem Walde heraustragen.«

»Gerne«, antwortete der kleine Mann, »nimm du nur den Stamm auf deine Schulter, ich will die Äste mit dem Gezweig aufheben und tragen, das ist doch das Schwerste.«

Der Riese nahm den Stamm auf die Schulter, der Schneider aber setzte sich auf einen Ast, und der Riese, der sich nicht umsehen konnte, musste den ganzen Baum und das Schneiderlein noch obendrein forttragen.

Es war dahinten ganz lustig und guter Dinge, pfiff das Liedchen »Es ritten drei Schneider zum Tore hinaus«, als wäre das Baumtragen ein Kinderspiel. Der Riese, nachdem er ein Stück Wegs die schwere Last fortgeschleppt hatte, konnte nicht weiter und rief: »Hör, ich muss den Baum fallen lassen.« Der Schneider sprang behendiglich herab, fasste den Baum mit beiden Armen, als wenn er ihn getragen hätte, und sprach zum Riesen: »Du bist ein so großer Kerl und kannst den Baum nicht einmal tragen.«

Sie gingen zusammen weiter, und als sie an einem Kirschbaum vorbeikamen, fasste der Riese die Krone des Baumes, wo die zeitigsten Früchte hingen, bog sie herab, gab sie dem Schneider in die Hand und hieß ihn essen. Das Schneiderlein aber war viel zu schwach, um den Baum zu halten, und als der Riese losließ, fuhr der Baum in die Höhe, und der Schneider ward mit in die Luft geschnellt.

Als er wieder ohne Schaden herabgefallen war, sprach der Riese: »Was ist das, hast du nicht Kraft, die schwache Gerte zu halten?«

»An der Kraft fehlt es nicht«, antwortete das Schneiderlein, »meinst du, das wäre etwas für einen, der siebene mit einem Streich getroffen hat? Ich bin über den Baum gesprungen, weil die Jäger da unten in das Gebüsch schießen. Spring nach, wenn du's vermagst.«

Der Riese machte den Versuch, konnte aber nicht über den Baum kommen, sondern blieb in den Ästen hängen, also dass das Schneiderlein auch hier die Oberhand behielt. Der Riese sprach: »Wenn du ein so tapferer Kerl bist, so komm mit in unsere Höhle und übernachte bei uns.« Das Schneiderlein war bereit und folgte ihm. Als sie in der Höhle anlangten, saßen da noch andere Riesen beim Feuer, und jeder hatte ein gebratenes Schaf in der Hand und aß davon. Das Schneiderlein sah sich um und dachte: »Es ist doch hier viel weitläufiger als in meiner Werkstatt.«

Der Riese wies ihm ein Bett an und sagte, er solle sich hineinlegen und ausschlafen. Dem Schneiderlein war aber das Bett zu groß, es legte sich nicht hinein, sondern kroch in eine Ecke. Als es Mitternacht war und der Riese meinte, das Schneiderlein läge in tiefem Schlafe, so stand er auf, nahm eine große Eisenstange, schlug das Bett mit einem Schlag durch und meinte, er hätte dem Grashüpfer den Garaus gemacht.

Mit dem frühsten Morgen gingen die Riesen in den Wald und hatten das Schneiderlein ganz vergessen, da kam es auf einmal ganz lustig und verwegen dahergeschritten. Die Riesen erschraken, fürchteten, es schlüge sie alle tot, und liefen in einer Hast fort.

Das Schneiderlein zog weiter, immer seiner spitzen Nase nach. Nachdem es lange gewandert war, kam es in den Hof eines königlichen Palastes, und da es Müdigkeit empfand, so legte es sich ins Gras und schlief ein. Während es da lag, kamen die Leute, betrachteten es von allen Seiten und lasen auf dem Gürtel: »Siebene auf einen Streich!«

»Ach«, sprachen sie, »was will der große Kriegsheld hier mitten im Frieden? Das muss ein mächtiger Herr sein.«

mit gleicher Münze, und sie gerieten in solche Wut, dass sie Bäume ausrissen, aufeinander losschlugen, so lange, bis sie endlich beide zugleich tot auf die Erde fielen. Nun sprang das Schneiderlein herab.

»Ein Glück nur«, sprach es, »dass sie den Baum, auf dem ich saß, nicht ausgerissen haben, sonst hätte ich wie ein Eichhörnchen auf einen andern springen müssen; doch unsereiner ist flüchtig!« Es zog sein Schwert und versetzte jedem ein paar tüchtige Hiebe in die Brust, dann ging es hinaus zu den Reitern und sprach: »Die Arbeit ist getan, ich habe beiden den Garaus gemacht; aber hart ist es hergegangen, sie haben in der Not Bäume ausgerissen und sich gewehrt, doch das hilft alles nichts, wenn einer kommt wie ich, der siebene auf einen Streich schlägt.«

»Seid ihr denn nicht verwundet?«, fragten die Reiter.

»Das hat gute Wege«, antwortete der Schneider, »kein Haar haben sie mir gekrümmt.«

Die Reiter wollten ihm keinen Glauben beimessen und ritten in den Wald hinein; da fanden sie die Riesen in ihrem Blute schwimmend, und ringsherum lagen die ausgerissenen Bäume.

Das Schneiderlein verlangte von dem König die versprochene Belohnung, den aber reute sein Versprechen, und er sann aufs Neue, wie er sich den Helden vom Halse schaffen könnte.

»Ehe du meine Tochter und das halbe Reich erhältst«, sprach er zu ihm, »musst du noch eine Heldentat vollbringen. In dem Walde läuft ein Einhorn, das großen Schaden anrichtet. Das musst du erst einfangen.«

»Vor einem Einhorne fürchte ich mich noch weniger als vor zwei Riesen; siebene auf einen Streich, das ist meine Sache.«

Er nahm sich einen Strick und eine Axt mit, ging hinaus in den Wald und hieß abermals die, welche ihm zugeordnet waren, außen warten. Er brauchte nicht lange zu suchen, das Einhorn kam bald daher und sprang geradezu auf den Schneider los, als wollte es ihn ohne Umstände aufspießen. »Sachte, sachte«, sprach er, »so geschwind geht das nicht«, blieb stehen und wartete, bis das Tier ganz nahe war, dann sprang er behendiglich hinter den Baum. Das Einhorn rannte mit aller Kraft gegen den Baum und spießte sein Horn so fest in den Stamm, dass es nicht Kraft genug hatte, es wieder herauszuziehen, und so war es gefangen. »Jetzt hab ich das Vöglein«, sagte der Schneider, kam hinter dem Baum hervor, legte dem Einhorn den Strick erst um den Hals, dann hieb er mit der Axt das Horn aus dem Baum, und als alles in Ordnung war, führte er das Tier ab und brachte es dem König.

Der König wollte ihm den verheißenen Lohn noch nicht gewähren und machte eine dritte Forderung. Der Schneider sollte ihm vor der Hochzeit erst ein Wildschwein fangen, das in dem Wald großen Schaden tat; die Jäger sollten ihm Beistand leisten.

»Gerne«, sprach der Schneider, »das ist ein Kinderspiel.«

Die Jäger nahm er nicht mit in den Wald, und sie waren's wohl zufrieden, denn das Wildschwein hatte sie schon mehrmals so empfangen, dass sie keine Lust hatten, ihm nachzustellen. Als das Schwein den Schneider erblickte, lief es mit schäumendem Munde und wetzenden Zähnen auf ihn zu und wollte ihn zur Erde werfen. Der flüchtige Held aber sprang in eine Kapelle, die in der Nähe war, und gleich oben zum Fenster in einem Satze wieder hinaus. Das Schwein war hinter ihm hergelaufen, er aber hüpfte außen herum und schlug die Tür hinter ihm zu; da war das wütende Tier gefangen, das viel zu schwer und unbehilflich war, um zu dem Fenster hinauszuspringen. Das Schneiderlein rief die Jäger herbei, die mussten den Gefangenen mit eigenen Augen sehen. Der Held aber begab sich zum Könige, der nun, er mochte wollen oder nicht, sein Versprechen halten musste und ihm seine Tochter und das halbe Königreich übergab. Hätte er gewusst, dass kein Kriegsheld, sondern ein Schneiderlein vor ihm stand, es wäre ihm noch mehr zu Herzen gegangen. Die Hochzeit ward also mit großer Pracht und kleiner Freude gehalten und aus einem Schneider ein König gemacht.

Nach einiger Zeit hörte die junge Königin in der Nacht, wie ihr Gemahl im Traume sprach: »Junge, mach mir den Wams und flick mir die

Hosen, oder ich will dir die Elle über die Ohren schlagen.« Da merkte sie, in welcher Gasse der junge Herr geboren war, klagte am anderen Morgen ihrem Vater ihr Leid und bat, er möchte ihr von dem Manne helfen, der nichts anderes als ein Schneider wäre.

Der König sprach ihr Trost zu und sagte: »Lass in der nächsten Nacht deine Schlafkammer offen, meine Diener sollen außen stehen und, wenn er eingeschlafen ist, hineingehen, ihn binden und auf ein Schiff tragen, das ihn in die weite Welt führt.« Die Frau war damit zufrieden, des Königs Waffenträger aber, der alles mit angehört hatte, war dem jungen Herrn gewogen und hinterbrachte ihm den ganzen Anschlag.

»Dem Ding will ich einen Riegel vorschieben«, sagte das Schneiderlein. Abends legte es sich zu gewöhnlicher Zeit mit seiner Frau zu Bett. Als sie glaubte, er sei eingeschlafen, stand sie auf, öffnete die Tür und legte sich wieder. Das Schneiderlein, das sich nur stellte, als wenn es schliefe, fing an mit heller Stimme zu rufen: »Junge, mach mir den Wams und flick mir die Hosen, oder ich will dir die Elle über die Ohren schlagen!

Ich habe siebene mit einem Streich getroffen, zwei Riesen getötet, ein Einhorn fortgeführt und ein Wildschwein gefangen und sollte mich vor denen fürchten, die draußen vor der Kammer stehen!«

Als diese den Schneider also sprechen hörten, überkam sie eine große Furcht, sie liefen, als wenn das wilde Heer hinter ihnen wäre, und keiner wollte sich mehr an ihn wagen.

Also war und blieb das Schneiderlein sein Lebtag ein König.

Jorinde und Joringel

Es war einmal ein altes Schloss mitten in einem großen dicken Wald, darinnen wohnte eine alte Frau ganz allein, das war eine Erzzauberin.

Am Tage machte sie sich zur Katze oder zur Nachteule, des Abends aber wurde sie wieder ordentlich wie ein Mensch gestaltet. Sie konnte das Wild und die Vögel herbeilocken, und dann schlachtete sie, kochte und briet es. Wenn jemand auf hundert Schritte dem Schloss nahe kam, so musste er stillestehen und konnte sich nicht von der Stelle bewegen, bis sie ihn lossprach; wenn aber eine keusche Jungfrau in diesen Kreis kam, so verwandelte sie dieselbe in einen Vogel und sperrte sie dann in einen Korb ein und trug den Korb in eine Kammer des Schlosses. Sie hatte wohl siebentausend solcher Körbe mit so raren Vögeln im Schlosse.

Nun war einmal eine Jungfrau, die hieß Jorinde; sie war schöner als alle anderen Mädchen. Die und dann ein gar schöner Jüngling namens Joringel hatten sich zusammen versprochen. Sie waren in den Brauttagen, und

sie hatten ihr größtes Vergnügen eins am andern. Damit sie nun einsmalen vertraut zusammen reden könnten, gingen sie in den Wald spazieren. »Hüte dich«, sagte Joringel, »dass du nicht so nahe ans Schloss kommst.« Es war ein schöner Abend, die Sonne schien zwischen den Stämmen der Bäume hell ins dunkle Grün des Waldes, und die Turteltaube sang kläglich auf den alten Maibuchen.

Jorinde weinte zuweilen, setzte sich hin im Sonnenschein und klagte: Joringel klagte auch. Sie waren so bestürzt, als wenn sie hätten sterben sollen; sie sahen sich um, waren irre und wussten nicht, wohin sie nach Hause gehen sollten. Noch halb stand die Sonne über dem Berg, und halb war sie unter. Joringel sah durchs Gebüsch und sah die alte Mauer des Schlosses nah bei sich; er erschrak und wurde todbang. Jorinde sang:

»Mein Vöglein mit dem Ringlein rot singt Leide, Leide, Leide: Es singt dem Täubelein seinen Tod, singt Leide, Lei-zicküth, zicküth, zicküth.«

Joringel sah nach Jorinde. Jorinde war in eine Nachtigall verwandelt, die sang zicküth, zicküth.

Eine Nachteule mit glühenden Augen flog dreimal um sie herum und schrie dreimal schu, hu, hu, hu. Joringel konnte sich nicht regen – er stand da wie ein Stein, konnte nicht weinen, nicht reden, nicht Hand noch Fuß regen. Nun war die Sonne unter; die Eule flog in einen Strauch, und gleich darauf kam eine alte krumme Frau aus diesem hervor, gelb und mager: große rote Augen, krumme Nase, die mit der Spitze ans Kinn reichte. Sie murmelte, fing die Nachtigall und trug sie auf der Hand fort. Joringel konnte nichts sagen, nicht von der Stelle kommen; die Nachtigall war fort.

Endlich kam das Weib wieder und sagte mit dumpfer Stimme:

»Grüß dich, Zachiel, wenn's Möndel ins Körbel scheint,
bind los Zachiel, zu guter Stund.«

Da wurde Joringel los. Er fiel vor dem Weib auf die Knie und bat, sie möchte ihm seine Jorinde wiedergeben, aber sie sagte, er sollte sie nie wiederhaben, und ging fort.

Er rief, er weinte, er jammerte, aber alles umsonst. »Uu, was soll mir geschehen?« Joringel ging fort und kam endlich in ein fremdes Dorf; da hütete er die Schafe lange Zeit. Oft ging er rund um das Schloss herum, aber nicht zu nahe dabei. Endlich träumte er einmal des Nachts, er fände eine blutrote Blume, in deren Mitte eine schöne große Perle war.

Die Blume brach er ab, ging damit zum Schlosse: Alles, was er mit der Blume berührte, ward von der Zauberei frei; auch träumte er, er hätte seine Jorinde dadurch wiederbekommen.

Des Morgens, als er erwachte, fing er an, durch Berg und Tal zu suchen, ob er eine solche Blume fände; er suchte bis an den neunten Tag, da fand er die blutrote Blume am Morgen früh. In der Mitte war ein großer Tautropfe, so groß wie die schönste Perle. Diese Blume trug er Tag und Nacht bis zum Schloss.

Wie er auf hundert Schritt nahe bis zum Schloss kam, da ward er nicht fest, sondern ging fort bis ans Tor. Joringel freute sich hoch, berührte die Pforte mit der Blume, und sie sprang auf. Er ging hinein, durch den Hof, horchte, wo er die vielen Vögel vernähme; endlich hörte er's. Er ging und fand den Saal, darauf war die Zauberin und fütterte die Vögel in den siebentausend Körben. Wie sie den Joringel sah, ward sie bös, sehr bös, schalt, spie Gift und Galle gegen ihn aus, aber sie konnte auf zwei Schritte nicht an ihn kommen.

Er kehrte sich nicht an sie und ging, besah die Körbe mit den Vögeln; da waren aber viele hundert Nachtigallen, wie sollte er nun seine Jorinde wiederfinden? Indem er so zusah, merkte er, dass die Alte heimlich ein Körbchen mit einem Vogel wegnahm und damit nach der Türe ging. Flugs sprang er hinzu, berührte das Körbchen mit der Blume und auch das alte Weib – nun konnte sie nichts mehr zaubern, und Jorinde stand da, hatte ihn um den Hals gefasst, so schön, wie sie ehemals war.

Da machte er auch alle die andern Vögel wieder zu Jungfrauen, und da ging er mit seiner Jorinde nach Hause, und sie lebten lange vergnügt zusammen.

Bernadette Watts

Geboren am 13. Mai 1942 in Northampton, England. Bernadette studierte Illustration und Kunst am Maidstone College of Art in Kent. Seit 1968 arbeitet Watts als freie Illustratorin.
Für den NordSüd Verlag hat sie viele Grimm- und Andersen-Märchen illustriert, von denen heute die meisten vergriffen sind.
In diesem Sammelband, liegt erstmals wieder eine Auswahl ihrer schönsten Grimm-Märchen- Illustrationen vor.*
Für ihre Arbeit bekam Watts mehrere Auszeichnungen.
Sie ist Mutter eines Sohnes und lebt in Kent.

*Die Erscheinungsdaten der Original-Bilderbuchausgabe wurden im Inhaltsverzeichnis vermerkt.

Brüder Grimm

Die Brüder Grimm, Jacob (1785–1863) und Wilhelm (1786–1859), gelten als die Begründer der deutschen Sprach- und Literaturwissenschaft. Sie sammelten mündlich überlieferte Märchen und veröffentlichten sie zwischen 1812 und 1815 unter dem Titel »Kinder- und Hausmärchen«.
Die Grimm'sche Märchensammlung zählt heute zum unverrückbaren Bestand der Kinderliteratur und – darüber hinaus – zur Weltliteratur.
Die Auswahl der Märchen erfolgte auf der Grundlage der Reclam Ausgabe von Heinz Rölleke und wurde behutsam an die heutige Rechtschreibung angepasst.

ENGLISH G

HEADLIGHT

Lehrerfassung

2

Cornelsen

English G · Headlight · Band 2
Lehrerfassung

Im Auftrag des Verlages herausgegeben von
Wolfgang Biederstädt, Köln

Konzepterarbeitung von
Susan Abbey, Nenagh, Irland
Wolfgang Biederstädt, Köln
Frank Donoghue, Nenagh, Irland

Erarbeitet von
Marc Proulx, Berlin
Susan Abbey, Nenagh, Irland
Frank Donoghue, Nenagh, Irland

unter Mitarbeit von
Joachim Blombach, Herford
Annette Bondzio-Abbit, Bielefeld
Hartmut Bondzio, Bielefeld
Uta Franke, Leipzig
Martina Schroeder, Stedtlingen
Jennifer Seidl, München
Udo Wagner, Voerde

in Zusammenarbeit mit der Englischredaktion
Klaus Unger (Projektleitung); Jutta Seuren (verantwortliche Redakteurin); Britta Bensmann (Bildredaktion); Doreen Arnold; Kirsten Bleck; Cornelia Frisse; Irja Fröhling; Dr. Eva Grabowski; Undine Griebel; Olivia Gruver; Mara Leibowitz; Kathrin Spiegelberg; Uwe Tröger, Silvia Wiedemann sowie Eva Baumgart und Nadja Sabrina Tampfel

Anhang
Ingrid Raspe, Düsseldorf

Beratende Mitwirkung
Simone Beattie, Aalen; Eugen Blumenstock, Loßburg; Peer Brändel, Gütersloh; Uwe Chormann, Einselthum; Matthew George, Frankfurt; Bernhard Hunger, Dettingen; Anke Husmann-Niemann, Osnabrück; Prof. Dr. Jörg-U. Keßler, Ludwigsburg; Sylvia Krautstein, Köln; Ulrike Rath, Aachen; Mirjam Schrade, Stuttgart; Udo Wagner, Voerde

Layoutkonzept und technische Umsetzung
Klein & Halm Grafikdesign, Berlin

Umschlaggestaltung
Cornelsen Schulverlage Design unter Verwendung der Entwürfe von Klein & Halm Grafikdesign, Berlin und kleiner und bold, Berlin

Für die freundliche Unterstützung danken wir dem Eggbuckland Community College, Plymouth.

www.cornelsen.de

1. Auflage, 3. Druck 2015

Alle Drucke dieser Auflage sind inhaltlich unverändert und können im Unterricht nebeneinander verwendet werden.

Druck: Mohn Media Mohndruck, Gütersloh

ISBN 978-3-06-032616-7

PEFC™
PEFC/04-31-1033

PEFC zertifiziert
Dieses Produkt stammt aus nachhaltig bewirtschafteten Wäldern und kontrollierten Quellen.

www.pefc.de

Dein Englischbuch enthält folgende Teile:

Unit 1 bis 6	Die sechs Kapitel des Buches
Diff-Bank	Weitere Aufgaben – unterschiedlich schwer
Wordbank	Zusätzliche Wörter zu bestimmten Themen
Text file TF	Interessante Texte, passend zu den Units
Language file LF	Zusammenfassung wichtiger Sprachregeln
Skills file SF	Beschreibung wichtiger Lern- und Arbeitstechniken
Vocabulary	Wörterverzeichnis zum Lernen der neuen Wörter
Dictionary	Alphabetisches Wörterverzeichnis zum Nachschlagen (*English-German* und *German-English*)

Die Units bestehen aus diesen Teilen:

Lead-in	Einstieg in die neue Unit
Theme 1 / Theme 2	Neue Themen mit vielen Aktivitäten und Übungen
Focus on language	Texte und Aufgaben zum Entdecken von Regeln und Üben wichtiger Strukturen
Story	Eine Geschichte zum Lesen
Skills training	Hören: *Listening* – Lesen: *Reading* – Sprechen: *Speaking* – Schreiben: *Writing* – Sprachmittlung: *Mediation* – Hör- / Sehverstehen: *Viewing*
STOP! CHECK! GO!	Üben, Vertiefen, Lernfortschritt feststellen

In den Units findest du diese Symbole:

	Partnerarbeit / Gruppenarbeit
	Nur auf CD / auf CD und im Schülerbuch
	Filme auf der DVD
○	Leichtere Übungen
●	Schwierigere Übungen
○ //●	Parallelaufgaben: die leichtere in der Unit – die schwierigere in der Diff-Bank
More help p. 125	Hilfen zu einer Aufgabe in der Diff-Bank
More practice 1 p. 123	Weitere Übungen in der Diff-Bank

INHALT

Unit 1 · Together again

Unit 2 · Neighbours

Unit 3 · Teen talk

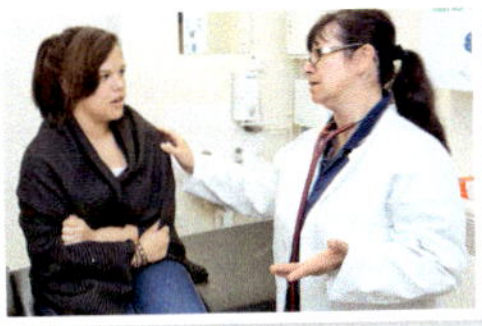

Unit 4 · Feeling good

INHALT

Unit 5 · Dartmoor adventures

Unit 6 · A journey in time

Anhang

L *Listening*
R *Reading*
S *Speaking*
W *Writing*
M *Mediation*
V *Viewing*
I *Intercultural competence*
ST *Study skill*
* Fakultativ

Die Angebote des Schülerbuches sind nicht obligatorisch abzuarbeiten. Die Auswahl der Übungen und Übungsteile richtet sich nach den Schwerpunkten des schulinternen Curriculums.

Together again

▸ KV 1 ▸ KV 52 ▸ DFF 1.3 ▸ LAS 1A

1 in the **mountains**

2 camping near a **lake**

3 a family **barbecue**[1] at home

4 in a city with friends

5 at a **summer camp**

1 Holiday photos

Which holiday photo on page 8 do you like best? Why?

I like photo ... because | I like the mountains / camping / barbecues / cities / ...
it looks fun / nice / interesting / warm / ...

What about you?

More help p. 128

2 After the holidays

Walk around: Talk to people in your class – two or more. More practice 1 p. 128

Hi, how are you?

Hi, I'm fine, thanks.

How were your holidays?

They were great / OK / ..., thanks!

They **weren't** so great.

Box: Voc., p. 203

Where were you?

I was in the country.

In August we were in Turkey[2] / Portugal[3] / ...

In July I was at home.

I was in Berlin / ...

What was the **weather** like?

It was **warm** / hot / **cold** / **sunny** / **rainy** / OK / ...

It was / wasn't very nice.

▸ *Map of Europe, p. 273*

1 ['bɑːbɪkjuː] 2 ['tɜːki] 3 ['pɔːtʃʊgl]

▸ DFF 1.6 ▸ LAS 1A

3 The kids from Eggy

Look at the photos (A–D). What do you remember about the kids? Talk to a partner.

The girl in photo A is ... She lives in ... She likes ... She has ...

1.02 **4** °A video chat about the holidays

a) Listen to Ellie and Berry. Match the things above (1–4) with Berry, Ellie, Adam and Luca.

b) Listen again. Right or wrong?

1 Berry was in Boston last week.
2 Ellie was in London in July.
3 Ellie and her dad were in Spain in August.
4 Adam was in London last summer.
5 Luca wasn't at the swimming pool last week.
6 Berry misses her friends.

5 What do you think?

Who had the best holidays? More help p. 128

I think Luca had the best holidays because ...

I don't think so. I think Ellie's holidays were the best because ...

I don't agree ...

▸ Language file 5, p. 180

▸ Workbook 1–2, p. 2

► KV 2 ► DFF 1.3 ► DFF 1.6 ► Folie 1 ► INKL 1.1

Back at school

1 It's nice to be together again

1.03

a) Look at the photo. Who isn't happy? Read the dialogue and find out why.

It's 8.45. It's the first day back at school.

Ellie — Hi, Luca. Nice to see you again. Give me five!

Luca — Hi, Ellie. How was your summer?

Ellie — Good, thanks. I went to Spain with dad.

Luca — Wow! Spain! Was it nice?

Ellie — It was great! I didn't want to come home. And your summer? You went to the Lido[1], right?

Luca — Yes. And I stayed in bed late every day. Box: Voc., p. 204

Ellie — Hey, there's Adam. Hi, Adam! How are you?

Adam — Hi, guys. I'm fine. Welcome back to school.

Ellie — Ha, ha! Very funny, Adam!

Luca — Poor Ellie! She isn't happy to be back at school. She wanted to stay in Spain.

Ellie — Are you happy to be back at school, Adam?

Adam — Yes and no! It's nice to be together again.

Ellie — Sure! But I miss Berry.

Luca — Yeah, me too. But she likes it in the US. Yesterday I read her blog. She made a new friend when she was ...

Adam — Hey, we have to go to class.

Ellie — Oh no! I'd like to go home again!

b) Is it Ellie, Luca, Adam or Berry?

1 ... had a good summer.
2 ... stayed in bed late every day.
3 ... is happy to be with his friends again.
4 ... and ... miss Berry.
5 ... is in the US now.
6 ... doesn't want to go to class.

More practice 2 p. 129

2 NOW YOU

a) Write three or more sentences about your summer holidays. The table can help you.

I We	went	to Turkey / Spain / Berlin / ... to the cinema / the park / ... shopping / swimming / ...
	visited	my grandmother / my aunt / ...
	helped	at home / in the garden / ...
	played	football / games / ...
	stayed	in bed late / at home / with a friend / ...
	met	my friends / my cousins / lots of people / ...

b) Make groups. Tell your group about your holidays. Each person talks for one minute.

► Text file 1, pp. 164–165

1 [ˈlaɪdəʊ]

► Workbook 3–4, p. 3

▸ INKL 1.2 ▸ INKL 1.3 A/B

3 Mia, a new student in 8Y

1.04

a) Listen. How do the people feel?

1 I think the students in class 8Y feel ...
2 I think Mr Jones feels ...
3 I think Mia feels ...

happy • unhappy • excited • nervous • lonely • bored

b) Lots of things are wrong. What does Mia really say? Correct the sentences. Listen again and check.

More practice 3 p. 129

4 My first day

a) After school Mia wrote an email to her old class in Germany. Read the email.

Box: Voc., p. 204

Dear Class 6a
I went to my new school in Plymouth today. Its name is Eggbuckland or Eggy! Lessons started at 9 o'clock! The first lesson was geography. The teacher was Mr Jones, he was nice. The next lesson was science. That was easy. But the teacher was quite strict. At break the other students didn't talk to me. I was alone. Then we had 2 lessons – art and history.
At 1.25 we had lunch in the canteen. That was OK, but I was alone again. In the afternoon we had English. It was really fun. And we didn't have any homework! I went home at 3.05. It was a long day and I was really tired.
Ich vermisse euch alle in Leipzig! Mia XXX

b) Read Mia's email again. Copy and complete this timeline about Mia's first day at Eggy.

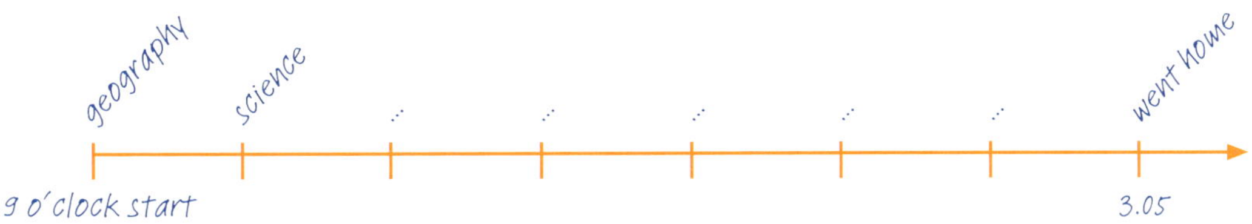

More help p. 129

c) What was good and what wasn't so good about Mia's day? Put the right smileys (😃 😐 😟) next to your timeline. Then write sentences and say why.

Geography was good / okay / wasn't so good because ...

5 NOW YOU

Write a text about your day at school yesterday. First make a timeline: *My day at school*.
You can put your text in your DOSSIER. More help p. 130

▸ Workbook 5–6, p. 4

▸ KV 3A/B ▸ Folie 2 ▸ INKL 1.4

School clubs

1 Clubs at Eggy

a) Look at the Eggy Newsletter. What can you do at the different school clubs?

THE EGGY NEWSLETTER

Welcome back. It's great to see you all again!
This year we have lots of lunchtime clubs for you. We hope there's something for everybody.

Monday	Tuesday	Wednesday	Thursday	Friday
Adventure club	Homework club	Drama club	Cricket club	Book club
Art club	Football club	Volleyball club	Science club	Cooking club

Have fun and stay fit!
Join the ...

CRICKET CLUB

Everybody welcome.
Thursday, 1–2 o'clock, sports hall

Eggbuckland drama club

Do you like singing, dancing and acting?

Then you have to join the drama club! Last year we did a Christmas pantomime. This year we want to do a play. We meet on Wednesdays at 1 pm in the drama hall.

COOKING CLUB

We cook lots of new and different things and then we eat them!
It's healthy and yummy!

Come to room 98 at 1 pm on Friday.

Science is fun!
Ask the students in the
SCIENCE CLUB.
We do lots of great experiments.

Join the **SCIENCE CLUB** now.
We meet on **Thursday** at **1 o'clock**, in the science lab.

ADVENTURE CLUB

Last year we learned lots of things about rock climbing. In July we did a three-day trip to Cornwall. This year we want to go to Dartmoor. Come and join us! Where and when?
→ Room 101, 1–2 pm, Monday

b) Which clubs would you like to join? Pick three and tell your partner.

The ... club looks good because I love ...

Really? I'd like to join the ... club because you can ...

c) What clubs are there at your school? Are you in a school club?

▸ Workbook 7, p. 4

2 Which club?

1.05

a) Copy the table. Listen and complete the table with the names: Adam, Ellie, Luca and Mia.

CLUB	LAST YEAR	THIS YEAR
Drama club		
Football club		
Homework club		
Adventure club		
Volleyball club		
Cricket club		

b) Check with a partner.

A: Which club did Adam/Ellie/Luca join last year?
B: He / She joined the ...
A: That's right.
B: Which club would Adam/Ellie/Luca/ Mia like to join this year?
A: He'd / She'd like to join the ...
B: That's wrong! He'd / She'd like to join the ...

c) PEOPLE AND PLACES **Cricket**
Where can you play cricket in England?
What equipment does Mia need?

Cricket

Cricket is a very old English game. It's the °national sport and every school has a cricket club. There are °thousands of cricket clubs for young and old in Britain. Cricket is very popular in other °English-speaking countries like Australia, India and Jamaica too.

3 °PROJECT Your dream club

a) Think of a new club for your school.

I'd like to join a ... club. / What about a ... club?

I think that's a great / not a good idea. / I think a ... club is °better.

What can you do in a ... club?

You can learn ... / You can make ...

°Find out more about school clubs. Go to www.cornelsen.de/headlight, find the window for the °webcode and °put in: Head-2-13.

b) Make an advert for your club. Decide:

- What's the name of your club?
- What can you learn in the club?
- When does the club meet (day / time) and where?
- What do you want to do in the club?

c) Reading circle: Go around and read the adverts. Which clubs do you like? Which clubs don't you like? Write a comment and your name. You can join three clubs.

This club looks great! I'd like to join! I love animals.
Denisa

Nice club! Can I join, please?
Sergej

No thanks! :-(
Karim

1 Berry's blog

1.06

a) Read Berry's blog. Match the photos (A–D) with the right parts of the blog (1–4).

1 In the US!
Yippee! We're in the US now. We're at my aunt's house in Boston. It's very nice here. I feel really excited. Today mum and dad are in town. But it's too hot for me. So I'm in front of my aunt's big TV – with 200 channels! It's great!
°*Posted by Berry 18th Aug*

14 *comments* — *share*

2 Our new home
Last week we drove from Boston to Salem – our new home. We looked at lots of houses. We didn't find a house in the country. But we found a nice house in Salem – with eight rooms, two garages and a big garden.
Posted by Berry 25th Aug

21 *comments* — *share*

3 My new school
Last Monday I started school here. I didn't need a uniform! Ha, ha, ha! I made a new friend on the first day – Bella. She invited me to her house and I had dinner with her family. Last Tuesday I joined the Glee club with Bella – a song and dance club!
Posted by Berry 2nd Sep

5 *comments* — *share*

4 Homesick
Yesterday (Saturday) I didn't have school. Mum worked all day – in her new job on a pony farm. Bella didn't visit me. She went to Boston. I stayed at home. I missed all my friends at Eggy. I missed Sam and Harry too! I felt a bit homesick.
Posted by Berry 5th Sep

0 *comments* — *share*

A
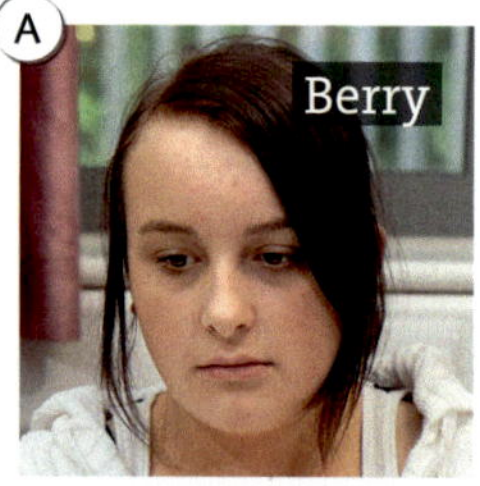

B
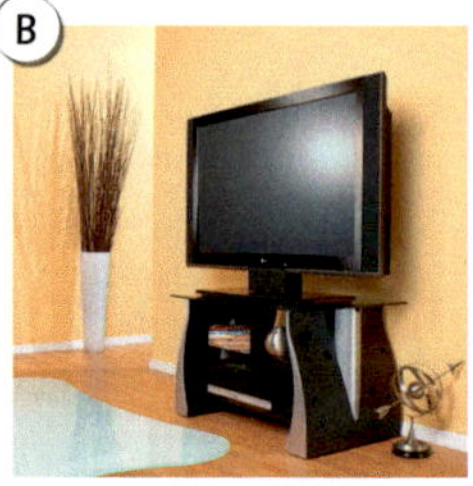

C

D

b) Find captions for the photos in the blog.

c) Which part of the blog (1–4) is in the present?
Which parts (1–4) are in the past?

d) Find four time phrases for the past in the blog. *Last week, …*

Box: Voc., p. 205

2 The simple past

a) Copy the table and find the *simple past* forms of these verbs in Berry's blog (parts 2 and 3).

VERB	SIMPLE PAST
look	looked
start	…
invite	…
join	…

b) Now copy this table and find the *simple past* forms of these verbs in the blog (parts 2 and 3).

VERB	SIMPLE PAST
drive	drove
find	…
make	…
have	…

▸ More simple past forms on p. 205

3 Rules for the simple past

a) Answer the questions and find rules for the *simple past*.

FOCUS

1 Schau auf die Tabelle von 2a: Was ist bei den regelmäßigen Verben immer gleich?
2 Schau auf die Tabelle von 2b: Was ist bei den unregelmäßigen Verben anders?
3 Über welche Zeit spricht man mit dem ***simple past***?

▸ *Language file 6 and 7, p. 181*

b) Find more *simple past* verbs in part 4 of Berry's blog. Put them in your tables.

4 Berry in the US

a) Ellie is talking about Berry. Write the sentences. Use the *simple past*. p. 130

1 Berry ... (go) to the US.
2 The Donovans ... (stay) with Berry's aunt.
3 Berry ... (watch) lots of TV.
4 The Donovans ... (drive) to Salem.
5 They ... (find) a house in Salem.
6 Last Monday Berry ... (start) school.

b) Write the sentences in the *simple past*.

1 Berry ... (like) her aunt's big TV.
2 Berry's mum and dad ... (go) shopping in town.
3 The Donovans ... (look) at lots of houses.
4 Berry ... (make) a new friend – Bella.
5 Bella ... (invite) Berry to her house.
6 Berry ... (have) dinner with Bella's family.
7 Berry ... (join) the Glee club at school.
8 Berry ... (feel) homesick last Saturday.

More practice 4 p. 130

5 NOW YOU

Talk about your day yesterday. Was it a normal day or a crazy day?
The sentence parts on the left can help you.

Yesterday I went to school at ...
On the way I saw / met / ...
I had lunch with ...
I went home at ...
After school I ...
I went to bed at ...

More practice 5 p. 130

6 The simple past – negative sentences

a) Read Berry's blog again and find the negative sentences. Then write the sentences with the negative form.

1 We ... (~~fin~~d) a house in the country, but we found a nice house in Salem. (part 2)
2 I ... (~~nee~~d) a uniform. (part 3)
3 Yesterday (Saturday) I ... (~~hav~~e) school. (part 4)
4 Bella ... (~~visi~~t) me. (part 4)

b) Answer the questions and write the rule.

▸ *Language file 8, p. 181*

FOCUS

1 Welches Wort brauchst du immer, wenn du im ***simple past*** verneinen willst?
2 Steht das Verb danach auch im ***simple past*** oder in der Grundform?

► KV 4 ► Folie 4 ► INKL 1.7 ► INKL 1.8

7 A terrible weekend p. 131

Complete the sentences in the *simple past*.

1 Cyril ... (have) breakfast, but he had a big dinner.
Cyril didn't have breakfast, but ...
2 Sandy ... (go) to Plymouth. She stayed in Kingsand because the weather was terrible.
3 Benny and Babe ... (visit) Cyril. They stayed at home.
4 Mr Johnson ... (stay) at home. He went to the beach and looked for crabs!
5 "I ... (go) to the beach," Cyril said. "I watched TV in my house."
6 "We ... (have) a nice weekend. We had a terrible weekend," Sandy said.

8 Mia's first day at school

Write the sentences and tell the story.

1 On Monday Mia ... (get up) early.
2 She ... (have) breakfast.
3 She ... (be) too nervous.
4 She ... (go) to school by bus.
5 Mia ... (be) new at school.
6 So she ... (know) the students.
7 The other students ... (talk) to her.
8 Mia ... (have) lunch in the canteen.
9 She ... (ask) Luca, Adam and Ellie about clubs.
10 They ... (be) very friendly.
11 Mia ... (join) two clubs.
12 In the end she ... (feel) alone!

9 GAME I'm the winner!

a) Make lots of game cards like this about last weekend.

On Saturday morning I had breakfast with ...

On Sunday morning my dad didn't have ...

On Saturday afternoon we played ...

More help p. 131

Each student can make 3, 4 or 5 game cards. But don't °finish the sentences. And don't °forget to use the *simple past*.

b) Play the game in groups of four.

1 Put the cards on the table.
2 Everybody picks a card and tries to finish the sentence.
3 If the sentence is OK, you keep the card.
4 If you can't finish the sentence, you put the card on the table again.
5 After five minutes the game is over. The student with the most cards is the winner.
6 Change groups and play again.

► Workbook 11–14, pp. 6–7

1 Before you read

Look at the pictures (1–5). What do you think? How does Mia feel? How does Ellie feel? Why?

In picture one I think Mia feels ... because ...

In picture two I think ...

1.09

Everybody needs friends

1

Monday morning

It was Monday morning at Eggy. Adam came into the classroom. He didn't see Luca or Ellie because they were late. He saw Mia, the new girl, and he sat next to her. Adam and Mia talked for a few minutes. Then Luca came. He saw Adam and Mia and he sat next to them. They talked and laughed together. Next Ellie came. She looked for her friends, but Luca and Adam were with the new girl. Ellie went to another desk. She sat alone and she wasn't very happy. School was different without Berry.

"Hey, Ellie," Luca said. "Come and sit here."

"No thanks," Ellie answered. "I'm OK here."

2

Monday lunchtime

Box: Voc., p. 206

At lunchtime the canteen was very busy. When Ellie came to the canteen, she looked for her friends. At first she didn't see Adam or Luca. Then she saw them. They were with Mia again. Adam saw Ellie and waved.

"Ellie," Adam said. "Have lunch with us."

"No thanks," Ellie said. She got a sandwich and went outside. She sat alone in the school yard and thought about Berry. She felt very lonely.

Monday afternoon

After school Ellie waited for Luca and Adam in front of the school, but they didn't come. She was surprised. The three friends usually met there. She looked in the classrooms, but they weren't there, so she texted them:

Ellie got a text back from Adam:

She didn't answer Adam's text. Maybe she needed to find some new friends, she thought. Ellie went home, alone. She felt sad. And she really missed Berry.

Tuesday morning

Luca sat next to Ellie in the classroom.
"I'm sorry about yesterday afternoon," he said.
"That's OK. You and Adam have a new friend now," Ellie said. Ellie opened her book.
"Oh, Ellie! Don't be jealous! You and Adam and I are friends – we're best friends," Luca said.
"And what about Mia?" Ellie asked.
"Mia is new here," Luca said. "She needs friends – just like Berry in her new school."
Ellie didn't answer. She didn't know what to say.

3

Tuesday lunchtime

Adam and Luca were at the football club. Mia was alone in the canteen at lunchtime when Ellie came in. Ellie saw Mia, but she didn't sit next to her. She ate her lunch and watched Mia. Mia looked sad and she had red eyes. Ellie thought about Luca's words and she thought about Berry too. She felt bad. She didn't want to be mean, so she went to Mia's table and sat next to her.
"Are you OK?" Ellie asked.
"Not really," Mia answered.
"What's the matter?" Ellie asked.
"I miss home. I miss my old friends and my old school. And I miss my mum too," Mia said.
"Did your mum stay in Germany?" Ellie asked.
"No, she died last year. That's why we came to England," Mia said, and she started to cry.
"Oh, I'm very sorry," Ellie said. She felt terrible.
"That's OK," Mia said. "I'm not always like this. Dad says, 'Don't look back.' He's right – that helps."

4

5

At that moment Ellie understood. Things were different now – for everybody. And Mia needed help in her new home. She needed friends in her new school, just like Berry.
"Don't worry, Mia," Ellie said. "You're in a good place here."
"Thanks, Ellie. You, Adam and Luca are really nice," Mia said. "I feel better when I talk to you guys."
"You don't have to thank me," Ellie said. She felt good again. "Everybody needs friends."

2 Feelings

Read the story and find out when ...

1 ... Ellie wasn't very happy. → *Monday morning*
2 ... Ellie felt lonely.
3 ... Ellie was surprised.
4 ... Luca was sorry.
5 ... Ellie was jealous.
6 ... Mia looked sad.
7 ... Ellie was sorry.
8 ... Ellie and Mia felt better.

3 Friends

Read the sentences and pick the best answer A, B, C or D.

1 On Monday Mia made new friends. They were ...
A Ellie and Luca. B Luca and Adam. C Ellie and Adam. D Adam and Berry.
2 But Ellie wasn't happy because Adam and Luca ...
A weren't at school. B were unfriendly. C were together. D were with Mia.
3 At lunchtime on Monday Ellie ...
A was with her friends. B was in the classroom. C was in the canteen.
a D was alone outside.
4 After school Adam and Luca ...
A weren't in front of the school. B were at home. C weren't with Mia. D were with Ellie.
5 In the end ...
A Mia was sad. B Ellie thanked Mia. C Ellie felt bad. D Mia and Ellie were friends.

More practice 6 p. 131

4 Mia's diary

Imagine that you are Mia. Write what happened at school on Monday and Tuesday for Mia's diary – in not more than ten sentences.

On Monday I was at school. Adam came into ...

More help p. 132

5 Thinking about friends

1.10

a) Listen to the song and sing along with the chorus.

b) Think of three or more examples of a friend.
A friend is always there.
A friend (always) helps / makes / has / says / ...

c) With a partner, write your own song verse.
Use your ideas from 5b. The words don't have to rhyme.
Start with: You've got a friend in me.
And end with: Yeah, you've got a friend in me.

d) Read or sing your verse to the class.

You've got a friend in me

You've got a friend in me
You've got a friend in me
When the road looks rough ahead
And you're miles and miles
From your nice warm bed
You just remember what your old pal said
Boy, you've got a friend in me
Yeah, you've got a friend in me

by Randy Newmann

▸ DFF 1.8

1 Make °word fields

a) These are three word fields. But what are the names of the word fields?
Check with a partner.

1 ?	2 ?	3 ?
England	English	sports hall
the US	maths	science lab
...	...	...

How can you remember words better?
– Collect words in word fields and learn them (exercise 1 and 2).
– Collect opposites and learn them (exercise 3).
You can find more tips in the *Skills file*.

▸ *Skills file 1, p. 189*

b) Find more words for the three word fields – as many as you can. More help p. 132

c) Now find words for these three word fields – as many as you can.
Partner check:
Compare your lists.

4 weather	5 hobbies	6 feelings
...	...	...
...	...	...

More help p. 132

2 Learn words with word fields

a) Put word fields on your word and phrase cards.

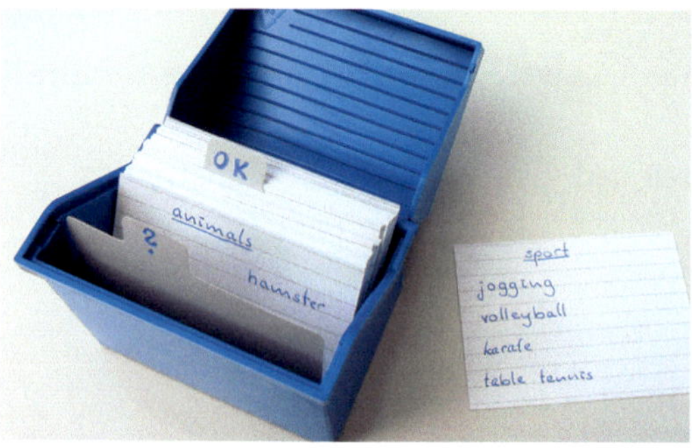

b) **Partner check:** Compare your words.

3 Opposites

Box: Voc., p. 207

a) Find the opposites in the two lists.
Example: today ◂▸ yesterday

1 today	rainy
2 hot	short
3 long	finish
4 big	yesterday
5 start	forget
6 interesting	cold
7 remember	small
8 sunny	boring

b) Some words have opposites with *un-*.
Find all the opposites in this table.

You can make the opposites of <u>some</u> words with ***un-***, but not all words!
You have to learn them.

1 happy	◂▸	unhappy
2 ...	◂▸	unhealthy
3 friendly	◂▸	...
4 ...	◂▸	unfit
5 sure	◂▸	...
6 ...	◂▸	uninteresting
7 welcome	◂▸	...
8 ...	◂▸	uncool

More practice 7 p. 132

▸ Workbook 18–19, p. 9

▸ DFF 1.4 ▸ INKL 1.10

1 Ellie's diary: Saturday

a) Read the first part of Ellie's diary for Saturday. Copy and complete the table with words and phrases from the text.

On Saturday morning I got up late and had breakfast with dad. After breakfast we went into town because I needed things for school. First I bought a big school bag because my old bag is too small. Then I looked at shoes, but I didn't buy them. At one o'clock we went to Adam's cafe and had lunch. After lunch the weather was nice so we walked in the harbour.

Time phrases und °*linking words* machen deine Texte interessanter:
– Mit *time phrases* (z.B. *On Saturday, after lunch*) sagst du, wann etwas passiert.
– Mit *linking words* (z.B. *and, because*) verbindest du Sätze miteinander.

▸ Skills file 5, p. 193

Time words/phrases	Linking words
On Saturday morning	and
...	...

b) Read the second part of Ellie's diary and pick the right time phrases and linking words.

On Saturday afternoon / morning I went to the cinema but / and dad came too. Alisha didn't come because / and she was busy. I liked the film so / but dad didn't like it. Before / After the film we were tired so / but we went home.

More practice 8 p. 132

2 Ellie's diary: Sunday

Write Ellie's diary for Sunday. Use the words and phrases in the pink bubbles.

On Sunday morning Adam texted us because he ...

On Sunday morning / because

Adam texted us. He wanted to meet at the Hoe.

I asked my dad. He said yes.

and

so

It was a nice day. I went by bike.

We met at the Hoe. Mia didn't come. She was busy.

at 2 o'clock / but / because

We played football. We played volleyball.

First / and then

We all bought ice cream. We ate it near the sea.

Later / and

3 NOW YOU

a) Make a list of things you did on Saturday or Sunday. More help p. 133

b) Then write a text for your diary about your day. Put your text in your DOSSIER. More help p. 133

c) Swap texts with a partner. Find the time phrases and linking words in your partner's text.

▸ KV 6 ▸ DFF 1.2

1 School rules at Eggy

a) Look at the nine rules. Pick a rule and ask your partner to explain it. Then swap roles.

Was bedeutet Regel 3?

In Regel 3 heißt es, dass ...

SCHOOL RULES

1

You have to wear a uniform.

2

Girls can wear a skirt or trousers.

3

You mustn't wear trainers.

4

You have to have a good school bag.

5

You mustn't wear a hoodie.

6
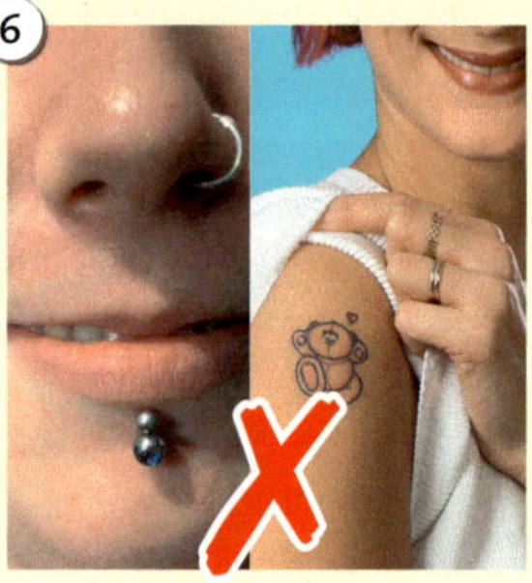
You mustn't have piercings or tattoos.

7

You can wear a scarf. But you mustn't wear a football scarf.

8

You mustn't wear make-up.

9

You can have a mobile, but you mustn't use it in class.

b) What do you think about these rules? Talk to a partner.

I like rule ..., but I don't like rule ...

I think rule ... is great / strange / stupid / ...

2 Rules at your school

a) Think: Imagine there are visitors from Eggy at your school. They want to know about your school rules. Think of some rules in German – as many as you can. Look at 1a) for ideas.

More help p. 133

b) Pair: With your partner agree on three important rules – in German. Together work out how to explain the school rules in English. Make notes like this:

We have to ...
We mustn't ...
We can ...

More help p. 133

c) Share: Tell another pair your top three rules – in English. Do they have the same rules?

▸ Workbook 21–22, p. 11

▸ KV 7 ▸ KV 8 ▸ INKL 1.11

1 The kids from Harbour Road: Oh dear, oh dear!

a) Answer the questions for each picture. Then watch the film and check.

1 Where are the three friends?
2 What are they doing? 3 Are they happy?

A

B

b) Can you remember? Who says what – Paul, Anna or Sarah? Watch and check.

1 Let's go to town. I have £10 – my birthday money.
2 That's a great idea!
3 I don't know!
4 This milkshake is good!
5 Where's my bag?
6 It's your dad, Sarah!

c) Put the sentences in the right order. Check with a partner.

A But Sarah didn't have her bag.
B Then they went to town.
C They had lots of fun in town.
D The three friends were in Sarah's kitchen.
E Sarah's dad phoned Anna.
F Later they went to Cap'n Jasper's cafe.

Box: Voc., p. 207

d) What do you think Sarah's dad said when Sarah got home? Write a dialogue between Sarah and her dad. Act it for the class.

2 People and places: The drama club

a) Watch the film and think about these questions:

1 How old do you think the kids in the drama club are?
2 What things do they do in the drama club?
3 Does the club look fun?

Then talk about your answers with your partner.

b) Watch the beginning of the film again. Then match the names with the feelings.

Jenny • Sandra • Mark

angry • sad • happy • excited • surprised • nervous • friendly • shy

c) THEATRE TIME

Pick a feeling, think of a sentence and say it. Can your group guess the feeling?

Don't talk, please.
I don't like tests.
School is over.
Mr Brown is here.

STOP! CHECK! GO!

▸ KV 10 ▸ DFF 1.1 ▸ INKL 1.12 A

Ask your teacher for an answer sheet to check exercises 1–6.

1 LANGUAGE Berry's new friend

Berry is telling Ellie about her new friend, Bella.
Complete the dialogue with *was* / *were* / *wasn't* / *weren't*.

Ellie — Hi, Berry. How are you?
Berry — I'm fine, thanks.
Ellie — How's it going in your new home?
Berry — It's OK. Yesterday I ... (1) at Bella's house.
Ellie — ... (2) you alone in the house?
Berry — No, we ... (not) (3) alone. Her brother ... (4) at home. He and his friends ... (5) outside. They ... (6) in the swimming pool. But Bella's parents ... (not) (7) there at first.
Ellie — ... (8) you and Bella in the pool?
Berry — Bella ... (9) in the pool, but I ... (not) (10). The water ... (11) too cold for me. Later we ... (12) in Bella's room. We looked at photos and talked.

2 LANGUAGE Last Friday was a free day

a) ○ Complete the sentences. Put the verbs in the *simple past*. //● p. 133

1 In the morning mum ... (ask) Ellie: "What about a day on the beach with your new friend Mia?"
2 "Super!" Ellie ... (answer).
3 Ellie ... (text) Mia on her mobile: "Come to the beach for a picnic."
4 Then she ... (help) her mum with the sandwiches for the picnic.
5 At the beach Ellie and Mia ... (talk) to other kids.
6 Then they ... (play) beach volleyball with them.

b) Complete the sentences. Put the verbs in the *simple past*.

1 After the beach mum, Ellie and Mia ... (drive) to Adam's cafe.
2 They ... (meet) Adam and Luca there.
3 Mum ... (buy) drinks for the kids and they all ... (eat) ice cream.
4 After that they ... (feel) great.
5 Back home mum ... (make) some hamburgers.
6 The kids ... (have) a really nice day!

Vorsicht! Diese Verben sind unregelmäßig.
(Du kannst die Verben auf S. 270 nachschlagen.)

3 ● LANGUAGE A °limerick

Complete the limerick. Put in the verbs in the *simple past*.

A boy from the city of Poole,
... (1) "Last Sunday really ... (2) cool!
I ... (3) in the sun,
I ... (4) and ... (5) fun
And I ... (6) my homework for school!"

be • have • not do • play • say • sit

▸ KV 10 ▸ DFF 1.1 ▸ DFF 1.2 ▸ INKL 1.12 A

You can't remember °everything?
Look at the pages in the unit again.

4 LANGUAGE Are you a good °detective?

a) One thing is wrong in each sentence. Find the mistake and correct it.

1 Ellie went to Germany with her dad in the holidays. (p. 9)
Ellie didn't go to Germany, she went to Spain.
2 On Mia's first day at Eggy, school started at 12 o'clock with a geography lesson. (p. 11)
School didn't ...
3 Mia had lunch at 1 o'clock in the school canteen. (p. 11)
4 In the drama club the students did a play last year. (p. 12)

b) ● Two things are wrong in each sentence. Find the mistakes and correct them.

1 Berry and her family stayed in New York with her grandparents. (p. 14)
2 Berry started school in Boston on Saturday. (p. 14)
3 Adam sat next to Ellie at Eggy on Friday morning. (p. 17)
4 After school Ellie waited for Mia at a cafe. (p. 17)

5 WRITING Posters for clubs

Pick one of the clubs. Write three or more sentences with *can*, *have to*, *mustn't*.
Example: *Students can ... in the photo club. They have to ... They mustn't ...*

6 ● MEDIATION Club visitors

There are British kids at your school and they want to go to one of your school clubs. Help them to understand the posters. Pick one poster and write:

1 what they can do
2 when and where they have to come
3 what they have to bring
4 what they mustn't do

7 SPEAKING Last weekend

a) Copy and complete the table for yourself about last weekend.

	Me	Partner 1	Partner 2
I had a ... weekend	...		
On Saturday I got up at ...	...		
Then I ... (one or two things)	...		
But I didn't ...	...		
I went to bed at ...	...		
On Sunday I ... (two things)	... and ...		
I went to bed at ...	...		

More help p. 134

b) Appointments: Make °appointments with two partners. Then talk to your partners about last weekend. Take notes.

You — I had a ... weekend. What about you?
Partner — I had a ...
You — On Saturday I got up at ... And you?
Partner — I ... Then I ...

c) Tell the class or write a text about one partner's weekend.
Example: Emre had a great weekend. On Saturday he got up ...

Don't forget to use *linking words*: and, so, but, because, ...

8 WRITING A story about Cyril and Sandy

Look at the pictures. Find out what happened to Cyril and Sandy last Sunday. Write sentences in the *simple past* and tell the story. You can write your own sentences or use the ideas in the pictures.

On Sunday morning Cyril and Sandy met at Cawsand Beach. First ...

1

On ... Cyril and Sandy met at ...

2

First they went ...
Then they played ...

3

At lunchtime they had a ...
They ate ... and drank ...
Cyril and Sandy felt ...

4

Then a big ...
It wasn't ... Cyril ...
But Sandy ...!

5

Two minutes later ...
She ... The dog ...

6

So the dog ... and Cyril and Sandy ...

▸ KV 9 (Part B) ▸ INKL 1.12 A/B

9 READING and WRITING A °postcard and an email

In the holidays Ellie wrote a postcard to Luca and Adam wrote an email to Berry. Their texts are mixed up in the box below. Write one of the texts.

Ellie's postcard is in the present and Adam's email is in the past!

Dear Luca I'm here in Spain with my dad. We're in a nice hotel for a week. Dear Berry My family stayed at home this summer. The weather is very good. But that was okay. It wasn't boring because I did lots of interesting things. It's warm and sunny, so dad and I go to the beach every day. Last weekend I had a great time with my dad. We went to London and watched a football game at Wembley. There's a nice girl from Germany at our hotel. It was a game between England and Ghana. But it wasn't great. Her name is Lena and she can speak English. The English team was terrible and Ghana won 2:1. Lena and I often play table tennis together. Sometimes the weather wasn't good. So I stayed in bed late, watched TV or played computer games. We want to write emails and video chat when we're back home. How's school in the US? Love Ellie Love Adam

Dear Luca
I'm here in Spain
with my dad.
We're ...

Dear Berry
My family stayed at home this summer. But ...

10 My learner log

Copy and complete your learner log. You can put it in your DOSSIER.

Führe auch in diesem Schuljahr dein *learner log* regelmäßig. Schreibe auf, was du gelernt hast, was du jetzt gut oder noch nicht so gut kannst. Wie? Ergänze Beispiele oder zeichne das für dich passende Smiley. Wichtig: Versuche immer ehrlich zu antworten!

My learner log

Now I can ...
- talk about my holidays, e.g.: ...
- say what I did at school, e.g.: ...
- talk about good clubs: 😀 😐 😟
- talk about feelings, e.g.: ...
- read blogs: 😀 😐 😟
- learn words with word fields: 😀 😐 😟
- write a text about my weekend: 😀 😐 😟
- talk about school rules, e.g.: ...

About Unit 1:
- It's nice / OK / boring to see Luca, Ellie and Adam again.
- I'm happy / sad because Berry is in the US.
- I think Mia is nice / interesting / ...
- I think Luca and Adam are friendly / ...
- I think it's easy / difficult at a new school.
- My favourite club at Eggy is ...

After Unit 1 my English is: GREAT! 👍 / OK 👉 / NOT VERY GOOD 👎

▸ Workbook, pp. 12–15

Unit 2

Neighbours

▸ DFF 2.6 ▸ INKL 2.1

1 QUIZ In an English street

a) Look at the street map. How many sentences can you finish in three minutes? Make notes (one answer for every sentence is OK).

b) Compare your answers in class.

1 The colour of an English letter box is ...
2 You can buy an ice cream at ...
3 The fruit and veg shop is in ...
4 The name of the supermarket in Drake Street is ...
5 The name of the hairdresser's in Drake Street is ...
6 There's a bike shop in ... Box: Voc., p. 208
7 When you're hungry, you can go to ...
8 In Tom's shop you can buy ...
9 In Claire's shop you can buy ...
10 In England people drive on the ...

► DFF 2.7 ► INKL 2.1

2 A new neighbour

1.11

a) Yesterday Adam was in Drake Street. Look at the questions and listen.

1 Who did Adam meet?
2 Where did they meet? Can you find them on the street map?
3 Did they go into Claire's Cakes?
4 Which shop did they go to first?

b) Listen again. Match the words in the box with the places (A–F) on the street map. Not all the words match a place on the map.

Adam's house • a mobile phone shop • Mia's house • a bus stop • traffic lights • a letter box • Mrs Trent's house • a flower shop

3 My neighbourhood

a) Think about your street or neighbourhood. Write sentences – as many as you can.

In my street In my neighbourhood	we have a there's a	park • letter box • mobile phone shop • garage • car park • supermarket • bike shop • …
	we don't have any there are some	bus stops • traffic lights • shops • houses • cafes • flats • …

► Wordbank 1, p. 159

b) Talk to the class about your street or neighbourhood. More help p. 134

Good neighbours

1 Friends and neighbours

1.12

a) Look at the three pictures. Listen. Which two pictures are right?

b) Some things are different in Britain. Pick the right words. Then listen again and check.

Guy Fawkes Day is a festival in Britain / Germany.

Guy Fawkes Day is on 5th / 11th November.

Fruit tea is more popular in Germany / Britain.

In Britain people usually drink tea with / without milk.

British people often eat / don't usually eat black bread.

In Britain people eat / don't eat lots of white bread.

Quark is more popular in Germany / Britain.

British sausages and German sausages are the same / different.

c) Listen and complete the speech bubbles with *some* or *any*.

▸ Language file 10, p. 183
More practice 1 p. 134

2 An old neighbour

1.13

a) Was it a good day for Mrs Trent? Read and find out.

Adam and Mia went to Mrs Trent's house.

Adam — Hello, Mrs Trent. This is Mia.
Mrs Trent — Hello, Adam. Hello, Mia. It's nice to meet you. Do you live around here?
Mia — Hello. Yes, I live here in Hoe Lane.
Adam — Where's Buster?
Mrs Trent — Oh, he's in the house.
Adam — I have a new collar for him. Here, Buster!

Buster came into the garden. He was very excited.

Adam — Buster! Come here! Good boy. Here's your new collar.

Some kids were in the street. Suddenly there was a terrible noise: BANG!

Mrs Trent — What was that?
Adam — It was a firework. Hey! Get lost!

The kids ran away. And Buster ran too, as fast as he could. He was very scared.

Mrs Trent — Buster! Buster! Come back! Oh, no.
Mia — We'll find him, Mrs Trent. Come on, Adam.

Half an hour later Adam and Mia came back – but without Buster.

Mrs Trent — Poor Buster. Did you go to Drake Street?
Adam — Yes, we did.
Mrs Trent — And did you look in the park?
Mia — Yes, we did.
Adam — Don't worry, Mrs Trent. We'll find Buster. He can't be very far away.

b) Find the right answer for the questions.

Yes, he/she/they did.
No, he/she/they didn't.

1 Did Adam and Mia visit Mrs Trent?
2 Did Buster come into the garden?
3 Did Adam put the new collar on Buster?
4 Did the other kids come into Mrs Trent's garden?
5 Did Buster run away?
6 Did Adam and Mia look for Buster?
7 Did Mrs Trent go with them?
8 Did they find Buster?

3 ACTIVITY A poster

1.14

Adam and Mia had a great idea. Luca and Ellie came to Adam's house and they all made posters about Buster. Then they put the posters in all the shops in the neighbourhood and sent a poster to the dogs' home in Plymouth too. Box: Voc., p. 209

Make your poster about Buster. Use some of the ideas in the box. Can you think of more ideas? Which is the best poster?

°MISSING!
Please phone owner: 07734 1357881
He ran away on Mon 1st Nov.
His name is Buster.
°Reward – £20
°Lost dog!
He's very friendly.
Please help!
He's black and white.
He has a long tail.
He loves children.
He doesn't like cats.
He's five.

Go to www.cornelsen.de/headlight and put in the webcode Head-2-31.

At the dogs' home

1 News about Buster

1.15

a) It was Friday afternoon after school. Mrs Trent phoned Adam. Did she have good news or bad news? Read and find out.

Adam — *(on his mobile)* ... Yes, no problem. OK ... Bye, Mrs Trent. *(to his friends)* That was Mrs Trent.

Mia — Tell us the news! What did she say?

Adam — The dogs' home phoned her. They have a dog that could be Buster, but they aren't sure.

Luca — Did they get our poster?

Adam — Yes, they did. They saw the photo, but they have two or three dogs that look like Buster. That's the problem.

Ellie — And did Mrs Trent go to the dogs' home?

Adam — No, she didn't. Poor Mrs Trent can't walk very well. She asked me to go there for her. Of course I said yes.

Mia — I can come! We can go this afternoon.

Adam — Yes, but it's too late. The home closes at 3 pm.

Mia — I see. Are they open tomorrow?

Adam — Yes. They're open from 11 to 3 on Saturdays. And there's a train stop near there. We can take the train from the city centre.

Ellie — Can I come? I'd like to see the dogs' home.

Luca — Me too. We have to find poor Buster!

Adam — Great. Let's meet at the train station at 10.30.

b) True, false or not in the text? Correct the false sentences.

1 The dogs' home phoned Mrs Trent.
2 Mrs Trent went to the dogs' home.
3 Buster is OK.
4 The friends can go to the dogs' home on Friday.
5 Adam wants to go to the dogs' home on Saturday.
6 The friends are going to meet at 11.30.

c) Write at least three true or false sentences. Ask your partner.

2 Which dog?

1.16

a) Listen. Which dog is Buster?

Look at their ears and tails.

1

2

3

b) First read these questions. Listen again and take notes. Then tell the class.

1 Why do dogs come to the home? Example: *owner dies, ...*
2 What do the friends say to the dogs? Example: *Here boy! ...*
3 Who wants a dog? And who isn't so sure?

▸ KV 11 ▸ Folie 7 ▸ INKL 2.5 A/B

1.17

3 Mia's idea

Mia and her dad are talking about dogs. Listen and answer these questions:

1 What does Mia want? 2 What does a dog need? 3 Why do they want to check the RSPCA website?

4 PEOPLE AND PLACES Animals and us

Read the text. What does the RSPCA do? How can the RSPCA help Mia and her dad?

The RSPCA

The °Royal °Society for the °Prevention of °Cruelty to Animals (RSPCA) wants to make Britain and the world a better place for all animals. A small group of °animal lovers started the RSPCA in 1824. Today they're a big °organization with °offices and shops in °nearly every town in Britain. The RSPCA's °volunteer workers help animals that are in trouble – pets, farm animals and wild animals too. They give people information about animals and how to be °kind to them. Are you an animal lover? Join the RSPCA!

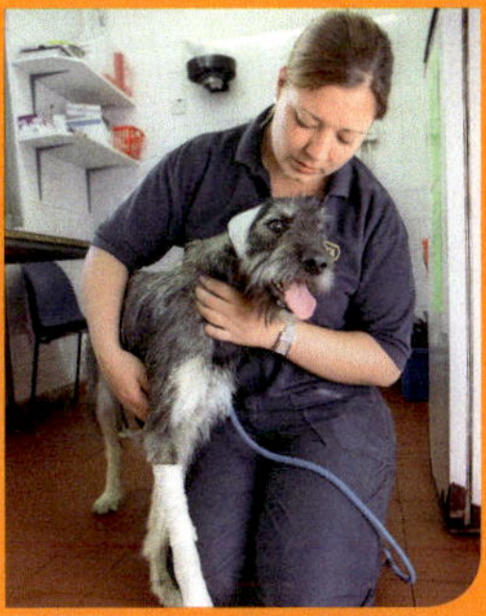

5 Adopt a pet

a) Think: Imagine your family wants to adopt a pet. Would you like one of these pets on this website? Why or why not? Or would you like a different pet?

To see other pets go to www.cornelsen.de/headlight and put in the webcode Head-2-33.

Honey is a nine-year-old retriever. She came in because her owners had to go to the US. Honey is a lovely dog. She's good with cats, other dogs and children. She needs lots of space – a garden, for example.

Morgan is a two-year-old cocker spaniel. He's a friendly little dog and loves his food. He's good with teenagers, but not with babies, cats or other pets! He likes going for walks.

Sheeba is a special cat. She's blind. And because she can't see, she needs an owner who can look after her all the time. Sheeba is five. She needs a quiet home.

Tim and Tilly are two budgies. They are one year old. They are friends, so they have to stay together. They're fun and they like to sing. They talk a bit too.

b) Pair: Help your partner to pick a pet. Ask lots of questions:

- Which of the pets in a) would you like? Or would you like a different pet?
- What does your pet need?
- Do you have other animals at home? More help p. 135

c) Share: Tell the class about your ideas.

I don't want Honey / ... because ...

I'd like a ... because ...

I want Morgan, but we can't have a pet because ...

▸ Workbook 6–7, p. 18

► KV 12 ► DFF 2.1 ► LAS 2 ► INKL 2.6 A/B

1 Bonfire Night

The four friends are talking about Guy Fawkes[1] Day or Bonfire Night. Mia has lots of questions about last year. Match the questions (1–6) with the answers (A–F).

A It finished at 10 o'clock.

B We ate sausages and potatoes.

C Yes, we did. We had a bonfire party.

D No, we didn't. We wore our normal clothes.

E In Drake Park.

F No, we didn't, but we watched great fireworks in the park.

1 Did you celebrate Guy Fawkes Day last year?
2 Where did you have your party?
3 Did you wear a costume?
4 What did you eat at the party?
5 Did you have fireworks?
6 When did the party finish?

2 The simple past – questions and answers

Match these words **did** **Grundform** **Vergangenheitsform** with the columns 1, 2 and 3 below.

Then complete the rules in the box.

	1		2	
What	did	you	eat	?
When	did	the party	finish	?
	Did	you	wear	a costume?

	3	
We	ate	sausages and …
It	finished	at 10 o'clock.
We	wore	our normal clothes.

FOCUS

1 In Fragen im ***simple past*** braucht man das Wort … + die …
2 In Aussagen im ***simple past*** steht das Verb in der …

► *Language file 9, p. 182*

1 ['gaɪ fɔːks]

3 Festivals in Germany

a) The friends have some questions for Mia. Complete the questions.

1 *Adam* What special days *did you celebrate* when you were in Germany?
Mia When I was very young, we celebrated the lantern festival on St Martin's Day.

2 *Luca* How ... (celebrate) the festival?
Mia We walked with lanterns and sang songs.

3 *Ellie* Where ... (celebrate)?
Mia Usually at school or in the neighbourhood.

4 *Adam* When ... (celebrate)?
Mia On 11th November.

b) Now complete these questions of the three friends. //● p.135

1 *Ellie* ... (have) special food?
Mia Yes, we did. We had biscuits and cocoa.

2 *Luca* ... (wear) a costume?
Mia No, we didn't. We wore warm clothes.

3 *Adam* ... (make) your own lanterns?
Mia Yes, we did. We made different lanterns every year.

4 *Luca* ... (celebrate) the lantern festival last year?
Mia No, I didn't. Only little kids celebrate the lantern festival. I was too old.

4 Halloween in the US

a) Berry *(Bee)* is chatting with Ellie *(EL)* online. But there's a problem with Ellie's computer. What's ... in Ellie's questions?

EL: Hi, Berry. Did you ... (1) a good weekend?
Bee: Yes, I did. I had a great weekend. It was Halloween here.
EL: Oh, what did you ... (2) for Halloween?
Bee: I did lots of things. In the evening I °went 'trick or treating' in our neighbourhood.
EL: Cool! Did you ... (3) a costume?
Bee: Yes, of course! I wore a witch costume.
EL: What did you ... (4) from your neighbours?
Bee: I got lots of nice things – sweets and chocolate. Here they say candy, not sweets.
EL: Did you ... (5) to your neighbours alone?
Bee: No, I didn't. I went with friends. And then we went to Bella's house and had a party. It was great.
EL: Did you ... (6) photos? I'd love to see some.
Bee: Yes, I took lots of photos. I'll send them to you!

The verbs in the answers can help you.

b) Complete Ellie's questions.

1

EL: Why ... to Bella's house?
Bee: I went to Bella's house because she had a party.

2

EL: What ...?
Bee: I wore a witch costume.

3

EL: What ...?
Bee: We ate °pumpkin pie.

4

EL: When ...?
Bee: I went home at 10 o'clock.

More help p.135 More practice 2 p.136

5 Last weekend in Plymouth

a) What did the four friends do last weekend in Plymouth? Partner B: Go to page 126.
Partner A: Talk to partner B and ask the questions. Fill in a copy of this table.

Questions	Ellie	Luca	Adam	Mia
Where did X go?	went to her dad's flat		went to a football game	
Who did X meet?		met Adam		I don't know!
What did X do?	played with Finn		watched a film on TV	

b) What about you? Talk about your weekend with your partner.
Ask and answer some questions – as many as you can: Where did you go? Who did you meet? What did you do? When did you ...? Did you ... alone or with friends? How was it?

6 °JIGSAW Mia's mystery

You're Adam or Ellie or Luca. You don't know where Mia was at the weekend. It's a mystery.
If you're Adam, go to page 127.
If you're Ellie, go to page 145.
If you're Luca, go to page 155.

a) Read your text alone. How many questions in the box can you answer? Write the answers.

1 Where did Mia go on Friday after school?
2 Who did Mia talk to on the phone?
3 Why was she worried?

b) Work in a group with students who read the same text. Compare your answers.

c) Sit together in new groups of three (Adam, Luca and Ellie). Try to answer all the questions.

d) Compare your answers in class. Did you all solve the mystery?

7 Find someone who ...

a) Find out about people in your class. Pick three things from the box – or more. Find someone who ...

1 ... had a nice breakfast on Saturday.
2 ... did sport on Saturday.
3 ... did some fun things on Sunday.
4 ... met friends on Saturday or Sunday.
5 ... visited someone on Sunday.
6 ... went to bed early on Sunday.

b) What questions can you ask? Write them in a table – three questions or more. More help p. 136

c) Walk around: Talk to different people. Ask your questions. Take notes.

Did you have a nice breakfast on Saturday? What did you eat?

Did you do sport on Saturday? What sport did you do?

d) Tell the class one interesting thing about someone in your class.

1.21

1 The idea

Mia is talking with her dad about °Guy Fawkes Day. Listen.
Are the sentences true or false?

1 Mia's dad didn't like Guy Fawkes Day when he was a kid.
2 Mia's idea is to make a 'guy'.
3 Mia wants to buy some fireworks.

1.22

Penny for the guy

Scene 1

Mia and Ellie were in front of the newsagent's in Hoe Lane. Buster was with them. The guy sat in Ellie's little brother's pushchair. His old jeans and shirt were full of lots of old newspapers. His head was a football inside a white T-shirt. He had an old hat in front of him with some money in it.

"Penny for the guy! Penny for the guy!" Ellie and Mia said. "It's for the dogs' home. Please give."

Some people smiled and put money into the hat. Box: Voc., p. 211

"Thank you. Buster thanks you too," the two said.

Mia looked into the hat.

"We have eight pounds fifty, Ellie!" she said.

"That's great," Ellie said. "Hey, where are Adam and Luca? Did you phone them?"

"Yes, they wanted to meet us here," Mia said.

Soon two boys came along the road and stopped. They both wore Guy Fawkes masks. Buster barked and sniffed at them.

"Ah, there you are," Ellie said with a smile.

"Yes, here we are," one boy said.

"Yeah, and here we go!" the other boy said. He took the hat and the money. The two boys laughed and ran away.

"Hey, that's not funny, guys," Mia said. "Come back! Adam! Luca!"

Buster barked and ran after them.

Scene 2

Mia and Ellie waited. Ten minutes later Adam and Luca came along Hoe Lane. Buster was with them.

Luca waved to Ellie and Mia. "Hi you two!"

Adam pointed at Buster. "Look who ran away again!"

"Hey, I like your guy," Luca said. "How did you make ...?" He stopped when he saw their faces. Mia and Ellie didn't look happy.

"What's the matter?" Luca asked.

"Ha, ha! Very funny," Ellie said. "Where did you put the hat and the money?"

"Heh?" Luca said. He looked surprised. Adam too.

"Did you two change your clothes?" Mia said.

"No! Why? What happened?" Adam asked.

Mia looked at Ellie. "Oh dear. It wasn't them," she said. Box: Voc., p. 211

Then they told Adam and Luca about the boys.

"We couldn't see their faces," Ellie said.
"But one boy wore a green hoodie like yours, Luca, and the other wore a red jacket," Mia said.
"Which way did they go?" Luca asked.
"They went down Hoe Lane and then turned right into Drake Street," Ellie said.
"Maybe we can find them, Adam!" Luca said.
Luca and Adam ran and Buster followed.

Scene 3

Adam and Luca hurried along Drake Street. Buster was excited.
"Maybe they went to Drake Park," Adam said.
"Let's have a look," Luca said. They turned into Penny Lane.
Suddenly Buster ran to some people. He sniffed and barked at them.
"Buster, come here!" Adam called.
Then Luca saw something. "Hey, that boy has a hoodie like mine," he said.
"You're right," Adam said. "And that other kid has a red jacket. Come on, Luca."

The two boys were in front of a shop.
"Excuse me," Adam said to the two. "Two guys took some money from our friends and ..."
"We don't know them and we don't know you. Get lost," one boy said.
Buster barked again. Then he jumped up and pulled something from the boy's pocket.
"Hey, you stupid dog!" the boy said.
An old hat fell out of his pocket together with some money. At that moment the shop owner came out of his shop.
"What's all this about?" he said.
The two boys looked nervous. "Erm, well, ..."

Scene 4

Luca, Adam and Buster were back in Hoe Lane. "Did you find them?" Mia asked.
"Yes, we did!" Luca said. "Here's your hat."
"Did you get the money back?" Ellie asked.
"No, we didn't. We're really sorry," Adam said.
He looked at Luca and then looked away.
"Oh no!" Mia said. "Well, thanks for trying."
"But where did they go with it?" Ellie said.
"We don't know," Luca answered. "Maybe they bought some fireworks."
"Those stupid boys," Mia said. Box: Voc., p. 212
"Yeah ... Well, we have to go now," Adam said. "I'm going to buy a new CD."
"Yes, and I want to go to Claire's Cakes," Luca said.
Ellie looked at them. "But yesterday you two didn't have any money! Where did you get ...?"
The boys smiled. Then Ellie understood and Mia too. Adam and Luca laughed. Adam took the money out of his pocket and put it into the hat.
"Eight pounds fifty for the guy," he said.
Ellie and Mia smiled. "Thanks!"
"Don't thank us," Luca said. "Thank Buster!"

Scene 5 *At the party on Bonfire Night*

Adam and Luca ate sausages and potatoes.
"Mm," Luca said. "The best thing about Guy Fawkes is the food!"
"Not the fireworks?" Adam asked.
"Only after the food," Luca answered.
"Did you phone Ellie and Mia?" Adam asked.
"Yes, they wanted to meet us here," Luca said.
Suddenly they heard some kids behind them.

"We found you! Yeah, where's the money?" They looked and saw two Guy Fawkes masks. Adam and Luca were nervous. They started to run. Then they heard some girls laughing. They looked back. It was Ellie and Mia and they had masks in their hands.
"Penny for the guy?" Ellie asked.
"Oh, it's only you two!" Adam said.
"Ha, ha," Mia said. "I think I like Guy Fawkes Day!"
Luca looked at his friends. "I think I need another sausage."

2 The scenes

Find the best heading for each scene (1–5) in the story. *Scene 1 is …*

Danger in Old Street | Buster finds them | It wasn't us! | Boys in masks | Friends and sausages | Sorry, no money … | Buster makes some friends

3 The story

a) Match the sentence parts.

1 People put money → into the guy's hat.
2 Adam and Luca came later
3 The girls wore masks
4 Two boys came
5 Buster found the boys
6 Mia and Ellie were happy

to see the money again.
into the guy's hat.
and wanted to help.
and scared Adam and Luca.
and took the hat and money.
and the hat and money too.

b) Write the sentences in the right order. More practice 3 p. 136

4 That's not right!

a) Choose a scene from the story. Write 3–4 sentences about the scene. Make one piece of information wrong. *In scene 2 Mia and Buster waited. Then …* More help p. 137

b) Read your sentences. The other students must find the wrong information and correct it.

The two boys took the cup and the money …

That's not right! They took the *hat* and the money.

2 SKILLS TRAINING Do better in tests

▸ KV 17 ▸ DFF 2.9 ▸ INKL 2.10 A

1 READING TESTS Signs

Read the task and the tips. Then do the task.

Read the sentences (1–5) and match them with the signs (A–G).
There are more signs than you need.
There is an example at the beginning (0).

Always read the **instructions**. Think about what you have to do.
▸ Skills file 10, p. 198

0	*You mustn't walk on the grass here.*	*E*
1	You mustn't park your car here.	
2	You can bring your dog, but it must be on a lead.	
3	You can walk here, but you can't skateboard.	
4	You can walk or cycle here.	
5	You mustn't cycle or play football here.	

Watch out! One sign doesn't fit the sentences.

A

B

C

D

E

F

G

2 LISTENING TESTS Mia's bag

1.23

Read the task and the tips. Then do the task.

Do you have to write full sentences? Check the instructions.
Look at the **example** – it can help you too.

Listen to Mia and the woman at the bus station.
Answer the questions below in 1–3 words.
There is an example at the beginning (0).
You will hear the recording twice.

It's important to know **how many times** you'll hear the text.

0 *What did Mia lose? her bag*
1 Where did she lose it?
2 When was it?
3 What does it look like?
4 What was in it? Name three things.
5 When can she phone again?

Read all the questions **before** you listen.
Write your answers only **after** the first listening.

More practice 4 p. 137

▸ Workbook 15–16, p. 23

3 WRITING TESTS Last weekend

a) Read the task on the right.

**Write a short letter to your English penfriend, Jenny.
Tell her about last weekend (two things).
Ask her two questions about last weekend.
Write at least 60 words.**

Structure your letter in beginning, middle and end.

Beginning
Start a letter to a friend like this: *Dear …*

What do you want to say? Which tense is best?
- *I had a great day on Saturday / …*
- *I went to …*
- *I played …*
- *…*

Middle
Think about what you can ask:
- *What did you do at the weekend?*
- *How was your weekend?*
- *…*

Make your letter interesting! Use time phrases and linking words.
- *On Saturday morning / first / then / later / …*
- *and / because / but / so / …*

End
You can end a letter in different ways:
Love
Lots of love
Best wishes
Yours

▸ Skills file 6, p. 194

b) Read the letters from Simon and Patrick. Which letter fits the task in 3a) better? Why? Talk to your partner.

Dear Jenny
How are you? I'm very happy because I had a great weekend. On Saturday I went shopping with my friends. It was fun. On Sunday I visited my grandmother because it was her birthday. She had a party and all my cousins were at her house.
What did you do last weekend? Did you visit your family too?
Best wishes
Patrick

This is your German penfriend, Simon. How are you? I'm fine, thank you. I had a good weekend. I got up late on Saturday. I watched TV on Saturday evening.
Do you like TV? I watch lots of TV.
Simon

c) Now look at the task and the tips in a) again and write your letter to Jenny.

d) Look at your partner's letter. What's good and what's not so good? Tell your partner.

Check these things: the beginning, middle and end; the verb tenses; questions; the length of the letter.

▸ Skills file 10, p. 199

► KV 18 A/B ► DFF 2.4 ► Folie 10 ► INKL 2.11

1 Understanding directions

1.24

Mia is in Drake Street. She wants to go to a pet shop. But where is it?

Mia Excuse me, please. Is there a pet shop near here?
Woman A pet shop? Let me see. Oh yes, there's a pet shop in Old Street.
Mia Can you tell me the way, please?
Woman Sure. Cross Drake Street at the traffic lights. Turn right. Then turn left into Old Street.
Mia Old Street. OK.
Woman Go along Old Street for 100 metres. Go past the shoe shop. The pet shop is on the right.
Mia Great. Thanks very much.

2 Looking for a bookshop

a) Now Mia wants to buy a book about cats. She asks the man in the pet shop. Copy and complete the dialogue. Look at 1 for help.

Mia Excuse me, please. Is there a bookshop ... (1) here?
Man Yes, there's a bookshop ... (2) New Road.
Mia Can you tell me the ... (3), please?
Man OK. Turn right. Then turn ... (4) into New Road. Go ... (5) New Road for 50 metres. ... (6) past the bank. Cross New Road at the ... (7) lights. The bookshop is ... (8) the left.
Mia Thanks very much.

1.25

b) Listen to the dialogue and check.

c) Practise the dialogue with a partner.

More practice 5 p. 138

3 NOW YOU

Partner B: Go to page 126.

Partner A: Look at the map. You're at the post office in Drake Street. Pick one of these places: a restaurant, a bike shop or a hairdresser's. Ask partner B for directions. Then swap roles.

Excuse me, please.
Is there a ... near here?
Can you tell me the way, please?
Thank you very much.

Yes, there's a ... in ... Street / Road.
Turn left / right. / Go along ... Street.
Go past ... / Cross ... Road.
Turn left / right into ... Street.
The ... is on the right / left.

► Workbook 18, pp. 25–26

▸ *KV 19*

1 The kids from Harbour Road: Halloween night

a) Before you watch: What games can you play with apples, with water or with toilet paper? Draw a picture of your idea.

b) Now watch the film and find out about two Halloween games. Which game do you like better? Why?

apples

water

toilet rolls

c) What did Paul, Anna, Sarah and Tom do on Halloween night? Read these sentences and put in the names. Make notes.

1. First ☺, ☺ and ☺ went to ☺'s house.
2. ☺'s parents weren't at home. So they had a party.
3. But ☺ went to a different party.
4. First ☺, ☺ and ☺ watched a scary film.
5. Then ☺ came back and scared ☺, ☺ and ☺.
6. ☺ joined the party in ☺'s house.
7. Later ☺, ☺, ☺ and ☺ played Halloween games.
8. ☺ won the apple game. Box: Voc., p. 212
9. ☺ and ☺ won the mummy game.

Partner check: Compare your notes. Then watch the film again and check.

2 People and places: A tour of my neighbourhood

a) Before you watch: What shops can you find in an English street? Make a list.

Partner check: Compare lists.

Then watch the film. Can you put more shops and places on your list?

b) Which of these places does Alex sometimes go to? Watch the film again and find out.

More practice 6 p. 138

▸ INKL 2.12 A

7 LISTENING and SPEAKING Did they get to the swimming pool?

1.27

a) Oliver, Ruby, Harry, Sophie and Lily were at the bus stop in Old Road. They wanted to go to the swimming pool, but they all went a different way. Listen and look at the map. Did they get to the swimming pool? Who didn't get there?

b) Choose a place on the map. Write the place on a piece of paper. But don't tell your partner where your place is!

Then give your partner directions to that place. Talk like this:

Partner A: Start at ... Turn left / right. Go along ... Cross ... Turn left / right into ... Go past ...
Partner B: I'm at ...
Partner A: That's right. / That's wrong. Try again.

8 WRITING A cool festival in my neighbourhood

a) Read Mia's letter to a penfriend. Is there a festival like this in your neighbourhood?

Dear Jess

Thanks for your letter. I'm from Leipzig. That's a big city in the middle of Germany. Every summer there's a street festival in my neighbourhood – the "Funkenburgfest". Last year I went there with my friends Florian and Celina. We ate ice cream and popcorn and we drank lots of red lemonade – yummy! There were some ponies, but we didn't go riding because it was only for little kids. We watched a tae kwon do show and a hip hop dance show. °I liked the hip hop dance show best. At 10 pm there were really great fireworks!

I'd love to hear about a festival in your town.

Best wishes

Mia

b) Answer the questions about the letter.

1 What festival or party was it?
2 When and where was it?
3 Who was there?
4 What did they eat and drink?
5 What did they do?
6 What was best?

c) Did you go to a festival or party last year? Write a letter about it. Think about the questions in b). ▸ Wordbank 2, p. 160 More help p. 139

▸ *INKL 2.12 A/B*

9 PROJECT A great place for kids

a) Look at the brochure. What would you like to do in Schönau? What wouldn't you like to do? Why? Tell your partner.

Schönau is a great place for kids

Do you want to go inline skating or skateboarding? Come to our new skate park! You can meet your friends there.

It's fun!
- Four different °half-pipes
- Open every day
- Next to the supermarket in *Ehrendorfer Straße*
- And it's °free!

You need:
a helmet and your board or skates

Do you want to go riding?

Join our riding club on *Reiterhof Welkershain*. It's only 3 °km from our school. You can go by bike or bus.

You can take riding lessons:
Mon – Fri from 3 pm – 7 pm
Sat – Sun from 10 am – 5 pm

A riding lesson is 12 °euros. You need a riding hat. Don't wear skirts or jeans, but other trousers or leggings are fine.

Riding is really great!

Do you want to go to the cinema?

Our cinema is near Marktplatz. You can walk there from school. It's 4.50 euros for kids, but on Tuesdays it's only 3 euros. You can eat popcorn or °nachos and have °soft drinks.

Are you hungry after the film? Then go to Carlo's ice cream cafe. They have the best ice cream in the town!

b) Work in groups of three. Make a brochure about your neighbourhood for an English student.

Step 1: Discuss in your group: What can kids do in your neighbourhood after school? Write your three favourite things.

Step 2: Each person in the group writes a short text about one place for the brochure. Think about these things: What's the name of the place? What can you do there? Where is it? How do you get there? When is it open? How much is it? What do you need?

Step 3: Discuss all three texts in your group. Is everybody happy with them?

Step 4: Make your brochure. You can use a computer.

10 My learner log

Copy and complete your learner log. You can put it in your DOSSIER.

My learner log

Now I can ...
- ask questions about things in the past, e.g.: ...
- give directions in a town, e.g.: ...
- understand directions: 😃 😐 😟
- talk about festivals in my neighbourhood: 😃 😐 😟
- understand °instructions in tests better: 😃 😐 😟

About Unit 2:
- I think Mia is happy / unhappy in her new home.
- I found out some things about Guy Fawkes Day, e.g.: ...
- I found out about ... in the films.
- I found out that some things are the same in Germany and Britain, e.g.: ...
- Some things are different, e.g.: ...

After Unit 2 my English is: GREAT! 👍 / OK 👉 / NOT VERY GOOD 👎

▸ *Text file 3, pp. 168–171* ▸ *Workbook, pp. 27–29*

Teen talk

www.my_perfect_weekend.co.uk

WHAT MAKES A PERFECT WEEKEND?

A

chilling at home

B

meeting friends

E

going out

C

shopping

D

doing a hobby

F

going to the cinema

1 A perfect weekend

1.28

a) Look at the photos. Then listen. Which activities (A–L) do you hear? Take notes. Listen again and check.

b) What's your perfect weekend? Make a list of your top three activities. Why do you like these things?

c) Double circle: Talk to different partners about your favourite weekend activities. Say why you like the activities.

On Saturdays I like ... because it's fun / exciting / interesting / nice / easy / ...

What about you?

Me too.

Oh, I'm different. On Saturdays I often ... because ...

Really?

I also like ...

▸ KV 21 (Part A) ▸ INKL 3.1

G

watching a favourite TV programme

H

doing **stuff** on the computer

I

doing sport – like **skiing** or playing volleyball

J

watching sport

K

doing chores[1]

L

or doing homework

2 A **survey** about last weekend

a) Copy and complete these questions. Add your own questions. Then answer them for yourself.

Last weekend	me	partner 1	partner 2
1 Did you do sport at the weekend?	yes	...	...
2 What sport did you do?	football	...	...
3 Did you do chores at the weekend?	yes	...	...
4 **How much** TV did you watch?	4 hours		
5 Did you **go out** with ...?	...		
6 Where ...?	...		
7 ...			

b) Appointments: Make appointments with three students. Ask the questions. Take notes.

c) Tell the class about the survey.

One student ... Two students ... Everybody ... **Nobody** ...	did sport. played football. played ... did chores at home. watched lots of TV. went out with ... ...

▸ Workbook 1–2, p. 30

1 [tʃɔːz]

▸ KV 21 (Part B) ▸ DFF 3.3 ▸ INKL 3.2

Money questions

1 A letter to an online magazine

1.29

a) Read the letter to *Hey*.

Are the sentences true or false?

1 This kid likes his / her parents.
2 This kid has lots of money.
3 This kid has an older brother.
4 This kid has a job.
5 This kid always goes out with friends.
6 This kid isn't happy.

b) Who wrote this letter: Adam, Mia, Luca or Ellie? Read again and find out.

I think … wrote the letter because …

c) Now read the answer from *Hey* and find out:

1 Do all kids in Britain get pocket money?
2 When can kids in Britain work?
3 What can this kid do to get money?
4 Who should this kid talk to?

HEY! online magazine

Help!

Box: Voc., p. 213

Dear *Hey*
I like my parents a lot, but I have one problem with them: they don't give me any pocket money. I think that's mean! My brother is older than me and he has a Saturday job, so he can buy stuff, and he has money when he goes out. But I'm not a teen! I'm 12, so I can't work. Why can't mum and dad understand this? When my friends go out, I can't always go with them because I don't have any money. Are my parents meaner than other parents? What should I do? ***Frustrated***

Dear *Frustrated*
No, your parents aren't meaner than other parents. Lots of kids don't get pocket money. Your problem is that you need money, but you can't work. You have to wait until you're old enough – 13. You should talk to your parents about this. Do you do small jobs at home? If not, maybe after your chores you could do some extra work for money. Talk to your parents about this too. It could be the answer to your problem! ***Hey***

2 PEOPLE AND PLACES Teens and their jobs

1.30

a) Listen to some Plymouth teens talking about work. How many work – one, two or three teens?

1.30

b) First look at these questions:

1 What are their jobs?
2 How much do they work?
3 What do they like about their jobs?
4 What don't they like about them?

Then listen again and take notes.

Lucy: …   Jake: …   Katya: …

c) Check your answers.

d) Read the text and find out who is working too many hours.

Working teens in Britain

In Britain kids have to be 13 before they can have a job.

When can young teens work?
– school days and Saturdays: between 7 am and 7 pm (on school days only before or after school)
– Sundays: between 7 and 11 am

How many hours per day?
– school days and Sundays: 2 hours
– Saturdays: 5 hours

How many hours per week?
– In the school year: 12 hours per week
– In the school holidays: 25 hours per week

▸ KV 22 ▸ DFF 3.1 ▸ Folie 11 ▸ INKL 3.3 ▸ INKL 3.4

3 Chores at home

1.31

a) Read and find out how Luca is different from the others.

Luca — Do you work or do you do chores at home, Mia?

Mia — I don't work, but I do chores. I cook with dad. And I hoover the house.

Luca — Do you do chores, Ellie?

Ellie — I fill the dishwasher and I empty it every day. That's enough for me.

Luca — Oh! And you Adam? What do you do?

Adam — Well, I work in the cafe. But I help at home too. I cut the grass and tidy my room. What about you, Luca?

Luca — Erm ... no. I don't do any chores, and I don't do any other work either. Do you get pocket money?

Adam — Yeah, I get £10 a week. It's great.

Ellie — I get some pocket money from my dad every week. And I have a new job. I do a paper round every Saturday morning.

Luca — Wow, you're lucky! I don't get any pocket money. What about you, Mia?

Mia — Yes, I get £5 a week. You should do some chores at home, Luca. It's not hard.

Luca — You're right. I'm going to do that. And I'm going to ask for pocket money!

Others — Go for it, Luca!

b) Read the dialogue again and answer the questions in complete sentences.

1 What chores do they do? 2 What other work do Adam and Ellie do? 3 What's Luca going to do?

4 NOW YOU

a) Make two lists: chores you do at home and chores you don't do at home.

▸ Wordbank 3, p. 161

b) Then copy the table.

	I do these chores:	*I don't do these chores:*
My partner does these chores:	1 *tidy room* ++	3 *fill the dishwasher* −+
My partner doesn't do these chores:	2 ... +−	4 *wash up* −−

c) Now talk to your partner and write in the boxes which chores:
- you and your partner both do. (Box 1)
- you do, but your partner doesn't do. (Box 2)
- you don't do, but your partner does. (Box 3)
- you don't do and your partner doesn't do either. (Box 4)

Find as many as you can. Can you fill all the boxes?

A: I tidy my room. What about you?
B: I tidy my room too. And I fill the dishwasher. Do you do that?
A: No, I don't. And I usually don't wash up.
B: I don't wash up either.
A: Do you ...?
B: Yes, I do. / No, I don't.

d) Write a short text about your results. You can put it in your DOSSIER.

Chores
My partner and I both do chores. For example, we both ... . He ... too, but I don't. ...

Cool stuff

1 A Saturday afternoon out

1.32

Ellie — It's nearly two o'clock and Mia still isn't here. And it was her idea to go ice skating!
Adam — She'll be here soon, I'm sure.
Mia — Hi guys! Sorry I'm late. I couldn't find the ice rink. This is my first time here, you know.
Adam — It doesn't matter. You're here now.
Ellie — It's only us three. Luca couldn't come.
Mia — Oh, no! That's a pity.
Adam — Yeah. He's going to come next time when he has some pocket money.
Mia — Wow, so this is the ice rink.
Ellie — Yes, and it's fuller than last weekend. That's the entrance there. We have to wait here in the queue[1].
Adam — At least it's sunnier today. Those are cool sunglasses, Mia. Are they new?
Mia — Yes. And these are my new gloves.
Ellie — Oh, I like those. They're nicer than my gloves. Look – this is my new hat! What do you think?
Mia — That's nice, Ellie! Red is a great colour.
Ellie — Thanks. I nearly bought a green hat, but red looked better.
Mia — Are those your ice skates, Adam? They look cool.
Adam — My dad bought these for me last winter.
Ellie — You're lucky. Mine are a lot older.
Mia — I don't have ice skates. Is that a problem?
Adam — Don't worry. They have skates here.
Mia — Oh, good ... Erm, what colour are they?

a) Who ... 1) couldn't come? 2) likes Mia's gloves? 3) has cool skates? 4) needs some skates?

b) Complete sentences 1–3 with **this** or **that** and sentences 4–6 with **these** or **those**.

1

Ellie: This is the queue, and ...'s the entrance over there.

2

Adam: Is that your scarf, Mia?
Mia: No, ... is mine here.

3

Mia: ... is a really cool place, guys!

4

Mia: These are too small. I'd like to try ..., please.

5

Ellie: What about skates like those?
Mia: No thanks, I like ...

6

Mia: Are ... your gloves? They look nice. Can I try them?

More practice 1 p. 139
▸ Language file 11, p. 183

1 [kjuː]

▸ Workbook 6, p. 32

2 Cool clothes

a) Look at the boy and girl in the picture. Choose one and talk about what he or she is wearing.
She's / He's wearing jeans / a red ... / an old white ... / ...

What do you think is nice or cool?
That's a nice skirt / cap / blouse / colour / ...
Those are cool boots / jeans / ...

b) What do you like to wear? What colours do you like? What do you think is cool? Make notes. Talk to your partner.

c) Imagine you're going to go to a pop concert with your classmates on Friday evening. What are you going to wear? Make notes. They can be clothes and things that you don't have, but you'd like to have.

d) Talk in small groups.

What are you going to wear to the concert, Nele?

I'm going to wear a new black blouse, my red jeans and black boots. What about you, Ben?

3 SONG Cooler than me

1.33

a) Look at the first part of the song (left) and look at the picture. Who do you think is singing – the boy or the girl?

If I could write you a song,
And °make you fall in love,
I °would °already have you up
under my °arm.
°I used to °pull all my tricks,
I hope that you like this,
But you °probably °won't,
You think you're cooler than me.

Chorus:
You got °designer shades,
°Just to hide your ... 1 and
You ... 2 them around °like
You're ... 3 than me.
And you ... 4 say "Hey",
Or remember my ... 5.
And it's probably 'cause,
You ... 6 you're cooler than me.

by Eric Richard Holljes and Mike Posner

b) Look at the chorus and listen to the song. Write the missing words in your exercise book.
Partner check: Compare your words.

c) Write a poem about the word COOL or another word you like.
Start each line with one letter of the word.
Each line can be a word, a phrase, or a whole sentence.
Share your poem in class. More help p. 140

Cool stuff is fun.
Old stuff can be cool.
Orange stuff isn't so cool.
Laughing is always cool.

1 Activities in Plymouth

a) Look at the activities for kids. Talk to a partner about the places.

1 Tenpin Bowling

Barbican Leisure Park
Barbican, Plymouth

Tenpin.co.uk/Plymouthbarbican

Bowling with friends and family
Times: Mon – Fri 3 pm – 10 pm
Sat – Sun 11 am – 10 pm
Prices: 1 game £5.99 for kids
£7.99 for adults

2 Central Park

Outland Road
Plymouth

You can do lots of things in the park: rugby, football, baseball, picnics ... And you can play pitch and putt.
Times: Open all day every day.
Prices: Free
Pitch and putt: 1 game £3.50

3 Dartmoor Zoo

Sparkwell
5 miles (8 km) from Plymouth

dartmoorzoo.org

You can see big cats like tigers, °lions, a °jaguar[1], a °lynx and a °cheetah at the zoo. See °wolves, bears and snakes too.
Times: 10 am – 4 pm (Nov – Apr)
10 am – 6 pm (Apr – Nov)
Prices: adults £10.95, kids £8.95

4 Theatre Royal

Royal Parade
Plymouth

theatreroyal.com

CINDERELLA – the °pantomime! Fun, songs and a great story – this is a show for all ages.
Times: 2.30 pm / 7 pm every day
(16th Dec – 21st Jan)
Prices: £12, £16, £19, £23, £25

b) Look at the website again and answer these questions.

1 Look at the addresses. Which place isn't in Plymouth?
2 Look at the texts. Where can you listen to songs?
3 Look at the dates. Which activities can you do all year? Where can you go all year?
4 Look at the prices. Which place is expensive? Which place is cheap?
5 Look at the texts. Where can you do the most sports?

1 ['dʒægjuə(r)]

▸ DFF 3.2 ▸ LAS 3 A ▸ Folie 13 ▸ INKL 3.7 A/B

2 What's better?

a) Look at the website again. Finish the sentences.

1 Pitch and putt is cheaper than ...
2 Bowling is cheaper than ...
3 The zoo is more expensive than ...
4 The pantomime is more expensive than ...
5 Tenpin is nearer to the city than ...
6 Tenpin is open later than ...

b) Write what you think. Then talk to a partner. Compare your ideas.

1 I think that Central Park is bigger than ...
2 The zoo is more interesting than ...
3 Bowling is easier than ...
4 The pantomime is more exciting than ...
5 ... is more boring than ...
6 I think that ... is more popular than ...

3 Talk about differences

a) Copy and complete this table. Look at task 2.

cheap	*cheaper*
near	...
late	...
big	...
easy	...

b) Now copy and complete this table. You can find these words in task 2 too.

expensive	*more expensive*
interesting	...
exciting	...
boring	...
popular	...

c) Look at the tables in a) and b). What's different? Find the rules.

FOCUS

Comparatives So kannst du Dinge oder Personen vergleichen:

1 Bei kurzen (einsilbigen) Adjektiven und bei Adjektiven, die auf *-y* enden, hängst du ... ans Ende des Wortes. Beispiele: *Bowling is cooler than football. / Bowling is easier than hockey.*

2 Bei längeren Adjektiven (zwei- oder dreisilbigen) stellst du das Wort ... vor das Adjektiv. Beispiel: *Bowling is more expensive than pitch and putt.*

3 Die Adjektive ***good*** und ***bad*** sind Ausnahmen: *good – ... / bad – worse.*

Careful with adjectives with *-y* at the end: easy – easier, friendly – friendlier

And look: big – bigger, nice – nicer

▸ Language file 12, p. 184

4 Cyril and Sandy

What do you think? Make sentences with the adjectives in the box.

1 Cyril is *smaller* than Sandy.
2 Sandy is ... than Cyril.
3 Sandy is ...
4 Cyril ...
5 ...
6 ...
7 ...

young • fast • quiet • noisy • cool • friendly

5 What do you think?

Make questions. Then write your answers.

1 interesting – shopping or chilling?
What's more interesting – shopping or chilling?
I think ... is more interesting than ...
2 boring – a chore or homework?
3 exciting – football or ice hockey?
4 popular – tae kwon do or tennis?
5 expensive – a skateboard or a bike?
6 dangerous – a snake or a bear?
7 difficult – English or maths?

Partner check: Compare your answers.

More practice 2 p. 140

▸ Workbook 7–8, pp. 33–34

6 It's the greatest!

a) Which advert (A – D) is for …

1 Plymouth?
2 a restaurant?
3 a circus?
4 a TV programme?

b) Look at the FOCUS box. Make a rule. Find more examples.

A

B
9.30 Britain's top 10 videos: Sandra plays the funniest and the most popular videos of the year.

C

D

FOCUS

Superlatives So kannst du sagen, was am schönsten, lustigsten, langweiligsten usw. ist:

1 Bei kurzen (einsilbigen) Adjektiven und bei Adjektiven, die auf *-y* enden, hängst du … ans Ende des Wortes. Beispiele: *the greatest, the nicest, the funniest, …*

2 Bei längeren (zwei- oder dreisilbigen) Adjektiven stellst du das Wort … vor das Adjektiv. Beispiele: *the most beautiful, the most boring, …*
Ausnahmen: *good – the best / bad – the worst.* ▸ Language file 12, p. 184

More practice 3 p. 141

7 Is Sam the biggest boy? p. 141

Finish the sentences.

1 Sam is *the biggest* boy in the class.

2 Saturday is … day of the week.

3 The red bike is … bike in the shop.

4 Monday is … day of the week.

5 My car is … car in the street.

6 The tiger is … animal in the zoo.

More practice 4 p. 142

8 NOW YOU

a) Work with a partner. Finish the sentences about your town or neighbourhood.

1 The most interesting street in our town is …
2 The worst shop in our town is …
3 The coolest place for teens is …
4 The best place to eat is …
5 The most exciting activity for teens is …

b) Write more sentences about your town – as many as you can. Use these words: popular / noisy / beautiful / good / cheap / …

c) Talk to another partner. Compare your sentences (from a and b) like this:
I think the worst shop (the coolest place / the most exciting …) in our town is …
What about you?

▸ Workbook 9, p. 34

► *INKL 3.9 A/B*

1 Before you read

a) Look at the pictures on pages 57 and 58. Match the captions (1–5) with the pictures (A–E).

1 A messy garage
2 In the CD shop
3 Luca's friends are here
4 In front of the computer again!
5 Dad can't dance!

b) Write your own caption for picture F. Then read the story and compare.

1.34

Money doesn't grow on trees!

Part 1: It's a deal!

It was a rainy Saturday morning. Luca was in his bedroom in front of his computer.

"Luca, are you going to sit in front of that computer all day?" his dad asked. "Do something more interesting."

"I don't have any money. I can't do anything. If you give me some pocket money, I can do more interesting things," Luca said.

"Luca, money doesn't grow on trees," his father answered.

"You're mean!" Luca said.

He stayed in his room.

Later Luca's dad came to his room.

A

"I have an idea. You can tidy the garage for £5," his dad said.

"£10! That's the messiest garage in Plymouth!" Luca said.

"£7.50 – and I'm going to help you," his dad answered.

"It's a deal!" Luca said.

B

Part 2: The chore

Luca and his dad started to work. They found lots of old things in the garage – chairs, a sofa, a table, a bike, toys, cushions. There were boxes too, with books and clothes. And there was lots of rubbish – bottles, magazines and comics.

"How can we get rid of all this old stuff?" Luca asked.

"We're going to recycle it," his dad said.

Then Luca opened an old wardrobe. There was a dartboard inside. "Great," he thought. And there were lots of CDs in the wardrobe. There was an old CD player too – and it worked.

Luca took out a CD and played it.

"This is good," Luca said. "Who are the Spice Girls?"

"That was your mother's favourite band," his dad said. "She loved listening to them." He started to dance.

"Oh no! Dad can't dance," Luca thought, but he said nothing.

"Can I have these old CDs, Dad?" Luca asked.

"Sure," his dad said. "We don't listen to them any more."

Luca had a plan!

C

Part 3: Luca's plans

Luca and his dad worked very hard all afternoon. Then they put lots of things in the car and went to town. First they went to *Oxfam*, a charity shop, with some good clothes, books and DVDs. The people in the shop were very happy.

Then they went to a second-hand CD shop. Luca had two big boxes of CDs.

The woman pointed at the Spice Girls CDs. "I don't want those. Nobody buys them," she said. "But I can give you £20 for these." She had six CDs in her hand.

"£25!" Luca said.

"It's a deal," the woman said. Luca's dad was surprised. He watched as the woman gave Luca the money.

D

"What are you going to do with all that?" he asked.

"I'm going to save it," Luca answered. "Well, some of it."

When they were at home again, Luca had another plan ...

Part 4: Luca's den

At 3.30 Adam, Mia and Ellie came to Luca's house. "We're going to go ice skating again today, Luca. You should come with us this time. We can buy your ticket," Ellie said.

"Thanks, guys. I have some money now," Luca said. "I can buy my own ticket. But before we go, come into my den."

E

"Your den?" Adam asked. "What's that?"

Luca opened the door of the garage.

"This is my den – it's a hobby room," Luca said.

The three friends went inside. They were surprised. It was a very nice and comfortable room with a rug, a sofa, a table and other things. Ellie saw the dartboard.

"Wow, can I play with those? I love darts," she said.

They played some of the old CDs. "Cool music," Adam said.

"That's mum and dad's music – from the 90s," Luca said.

There were still some old clothes in the wardrobe.

"Look at this dress – it's fun!" Mia said.

"I wore that dress when I was younger – in the 90s." Luca's mum was at the door. She smiled.

"Really?" Mia said. "It's cool! I love clothes from that time."

Part 5: You poor boy

Then Luca's dad arrived with Jack. They had some food and juice.

"You guys look hungry. Come on, everybody. Let's eat," Luca's dad said.

"Thanks, Dad. But we can't eat now. We have to go before the ice rink gets too full," Luca said.

"Oh, let's stay here. This is better than ice skating," Mia said. "We can go ice skating next weekend."

"Yeah, this is more fun." Adam said. "Let's have a darts match! I'm sure that I'm the best!"

"But I have money now and I can't spend it!" Luca said.

"You poor boy!" the others said together.

They all laughed.

F

2 On Saturday morning

a) Put the verbs in the right order and make eight sentences. Look at page 57.

1 Luca's dad ...	thought	... very happy with Luca.
2 Luca ...	opened	... his dad for pocket money.
3 Luca ...	started	... that his dad was mean.
4 His dad ...	found	... an idea.
5 And then they ...	had	... a deal.
6 They ...	made	... to work in the garage.
7 Luca ...	wasn't	... a wardrobe.
8 He ...	asked	... some old CDs.

There are three **bus stops** in your classroom. When you finish a task, go to the right bus stop and find a partner. Then check your work. If you have a problem, ask your teacher.

b) Go to bus stop A. Find a partner and compare your sentences.

3 On Saturday afternoon

a) Find the mistakes and write the correct sentences. Look at page 58.

1 Luca worked alone in the garage.
2 They went to a CD shop with books.
3 Luca got £20 for the CDs.
4 Luca's dad had a great plan for the garage.
5 Luca's friends didn't like Luca's den.
6 They listened to some new CDs.
7 Mia found a cool shirt.
8 Luca and his friends went ice skating.

b) Now go to bus stop B. Find a new partner and compare your sentences.

4 WORDS The new den

a) Make a list of things (1–20) in the picture. *1 den, 2 ...* More help p. 142

b) Now finish Luca's email with some of the words in a).

c) Go to bus stop C. Compare your sentences with a new partner.

More practice 5 p. 142

Hi Berry
I have a new … (1) – it's a hobby room. It's in our … (2), next to the house. Dad and I worked hard and we got rid of lots of … (3). There were old cola … (4), and old … (5). I opened a … (6) and found a … (7). I found mum's old … (8) – the Spice Girls! Do you know this group? I found a … (9) too and we played some CDs. It's very comfortable in the den – we have a … (10) and an old … (11). We have a … (12) and some … (13) too. Mia found a funny … (14) – it was mum's when she was younger. I'm going to send you a photo of my den soon. **Luca**

▸ KV 26 (Part A) ▸ DFF 3.4 ▸ INKL 3.10

1 Mia's talk

1.35 **a)** Listen to part one of Mia's talk. Which pictures does she talk about?

A

B

C

D

E

1.36 **b)** Listen to part two of the talk. Look at the notes. Write the missing words.

My hobby – making things

1 look at the pictures

2 about my hobby

- *when I started: … (1) years old*
- *where I get ideas: … (2), the internet, when I'm shopping*
- *when I do it: at the weekend, in the … (3)*
- *why I like it*
  - *it's … (4)*
  - *you can make … (5)*
  - *it isn't … (6)*

c) Put these phrases in the right order. Then listen to the whole talk and check.

A Do you have any questions?

B First I'm going to show you some pictures.

C That's the end of my talk.

D Today I'm going to talk about …

E Now I'm going to tell you …

F Can you look at the pictures, please?

G Thank you for listening.

d) Look at the table. Do you agree with it?

Mia	*good*	*OK*	*not so good*
1 spoke clearly		✓	
2 had a good plan	✓		
3 used good phrases	✓		
4 showed pictures	✓		
5 gave interesting information		✓	

Hier geht es darum, wie Mia ihren Vortrag verbessern kann:
- Hat sie deutlich gesprochen?
- War ihr Vortrag gut gegliedert?
- Hat sie die Sätze aus 1c benutzt?
- Hat sie passende Bilder gezeigt?
- Waren ihre Informationen interessant?

2 Charlie's talk

1.37 **a)** Listen to Charlie's talk. Put the pictures in the right order.

b) Copy the table in 1d). Listen again. Complete the table for Charlie. Then compare with a partner.

A

B

C

▸ Workbook 13, p. 36

▸ KV 26 (Part B) ▸ DFF 3.4 ▸ INKL 3.11

1 Plan a short talk about your hobby or free-time activities

a) First get some ideas. Copy and complete the network for you.

My hobby – …

- **pictures** (e.g. of people, of your team, of your gear etc.)
- **where I do it** (e.g. at home, at school, at a club)
- **why I like it** (e.g. it's fun / exciting / relaxing / … I like to be fit / I like sport / music / … I like making / collecting things / …)
- **I do it alone / in a team / with …** (e.g. with friends, with a teacher / coach / …)
- **when I do it** (e.g. after school, at the weekend, on Mondays, …)

b) Make notes on cards.

c) What phrases do you want to use? (Look at 1c on page 60 for ideas.)

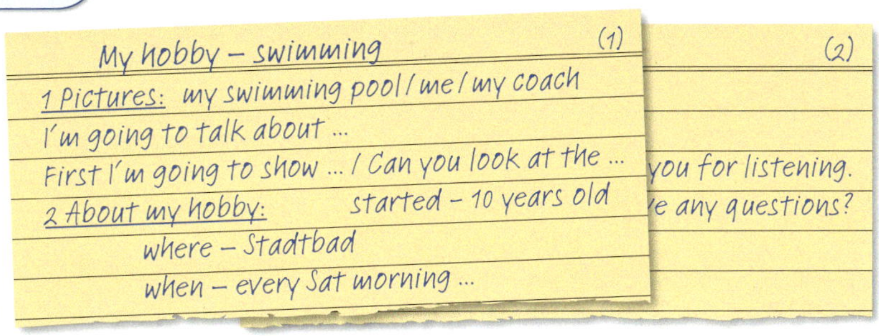

d) Do you have pictures? How can you show them? E.g. on a poster, on the computer, …

e) Practise your talk in front of a partner or in front of a mirror.

2 Give your talk

a) Work in a group. Each student gives a talk.
The other students listen and fill in a table like the one in 1d on page 60.

b) After each talk say what was good, and what he/she can do better. ▸ Skills file 12, p. 201

You	spoke clearly. Box: Voc., p. 217 had a good plan. used good phrases. showed pictures. gave interesting information.	You should	speak more clearly. make a better plan. use better phrases. show pictures. give more interesting information.
That was good / very good / great.		You can give a better talk next time.	

▸ Workbook 14–15, pp. 36–37

▸ *Folie 14*

1 Your favourite TV programmes

a) Look at the programmes. Think of examples of German TV programmes. Write a list.

news and weather: Tagesschau, N24, ... cartoons: ...

news and weather

cartoons

comedy shows

films

sports shows

music shows

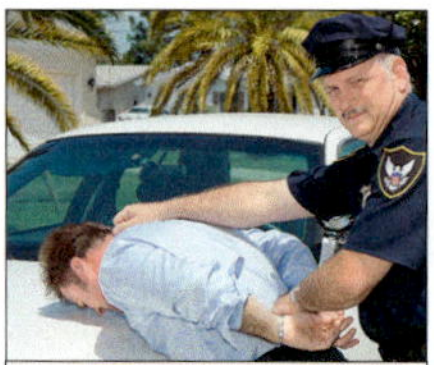
crime series

documentaries

soaps

reality shows

b) Which programmes do you like best? Make a list of your top 3.
Compare with a partner.

I like ... best because ...

Me too. / I like ... too. / Not me. / I don't. I like ... best because ...

2 A TV evening in Luca's house

a) Scan the TV programmes and find:

1 a comedy
2 a documentary
3 a talk show
4 a crime series
5 a reality show
6 a sports show

▸ *Skills file 9, p. 197*

If you're looking for specific information, you don't have to read every word. Go through the text quickly and watch for key words.

Thursday **19 January**

BBC1	BBC2	ITV
19.30 EastEnders: Eddie is going to Spain. Michael isn't happy.	**18.30 Newsnight** followed by weather	**18.00 Twister:** A film about people who follow storms in the US. Action thriller (USA 1996).
20.00 Countryfile visits a farm near Plymouth and finds some interesting animals.	**19.00 Black Books:** Comedy in a London bookshop. Bernard gets lost in his own shop!	**20.00 ITV news and weather**
21.00 MasterChef: The four chefs cook in a top London restaurant. One must leave the show!	**19.30 Rugby:** Highlights of the England vs Scotland game and Wales vs Ireland.	**20.15 CSI Miami:** A teenager is missing in Miami. Horatio and his team have lots of problems.
21.50 BBC News News and weather	**20.30 Glastonbury:** Britain's biggest rock and pop festival of last summer. The best 30 minutes.	**21.15 The Jonathan Ross Show:** Ross talks to pop star Missy X and film star Joss Reed.

b) It's 6 pm. Everybody in Luca's family wants to watch TV. Make a plan for the evening.

– Luca's mum wants to find out about the weather.
– Luca's brother loves music shows.
– Luca wants to watch an exciting film.
– Luca's dad is interested in food and cooking.

More help p. 143

▸ *Workbook 16, pp. 38–39*

▸ KV 27

1 The kids from Harbour Road: Vote for me!

a) Watch part 1. Then answer the questions:

1 Who wants to be a student leader?
 A Anna. B Sarah. C Paul.
2 Paul says that Mark is going to win because ...
 A he's shy. B he's good. C he listens to people.
3 How does Paul get ideas for his talk?
 A He asks Sarah and Anna.
 B He asks the teacher.
 C He asks the students.

b) Watch part 2. Vote in your class for Paul or Mark. Who do you think the students in Paul's class voted for? More practice 6 p. 143

c) Watch part 3. Do you think the best person won? Why (not)?

2 People and places: At Dartmoor Zoo

a) Before you watch: Look at the map. What animals would you like to see? Talk to a partner.

I'd like to see a ... because ...

And I'd love to see a ... because ...

b) Think about these questions:
– Where does the tour start?
– What animals do we see?

Then watch the film and take notes.

3 MEDIATION

You want to talk to German tourists about Dartmoor Zoo. Watch the film again. Take notes about four interesting things – in German. Then tell your group. More help p. 143

STOP! CHECK! GO!

► KV 29 ► DFF 3.1 ► INKL 3.12 A

Ask your teacher for an answer sheet to check exercises 1–5. You can find the listening text (p. 65) on the listening CD in the Workbook.

1 REVISION Work before fun

a) Match the words and make plans.

This weekend Cyril is going to play football.
He's going to ...

play	TV
go out	football
have	at home
go to	dinner with Sandy
visit	his friends
go	the cinema
watch	ice skating
chill	with friends

b) What's Sandy saying? The verbs are mixed up. Correct her sentences.

You have to ~~hoover~~ the table, ~~tidy~~ the grass, ~~empty~~ the house, ~~go~~ the dinner, ~~cut~~ your room, ~~set~~ shopping, ~~wash~~ the dishwasher and ~~cook~~ up!

c) Write about your weekend: What activities are you going to do? What chores do you have to do?

Use linking words.

More help p. 144

2 REVISION Dad has lots of questions

a) It's Friday evening. Dad has lots of questions about Mia's day. Write the correct questions. // p. 144

1 *Dad* — *What did you do today at school?*
Mia — We didn't do much. We only had lessons in the morning.

2 *Dad* — What lessons ... (have)?
Mia — Well, we had maths, art, history and English.

3 *Dad* — Then what ... (do) in the afternoon?
Mia — Our class went to the fire station in town for our project.

4 *Dad* — What ... (do) there?
Mia — We talked to the firefighters about their jobs. It was really interesting.

5 *Dad* — Where ... (go) after that?
Mia — We went to Adam's cafe.

6 *Dad* — Why ... (go) to the cafe?
Mia — Because Ellie was hungry.

7 *Dad* — What about Luca? ... (come) too?
Mia — No, he didn't.

8 *Dad* — ... (eat) anything?
Mia — Yes, we ate some sausages and chips.
Dad — What a nice afternoon!

b) Write five or more questions about yesterday. Then ask your partner.

3 LANGUAGE In the souvenir shop at Dartmoor Zoo

a) Complete the sentences about the toys.

1 The monkey is ... (cheap) than the tiger.
3 The tiger looks ... (interesting) than the monkey.
5 The monkey looks ... (funny) than the tiger.
7 The tiger looks ... (beautiful) than the monkey.
9 The monkey smells ... (bad) than the tiger.
I want the tiger!

2 But the tiger is much ... (big).
4 But the monkey is ... (cool).
6 But the tiger looks ... (dangerous).
8 But the monkey feels ... (nice).
10 No, the monkey smells ... (good).
I want the monkey!

b) Write at least eight sentences about these animals.
E.g.: *The snake is longer than the pig. The hamster looks more dangerous than ...*

beautiful
big
clever
dangerous
friendly
long
mean
scary
small
...

4 LISTENING Adam and Mia's project

1.38 **a)** Adam and Mia asked people in their neighbourhood how much TV they watch.
Copy the table and listen to the interviews. Fill in the answers.

Name	*How many days every week?*	*How many hours every day?*	*favourite TV programmes*
Harry			
Ellen			
Jessica			
Mrs Brown			
Mr Moran			
Thomas			

Partner check: Compare your tables.

b) Who watches the most TV every week? Make a list and put the people in the right order.

c) Ask five students in your class. Add their answers to the table from 4a).
Then tell the class what you found out.

▸ KV 29 ▸ DFF 3.5 ▸ DFF 3.6 ▸ INKL 3.12 A

5 READING A sleepover in Luca's den

Read the text and answer the questions in 1–5 words.

"Your garage looks great, Luca!" Adam said. "Now we have a great place to meet. I have an idea," Luca answered. "Let's have a sleepover here at the weekend!" The others looked excited.
"Great!" they all °shouted. "We can play games, like darts." "Yes, and we can have nice food."
But they needed some money for food and drinks. They made a plan. They all wanted to °make some money with °extra chores and small jobs.
"OK. I'm going to cut the grass at Mrs Trent's house. That's another £3," Adam said.
"Great," Luca said. "I'm going to °walk our neighbour's two dogs. They want to give me £1 for each walk."
"You want to go for a walk with two dogs? But that's difficult!" Mia said.
"I think cutting the grass is more difficult," Luca said. "How are you going to make some money, Mia?"
"I can help you with the dogs, Luca," Mia answered.
"That's a good idea. They're very big," Luca said. "I have an idea too. I can be a babysitter for my neighbours," Ellie said. "They usually give me £5."
"OK," Luca said. "Let's meet again on Thursday and see how much money we have."

1 When do they want to have a sleepover?
2 Why do they need money?
3 How can Adam make extra money?
4 How many dogs do Luca's neighbours have?
5 Who can help Luca?
6 When are they going to meet again?

6 ACTIVITY Who's the youngest in our group?

a) Make groups of five. Talk about the questions – as many as you can.

Who's the youngest student in our group?
Who's the oldest student in our group?
What's the most interesting lesson?
What's the most boring lesson?
What's the best day of the week?
What's the worst day of the week?
Who's the strictest teacher?
What's the most difficult lesson?

b) Everyone: Make notes like this about your group.

People in our group
The youngest student: ...
The oldest student: ...
The most interesting lesson: ...
The most boring lesson: ...
The best day of the week: ...
The strictest teacher: ...

c) Each student in the group gets a number (1–5). Make new groups – all 1s, 2s, 3s, ... together. All the students can present their notes to the group.

d) Share in class your group's funniest answer.

7 ACTIVITY Plans for a perfect Saturday

a) Make a table with 12 boxes like this:
Write one free-time activity in each box.

chill	dance	play cards	go out
Florian	Tina	...	...
watch TV	...	...	...
...	...	...	...
visit	...	...	...
...	...	...	...

Hey Max. Are you going to watch TV next Saturday?

Yes, I am. Are you going to ...

No, sorry. Are you going to ...

b) Walk around: Ask your classmates about their plans. Find a new student for each activity. Write their names in the boxes. The first person with 12 different names is the winner!

c) Write a text about your plans for a perfect Saturday. What are you going to do?
Use linking words and time phrases. You can put your text in your DOSSIER. More help p. 144

8 MEDIATION Making plans

Steve, an exchange student from England, is living in your neighbourhood. You and your younger brother Felix want to do something with him. Complete the dialogue and help Felix.

You Hi, Steve. How's it going?
Steve Great, thanks.
Felix Sage, dass wir am Samstagnachmittag Badminton spielen wollen. Frage, ob er mitkommen möchte.
You We want to ...
Steve That's cool. I'd love to come. What time?
You Er möchte ...
Felix Mir ist es egal. Wir haben den ganzen Nachmittag Zeit. Vielleicht gegen zwei?
You What about ...
Steve Well, I think 2 pm is a bit early. We want to go shopping in the morning and I don't know when we'll be back.
You 2 Uhr ...
Felix Sag ihm, er kann eine SMS schreiben. Meine Nummer ist 0177725621.
You You can ...
Steve OK. Great! See you on Saturday. Bye.
Felix Sag ihm, dass er seine Turnschuhe mitbringen muss.
You One more thing ... See you on Saturday. Bye.

9 My learner log

My learner log

Now I can ...
- use this, that, these and those to talk about things.
- °compare people or things, e.g.: bigger than, nicer ...
- say something / someone is the nicest, most boring, ...
- give a short talk:
- speak about plans, e.g.: I'm going to ...
- talk about my free time:
- find information about TV programmes:

About Unit 3:
- I think / don't think that Luca's parents are mean.
- I think parents should / shouldn't give their children pocket money.
- I think it's right / wrong to get extra money when you do chores.

After Unit 3 my English is: GREAT! / OK / NOT VERY GOOD

▸ Workbook, pp. 40–43

Feeling good

How healthy is the way you live?

Do this fun quiz.

1 How many hours do you sleep at night? Box: Voc., p. 217

- A More than 9 hours.
- B Between 7 and 9 hours.
- C Less than 7 hours.

2 How often do you eat junk food?

- A Never.
- B Sometimes.
- C Quite often. I eat a lot of crisps, burgers, chips and sweets.

3 What do you drink?

- A Mostly water.
- B Some water, some milk, some sugary drinks.
- C Only sugary drinks.

4 Do you have breakfast before school?

- A Yes, every day.
- B Sometimes.
- C No, never.

5 Do you do sport in your free time?

- A Yes, a lot.
- B Yes, sometimes.
- C No, I don't like sport.

6 Pick your perfect weekend activity.

A 

B 

C 

7 Your friend wants to go swimming with you. What's your answer?

- A What a great idea. Let's do it.
- B Not now. Maybe tomorrow.
- C Ha, ha. Very funny! No, thanks!

8 How much time do you spend in front of the TV or computer every day?

- A Less than an hour.
- B 1 to 3 hours.
- C More than 3 hours.

9 You're in a cafe. Which dessert do you want?

A 

B 

C 

▸ DFF 4.1

Do you have mostly As, Bs or Cs?

Mostly A

That looks very good and healthy. You eat and drink the right things, you get enough sleep, and you do sports, so you're very active too! Well done.

Our advice: Keep it up!

Mostly B

Some things are good, but some things could be better. You're a bit lazy too.

Our advice: Look at your food again. You shouldn't eat junk food too often. Try to change some things in your life.

Mostly C

Oh dear! A lot of things aren't very good. You could do a lot better.

Our advice: You should eat more fruit, drink more water and do more sport. Change your life. Start now!

1 Do you agree with the advice?

Talk to a partner. Say at least two things.

I agree / don't agree with the advice because ....

I eat / drink / play / do a lot of ...

I could start a new sport / go to school by bike / ...

I'm happy the way I am.

I dance / walk / go by bike / ... a lot.

I like / don't like ...

I know I should drink / eat / do / more ...

2 Let's get active

2.02

Stand up. Listen. Do the exercises.

1 Hands up high

2 Down low, hands behind your back

1 Left arm up, open your hand

2 Left arm down, make a fist

3 Right knee up and down

▸ Workbook 1–2, p. 46

Healthy food

1 In the school canteen

2.03

a) What do Adam, Ellie, Luca and Mia have for lunch? Read the dialogue and match the photos with the people.

Luca Mm. They have chips today too.
Mia You want chips with lasagne? How can you eat so much?
Luca It's not too much for me. I'm really hungry.
Mia You could have a salad.
Luca A salad? That's rabbit food. Do I look like a rabbit?
Adam Hey, Luca! I have a salad. Do I look like a rabbit? No, don't answer that! What about a baked potato? Or a dessert?
Luca Great idea, Adam. I'm going to get chips and a dessert!

At the table

Mia What's that with your salad, Adam? It looks like a dessert.
Adam It's a pasty. There's meat and vegetables inside. Try some.

Box: Voc., p. 218

Mia Thanks. I've never had a pasty before. ... It's yummy!
Adam What's in your lunch box, Mia?
Mia I have a sandwich – salami on brown bread – and an apple. Oh, and some carrots. Look, Luca, more rabbit food!
Ellie That looks very healthy. Do all Germans like healthy food?
Mia Some eat healthy food, some eat junk food. It's just like here.
Ellie Maybe my lunch isn't so healthy. I have a packet of crisps, some chocolate and some orange juice. Erm, how many carrots do you have, Mia?
Mia I have lots. Take some! Last chance to be a rabbit, Luca.
Luca No, thanks. I'm full. ... I ate too many chips.

A

B

C

D

b) What do you think is healthy and what isn't healthy in the kids' lunches? Copy and complete the table
Partner check: Compare your tables.

healthy	unhealthy	not sure
...	...	...

I think ... is healthy / unhealthy.
I agree / don't agree.
I'm not sure if ... is (un)healthy.

c) What kind of food do you eat? Start a food network like this.
Use words from the dialogue and add your own – as many as you can. Give your foods different colours like in 1b. ▸ Wordbank 4, p. 162

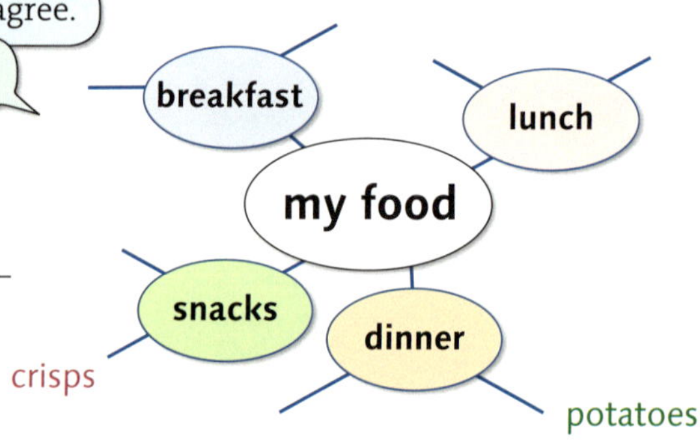

2 The food doctor

a) This poster is outside the canteen at Eggy. Before you read, look at the food (1–7). What do you think – is it healthy or not? Make a table like the one in 1b.

b) Read the FOOD DOCTOR's advice and check your answers.

c) Were you surprised by anything? Tell a partner.

I was surprised that ... is healthy / unhealthy.

I didn't know that ... What about you?

3 ACTIVITY My food and drink this week

a) Answer the questions about your food and drink this week.

1 How much water have you drunk? A Lots of water. B Some water. C No water.
2 How many bottles of sugary drinks have you drunk?
A None. B Less than three bottles. C More than three bottles.
3 How much fruit have you eaten? A Lots of fruit. B Some fruit. C No fruit.
4 How many times have you eaten sweets? A Not at all. B A few times. C More than five times.

b) Tell your partner about your results. What does your partner think? More practice 1 p. 145

I've I haven't	eaten drunk	no some lots of any	water fruit ...	this week.	I think that's	good • OK • very healthy • too much • not enough • unhealthy • terrible

▸ Language file 13, p. 184

c) Write a food diary about your food and drink this week. You can put your work in your DOSSIER. More help p. 146

What's the matter with Ellie?

1 Ellie isn't at school today

2.04

a) Read and find out why.

Luca — Ellie isn't at school today again. Do you think she's skiving?
Adam — Maybe she's late. She watches a lot of TV in the evenings and she always feels tired.
Mia — Let's text her and find out ...
Luca — Maybe she's ill. She often has a stomach ache or a headache.
Mia — Poor Ellie. She isn't very happy at the moment. Her dad has lost his job. He's looking for work, but he can't find a job here in Plymouth.
Luca — So what's he going to do? Move to a different city?
Mia — Ellie doesn't know. I think she's worried about that.
Adam — Oh dear. She loves going to her dad's flat at the weekend.
Mia — Look, there's a text from Ellie. She has a headache and a sore throat.
Luca — So maybe she isn't skiving. Maybe she has a cold.
Mia — Well, she thinks she has a temperature. She's going to the doctor's this morning.

Box: Voc., p. 219

b) Mia, Luca and Adam are talking about Ellie. Who says or thinks what?

1 Ellie watches a lot of TV.
2 Ellie often feels ill.
3 Ellie's dad needs a new job.
4 Ellie likes visiting her dad.
5 Maybe Ellie is really ill.
6 Ellie is going to the doctor's.

c) Look at the pictures and complete the captions. Look at the text for help.

1
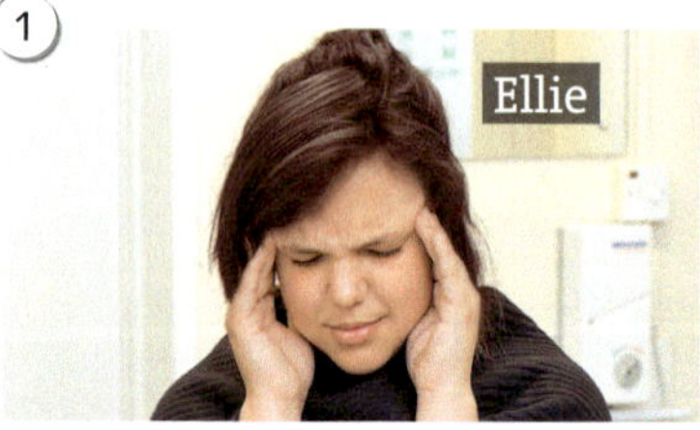

I have a ...

2

I have a sore ...

3
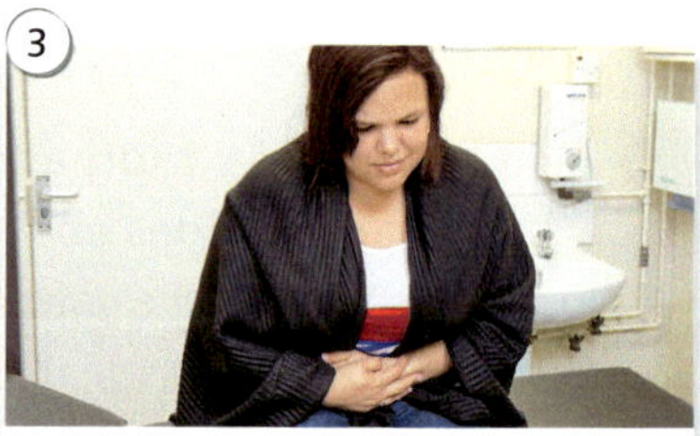
I have a ...

4

I have a ...

5
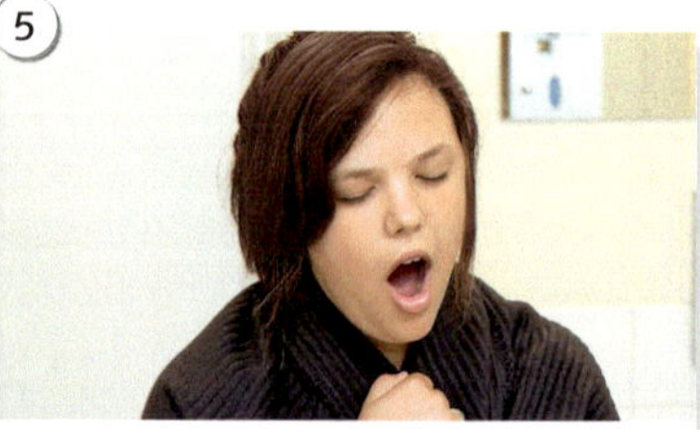
I feel ...

6

I have a ...

d) GAME The pantomime game

Write the illnesses from 1c on pieces of paper. Put the pieces of paper together. Each student takes one and mimes the illness. The class has to guess the illness.

More practice 2 p. 146

▸ Workbook 5–6, p. 48

▸ KV 32 ▸ DFF 4.4 ▸ INKL 4.4

2 At the doctor's

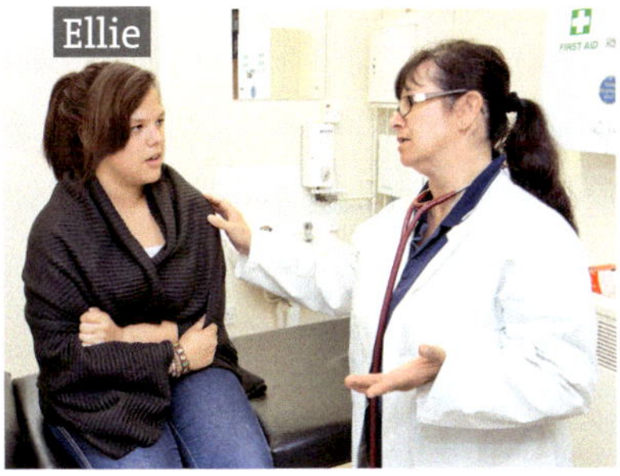

2.06 **a)** Here are some of the things that the doctor talks about. Listen to **part 1** and put them in the right order.

A sport B Ellie's job C Ellie's headache
D food E school F sleep

b) Listen again. Pick the correct answers.

1 The appointment is for ... A 10 o'clock. B 12 o'clock.
2 Ellie ... A has a temperature. B doesn't have a temperature.
3 Kids need about ... A 7 hours sleep. B 9 hours sleep at night.
4 Tae kwon do and Ellie's new job are on ... A Saturday. B Sunday.
5 Ellie's mum cooks ... A healthy food. B unhealthy food.
6 Ellie ... A never has breakfast. B sometimes has breakfast.

Partner check: Compare your answers.

c) What advice do you have for Ellie? Make notes. Use the ideas in the box.

Ellie should	Ellie shouldn't
...	...

sleep more • watch TV in bed • go to bed earlier • do more sport • stop sport • stop her job • look for a new sport • look for a different tae kwon do class • have breakfast • eat better food • stay at home • go to school • worry about her dad

Then compare with a partner.

2.07 **d)** Listen to **part 2** and look at your notes from 2c. Tick (✓) your list when Ellie's mum gives the same advice as you.

3 ROLE PLAY How are you today?

Partner A: Find out how your partner is feeling. Give your partner some advice.
Partner B: Imagine you're not feeling well. Tell your partner.
Talk to different partners and swap roles.

Hi!
How are you today?

I'm not feeling well.

Oh dear.
What's the matter?

I have a ... / I feel ...

Poor you! Maybe you should / shouldn't ...

– go to the doctor's
– get some fresh air
– go to bed earlier
– do more sport
– eat junk food
– go home
– go to bed late
– drink more water
– sleep more
– worry
– drink sugary drinks
– ...

▸ Wordbank 5, p. 163

Oh no, I don't want to do that!
Do you have a better idea?

That's a good idea. Thanks.

▸ Workbook 7–8, p. 49

1 Oh, no!

a) Match these sentences (A–F) with the pictures (1–6).

A ... I've just missed the bus!

B ... Have you eaten my ice cream?

C ... I haven't had breakfast yet.

D ... Maybe he hasn't drunk enough water today!

E ... Has someone checked the toast?

F ... We've forgotten our homework!

b) Complete the sentences with the right form of the verbs from 1a.

1 Adam is fed up because he has just ... the bus.
2 Buster is tired and thirsty because he hasn't ... enough water.
3 Have Zoe and Ellie ... the toast?
4 Luca is hungry because he hasn't ... breakfast yet.
5 Luca and Jack are worried because they've ... their homework.
6 Has Buster really ... Adam's ice cream?

► LAS 4 ► INKL 4.5 ► INKL 4.6

2 The present perfect – positive and negative statements

Look at the examples on page 74 and find the rules.

FOCUS

1 Das *present perfect* besteht aus zwei Teilen:
aus *have* oder *has* (Kurzformen: *'ve* bzw. *'s*) und der 3. Form des Verbs *(past participle)*:

I / you / we / they ... cooked / eaten   he / she / it ... cooked / eaten

Bei regelmäßigen Verben endet die 3. Form auf *-ed*, Beispiele: cook – ..., miss – ..., finish – ...
Unregelmäßige Verben haben besondere Formen, Beispiele: eat – ..., have – ..., drink – ...

► *Vocabulary, p. 221*

2 Wenn du sagen möchtest, dass etwas nicht geschehen ist, benutzt du: ...
Beispiele: *I haven't had breakfast yet, ...*

3 Welche Aussage ist richtig? Mit dem *present perfect* drückst du aus, was ...
(A) gerade geschieht. (B) bereits oder noch nicht geschehen ist. (C) regelmäßig geschieht.

► *Language file 14, p. 185*

3 A busy Saturday at Luca's house

a) Luca is on the phone with his grandma.
Complete the sentences. The verbs are all regular verbs.

1 We've just ... (finish) our new chores, Grandma.
2 Jack and I have ... (tidy) our rooms – it's really not hard.
3 Jack has ... (empty) the dishwasher and Grace has ... (help) him.
4 I've ... (hoover) the whole house. Now I know how mum feels.
5 Dad has ... (wash) the car, but it doesn't look very clean.
6 Now it's time for some fun in my den. I've already ... (text) my friends!

Box: Voc., p. 220

b) Bus stop: When you have finished 3a), go to bus stop A. Find a partner and compare your answers.

4 Mia and her dad

a) Find the *past participles* of the verbs and complete the dialogue. p. 147

1 *Mia* I've ... (put) the old bottles away, Dad. That was my last chore.
2 *Dad* That's great, Mia. Thanks. Hey, have you ... (see) my phone? I can't find it.
3 *Mia* No, I haven't, Dad. Adam has ... (buy) a new phone. Can I have a new phone for my birthday?
4 *Dad* Mia, you've already ... (have) a birthday present! Remember?
5 *Mia* Oh yes! Luca has just ... (send) me a text. Can I go with Ellie and Adam to his den?
6 *Dad* Well, we've already ... (do) our Saturday chores, so it's OK with me.

Look at the list of irregular verbs, p. 270.

b) Bus stop: Now go to bus stop B.

▸ KV 33 ▸ DFF 4.3 ▸ LAS 4 ▸ Folie 16 ▸ INKL 4.6 ▸ INKL 4.7

5 Ellie's chores

These verbs are all regular verbs.

a) Ellie wants to go to Luca's den too. But has she done her chores yet? Make positive or negative sentences with the present perfect. p. 147

1 Ellie … … (hoover) the house.
2 And she … … (fill) the dishwasher.
3 But she … … (~~wash~~) the car.
4 Ellie and Conor … … (clean) the kitchen.
5 But they … … (~~cook~~) lunch.
6 And what about Zoe? She … … (~~help~~)!

	Ellie	Conor	Zoe
hoover house	✓	✗	✗
fill dishwasher	✓	✗	✗
wash car	✗	✗	✗
clean kitchen	✓	✓	✗
cook lunch	✗	✗	✗

b) Bus stop: Now go to bus stop C.

More practice 3 p. 147

6 The present perfect – questions

Look at the examples on page 74 and find the rules. ▸ Language file 14, p. 185

FOCUS

… + I / you / we / they + …?
… + he / she / it + …?

7 Adam's jobs

a) Adam is in the cafe. He wants to go to Luca's den too. Make his mum's questions.

Mum	Adam
1 you / your homework / Have / done / ?	– Yes, I have, Mum. I've done everything.
2 eaten / you / Have / lunch / ?	– No, I haven't. But I'm not hungry.
3 you / made / a salad / Have / ?	– Yes, I have. I've made a chicken salad.
4 Have / put / outside / the tables / you / ?	– Yes, I have. They're all outside now.
5 to your dad / spoken / you / Have / ?	– No, I haven't. I'm going to phone him later.
6 you / something / Have / forgotten / ?	– Oh yes, Mum – my money please!

b) Bus stop: Now go to bus stop D.

8 What have you done today?

a) Copy the table. Write five questions with the *present perfect*. Answer the questions for yourself.

Question	me	partner 1	…
Have you …?			…

Here are some ideas:

have – breakfast • make – bed • forget – homework • feed – pet • text – friend • help – somebody • ….

Have you had breakfast today?

Yes, I have. / No, I haven't.

b) Walk around: Now ask three or more different partners. Make notes in your table.

c) Tell the class about one of your partners.

▸ Workbook 9–12, pp. 50–51

2.08

I don't feel like it!

▶ INKL 4.8 A/B

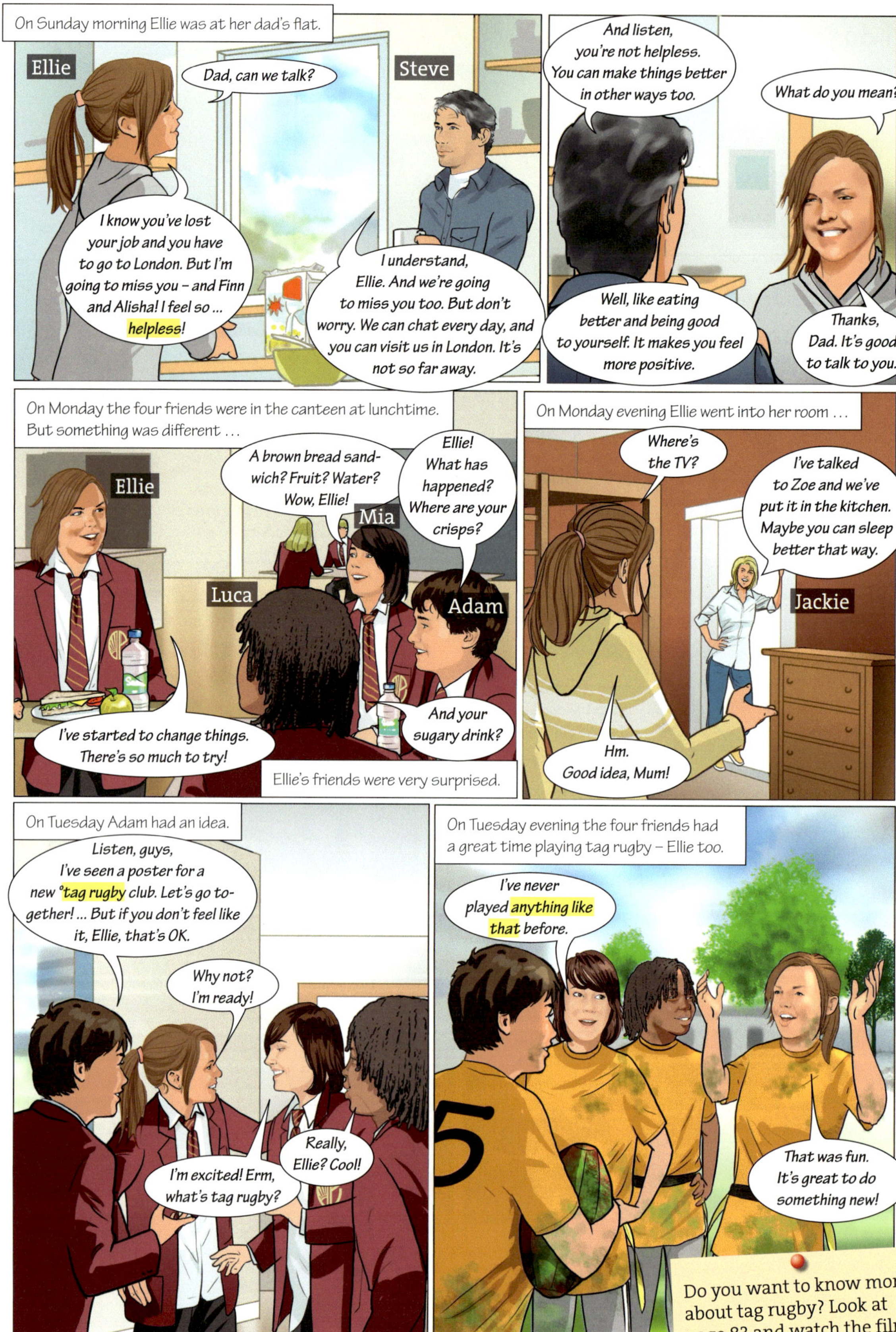

Do you want to know more about tag rugby? Look at page 83 and watch the film.

▸ DFF 4.8 ▸ Folie 17 ▸ Folie 18 ▸ INKL 4.8 A/B

1 Tell the story

p. 148

a) Put these sentences (A–G) in the right order and tell the story.

A But Ellie wasn't very happy about this news.

B On Monday things started to change for Ellie.

C On Saturday morning Ellie's dad phoned her – he had a new job.

D On Tuesday the friends had lots of fun and Ellie looked happy again.

E On Saturday evening Ellie and her mum had a chat about her problems.

F Ellie's friends wanted to do things with her, but Ellie didn't feel like it.

G On Sunday she talked to her dad.

b) What do you think is the message of the story? Pick 1, 2, 3 or 4.

1 Change is sometimes good and sometimes not so good.

2 You should talk about your problems.

3 Forget about problems and they will go away.

4 You can change things and make a bad situation better.

2 ACTIVITY Tips for healthy living

a) Look at the *Healthy living* poster from an English school. What things have or haven't changed for Ellie? Examples:

She has started a new ... She eats better ...

b) Work in groups. Plan a *Healthy living* poster for your class.

- Think of good tips – as many as you can. More help p. 148
- Make posters like this for your classroom.
- Which poster do you like best?

▸ Workbook 13–15, p. 52

1 Describing friends

a) Look at the pictures and talk to a partner.
Who do you think ...
- is the cutest?
- looks the most interesting?
- looks the most fun?
- looks the happiest?
- is the friendliest?
- is the nicest?

Eric Antonia Greg Alice

b) Read the text. Some words will be new for you.

My friend isn't tall and he isn't short – he's normal, about 1 metre 45. He has straight, brown hair. He wears glasses. He's sporty and he looks fit. He's kind and very interesting. He's clever too.

tall: Look at this word in the text. What do you think it is in German? Now look at the dictionary entry and pick the right German word.

tall [tɔːl]
1 *Person* groß
2 *Baum, Gebäude* hoch

straight: Look at this word in the text. What do you think it is in German? Check your answer in the dictionary.

straight [streɪt]
1 *allg* gerade
2 *(hair)* glatt (Haar); *(skirt)* gerade geschnitten *(Rock)*

clever: Do you use this word in German? Check your answer in a dictionary. Which German word is best?

sporty, kind: Guess what these words are in German. Check in a dictionary.

Some English words have more than one meaning in German. When you look up a word in the dictionary, **always read all the different meanings**. Then decide which meaning you need.

▸ *Skills file 3, p. 191*

c) Now match the text in b) with one of the people in a).

2 Who is it?

a) Read these two texts and match them with two people in 1.

b) Pick one text and check the new words in a dictionary. More help p. 148

1. *My friend isn't very tall. She / He has long straight black hair. She / He's °serious and kind. She / He's a very °reliable friend.*

2. My friend is very tall. She / He's °well-built and has °curly, blond hair. She / He's °easy-going and really very nice.

More practice 4 p. 149 More practice 5 p. 149

▸ *Workbook 16, p. 53*

1 New e-friends

a) Look at this website. Read the first two messages. Who sounds more interesting? Why?

www.e-friendsforfun.com

e-friendsforfun.com

Home | Join now | My profile | Search | Chat | Help | Guide

Hello. My name is Jessica, but my friends call me Jessie. I'm 13 and I'm from north Germany. I'm a bit shy, but my friends say I'm kind. I love writing emails, letters, stories, etc. And I love reading mangas – they're the coolest.
I want to find e-friends in other countries. So write to me soon – please!

Hey, everybody! It's me – Charlie. I'm a cool guy from California. I'm 14 and very easy-going, and I love music – especially reggae and rap. I play the guitar. What else do I like? Hanging out with friends and having fun. I want to learn about Germany, but I can't speak German. So who wants to write to me – in English?

1 I'm a total music freak! **2** You can write in English. **3** And I like the sun, the sea and swimming. **4** I live in a small town in Spain. **5** Write soon! **6** I'm Ana. **7** So who wants to write a real letter to me? **8** Hi! **9** I want to know about your life and your country.

b) Now read the last email. It's mixed up. Rewrite the email and give it a better structure.
Compare your results.

c) Read this answer. Who do you think the email is for – Jessie, Charlie or Ana? Why?

Subject: Hi from Germany

Hi. I saw your message on *e-friendsforfun*. I'm Miriam, but my friends call me Miri. I'm from a small town in south Germany. I'm 13 and I learn English at school. I love music, especially rock and hip hop. I think I'm cool and my friends say I'm funny.
What is life like in the US?

I'm looking forward to your next email.

Best wishes Miri

2 Your email

a) Pick one of the messages in 1 and plan an answer.

Step 1: Find a good start. — *Hi / Hey / Hello / Dear …*
Step 2: Write about you. — *I'm (name). / I'm from … / I live in … / I'm (age).*
Step 3: Write about your personality. — *My friends say I'm … / I think I'm …*
Step 4: Write about your hobbies. — *I like … / I love … / I play … / I'm a … freak!*
Step 5: Ask some questions. — *Where do you live? / What are your hobbies? / Do you like …?*
Step 6: Why do you want an e-friend? — *I want to know about … / I want to write better …*
Step 7: Find a good ending. — *Best wishes / I'm looking forward to your … / Write soon …*

b) Now write your email or letter.

c) Reading circle: Put all the emails and letters on the wall. Read them. Add notes if you like.

▸ Workbook 17, p. 54

1 Sport for everybody!

a) Look at the poster. Do you do any of these sports? Which sports would you like to try?

2.09 b) Copy this table. Then listen. Who wants to do what?

	Ellie	Adam	Luca	Mia
skate-boarding				
archery				
diving				
climbing				
ballroom dancing				

2.09 c) Listen again. Complete the sentences.

1 Adam: Skateboarding is really ...
2 Luca: I'd like to try some ... sports.
3 Ellie: Archery looks ...
4 Mia: I think climbing is ... too.
5 Luca: I want to try ...
6 Adam: Maybe hip hop dancing – that's ...

2 PLACEMAT Which three sports would everybody like to try?

Step 1: Work in groups of four. Draw a placemat like this on a big piece of paper. Then everybody in the group writes their three sports in one part of the °placemat.

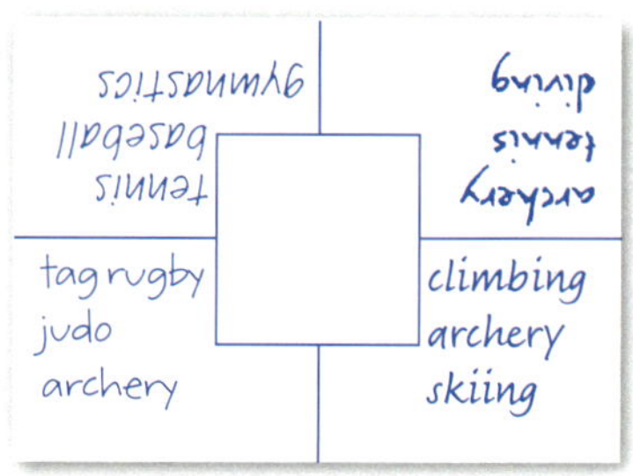

Step 2: Read out all the ideas.

I've chosen tennis and ... What have you chosen?

Step 3:
Talk about the ideas. Agree on three sports and write them in the middle of your placemat.

I like this sport because it's fun / new / different / cool / a team sport / an outdoor sport / ...

Two / three / four people have this sport. Let's take it.

I agree. I'd like to try it too. Let's take it.

I don't agree. It's boring / too expensive / only a winter sport / ... It's only fun for boys / sporty people / ...

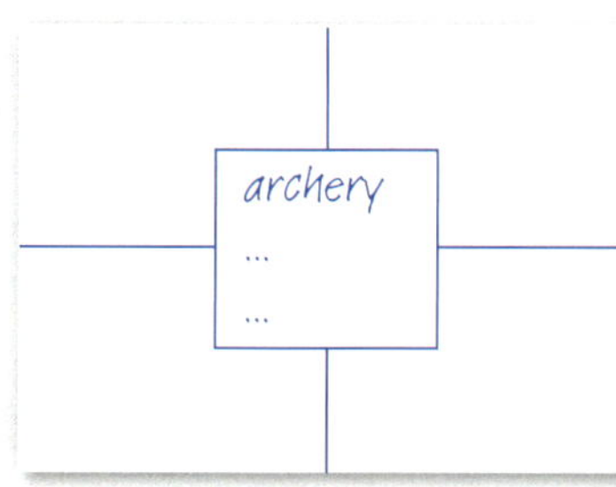

Step 4: Tell the class about your group's ideas. What are the most popular ideas in your class?

Our first sport is ... We like it because ...

Our second sport is ... We think it's fun / ...

More practice 6 p. 149

1 ['ɑːtʃəri]

► Text file 4, p. 172 ► Workbook 18, p. 55

▸ *KV 34*

1 The kids from Harbour Road: Sarah's pasties

a) Talk to your partner.
What's your favourite food? Can you cook?
Would you like to try a pasty? Why? Why not?

b) Put the photos in the right order and make a story. Tell your story to your partner.
- First ...
- Then ...
- Next ...
- In the end ...

A Sarah has made some pasties.

B Anna has found the pasty box. Box: Voc., p. 221

C Anna and Paul are in Sarah's kitchen.

D Anna, Paul and Sarah are in the canteen.

c) Then watch the film and check.

d) Watch the film again. Then finish these sentences.

1 When Sarah says she can make pasties, Anna and Paul are ...
2 When Anna and Paul come to Sarah's house, Paul is ...
3 When Anna and Paul like the food, Sarah is ...
4 When Anna finds the pasty box, she's ... and Sarah is ...
5 When Sarah has problems with her pasties, she's ...
6 When Sarah puts the muffins on the table, everyone thinks it's ...

angry • embarrassed • excited • fed up • funny • happy • hungry • nervous • proud • surprised • tired

2 People and places: Tag rugby

a) Watch the film. Would you like to try tag rugby? Why? Why not? Talk in groups.

It looks fun. | It looks dangerous. | It's difficult. | I don't like ball games. | ...

b) Watch the film again.
Match the captions with the photos. a °pass | a °tackle | a °score | a tag

1

2

3
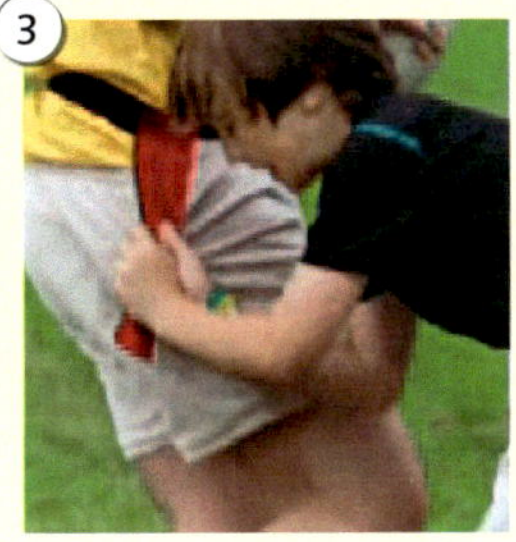
4

c) Play tag rugby with your class.

STOP! CHECK! GO!

▸ KV 35 ▸ DFF 4.1 ▸ DFF 4.2 ▸ DFF 4.3 ▸ INKL 4.12 A

Ask your teacher for an answer sheet to check exercises 1–5. You can find the listening text (p. 84) on the listening CD in the Workbook.

1 WORDS Food and drink

a) Look at the word snake and find the twelve food and drink words. Write them in your exercise book.

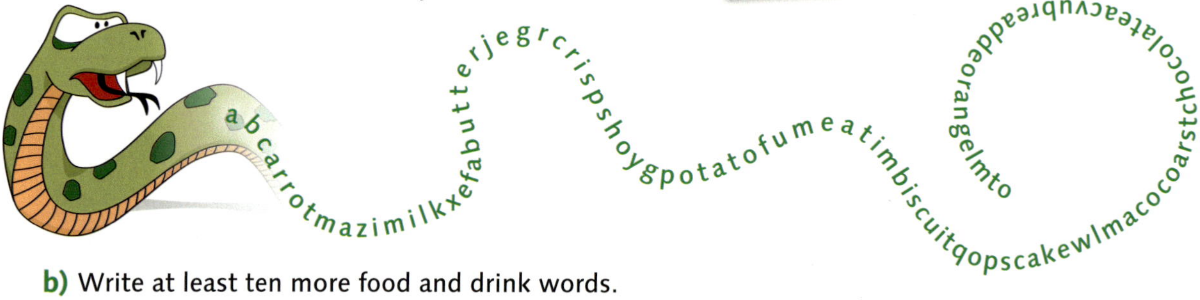

b) Write at least ten more food and drink words.

c) Now talk about these foods and drinks like this:

I think ... is / are great / really good / ... but it's / they are unhealthy / not good for you / ...
My favourite food is ...
What about you?

I know it's / they're healthy, but I don't like ...
For a snack / After sport / At home / ... I always / often / sometimes / never eat ...
I eat lots of ... / I don't eat very much / many ...
And you? What / How often do you like to eat ...?

2 LANGUAGE Who has done what?

2.10

a) Adam and his friends are helping in the cafe. Listen. Adam is phoning his mum. Who has done these things? Listen and take notes.

1 buy – milk and bread

2 check – coffee machine

3 bring – tea

4 make – tea

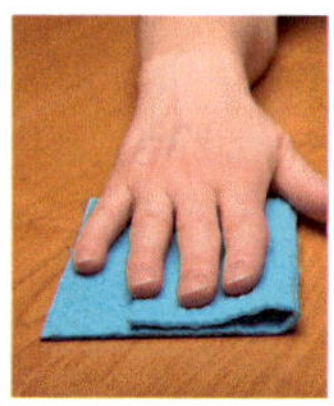
5 clean – tables

6 hoover – cafe

b) Make sentences for Adam. Use your notes from a).

1 I've bought milk and bread.
2 Luca and Mia have ...

I	've	bought
Ellie	has	...
Luca and ...	have	...
...		

c) Write a list of six chores that you and your family usually do in a week. Then write what you and your family have done already and haven't done yet.

– I've tidied my room, but my sister ...

tidy room	*me ✓ and my sister ✗*
cut the grass	*me ✗*
wash the car	*dad ✓*
clean the kitchen	*dad ✗*
wash the dog	*me and mum ✓*
...	

d) Look at your partner's list. Find out what he/she and his / her family have and haven't done this week. Then swap.

A: Have you ... (yet)? / Has your dad ...? B: Yes, I have. / No, he hasn't yet, but he has ...

▸ KV 35 ▸ DFF 4.3 ▸ DFF 4.4 ▸ INKL 4.12 A

3 WORDS They don't feel well

Make captions for the six photos: *1 I have a ..., 2 ...*

1 
2 
3 
4 
5 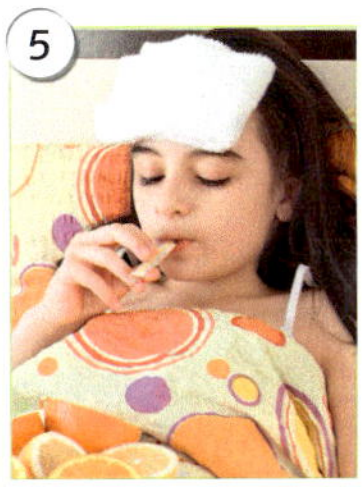
6 

4 LANGUAGE What has happened? // ● p. 150

Complete the sentences. Put the verbs in the *present perfect*.

1 Mia has a stomach ache because she … … (eat) too much chocolate.
Mia has a stomach ache because she has eaten too much chocolate.
2 Luca is really hungry because he … … (have) breakfast.
3 Our teacher is very angry because three students … … (forget) their English homework.
4 I'm very tired because I … … (sleep) enough.
5 Zoe and Ellie aren't so tired because Ellie's mum … … (put) the TV in the kitchen.
6 Adam can't go out because he … … (finish) his homework.
7 Ellie's dad is feeling happy because he … … (find) a new job.

5 REVISION Which clown is funnier?

a) Write ten or more sentences about the differences between Benno and Joey. Use comparatives.

Joey the clown

Benno

You can use phrases like this:

Joey / Benno is taller / shorter / … than …
… looks friendlier / younger than …
… has a sadder / funnier / cuter / …
Joey's hair is … than Benno's.
Benno's ears are … than Joey's.
…

These words will help you:

big • face • happy • hat • long • small • shirt • shoes • short • tie • trousers

b) Compare your answers. Do you agree?

Benno looks … than Joey because Benno has a … face than Joey.

Yes, I agree. / No, I don't agree. I think Joey looks …

6 WRITING My favourite activities

a) Read these emails from two British students. Are you more like Nate or like Rosy? Say why.
I'm (more) like ... because I'm / I'm not sporty, and I ...

Hi! My name is Nate. I'm not very sporty, so I don't like PE at school. I like football, but I don't play in a team. After school I sometimes play football with my friends – °just for fun. I love playing computer games. We have a games console at home, and last Christmas I got a sports game for it. It's so much fun! I'm good at bowling and ski jumping, so I usually win these games.
What about you? Write soon! Best wishes Nate

Hi! My name is Rosy. I love sports and I'm a very active person. I go to school by bike every day. On Mondays I play tag rugby. It's a great team sport and a lot of fun. On Wednesdays I go dancing. There's a cool dancing club at my school and the dancing teachers are very nice. At the weekends I often go swimming with my family – it's great! Sport is very important for me and it makes me feel good. Tell me about you!
Yours Rosy

b) Write an email to Nate or Rosy. Write about yourself and your favourite activities.

7 PEOPLE AND PLACES READING and MEDIATION A poster

a) Scan this poster and find out:

1 What is the poster about?
2 Where can you find this poster?
3 Who is this poster for? More help p. 150

°Avoid colds and the °flu

Here are 10 tips to avoid a cold or the flu.

1. Wear warm clothes, a scarf and a °cap or hat and spend about 30 minutes outside every day.
2. Do lots of exercise in the fresh air. You can go walking, jogging, inline-skating etc.
3. Always change wet clothes and °put on °dry clothes.
4. You should eat a lot of fresh fruit like °kiwis, oranges, apples or °strawberries.
5. Vegetables are good for your °health, so eat °broccoli, °cucumber, carrots etc.
6. Your °body needs vitamin D, so drink milk every day, eat fish every week.
7. Wash your hands with warm water and soap for about 20 °seconds. (Sing "Happy birthday" °twice.)
8. Don't use your classmates' pencils, °crayons and pens.
9. °Sneeze into a °tissue and °throw it away (in a bin).
10. When you meet people you shouldn't °shake hands or °kiss.

Before you look in the dictionary try to guess the words.

- Some words are like German words, e.g. *kiwi*.
- You can guess some words from the text, e.g. *avoid, health*.
- Look at the pictures, e.g. *sneeze, tissue*.

▸ Skills file 2, p. 190

b) There are some new words on the poster. Which words can you guess? Which words do you need to look up? Check your answers in the dictionary.

c) You're at an English school with a friend. Help him to understand the poster.
– Auf dem Poster geht es darum, ... – Es gibt 10 Tipps. Im ersten heißt es, dass ... More help p. 150

8 PROJECT A Health 'n' Fun Day at school

a) Work in a group to make a poster for a healthy snack or activity.
Here are two examples:

A great sandwich

You need: bread, butter, crabmeat, yogurt, °salt and °pepper, °lemon juice, some °lettuce.

This is a great sandwich if you like °seafood.

You can make it with °mayo, but °yogurt is healthier.

A fun activity

Every student needs
1 boiled °egg and **1 °spoon**

- Students put their eggs in the spoon.
- Then they run 50 metres with their egg.
- The first student who runs the 50 metres wins – but only if the egg doesn't fall from the spoon.

You can find more ideas online.
Go to www.cornelsen.de/headlight
and put in the webcode Head-2-87.

Step 1: Discuss your ideas for a poster in your group.
Make a recipe for another great sandwich or
a great salad / smoothie / …
or make a poster for a healthy and fun activity.
You can use ideas from the posters in 8a).

Step 2: Maybe you can think of a good slogan for your poster. Here are some ideas:

Do our exercises and get fit

It's easy, it's healthy, it's yummy and it's fun

Is your old sport boring? – Here's something new and exciting!

We all need a good breakfast

Step 3: Now make your poster.

b) Gallery walk: Put all your recipes and posters on the wall in your classroom. Walk around and look at all the works: Who has the best recipe? Who has the best activity?
Vote for the best in class.

9 My learner log

My learner log

Now I can …
- speak about what is healthy and unhealthy, e.g.: …
- say that I'm ill or not well, e.g.: I have a headache, …
- say that something has happened, e.g.: I have …
- use a placemat in group work.
- use an English-German dictionary to understand new English words.
- agree or not agree in discussions.
- describe people, e.g.: …

After Unit 4:
- I know a lot about healthy living, e.g.: …
- My favourite tips for healthy living are: …
- I know what I can do when I don't feel well or when I have problems, e.g.: …
- I know a lot of sports, e.g.: …
- My favourite phrases are: …
- My favourite words are: …

After Unit 4 my English is: GREAT! / OK / NOT VERY GOOD

▸ Workbook, pp. 56–59

Dartmoor adventures

▸ DFF 5.7

Visit Dartmoor
with Ranger Ralph

What is Dartmoor?

Dartmoor is a national park in the south-west of England. It's a beautiful place with lots of rivers, trees and hills. On Dartmoor the hills are special. They're called °*tors*, and they usually have very big stones on them.

Dartmoor is a lonely, wild and mysterious place, especially in autumn and winter. Not many people live there, but lots of tourists go there every year.

1 A Dartmoor brochure

Look at the brochure and talk to your partner about these questions.

1 Which Dartmoor activity would you like to try?
2 Which animals would you like to see on Dartmoor?
3 Which Dartmoor story would you like to read?
4 Would you like to go to Dartmoor? Why? Why not?

I'd like to try / see / read / go to ... because ...

I think Dartmoor looks exciting / fun / boring / quiet / ...

Dartmoor ponies are everywhere. You have to be careful. Don't stroke or feed them – they could bite.

Do you know the story of Sherlock Holmes and the °Hound of the Baskervilles?

There are lots of **sheep** on Dartmoor. They walk on the roads, so drive carefully.

You can find **wild birds** and other **animals** on Dartmoor too.

In the old days, there were dangerous °'highwaymen' on Dartmoor – like °Captain Jack!

There are lots of scary stories about Dartmoor – like the story of 'The Hairy Hands'.

▸ Text file 5, p. 173

2 A trip across Dartmoor

2.11

a) Close your eyes. Relax. Listen. Enjoy the trip.

b) Talk to a partner. What did you see, hear, feel and smell?

I saw ...

I heard ...

I felt ...

I smelled ...

More practice 1 p. 151

An outdoor adventure

1 At the adventure club

2.12

a) What will the adventure club do next weekend? Read the dialogue and find out.

It's lunchtime at Eggy. The adventure club is in room 201 with Ms Lee, the club leader.

Ms Lee — Hi, everybody. Let's talk about our adventure club trip next weekend. Are you looking forward to it?

Ellie — Yes, we are. I hope the weather will be good.

Mia — Yeah, it'll be fun. But I hope it won't rain.

Ms Lee — The forecast is OK – sunny on Saturday and a bit foggy on Sunday.

Adam — Do you think that there will be cows on Dartmoor, Miss? Luca is scared of cows!

Luca — Ha ha, very funny, Adam!

Ellie — Can we take our mobile phones, Miss?

Ms Lee — Yes, you can. They can be useful if you get lost.

Adam — What things should we take, Miss?

Ms Lee — Good question, Adam. You'll need walking boots ... and old clothes because there's lots of mud on Dartmoor.

Luca — My dad says that it gets very wet there.

Ms Lee — Yes, you'll need a jacket and rain trousers too.

Mia — I'm curious about the adventure centre, Miss. Will the activities there be difficult?

Ms Lee

Ms Lee — No, they won't, Mia. I think you'll like the °team-building game on Saturday. And the big adventure on Sunday will be a lot of fun. You'll see.

Ellie — On the flyer people are climbing and tree surfing. Is that our big adventure?

Ms Lee — Ah, the adventure is a surprise.

Mia — Where will we sleep? In tents?

Ms Lee — No, you'll sleep in big °dormitories at the adventure centre.

Adam — That'll be fun. We can tell scary stories!

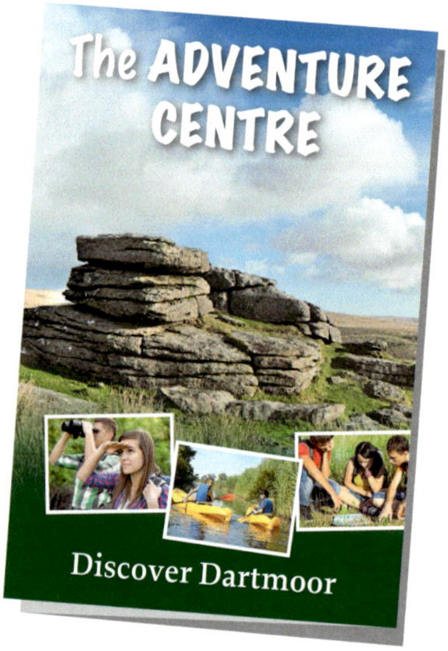

b) Answer these questions.

1 What are the kids looking forward to?
2 What will the weather be like?
3 Who is curious about the adventure centre?
4 Can the kids take their mobiles? Why (not)?
5 Where will the kids sleep?
6 Who wants to tell scary stories?

c) Read the dialogue again and make two lists.
Partner check: Compare your lists.

Things to take	Activities at the centre
...	...

► KV 37 ► DFF 5.1 ► INKL 5.2

2 Packing for the trip

a) Which things should the kids take on their trip to Dartmoor? What do you think? Give reasons. *They should take sunglasses / ... because it could be sunny / ...*

2.13 b) Adam and Mia are talking on the phone. Copy this table. Listen and take notes.

Adam will take ...	*Mia will take ...*	*They won't take ...*
...	...	...

c) Listen again. Check with a partner.

3 Your packing list

Imagine that you and your partner want to go on a camping weekend. You have one rucksack together and you have space for five more things inside. You want to take some fun things:

a) Think of five things you want to take. Make notes.

b) Talk to your partner and agree on five things. You only have five minutes!

c) Tell the class which five things you and your partner will take.

You can use these phrases:
- Let's / I'd like to take ... because ...
- I think we'll need ... because ...
- I agree. That's important.
- I don't agree. We won't need ...
- That's (not) a good / ... idea.

▸ DFF 5.3

At the adventure centre

1 Team-building: The maze game

a) The Eggy kids are at the adventure centre. They want to play the maze game. Read the instructions. Then explain the game to a partner – in German.

Partner A: Stand at the start and cover your eyes. Listen to your partner.
Partner B: Give your partner directions. Your partner mustn't °crash into anything! If you can get to the finish without a crash – you're a great team.

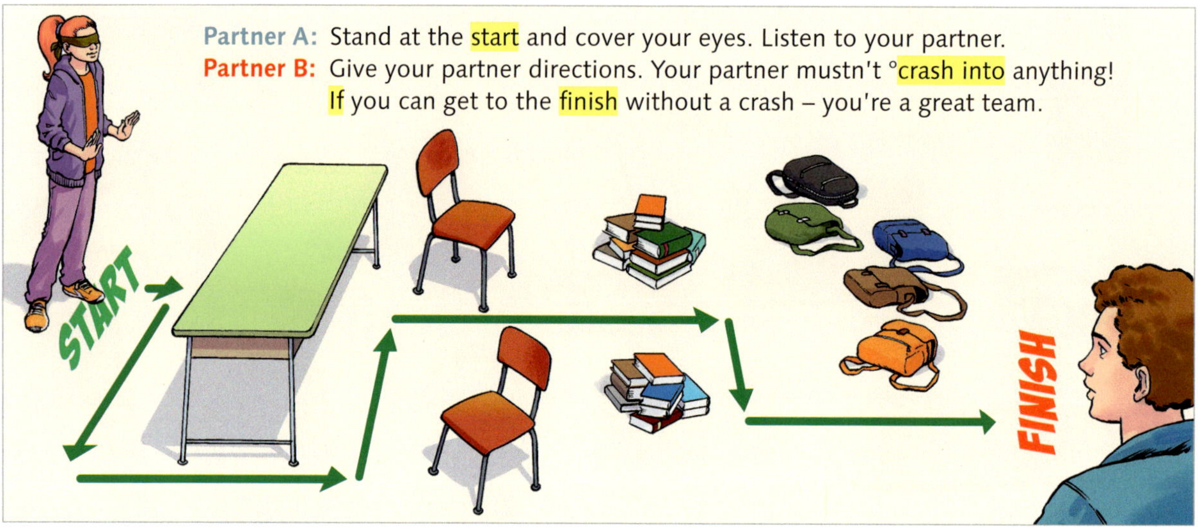

2.14 b) Listen. Follow the two teams on the maze with your finger. Which team gets to the finish?

c) Listen again. What can you say about Ellie, Adam, Luca and Mia? Who's good at the game? Who isn't so good? Why?

- talks slowly / clearly Box: Voc., p. 223
- talks quickly
- listens / doesn't listen carefully
- checks if he / she is ready

- gets / doesn't get angry
- says sorry
- is nice to his / her partner
- crashes / doesn't crash a lot

2 NOW YOU

a) Make a maze in your classroom.

b) Work with a partner. Write directions for your maze game. You can use these phrases:

You are at the start / finish. | Go (one step) forward / back. | There's a chair / … in front of you. | Go straight on. | Turn left / right. | Walk slowly. | Stop! | There's a bag on the left / right.

c) Which pair can go through the maze with no crashes? Take turns. These phrases could be useful.

That's great.
I have to turn left. Is that right?
Can you say that again, please?
Keep it up.
Now what?
I don't understand.
Sorry. Let's try again.

More practice 2 p. 151

▸ Workbook 6, p. 62

▸ DFF 5.1 ▸ DFF 5.3 ▸ LAS 5 A ▸ Folie 19 ▸ INKL 5.3 A/B

3 The safety rules

a) Before the Eggy kids can go out on Dartmoor, they have to know the safety rules.
Think: What safety rules are important?
Make a list of rules.

Everybody should wear … *You shouldn't …*
Everybody should take … *Don't …*
If you need help, you should use a … / …

More help p. 151

Pair: Compare lists with a partner. Agree on the five most important safety rules together.

I think an important rule is: …

I (don't) agree. That's (not) important.

OK, let's write it on our list.

Share: Tell the class your safety rules.

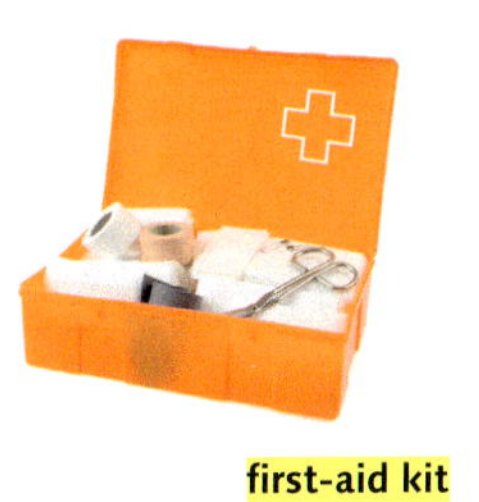

2.15 **b)** Listen to Laura, a leader at the adventure centre. Does she talk about your rules? Tick your list.

c) Listen again. Take notes about Laura's rules. Then check with your partner.

Wear the right things, e.g. …
Take the right things, e.g. …
Do the right things, e.g. …

d) Think of an exciting class trip. Where would you like to go? Choose a place and make a poster with safety rules for your trip.

More help p. 152

2.16 4 POEM In the middle of the night

Listen to the poem. Then work in a group and act the poem.

He went downstairs slowly.
The other students slept noisily.
He opened the door carefully.
And went into the kitchen quickly.
But then he tripped °clumsily.
She opened her eyes lazily.
"What was that?" she thought °sleepily.
She called her friend quietly.

They went downstairs quickly.
The °stairs °creaked noisily.
They opened the door nervously.
"Who's there?" they said °loudly.
"It's only me," he said shyly.
He opened the chocolate hungrily.
"Great idea!" they said happily.
And they all ate °greedily.

▸ Language file 15, p. 186

More practice 3 p. 152

▸ Workbook 7–8, p. 63

1 What do you think will happen next?

Meet Ranger Sally on Dartmoor. Look at the pictures. What will happen next? Pick A, B or C.

Then talk to a partner:

In picture 1 / ... I think **C** is right. She'll take food, water, ...

I don't agree. I think she'll take a map, but she won't take ...

1 What do you think Sally will take?

A I think Sally will take lots of food and water.

B She'll take a map, but she won't take a compass.

C She'll take food, water, a map and a compass.

2 Look. There's a fox. What will happen?

A I think the fox will run away when it sees Sally.

B Maybe it won't run away because it often sees Sally.

C I think Sally will give the fox some food.

3 Sally sees a big black cloud. What will she do?

A I think she'll go back because it rains a lot in spring.

B Maybe she'll put on her rain gear soon.

C I'm sure she won't put on her rain gear yet.

4 Some people are having a picnic. What will they do? Will they leave their litter?

A I'm sure the people will leave their litter.

B I think they'll put everything in a litter bin.

C Maybe they'll take everything with them.

5 What do you think the ponies will do?

A I think the ponies will eat the litter and get ill.

B I'm sure they won't eat the litter.

C Maybe they'll only eat the food – not the bags.

6 Sally is here! What will she do?

A I think Sally will pick up the litter.

B She'll talk to the tourists about the problem.

C Maybe she'll call the police.

Box: Voc., p. 224

2 The *will*-future

a) Collect questions and sentences with *will*, *'ll* and *won't* from p. 94 – at least four for each list.

???	+ YES +	– NO –
What will ...?	I think Sally will ...	She won't ...
...	...	...

b) Now complete the rules about the *will-future* and add examples from a).

FOCUS

1 Mit dem ***will-future*** kannst du über die Zukunft sprechen, z.B. Vermutungen und Vorhersagen äußern. Die Sätze fangen oft mit ***I think***, ***I***... oder ... an.
2 Das ***will-future*** bildest du mit: ... + Grundform des Verbs. Beispiele: *Sally will take*, ...
Die Kurzform von ***will*** ist: ... Beispiele: *She'll take*, ...
Wenn du sagen möchtest, dass etwas in der Zukunft nicht passieren wird, benutzt du: ...
Beispiele: *She won't take*, ...
3 Fragen im ***will-future***: ... *Sally take a map?* Mit Fragewort: *What* ... *she do?*
Beispiele: *What will happen?*, ...

Vorsicht!

English		German
I will	=	ich werde
I want	=	ich will

► Language file 16, p. 186

3 You and your future

a) What will your life be like in twenty years? Write sentences – as many as you can.

I think I'm sure I hope Maybe	I'll I won't	be live in have work in play visit drive ...	lots of children / a girlfriend / a boyfriend / a good job / ... football for Manchester United / the guitar in a rock band / ... a teacher / a cook / a hairdresser / a musician / a ranger / ... a sports car / a big family car / a taxi / a bus / ... lots of countries / the US / Germany / England / Africa / ... a restaurant / a garage / a shop / a cafe / ... a house / a flat / at home / ... married / single

b) Now you want to ask a °fortune-teller about your future. Make questions first.

1 where / live / I / will / ?
2 be / will / married / I / ?
3 I / what / do / will / ?
4 have / will / I / children / ?
5 I / a musical instrument / play / will / ?

c) Make a table. Put three of the questions from 3b and two of your own in the table.

Questions	Answers
Will I ...?	...
...	...

d) Talk to the fortune-teller (your partner). Make notes. Then swap roles.

Will I have lots of money?

No, but you'll be happy.

e) Tell the class.

In 20 years I'll be ...

f) Write a text about you and your future in 5, 10 or 15 years. You can put it in your DOSSIER.

More help p. 153 More practice 4 p. 153

► Workbook 9–11, pp. 64–65

4 Talking about the seasons and the weather

a) Write the correct season for each picture (A–D). *Picture A is ...*

A

B

C

D

2.17

b) Listen to the four dialogues. Match the texts (1–4) with the pictures (A–D).

c) Copy this table. Then listen again and take notes.

	Text 1	*Text 2*	*Text 3*	*Text 4*
weather today	...	...	...	...
degrees today	...	...	...	...
weather tomorrow	...	...	...	
degrees tomorrow	...			

d) What do you think the weather will be like tomorrow where you live?
Write some sentences. ► Wordbank 6, p. 163

– Tomorrow it'll be ... / – In the morning it'll be ... / It won't be ...

Tomorrow you can see who was right and who was wrong. More practice 5 p. 153

Weather words:

hot – cold – warm – cool –

sunny foggy

Box: Voc., p. 224

windy rainy

cloudy snowy

freezing

nine degrees (9°)

minus twenty degrees (-20°)

5 MEDIATION What's he saying?

a) Imagine you're on Dartmoor with a friend. He doesn't speak English. You meet Ranger Sally. Tell your friend what Ranger Sally is saying – in German.

b) Your friend wants to say these things to Ranger Sally. Can you help – in English?

7 Ich hoffe, dass meine Schuhe gut genug sein werden.

8 Ich will heute fünf Hügel besteigen.

9 Ich bin sicher, wir werden Spaß haben.

► Text file 6, pp. 174–175 ► Workbook 12, p. 65

1 Before you read

a) Ask for a copy of the map. Then find these places on your map and label them.

stone circle

old **bridge**

old **cottage**

tor

standing stone

stone **cross**

2.18

b) Listen and take notes:

1 Who's talking?
2 Who's listening?
3 Where are they?
4 Who will get a **prize**?

c) Listen again. Find the information:

1 The kids will walk about ... kilometres.
2 They'll be on Dartmoor for ... hours.
3 They'll take photos of ...
a) ... b) ...

d) Choose one of these stories: read about the red team (the German kids) on pp. 124–125, or about the blue team (the Eggy kids) on this page. While you read the story, draw the route of the red or blue team on your map. After you have read, check with a partner.

The two-tor adventure – the blue team's story

2.19

It was a nice sunny morning on Dartmoor. The blue team – Luca, Mia, Ellie and Adam – were in front of the adventure centre. The red team – four German kids – were near them.

"Hey listen guys," Mia said quietly to her friends. "I heard the red team. They think they'll win!"

"What?" Ellie said. "They won't win! We'll win!"

"OK," Adam said. "Let's go quickly."

"But which °**track** will we take?" Luca asked.

"Let's go to **Round** Tor first. It isn't far," Ellie said.

The blue team walked west on a small track. Then they saw the red team again. They were in front, on the same track! When they came to a little village, the red team turned left. Luca saw something on the track. It was a jacket and it had a school name on it: *Ernst Reuter Schule, Stuttgart*. Luca put the jacket on a **scarecrow** in a garden. Mia took a photo.

"Let's go through the village. It'll be easier," Mia said.

The blue team came to a stone cross, but the red team was there first. The four friends were surprised.

"You're walking very slowly," one boy in the red team said and smiled.

"Have you lost a jacket?" Luca asked.

One German boy didn't have his jacket.
"Oh dear," Ellie said. "You'll have to go back. It's on a scarecrow near the village," she said and smiled. The German kids weren't very happy!
Ellie took a funny photo at the cross.

The four friends from Eggy walked slowly up the hill to Round Tor. It was difficult and they often stopped to °rest.
"Oh, I'm tired," Luca °complained.
"Keep going, Luca. We want to win," Ellie said.
Then they got to the top of Round Tor. There were sheep everywhere.

Box: Voc., p. 225

"Don't worry, Luca. They aren't dangerous," Adam said.
"Very funny, Adam," Luca answered.
Adam took a photo.

They looked around and could see all of Dartmoor. But they got a °shock when they looked over to the nearest tor. The red team was already there.
"It's them again! Let's go!" Mia said.
The blue team went down the hill quickly.
They walked until they came to a river.
"How will we cross this river?" Adam asked.
"Look. We can cross on those °stepping stones over there," Ellie said.
First Ellie crossed with no problem. Then Mia crossed easily too. Next Luca crossed. No problem. Now it was Adam's turn. He started carefully, but then he slipped and ... SPLASH! ... fell into the river.
"Oh, no! My trousers are wet," he said.
"You can put on your rain trousers," Luca said.
Poor Adam was very embarrassed.

Then the blue team saw a sign – STONE CIRCLE. The old stone circle looked interesting, so they sat near the stones and Adam took a photo.
It was nearly 12 o'clock and they were all hungry.
"Let's find our lunch," Mia said. "The map says we have to go east to the Highwayman's Cottage."
They walked along the river to the old cottage. When they arrived, Mia opened the door and the four kids went in slowly. It was dark inside and a bit scary. They looked around.
"Where's our food?" Luca asked.

They saw a bag on a table.
The bag had a °label: BLUE TEAM.
Mia picked it up ...
"Aaaaaaagh ...!" she screamed.
Two big hairy hands were on the bag. She dropped it quickly and the blue team ran out of the cottage. The red team was there. They laughed and laughed.
The blue team felt silly.
They knew the story about the hairy hands, but they didn't really believe it.
They took their lunch bag and walked quickly south to Hound Tor. But now the weather wasn't so good. There was a lot of fog on the tor and it was very wet. Luca, Ellie and Mia put on their rain gear. The four friends could see nothing.
"Let's wait here," Luca said.

After a few minutes they heard voices – German voices – on the other side of the hill.

"I have an idea," Luca whispered. "Let's hide here."

Then Luca started to make a funny noise – a 'hound' noise. "Howuuuuuuu …. howuuuuuuuuu …"

A girl screamed and started to run. The four Eggy friends laughed and laughed.

Then one of the German kids °blew a whistle. The others shouted, "Help, help!"

The blue team ran to the other °side of the hill. A German girl was on the ground at the bottom of the hill. It was her leg – it was very sore.

"Don't °move," Mia said. "We'll help you." It was still foggy and wet, so Ellie took a big plastic bag from her rucksack and made a tent between the rocks. Then they put the girl in the tent and waited for help.

"What was that terrible noise?" a German boy asked. "It was very scary – like a hound."

"Erm, that was me," Luca said shyly. "Sorry! That was a joke – a bad joke."

"No," the girl in the tent said. "It was a good joke."

After five minutes a woman from the adventure centre arrived and checked the German girl. Her leg was still sore, but she could walk. So everybody walked back along Green Road.

The two teams chatted together happily. In the end the teams didn't win the two-tor adventure – but it didn't matter. They won some new friends.

2 JIGSAW Dartmoor mystery

a) How many of these questions can you answer? Work on your own. Write your answers.

1	Which girl on the red team thinks they will win?	______
2	What did the blue team visit after the village?	*The* ______ ______
3	Who put a jacket on a scarecrow?	____
4	Who lost a jacket?	____
5	Where were the sheep?	*On top of* ______ ____
6	Which tor did the red team visit first?	_____ ___
7	Who fell into the river?	____
8	How did the blue team cross the river?	*On the* ________ ______
9	Where did Merve have the hairy hands?	*In her* ________
10	Where were the lunch bags?	*In the Highwayman's* _______
11	Where did the red team cross the river?	*At the* ______
12	Who put the hairy hands in the old cottage?	_____
13	Who found the hairy hands on the lunch bag?	___
14	How did the red team get help?	*With a* _______
15	Who had a plastic bag?	_____
16	What did the kids make with the plastic bag?	*A* ____
17	How did Luca feel about his joke?	_____

b) Work with a group of students who read the same text. Compare your answers.

c) Now sit in new groups with students who read the other text. Try to answer all the questions.

d) Compare your answers in class. What's the title of a famous Dartmoor story?

The _ _ _ _ _ *of the* _ _ _ _ _ _ _ _ _ _ _ _

More practice 6 p. 154

▸ DFF 5.8 ▸ DFF 5.9 ▸ Folie 23 ▸ INKL 5.8 ▸ INKL 5.9

1 At the train station

a) Look at the photo.
What's *platform* in German? Can you guess?
Check in a dictionary.

2.21 **b)** You're at this train station in England and you'll hear some announcements. Which words do you think you'll hear?

platform • bus station • o'clock • passenger • bags • on time • ticket • money • leave • food • train

Box: Voc., p. 225

Listen and check. Were you right?

c) Listen again and find out about the train to Plymouth:
Time of train: ... – Platform number: ... – On time?: ...

Don't °panic. You don't have to understand everything.

2.22 **d)** MEDIATION
Now you're at the train station in Plymouth with a German friend and she doesn't understand English. You want to travel to London. Listen to all the announcements. Look at your friend's questions and try to answer them – in German of course.

2 Police, fire or ambulance? Phoning the emergency services

2.23

a) A German family is on Dartmoor. They've had an accident. Look at the picture.
– Who's the girl phoning?
– What's she saying?
What do you think? Make notes.
Then listen and check your answers. Were you right?

b) Listen again and answer these questions.
– What's the girl's name?
– What's her number?
– Where is she?
– Is anybody hurt?

In Britain the numbers for the emergency services are 999 or 112.

c) What questions do you have to answer when you phone the emergency services?
Partner check: Compare your answers.

▸ Workbook 16–17, p. 67

1 An accident

a) Work with a partner. Write a phone dialogue for this picture. Look at the questions in 2 on p. 100 for help. You can use ideas from the box.

- has had a bike accident
- has hurt his leg / hand / …
- can't ride his bike
- has a headache

Box: Voc., p. 226

More help p. 154

b) Practise your dialogue with a partner.

2 NOW YOU

Partner B: Go to page 127.
Partner A: Pick one of the pictures. Phone partner B for help. Answer the questions.

Then swap roles.

taken – bag – running away – New Street – near bus station

accident – old man – be hurt – can't walk – near market

3 PEOPLE AND PLACES Help on the °moor

a) Look at the °heading and the photos. What do you think the text is about? Talk to a partner.

b) Read the text and check your answer.

Help on the moor

When people go walking, climbing and camping on Dartmoor, sometimes they get lost or hurt. That's why there are four °rescue teams in towns around Dartmoor. Together these teams are called the Dartmoor Rescue Group. °They're always on call. And °they're good at their job. They have °training in first aid, so they can help people if they're hurt. And they know the moor very well. They often use special rescue dogs to find people who are missing. These dogs are very fit and very smart. They can work in difficult terrain and in good weather or bad weather. Dartmoor rescue dogs – like Sunny from the Plymouth team (see photo) – have helped rescue lots of people. And because they're dogs, it isn't really work for them – it's fun!

c) Find these four words in the text:
rescue – be on call – °smart – °terrain
What do you think they mean in German?
Check with a partner.
Then check in the Dictionary (pp. 231–249).

d) Answer these questions.

1 Why are there rescue teams around Dartmoor?
2 Why are they good at their job?
3 Why are the rescue dogs special?

▸ KV 41 ▸ DFF 5.5 ▸ DFF 5.6 ▸ INKL 5.10

1 A postcard from Germany

a) Alex from Stuttgart wants to write a postcard to his new friends in Plymouth. He wrote this first draft quickly. Your teacher will give you a copy of Alex's first draft. Find and mark the mistakes.

1 Sentences should start with a capital letter. (5 mistakes)

2 Some words need capital letters, e.g. names, days, months. But most words don't need them. (3 mistakes)

Dear Ellie, Luca, Adam and Mia
hello from Stuttgart. how are you?
The Weather is great here. it's sunny and hot every day.
Last Friday i played football. we lose 1:6!
Yesterday i go to the Swimming pool. it was fun.
I think i'll go to the Cinema tomorrow or maybe I go swimming again. I think Nico come with me.
Best wishes Alex

3 The pronoun ***I*** always needs a capital letter. (3 mistakes)

4 With time phrases like ***last Friday*** or ***yesterday***, you need the simple past. (2 mistakes)

5 Is the sentence about the future (***tomorrow*** / ***next week***)? Then you need **will** or ***'ll***. (2 mistakes)

b) Work with another pair. Did you all find the same mistakes? More help p. 154

c) Now write the correct postcard for Alex.

▸ Skills file 7, p. 195

2 A postcard from you

a) Write a first draft of a postcard to an English friend. Write like this:

Dear ...
Hello from ...! The weather is ... here.
Last weekend / Yesterday I ...
I think I'll ... tomorrow or maybe I'll ...
I think ... will come with me.
Best wishes ...

b) Correcting circle: Sit in a group of five students. Give your draft to the student on your left. Each student in the group looks for one kind of mistake (1–5) in all the drafts.

c) Look at your mistakes. Answer these questions.
- How many mistakes did you make?
- What kind of mistakes did you make? (capital letters, simple past, future, etc.)

d) Write your postcard again – without mistakes.

▸ Workbook 20–21, p. 69

▸ KV 42 ▸ INKL 5.11

1 The kids from Harbour Road: °Letterboxing

Letterboxing is a special hobby on Dartmoor. People look for secret boxes. In each box there's a book and you put your stamp in the book. In this film you'll find out more about letterboxing.

stamp

a) Watch part 1 and find out who …
- isn't very happy at first.
- has a special stamp.
- thinks that Scary Tor is a good name.

b) Watch part 2. Who says what?

1 Hey, I've found the letterbox!
2 Wait, there's a letter in the box.
3 Shut up, that's mean!
4 Quick, let's hide.

c) Before you watch part 3, look at these questions. Talk to a partner and say what you think.
- Who's coming?
- What will happen?
- Will the story have a happy ending?

Now watch part 3 with no sound. Were you right?

d) Make groups of four. Write your own dialogue for part 3. Then watch part 3 with sound and compare.

Part 1

Part 2

Part 3

2 People and places: Meet Bilbo!

a) First read these questions. Then watch the film and take notes:
Who is Bilbo? What's special about him?

b) Watch the film again. Which is the most important message from Bilbo?

STOP! CHECK! GO!

► KV 43 ► DFF 5.1 ► INKL 5.12 A

Ask your teacher for an answer sheet to check exercises 1–5. You can find the listening texts (pp. 104/105) on the CD in the Workbook.

1 REVISION Who has done what?

2.24 **a)** Listen. Match parts 1–8 on the CD with the sentences (A–H).

A The teacher has come into the classroom.
B The dog has finished his food.
C The kids have missed the bus.
D Luca has eaten an apple.
E Adam has hoovered his room.
F Ellie has arrived home from school.
G Eggbuckland has won the match.
H Mia's dad has cut his °finger.

b) What have they done and what haven't they done? Complete the sentences.

1 Luca ... (clean) his bike.
2 Ellie's mum ... (make) a cake.
3 Has anybody ... (see) Mia's sunglasses?
4 Ellie and Zoe ... (make) their beds.
5 Mia ... (do) her homework, but she ... (~~put~~) her school things in her bag yet.
6 Adam and his dad ... (cook) °spaghetti for dinner, but they ... (~~eat~~) yet.

2 WORDS Kids on Dartmoor

a) Write the words for 1–13 into your exercise book.

b) Complete the sentences with words from a).

1 Three kids have crossed the river at the ...
2 One girl has just put litter in a ...
3 A kid has lost his ... in the mud.
4 Two boys are looking at the ...
5 A girl is checking her ...
6 Some kids have put their ... on the ground.
7 They have made a ... between the rocks.
8 A girl has hurt her knee. One of the boys has a ...

3 LANGUAGE The weather forecast

a) ○ Look at the map. Copy and complete the weather forecast for tomorrow.

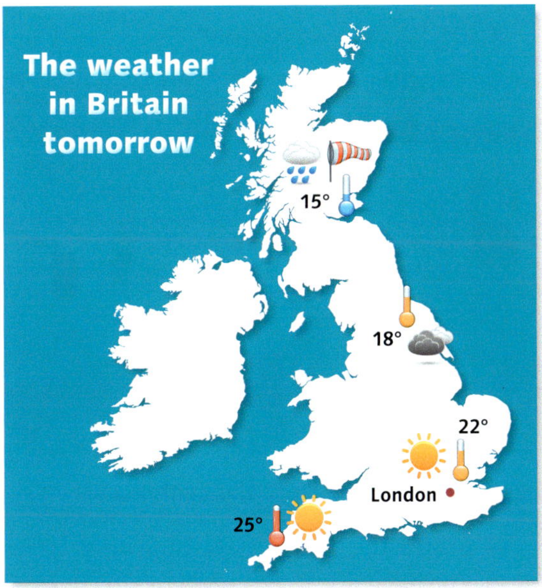

Tomorrow it will be ... and ... in the north of Britain. The temperature will only be ... That's quite cold for this time of the year in Britain. In the east it will be warmer, about ... It will be ..., but it won't rain.
In London it will be a nice day, ... and warm, about ... In the south-west it will be ... all day and the temperatures will climb to ...

b) ● Look at the map on the right. Write what the weather will be like in Germany tomorrow. Use *will* and *won't*.

– in the north-east
– in the north-west
– around Berlin
– in the south

Look at the forecast in a) for help.

4 LANGUAGE How are they talking?

2.25

a) Listen. Write down HOW the people are talking. Use adverbs from the box.
Person 1 is talking ... Person 2 ...

angrily • carefully • happily • loudly • quickly • quietly • slowly

b) Complete the text. Pick the right word and make the adverb.

1 "Hey Adam, I'm over here!" Ellie shouted ... (happy / sad).
2 "OK, Ellie, I can see you. Don't speak so ... (loud / quick). People are looking at us!" Adam said ... (nervous / happy).
3 "Sorry, Adam," Ellie said ... (quiet / loud).
4 "Help, I can't stop," a voice behind them said ... (loud / quiet). It was a young man on a bike.
5 Bang! He °fell off his bike. Ellie and Adam ran to him ... (quick / sad). The young man didn't move.
6 "Oh dear," Ellie said ... (nervous / clear). "I think we should call the emergency services."
7 Adam took out his mobile ... (quick / sleepy) and called 999.
8 He talked to the man on the phone ... (slow / sad) and ... (angry / clear).
9 A few minutes later an ambulance arrived. They took the young man to hospital ... (slow / quick).
10 "I think we're a good team!" Ellie said to Adam ... (proud / sad).

5 LANGUAGE In the park

a) Look at the picture. What do you think will happen next? Complete the sentences.

1 The three boys will ...
2 The girl with the red T-shirt ...
3 I'm sure the old woman ...
4 I think the family ...
5 The dog ....
6 The man and the baby ...

b) Write more sentences about the picture – as many as you can. Say what will / won't happen.

6 Another postcard from Alex

a) Alex is on holiday in Denmark. p.155

He has written a first draft of this postcard. Write a clean copy of Alex's postcard and correct his mistakes. Look at page 102 for help.

Dear Luca

hello from Blavand in denmark. I'm here on holiday for three weeks. The Weather is ok. It's sunny, but there's a lot of Wind too.

We arrive here last week. On the first day i met two young people from Sweden on the beach. Their names are Sven and Linda. We speak english together!

Yesterday we go on a bike trip and had a picnic on the beach. It was fun. Tomorrow we'll climb the big lighthouse near the beach. I'm sure we have a great time there. Maybe we go to a beach party in the evening.

Best wishes Alex

Luca Boateng
9 Windsor Street
Plymouth PL3 6QL
England

b) DOSSIER Imagine you are on holiday somewhere nice. Write a postcard to an English friend. Tell your friend:

– where you are
– something about the weather
– what you did yesterday / last week / ... (2 or more activities)
– what you think you will do tomorrow ... (2 or more activities)

7 What do you think will happen at the weekend?

Step 1: Take a sheet of paper. Fold it three times like this so that it has 8 parts. Write your name at the top.

Step 2: Write one sentence start in each part.

1 Next Friday after school
2 On Saturday morning
3 On Saturday afternoon
4 In the evening
5 On Sunday morning
6 After that
7 On Sunday evening
8 Next weekend

Step 3: Make groups of four. Everyone passes their sheet to the left. Complete the first sentence on the sheet you get from the right.

Next Friday after school Pia will meet ...

Fold this part back so that the next person can't read it.

Step 4: Pass the sheet to the left again. Complete the next sentence on the next sheet you get: *On Saturday morning ...*. Fold it back so that the next person can't read it. Pass it to the left. Do this seven times.

Step 5: When the sheets are full, take back your sheet of paper. Read all the predictions about your next weekend to the group.

Step 6: Put all the sheets up on the wall. In your first English lesson after the weekend tell your group what things came true and what things didn't.

Step 1

Step 2

Step 3 and 4

Step 5

Step 6

8 My learner log

My learner log

Now I can ...
- talk about the weather:
- say what will or won't happen in the future, e.g.: I think ... / I hope ...
- correct some mistakes when I write English texts:
- write a postcard:

After Unit 5:
- I know what I need for outdoor activities, e.g.: ...
- I know some important safety rules for outdoor activities, e.g.: ...
- I know what to say when I phone the emergency services: ...
- I have learned the British emergency number: ...
- My favourite part in the unit was ...

After Unit 5 my English is: GREAT! / OK / NOT VERY GOOD

▸ Workbook, pp. 70–73

Unit 6

A journey in time

A

The Pilgrims:
These Protestants had a hard life in England. So they left Plymouth in England on their ship, the Mayflower. They sailed for 66 days to the New World (North America today) to find a new life.

THE NEW WORLD

Plymouth

B

Sir Francis Drake[1]**:**
He lived near Plymouth and was a famous English sailor. When Catholic Spain attacked Protestant England with 130 ships – the Spanish Armada – Drake fought against them and England won.

Smugglers: There were lots of smugglers in the villages near Plymouth and in lots of other places on the English coast.

C

1 Stories from the south-west

There are lots of stories from the south-west of England. Which story do you think looks most interesting? Tell your partner and say why.

- I think A / B / ... looks interesting because ...
- I agree. I think ... looks interesting too.
- I'd like to know more about the Pilgrims / ...
- Not me. I think C / D ... looks more exciting because ...
- I saw a good TV programme / read a book about ...
- I like stories about sailors / ...

1 [sə fraːnsɪs ˈdreɪk]

King Arthur: In a legend young Arthur pulled a sword from a stone and then became king of England. Some people think that he lived in Tintagel[2] in south-west England. Merlin was a magician and helped Arthur a lot.

▸ KV 44 ▸ DFF 6.4 ▸ INKL 6.1

The Romans: They came to Britain because they wanted to make the country their own. They had camps all over the country. But they didn't come to Plymouth. They stopped at Exeter.

2 Living history

3.02

a) Listen to the history programme *Living history*. Put the pictures (A–E) in the right order.

b) Copy and complete the timeline. Then listen again and check. Pictures A–E can help you too.

??? are in Britain	??? becomes king	??? fights against the Spanish	The Pilgrims leave ???	??? are active on the English coast
43 to ???	???	???	16??	???–???

▸ Workbook 1, p. 74

2 [tɪn' tædʒəl]

Looking into the past

1 A history project

3.03

a) What topic do Ellie, Mia, Luca and Adam choose? Read and find out.

The friends are doing a group project in Ms Lee's history class.

Adam — OK, guys, you heard Ms Lee. Let's find a topic – a historic person or event.
Ellie — Yeah. Somebody or something important in Plymouth or in south-west England. Any ideas?
Luca — How about the big football match last Saturday?
Adam — It has to be historic, you idiot.
Luca — But your favourite team Plymouth Argyle FC finally won, Adam! That's historic!
Adam — Ha, ha. Very funny.
Ellie — Come on, Luca. If we don't find a topic quickly, the other groups will take the good ideas.
Mia — What about one of Ms Lee's ideas? Sir Francis Drake, or King Arthur, or smugglers, ...
Luca — Smugglers are fun, but we did them for our last project. What about pirates? They're fun too.
Adam — Then what about Sir Francis Drake? Some people say he was a pirate.
Luca — I don't believe it. Just like I don't believe Plymouth Argyle can play football.
Adam — Yeah, Luca? If they win their next match, they'll be first in their league. Then you'll see.
Mia — OK, you two. I think Sir Francis Drake is a perfect topic. Then we can find out if he was a pirate!
Ellie — I agree. Hey, there's a good tour at the Citadel, that old castle in Plymouth Harbour. If we go on the tour, we'll learn about Sir Francis Drake. And it'll be fun!
Adam — Good idea! And if you're right about him, Luca, I'll buy you a milkshake.
Luca — Cool! And if you're right, I'll buy you a Plymouth Argyle hat.
Adam — It's a deal! Go Plymouth Argyle!

b) Pick the right answer.

1 Adam likes a) Luca's jokes. b) Pilgrims. c) smugglers. d) Plymouth Argyle FC.
2 Ellie wants to a) talk about football. b) buy a milkshake. c) go to the Citadel. d) learn about smugglers.
3 Luca a) hates smugglers. b) likes milkshakes. c) likes Plymouth Argyle. d) doesn't like pirates.

c) Match the sentence parts and find the last word.

1 If they don't find a topic quickly,
2 If Plymouth Argyle FC win their next match,
3 If the four friends go on the Citadel tour,
4 If Adam is wrong about Sir Francis Drake,

A he'll buy Luca a ...
B they'll learn a lot about Sir ...
C the other groups will take the good ...
D they'll be first in their ...

d) What do you think? What else will happen if they go on the tour?

If they go on the tour, they'll ...

▸ Language file 17, p. 187
More help p. 156

2 Visiting Plymouth's past

Imagine you and a friend are visiting Plymouth for a day. What would you like to do?

3.04 **a)** Look at the posters and listen to the radio adverts. Match the posters with the adverts.

A

B

C

3.04 **b)** Listen again. Correct these wrong sentences. The posters can help you too.

1 The City Museum is only closed on Mondays.
2 The Plymouth City Museum is expensive.
3 The Captain Jack is a restaurant.
4 The Harbour Tour leaves three times a day.
5 In the Citadel you can take a boat trip.
6 The Citadel is open Monday through Friday.

c) Think about which place or tour you would like to see or do and why.

d) Talk to a partner and agree on one.

e) Tell your class.

I think we should go to ... because it looks / sounds interesting / fun / ...

We can be outdoors / see the sights / walk around.

I agree / don't think so.

If we go to the ..., we'll find out / see / learn / ...

OK, then let's go to / do the ...

3 PEOPLE AND PLACES

a) Why has the sea always been important for Britain? Find three reasons in the text.

b) Read the text again and answer these questions:

1 What did Sir Francis Drake do?
2 How was the sea an "open door" and a "closed door" for Britain?
3 When did the Spanish Armada attack Britain?

Britain and the sea

The sea has always been important for Great Britain. Through history, the British have looked to the sea for their food. With time and better ships and sailors, the sea became an open door for Britain too. In the 16th century Englishmen began sailing the world's seas. Sir Francis Drake sailed around the world from 1577 to 1580. He and others made England a strong °seafaring[1] °nation. But the sea was a door that the British could close too. It helped to °protect Britain against °attacks. For hundreds of years England's ships fought against ships from Spain, France, Holland and other countries. In 1588 they won against the great Spanish Armada. For nearly 400 years Britain's ships and sailors helped to make Britain a world leader.

► Workbook 2–3, p. 75

1 ['siːfeərɪŋ]

The history kids – a fantasy play

3.05

Scene 1 A history tour in the Citadel

It was Friday afternoon and the four friends were doing a tour of the Citadel for their project.

Luca — This is a cool place, but the tour is a bit long. I'm glad that you're taking notes, Mia.

Ellie — You guys are really slow. The tour group is already over there. Can you walk faster?

Adam — Maybe I missed something. Was Sir Francis Drake a pirate or wasn't he?

Mia — Well, he was – but he wasn't.

Luca — Hey, some old stairs. Come on, let's have a look!

Adam — If we go down there, we'll be in trouble.

Luca — Nobody is looking. Come on!

Mia — I don't think this is a very good idea ..., but OK.

Adam — It's very dark here. I can't see anything.

Ellie — If we use the light from our mobiles, we'll find our way.

Mia — It's smelly here ... and scary too.

Luca — It's exciting!

Scene 2 Lost

The four friends were walking along the dark halls under the castle for a long time.

Ellie — I think we're lost.

Mia — I knew this was a bad idea ...

Adam — Shh! I hear something.

Arthur — Hello.

Adam — Ahh! You scared us! Who ... who are you?

Arthur — I'm Arthur.

Luca — What are you doing down here? And why the funny old clothes? Do you work in this castle?

Arthur — No. I'm from Tintagel castle.

Ellie — Tintagel? But that's far away! Why are you here?

Arthur — You won't believe me. I'm on a journey through time. My friend Merlin sent me here. He's a magician.

Luca — You're joking! Merlin ... Arthur ... that was a long time ago!

Adam — Wow! So you're from the past – from history! That's amazing!

Arthur — Yes, and I need your help. I'm a bit lost. I know what I have to do, but first I have to get back to Tintagel.

Mia — We can try to help you, but there's one problem. We're lost too!

1 READING LOG The story so far

What do you think about the story?

1. I like / don't like the story so far because ...
2. It's an easy / a difficult text.
3. It'll be a sad / funny / exciting / boring / ... story.
4. The four friends will / won't get into trouble.
5. Arthur is / isn't joking.
6. The friends will / won't help Arthur.

3.06 **Scene 3 More history kids**

The kids were trying to get out of the castle. But there were more surprises.

Adam — Listen. I can hear voices ...

Luca — Ahh! Not again! Who are you? Where did you come from?

Mary — I'm Mary and this is my friend, William. And this is my dog, Rover.

William — We're from the Mayflower, a ship in Plymouth harbour. We're lost!

Ellie — Join the club. We're all lost.

Mia — But the Mayflower isn't in the harbour now – that was in, erm, 1620!

Luca — *(Whispers to Mia)* More history kids! This is crazy!

Mary — *(Crying)* We were on our ship and we were playing with Rover ...

William — ... then everything went black. And now we're here. But how? And why?

Arthur — I can explain, but we should get out of here first.

Mia — Arthur is right. We have to ... Wait! ... Do you hear that?

Adam — It sounds like a drum. It's coming from that room over there.

Luca — Oh dear. Another one!

John — Who are you people? Are you from the Spanish Armada?

Mia — The Spanish Armada? No. That was in 1588 – a long time ago!

John — I'm John. I'm Sir Francis Drake's drummer boy. He sent me to look for his captains. The Spanish are going to attack!

Ellie — This is all so strange. Arthur, what's happening?

Arthur — I think when Merlin sent me on this time journey, he sent these kids too by mistake. Magicians aren't perfect.

Luca — Oh boy, what a mess. How will you all get back home?

Arthur — Don't worry, I've done this before. If you go to the last place where you were, then Merlin will show you the way home.

Mary — He'll show us? But how? I don't understand.

Arthur — You'll find out. But we must all travel today, and at the right time. Merlin says: "When the sun leaves the sky, back in time you will fly." He likes rhymes.

Adam — That's at about 6.30 pm. And it's nearly half past three now. That's not much time!

Scene 4 At the bus stop

It was 3.45 when the kids found the way out of the castle. They ran to the bus stop.

Luca — We can help you. Let's go to my house – to the den – and make some plans.

Mia — *(Whispers to Adam)* Oh dear. People will laugh if they see their funny old clothes.

Adam — I have an idea. They can wear our jackets.

Ellie — Here's the bus. I'll get the tickets. Let's hurry!

Arthur — Oh, what's that? A carriage without a horse?

Mary — How strange. Plymouth is so different now!

2 READING LOG Scene notes

Complete the table after reading each scene.

Scene	Where?	What happened?
1	In the castle	The friends went downstairs
2	...	...

More help p. 156

3.07 **Scene 5 At Luca's den**

It was 4.15. Luca switched on the lights in his den. The history kids were surprised.

Mary — Oh, how did you do that?
Arthur — That's magic. Can I try? Lights on ... lights off ... on ... off ...
Ellie — *(Phone rings)* Hi Mum. Yes, the tour was ... interesting. No, I won't be home until ...
William — What's that thing in her hand? Why is she speaking with it?
Adam — That's a mobile phone. It's, erm ... oh, it's a long story.

Mary — This place is strange! I want to go home.
Mia — Don't worry, we'll help you to get home. You were standing on the Mayflower when your time journey began, right? So we need to find out where your ship was in Plymouth Harbour.
Luca — I've got my laptop here. We can look on the internet. I'll put in "Mayflower" and "Plymouth".
John — Eh? A box that makes light and noise without fire! Amazing!
Luca — Not really. It's slow. My brother's computer is better. Let's see now ...

The Mayflower: The ship left Plymouth harbour on 6th September 1620. It arrived in America on 11th November. The journey was very difficult and sometimes the weather was terrible. Two people died before they got to America. The people built a town in America – and they called it Plymouth. If you go to Plymouth in England today, you'll see the Mayflower Steps in the harbour.

Mia — The Mayflower Steps! We'll take Mary, William and Rover there!
William — Did you hear that, Mary? They know the place! *(Rover barks)*
Mia — Now it's your turn, John. Where were you before you saw us in the Citadel?
John — I don't know! I only remember the message that Sir Francis gave me.
Luca — OK. I'll put in "Sir Francis Drake" and "the Armada" ... Oh, this is interesting ...

In July 1588 130 Spanish ships – the Spanish Armada – tried to attack England. Sir Francis Drake was playing bowls on the Hoe in Plymouth when he heard the news. He finished the game and then he went to his ship. The English ships destroyed the Spanish Armada in eight days. About 80 of the 130 Spanish ships went back to Spain.

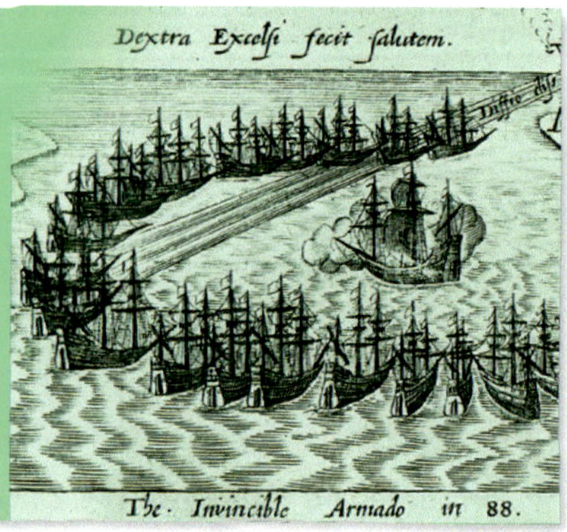

Mia — Sir Francis was playing bowls on the Hoe. Maybe you were there with him.
John — Yes, that could be. I think that's where I must go.
Luca — Good. What about you, Arthur? Let's find out where Tintagel is.

Tintagel is a small village in south-west England. It's 45 miles from Plymouth. People say that Tintagel Castle was one of Arthur's castles. His friend Merlin was a magician and he helped Arthur. Today you can visit the ruins of Tintagel Castle and you can see Merlin's Cave.

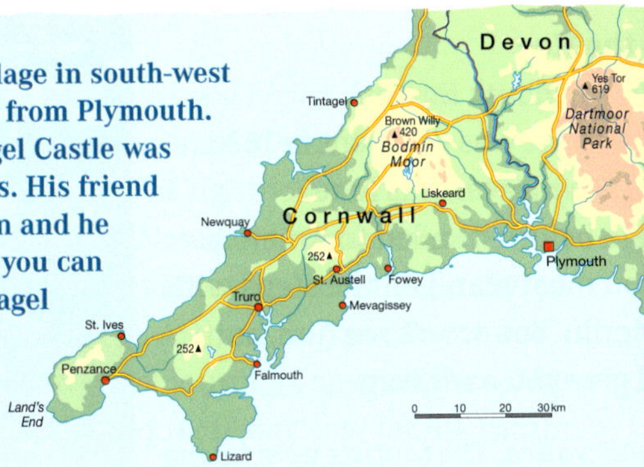

Luca — Look, it isn't far. Dad can take us there. He loves castles and history.
Arthur — You're very kind, but it's a very long journey. We'll never make it in one day.
Luca — Relax, Arthur. We won't go by horse – a car is much quicker. But now we need a snack!

Scene 6 In Luca's kitchen

It was 4.50. All the kids were in Luca's kitchen – Rover too. They were eating pizza.
William — This pizza is nice! I've never had it before. Did you make it, Luca?
Luca — Well ... erm ... not really ... It's from dinner last night.
Suddenly the door opened and Luca's dad came in. He was surprised.
Dad — Oh, what's this? A costume party?
Luca — Erm, yes Dad. We're having a history party. These are our new friends.
Dad — Hi, everybody. I thought you hated history, Luca.
Luca — I like history now. Dad, we'd like to go to Tintagel to see the castle. Could you take us there?
Dad — Yes, sure. How about tomorrow?
Arthur — No! Erm ... why not today, sir?
Dad — I'm sorry, kids. It's late and I have to go shopping.
Luca's dad went out. Now the kids were getting worried.
Ellie — We'll never get to Tintagel on time now.
Arthur — This is terrible. ... Wait! I'm getting a message from Merlin!
Adam — Wow – a text message without a mobile.
Arthur — He says "If Tintagel is far and time is too short, stay with your friends ... they'll be your transport."
Luca — Eh? Your transport? But what about Tintagel?
Arthur — It doesn't matter now. Merlin has spoken. I must stay with you.

3 READING LOG What do you know about the history kids?

a) Write sentences – as many as you can.

Arthur: *He was from ... His friend ...*
Mary: *She was on the ... She thinks ...*
William: *He was ...*
Rover: *...*
John: *...*

b) You're a history detective. Finish these sentences:

1 Maybe John will find Sir Francis if he goes to ...
2 Maybe Mary, William and Rover will find their ship if they go to the ...
3 Maybe Arthur will get home if he goes to ... More help p. 156

▸ KV 49 ▸ DFF 6.2 ▸ LAS 6 B ▸ Folie 26

1 What was happening when ...?

Do you remember the story on pages 112–117? Find the missing words.

Not sure? Check your answers in the story.

1 The four friends were ... about the tour when Luca saw the old stairs and said, "Let's have a look!"

2 The four friends were ... along the dark halls when they met Arthur.

3 John was ... his drum when he saw Arthur and his new friends.

4 When Luca's dad came into the kitchen, the kids were ... pizza.

5 The tourists were ... photos of the Pilgrim kids when suddenly Mary looked surprised.

6 Arthur was ... to remember the magic rhyme when the lighthouse man called from downstairs.

2 The past progressive

a) Look at the FOCUS box. Collect more examples from exercise 1 and complete the rules.

b) Find two more examples in Scenes 7 and 8 of the story.

FOCUS

1 Du benutzt das ***past progressive***, wenn du sagen willst, was in der Vergangenheit gerade im Gange war. Beispiele: *were talking, ...*

2 Das ***past progressive*** wird gebildet mit:
– I / he / she / it + ... + Verb + -ing
– we / you / they + ... + Verb + -ing

▸ Language file 18, p. 187

3 Yesterday in the classroom

a) What was happening when Ellie walked into the classroom? Finish the sentences:

A boy was ...
Mia and Adam were ...
One kid was ...
Another kid was ...
Three kids were ...
...

b) Now think about your last lesson. What was happening when you walked into the classroom?

More help p. 157

▸ Workbook 11, p. 79

1 The kids from Harbour Road: Where's Anna?

a) Watch the film. Then put these headings in the right order.

This is Ethan • Time for fish and chips • Waiting for the bus • The tour

b) Match the names with the places (1–5). Watch the film again and check.

1 

Drake's Island
The Mayflower Steps
The big wheel
Drake's statue
The lighthouse

2 

3 

4 

5 

c) What do you think Paul and Sarah told Anna and Ethan about the tour? Write a dialogue, then act it.

Anna ___ So tell us about the tour. Was it good?
Paul ___ It was great! First ...
Sarah ___ Then I saw you from the bus. ...

More help p. 157

2 People and places: Squashbox Theatre

a) Watch the film. Then talk to a partner. Say what you think.

– I think Craig is ...
– I think Craig's puppets are ...
– I think Craig's shows are ...
– My favourite puppet is ... because ...

angry • boring • clever • easy-going • exciting • funny • great • happy • interesting • nice • noisy • popular • sad • scary • silly • strange

the captain

Crabby

Ruan

Morwenna

b) Read these questions. Watch the film again and take notes.

1 What's Craig's job?
2 Where does Craig get his puppets?
3 What's his show about?
4 What do you need for a good story?

▸ KV 50 ▸ DFF 6.1 ▸ DFF 6.2

Ask your teacher for an answer sheet to check exercises 1–3.

1 REVISION What will it be like?

John the drummer boy is telling his friends in old Plymouth about the future. Complete the sentences with the verbs from the box and the *will-future* – positive and negative (✗).

eat • have • *look* • ~~need~~ • ~~ride~~ • speak • talk • take

1 Our clothes *will look* very different.
2 Everybody … … lots of pizza.
3 We … … horses so much.
4 Buses … … us everywhere.
5 People … … with little phones.
6 Plymouth … … a lot more people.
7 We … … fire for light at night.
8 People … still … English.

2 LANGUAGE What will you do at the weekend?

Finish the sentences.

1 If I have time at the weekend, I*'ll visit my friends*.
2 If I go shopping, I …
3 If I have enough money, I …
4 If I meet my friends, we …
5 If I watch TV, I …
6 If I do some chores, I … More help p. 158

3 LANGUAGE What was happening when …?

a) Complete the sentences. Use the *past progressive*.

When the history kids left to go back in time …

1 they … (stand) with their hands together.
2 Mary … (hold) Rover's foot.
3 the lighthouse man … (come) up the stairs.
4 the four friends … (look) at the sky.
5 the sky … (get) darker.
6 Adam … (think) about Arthur's magic rhyme.
7 Arthur … (talk) about the lighthouse man's voice.
8 maybe Merlin … (laugh) to himself.

b) Jack went into Luca's den. What was happening? Make sentences with the *past progressive*.
Start like this: *When Jack went into Luca's den, …*

4 WRITING My journey into the future

Imagine you're one of the history kids – Arthur, John, Mary or William.
Write a diary entry. You can write about one or more scenes from the story (pp. 112–117).

More help p. 158

My journey began when …
It was very … and I was …
First I met …
They were coming from …
Together we tried to …
Then we went to …
…

5 SPEAKING The story goes on

a) Choose one of the situations (1–4) in your group. The first person adds a sentence or two to the story, then the next person, and so on. Go around in a circle. See where your story goes!

After the history kids' journey back in time …

1 Arthur arrived in Tintagel. He saw Merlin. …
2 William, Mary and Rover stood in front of the Mayflower. …
3 John had something important to do. …
4 the four friends thought about their history project. …

b) How much of your story can you remember? Share it in class.

6 My learner log

My learner log

Now I can …
– talk about situations that were happening in the past.
– say what will / won't happen in the future if something else does / doesn't happen.
– make a poster with information about a topic.
– …

After Unit 6:
– I know about British history, e.g.: …
– I know about famous English stories, e.g.: …
– I have learned a lot about Sir Francis Drake, e.g.: …
– My favourite words in the unit were: …
– My favourite part in the unit was: …

After Unit 6 my English is: GREAT! / OK / NOT VERY GOOD

▸ Workbook, pp. 80–82

2.20 The two-tor adventure – the red team's story

▸ Unit 5, p. 97

While you read the story, draw the red team's route on your copy of the map.

After you have read, check with a partner.

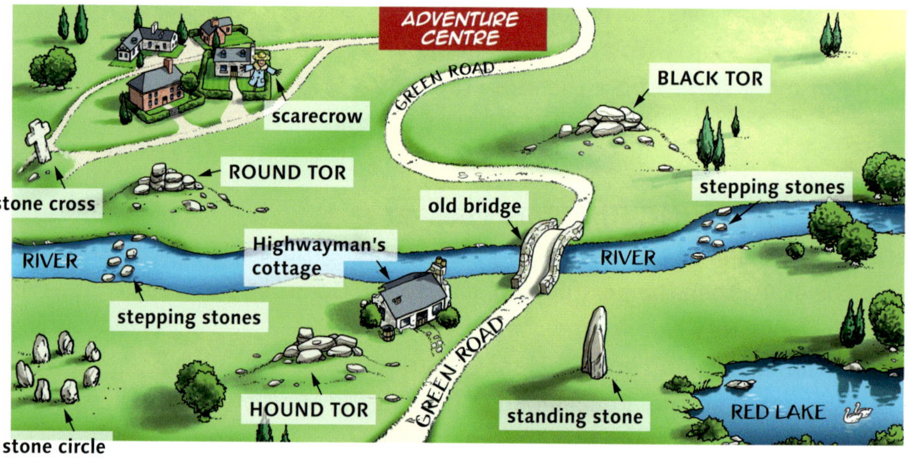

Alex, Hannah, Nico and Merve from Stuttgart were the red team. A friendly girl from the blue team talked to them. "°Good luck," she said. "I think today will be difficult. Are you nervous?"

"I think we'll be OK," said Alex. "We're in a walking club in Germany."

"Wow," said the girl. "Maybe you'll win!"

Hannah said to the others, "Wir werden bestimmt gewinnen!" And they all laughed.

The red team wanted to go to the stone cross first and then to Round Tor, so they walked west. At the first house with a scarecrow in the garden, they turned left. They got to the cross quickly and took a photo.

Then the blue team arrived. One of the English boys asked, "Have you lost a jacket?"

"Oh no," said Nico. "I don't have my jacket."

"It's on the scarecrow near the village," a girl from the blue team said.

The red team ran back to the scarecrow and got the jacket. Nico was very embarrassed.

The red team had to save time, so they °decided to go to Black Tor because it wasn't far. They walked quickly. Maybe they could still win!

Soon they were at the top of Black Tor. There were lots of ponies. They took a photo.

Then they looked west across Dartmoor – and who did they see? It was the blue team. They were at the top of Round Tor. The red team had to go on! Next stop was the Highwayman's Cottage.

They walked south to the river. They crossed the river at the bridge and soon arrived at the Highwayman's Cottage. Quietly Merve opened her rucksack and took out the two hairy hands that she bought in the adventure centre shop. She tried to scare her friends, but they only laughed.

The cottage was very old. Inside it was dark and a bit scary. They found their lunch bag. It was next to the blue team's lunch bag. They sat outside in the sun and ate. Then they heard voices. It was the blue team! Merve had an idea.

She went into the cottage again and put the hairy hands on the blue team's lunch bag. Then they all hid. The blue team arrived and went into the cottage. Then someone screamed and they all ran outside again.

Merve said, “Oh dear. Were you scared?”
The girl with long °blond hair said, “Of course we weren’t. That was a good joke!”
Nico said to his friends, “Die hatten Schiss.”
The girl with dark hair said, “We weren’t scared. We were a bit surprised.”
Nico was surprised. “Du hast mich verstanden?”
“Na klar!” said the girl. “Let’s go, blue team.”

The weather wasn’t so nice now. The red team walked quickly to the standing stone near the cottage and took another photo. Then they walked west to Hound Tor. It was a bit foggy now, and it was quite cold too. The red team climbed the Hound Tor quickly. At the top, they took a photo in the fog.
But then they heard a strange noise. It °sounded like a dog or a °wolf. It was scary in the fog. They ran down the hill, and Hannah fell on the wet rocks at the bottom. She couldn’t walk and sat on the ground. They had to get help, so they shouted and used their whistle.

Then the blue team arrived. It was wet, so they made a tent with a plastic bag and they all waited for help together. The red team asked the blue team about the scary noise.
“Oh yes,” one of the boys said. “Sorry! That was a joke – a bad joke.”
“No, it was a good joke,” said Hannah. “It was like a hound in that scary Dartmoor mystery.”
Five minutes later a woman from the centre arrived. Hannah’s leg was sore, but °luckily it was OK, so they all walked back to the centre together. The two teams didn’t win the two-tor adventure – but they won some new friends.

2 JIGSAW Dartmoor mystery ▸ Unit 5, p. 99

a) How many of these questions can you answer? Work on your own. Write your answers.

1 Which girl on the red team thinks they will win?
2 What did the blue team visit after the village?
3 Who put a jacket on a scarecrow?
4 Who lost a jacket?
5 Where were the sheep?
6 Which tor did the red team visit first?
7 Who fell into the river?
8 How did the blue team cross the river?
9 Where did Merve have the hairy hands?
10 Where were the lunch bags?
11 Where did the red team cross the river?
12 Who put the hairy hands in the old cottage?
13 Who found the hairy hands on the lunch bag?
14 How did the red team get help?
15 Who had a plastic bag?
16 What did the kids make with the plastic bag?
17 How did Luca feel about his joke?

1 ______
2 The ____ _______
3 ____
4 ____
5 On top of _____ ___
6 _____ ___
7 ____
8 On the ________ ______
9 In her ____ _____
10 In the Highwaysman’s _______
11 At the ______
12 _____
13 ___
14 With a _______
15 _____
16 A ____
17 _____

b) Work with a group of students who read the same text. Compare your answers.
c) Now sit in new groups with students who read the other text. Try to answer all the questions.
d) Compare your answers in class. What’s the title of a famous Dartmoor story?
The ______ of the ______________

More practice 6 p. 154

Unit 2

5a Last weekend in Plymouth

▸ Unit 2, p. 36

What did the four friends do last weekend in Plymouth?
Talk to **partner A** and ask the questions. Fill in a copy of this table.

Questions	Ellie	Luca	Adam	Mia
Where did X go?		went into town		I don't know!
Who did X meet?	met her dad, Alisha, Finn		met Luca	
What did X do?		played computer games		I don't know!

3 NOW YOU

▸ Unit 2, p. 42

Partner B: Look at this map.
You're at the post office in Drake Street.
First, **partner A** wants some information.
Can you help?

Then pick one of these places: a shoe shop, a computer shop or a mobile phone shop.
Ask **partner A** for directions. Swap roles again.

Excuse me, please.
Is there a ... near here?
Can you tell me the way, please?
Thank you very much.

Yes, there's a ... in ... Street / Road.
Turn left / right.
Go along ... Street.
Go past ...
Cross ... Road.
Turn left / right into ... Street.
The ... is on the right / left.

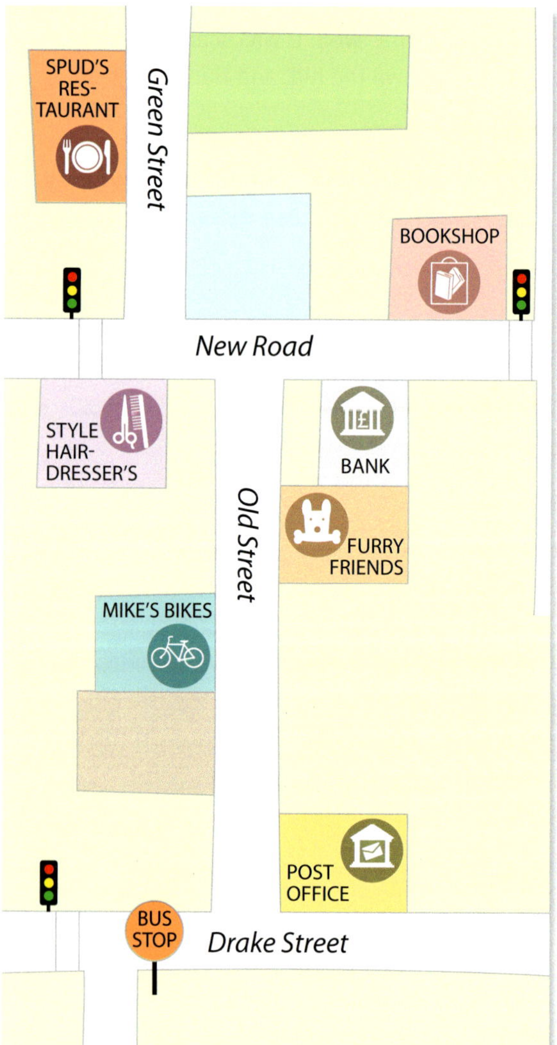

6a JIGSAW Mia's mystery ▸ Unit 2, p. 36

You're Adam. Read this text. How many questions in the box can you answer? Write the answers.

You live near Mia in Hoe Lane. On Friday afternoon you went home by bus with Mia. At 3.30 you were in Hoe Lane with Mia. You had some apple juice at her house. Her dad wasn't there – he was at work. He phoned Mia at 4 o'clock. It wasn't good news and Mia looked unhappy. She said something about a problem with her grandfather. You're not sure. Mia went out of her house. It was 4.15. She had a bag. She had to meet her dad. You went home. You didn't see Mia after that.

1 Where did Mia go on Friday after school?
2 Who did Mia talk to on the phone?
3 Why was she worried?
4 Where did she go?
5 Who did Mia text on Saturday?
6 Where was Mia?
7 Who was in hospital?
8 Who did Mia chat with on Sunday?
9 Where was Mia on Sunday afternoon?
10 Was Mia happy in the end? Why? Why not?

Unit 5

2 NOW YOU ▸ Unit 5, p. 101

You work for the emergency services. Your partner phones you for help. Think about what you're going to say. Then ask your questions and take notes.

- Which service do you need?
- What has ..?
- What's your name and ...?
- Where ...?
- Is ... ?
- The ambulance / ... will be there soon.

Unit 1

More help 1 Holiday photos ▸ Unit 1, p. 8

Which holiday photo do you like best? Why?

I like photo 1 / 2 / ... because I like ... because it looks ...

the people • the place • the mountains • the beach • the sun • the city • sport • good food • the sea • camping • ...	busy • cool • fun • great • hot • interesting • nice • noisy • quiet • warm

More practice 1 The summer holidays ▸ Unit 1, p. 8

Write a short text about your summer holidays. Use the ideas in the boxes.
You can add some holiday photos and put your text in your DOSSIER.

In the summer In July In August	I my friend	was wasn't	at home. with my family / with my grandparents / ... in the mountains / in the country / ... in Hamburg / Stuttgart / ... in England / Spain / ... at the swimming pool every day.
	we my friends	were weren't	

The weather	was wasn't	(sometimes) hot / nice / rainy / sunny / ... (really) great / fun / cool / ... OK / a bit boring / terrible ...
My holidays My friend's holidays	were weren't	

More help 5 What do you think? ▸ Unit 1, p. 9

Who had the best holidays?

Here are some reasons for each of the four friends. Choose one reason that fits.

I think Ellie's / ... holidays were the best I think Luca / ... had the best holidays	because	it's really warm in Spain. Spain is a nice place. she was at the beach every day.
		the Lido looks really fun. it's nice to be at home for the school holidays. Plymouth is nice in the summer.
		he was in London. London is really cool. he was at a football match.
		Boston is a great place. going to other countries is lots of fun. the USA is really interesting.

More practice 2 — Meeting friends again ▸ Unit 1, p. 10

a) You're back at school. Write a dialogue with a partner – as many sentences as you can. Use the ideas in the box.

- Hi, how are you?
- I'm fine, thanks. And you?
- Hi. Nice to see you again.
- How was your summer?
- Great, thanks.
- It was OK / boring / ...
- Welcome back to school.
- I went to ...
- I stayed ...
- What about you?
- Are you happy to be back at school?
- Ha, ha. Very funny!
- It's nice to be together again.
- Yes, I am!
- No, I'm not!
- Yes and no!

b) Practise your dialogue with your partner.

More practice 3 — Questions for Mia ▸ Unit 1, p. 11

1.04

Match the questions (1–6) with the answers (A–F): *1–C, ...*

Then listen again to **3 Mia, a new student in 8Y** and check.

1 What's your name – your family name?
2 And what about your old school? What was it like?
3 And your old uniform – was it nice?
4 Do you like the Eggy uniform?
5 Do you miss Germany?
6 Do you have brothers or sisters?

A We didn't have a uniform. There are no uniforms in German schools.
B Yes, I do. I have a brother – Tim. He's nine.
C Porter – my name is Mia Porter.
D I went to a small school in Leipzig.
E Yeah ... the Eggy uniform is OK. The colour is nice.
F Yes, sometimes. I miss my friends.

More help 4b — My first day ▸ Unit 1, p. 11

Read Mia's email again. Copy the timeline about Mia's first day at Eggy. Complete the timeline with the activities in the box.

history • 1.25 – lunch • art • English • break

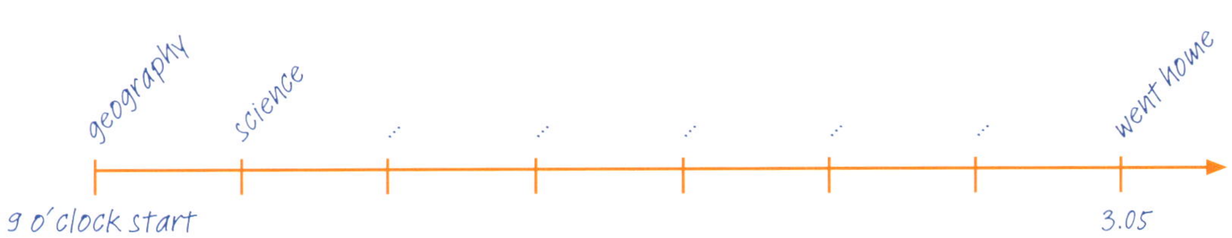

Unit 1

More help 4 Mia's diary
▸ Unit 1, p. 19

Imagine that you are Mia.
Write what happened at school on Monday and Tuesday – in not more than ten sentences.
Use the ideas on the right.

On Monday I was at school. Adam came into the classroom and ...
Then Luca came and ...
When Ellie came ...
In the canteen I ...
Ellie got a ... She sat ...
After school I went ...
On Tuesday I was in the ...
Ellie talked ... Now we're ...

More help 1 Make word fields
▸ Unit 1, p. 20

b) Find more words for the three word fields from 1a) – as many as you can.

Here are some ideas for word fields 1–3.

art • art room • canteen • computer room • English • French • geography • Germany • history • Ireland • Portugal • Turkey • science • ...

c) Now find words for these three word fields – as many as you can.

4 weather	5 hobbies	6 feelings
...	...	...

Here are some ideas.

art • books • cold • dancing • excited • fed up • great • happy • hot • jealous • rainy • reading • rock climbing • sad • skateboarding • sunny • warm • ...

More practice 7 More opposites
▸ Unit 1, p. 20

Find more opposites in the two boxes.

after • old • can • different • downstairs • outside • early • ask • left • right • remember • love • morning • with • never • difficult

wrong • easy • always • evening • hate • forget • inside • right • answer • late • upstairs • without • same • can't • young • before

More practice 8 Luca's Saturday
▸ Unit 1, p. 21

Put the sentence parts together with linking words.

1 I was tired	and	I got up early.
2 I had breakfast	but	then I went into town.
3 I needed a new T-shirt	so	I went to the sports shop.
4 I looked at lots of T-shirts	because	they were too expensive.
5 Then I went to Adam's cafe		I was hungry.
6 I met Adam there		we talked about school.

More help **3 NOW YOU** ▸ *Unit 1, p. 21*

a) Make a list of things you did on Saturday or Sunday. Here are some ideas:

I got up at … o'clock.
I had breakfast with …
I phoned / texted …
I went into town / to the zoo / … with …
I watched / played …
I went swimming / shopping / …
I helped mum / dad at home.
I cleaned my room / the house.
We had dinner at … o'clock.
We watched TV / a DVD / …
I went to bed at … o'clock.

b) Then write a text about your day. Don't forget time phrases and linking words. Here are some ideas:

On Saturday / Sunday morning I got up early / late.
The weather was great / terrible so …
I texted … because I wanted to …
After breakfast I went to … by bike / with my sister / …
We met near the … at … o'clock and we ….
First we … / Then we … / Next I …
It was a good / fun / boring day.

More help **2 Rules at your school** ▸ *Unit 1, p. 22*

a) Think: Here are more ideas for rules:

– Wir dürfen im Klassenzimmer (nicht) essen oder trinken.
– Handys sind in der Schule / im Unterricht (nicht) erlaubt.
– Wir müssen um (7.30 / …) in der Schule sein.
– Alle Schüler müssen in der Pause nach draußen gehen.

b) Pair: Explain the rules from a) in English. Here are some ideas:

We have to We mustn't We can	– eat / drink in lessons. – use mobiles at school / in class. – be at school at 7.30 / … – go outside at break. – …

Unit 1 **Stop! Check! Go!**

//● **2 LANGUAGE Last Friday was a free day** ▸ *Unit 1, p. 24*

a) Complete the sentences. Put the verbs in the *simple past*.

answer • ask • help • play • talk • text

Die Verben sind alle regelmäßig.

1 In the morning mum … Ellie: "What about a day on the beach with your new friend Mia?"
2 "Super!" Ellie …
3 Ellie … Mia on her mobile: "Come to the beach for a picnic."
4 Then she … her mum with the sandwiches for the picnic.
5 At the beach Ellie and Mia … to other kids.
6 Then they … beach volleyball with them.

Unit 1 Stop! Check! Go!

More help 7a SPEAKING Last weekend

► Unit 1, p. 26

First copy the table. Then complete the table for you. You can use the ideas in the boxes.

	Me
I had a ... weekend.	
On Saturday I got up at ... (time)	
Then I ... (one or two things)	
But I didn't ...	
I went to bed at ... (time)	
On Sunday I ... (two things)	
I went to bed at ...	

great • nice • cool • interesting • boring • strange • ...

cleaned my room • did my homework • had a picnic with ... • helped in the garden / ... • played computer games / ... • went shopping / swimming / to the cinema / a concert • phoned / texted some friends • stayed at home • visited ... • watched TV • ...

do my homework • clean my room • help / eat at home • meet my friends • ...

Unit 2

More help 3b My neighbourhood

► Unit 2, p. 29

Talk to the class about your street or neighbourhood.

Start like this: I live in ... Street / Road / ...

Then say some sentences like this: In my street there are some big / small houses.
There's a big park. It's great.
But we don't have any shops. That's terrible!
We have a bus stop. / And we have a letter box. / ...
There are some traffic lights.
But we don't have any supermarkets or cafes. / ...

Finish like this: I like / don't like my street / neighbourhood!

More practice 1 NOW YOU

► Unit 2, p. 30

a) Fill in the missing words: *some* or *any*.

A: Would you like ... (1) tea?
B: Yes, please. I'd like ... (2) fruit tea.
A: Sorry, I don't have ... (3) fruit tea. I only have black tea. But I can give you ... (4) apple juice.
B: OK, I'll have ... (5) apple juice.
A: Here's your juice. And would you like ... (6) ice cream too?
B: Yes, great.
A: Oh, sorry. There isn't ... (7) ice cream. Mum ate all the ice cream yesterday evening.
B: No problem.

Use phrases like these when you're talking about food:
- Would you like some ...?
- Can I have some ...?
- I'll have some ...
- Sorry, I don't have any ...

b) Make another dialogue like this. Ask for different food and drinks.

More help 5b Adopt a pet ▸ Unit 2, p. 33

Ask and answer these questions about pets.

Questions about pets:	Answers:
Which of the pets in a) would you like? Or would you like a different pet?	- I'd like ... because ... - I'd like a rabbit / hamster / donkey / pony / snake / ...
What about your family?	- My mum loves cats. / My dad doesn't like dogs. - I have a baby sister / ... I don't have any brothers or sisters. / We all love animals.
Do you have other animals at home?	- Yes, we have a dog / cat / ... No, we don't have any pets.
Do you have lots of time for a pet?	- Mum and dad work. / Dad is at home. - I'm at home every day after school. - I have lots of time at the weekend / in the evening / ...
Do you have lots of space for a pet?	- We have a small flat. / We can't have pets in our flat. - We have a garden. / We don't have a garden. - I share a big room with my sister.

//● 3 Festivals in Germany ▸ Unit 2, p. 35

b) Now complete these questions.

1 *Ellie* ... special food?
Mia Yes, we did. We <u>had</u> biscuits and cocoa.
Example: *1 Did you have special food?*

2 *Luca* ... a costume?
Mia No, we didn't. We <u>wore</u> warm clothes.

3 *Adam* ... your own lanterns?
Mia Yes, we did. We <u>made</u> different lanterns every year.

4 *Luca* ... the lantern festival last year?
Mia No, I didn't. Only little kids <u>celebrate</u> the lantern festival. I was too old.

More help 4b Halloween in the US ▸ Unit 2, p. 35

Make Ellie's questions. Put the words in the right order.

1 **EL:** did / Why / you go / to Bella's house?
Bee: I went to Bella's house because she had a party.
2 **EL:** you / What / did / wear / ?
Bee: I wore a witch costume.
3 **EL:** you / eat / did / What / ?
Bee: We ate pumpkin pie.
4 **EL:** When / go home / did / you / ?
Bee: I went home at 10 o'clock.

Unit 2

More practice 2 Questions, questions, questions ▸ Unit 2, p. 35

1.18 **a)** Listen and repeat the questions.

1 Did you have a nice weekend?
2 Did you meet your friends?
3 Did you do your homework?
4 When did you go to bed on Saturday?
5 Where did you go on Sunday?
6 Who did you meet on Sunday?

1.19 **b)** Now listen to more questions. Answer the questions.

1.20 **c)** Now listen to these silly questions and answer them.

More help 7b Find someone who … ▸ Unit 2, p. 36

You want to find out interesting things about people in your class. You can ask questions like these:

Questions	Name	What? When? …
1 Did you have a nice breakfast on Saturday? What did you eat?	Steffi	…
2 Did you do sport on Saturday? What sport did you do?		
3 Did you do some fun things on Sunday? What did you do?		
4 Did you meet friends on Saturday or Sunday? When did you meet them? Who did you meet?		
5 Did you visit someone on Sunday? Who did you visit?		
6 Did you go to bed early on Sunday? When did you go to bed?		

More practice 3 What happened? ▸ Unit 2, p. 39

a) Answer the questions about scenes 1 and 2.

1 Did the people give Mia and Ellie money?
2 Did Ellie know the two boys with the masks?
3 Did Buster run after the two boys?
4 Did Adam and Luca take the hat and money?
5 Did Mia go with Adam to find the two boys?

b) Now write your own questions about scenes 3–5 – as many as you can.

c) Ask your partner. Then swap.

More help 4a That's not right!

▸ Unit 2, p. 39

Choose one scene from the story. Complete the sentences.
Make one piece of information wrong.

Scene 1

Mia and Ellie made a ...
They asked people to give them money for ...
Two boys with ... came.
They took the ... and ran away.

Scene 2

Adam and Luca came with ...
Mia and Ellie wanted the ... back .
Adam and Luca were ...
Mia and Ellie told them about the ...
Adam and Luca and Buster went to ...

Scene 3

... tried to find the two boys.
Buster sniffed and barked at ...
Then he pulled ... from one boy's pocket.

Scene 4

Adam and Luca brought the hat back to ...
Mia and Ellie asked about the ...
They ... the money, Adam and Luca said.
Then they ... and gave Mia and Ellie the money.
... thanked them.

Scene 5

Luca and Adam were at a ...
They ate ...
Two kids with ... came.
Adam and Luca were nervous and started to ...
When the kids took off their masks, it was ...

More practice 4 Test °instructions

▸ Unit 2, p. 40

Match the German sentences (A–H) with the English sentences (1–8).

1 If you can't °do a task, go to the next one.
2 If you make a °mistake, please make it °clear which is the right answer.
3 Please do not °turn over the pages °until you °are told.
4 Please write clearly.
5 Only one answer is °correct.
6 There is an example at the °beginning.
7 °Complete the sentences.
8 °Tick (✓) the correct answer.

A Nur eine Antwort ist richtig.
B Hake die richtige Antwort ab.
C Wenn du eine Aufgabe nicht lösen kannst, gehe zur nächsten Aufgabe.
D Bitte schreibe sauber und deutlich.
E Vervollständige die Sätze.
F Wenn du einen Fehler machst, kennzeichne deutlich, welche Antwort die richtige ist.
G Bitte die Seiten nicht umdrehen, bevor du die Anweisung dazu bekommst.
H Am Anfang steht ein Beispiel.

Unit 2

More practice 5 Directions ▸ Unit 2, p. 42

a) Match the maps (1–6) and the directions (A–F).

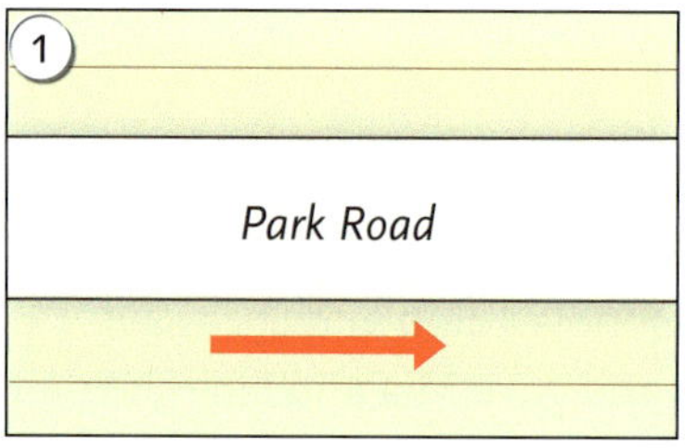

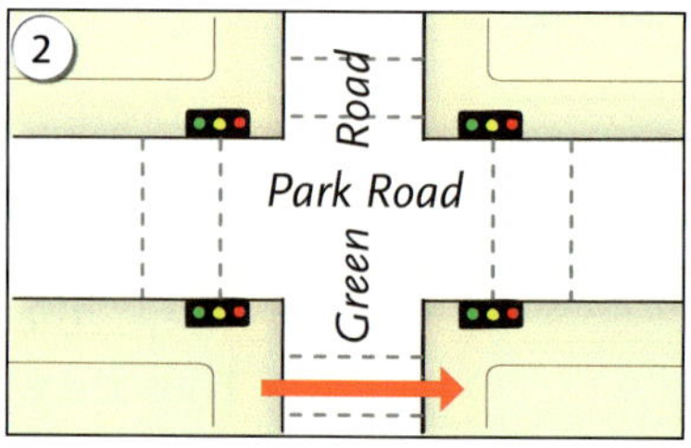

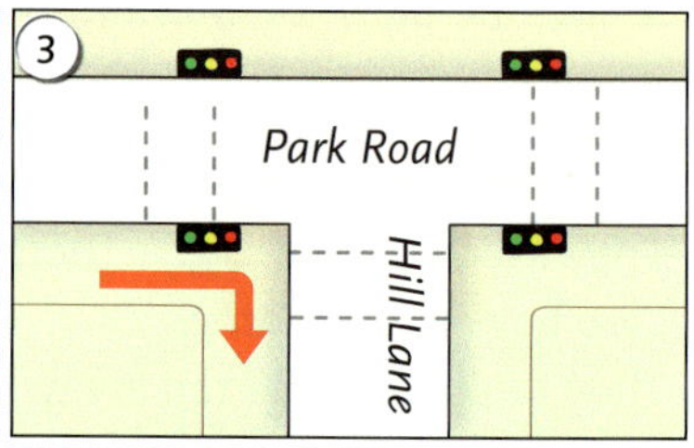

A Turn right into Hill Lane.

B Cross Green Road at the traffic lights.

C The supermarket is on your left.

D Go along Park Road.

E Go along Hill Lane for about 50 metres.

F Go past the fire station.

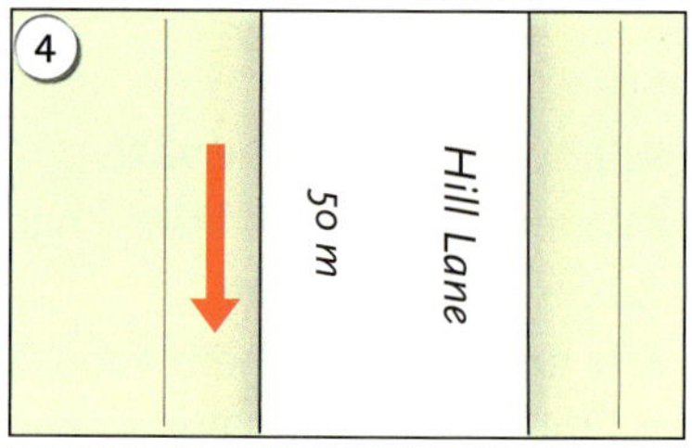

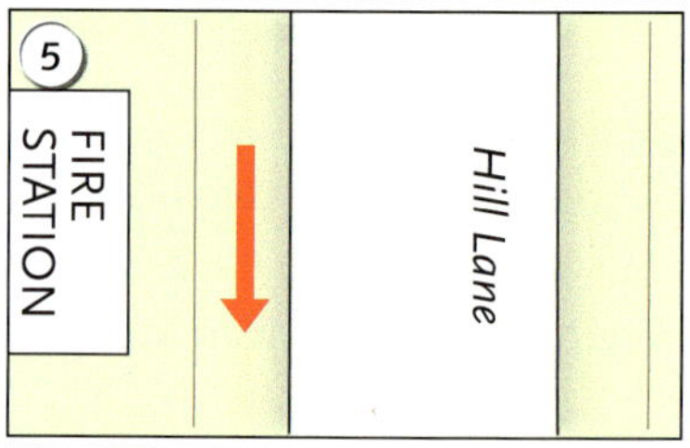

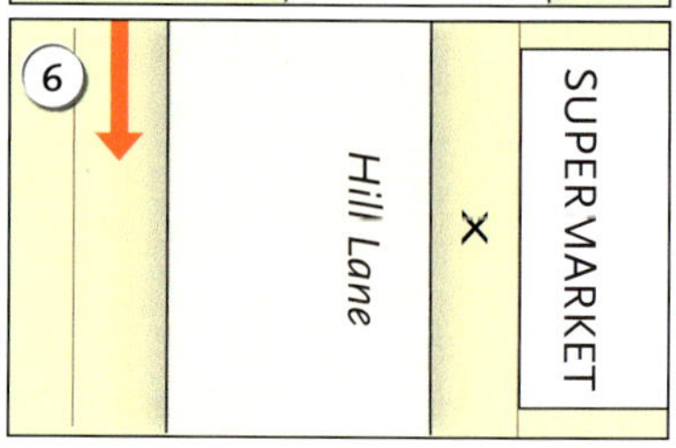

b) Partner A: Read one of the directions in a) for your partner.
Partner B: Listen to partner A. Pick the right map in a).
Swap roles.

c) Partner A: Point to one of the maps in a).
Partner B: Give the right directions. But don't look at the sentences in a). Swap roles.

More practice 6 Places in Plymouth ▸ Unit 2, p. 43

a) What can you do in these places?

At the youth club	you can	buy	coffee.
In the pasty shop		eat	comics.
In the Stoke Grill		drink	friends.
In the newsagent's		find	letters.
In the sandwich bar		get	lots of things.
In the post office		meet	pizzas and burgers.
…		send	sandwiches.
		…	…

b) Can you make more sentences?

Unit 2 Stop! Check! Go!

//● 4 LANGUAGE Questions for a new teacher

▸ Unit 2, p. 45

a) Mr Bell is the new music teacher in class 8L. The students have lots of questions for him. Write the questions with the correct question words:

What – Where – When – Who – How

Look at Mr Bell's answers for the correct questions.

1 *Student* ... ... you ... (come) to this school?
Mr Bell I came to Eggy in 2011.
Example: *1 When did you come to this school?*

2 *Student* ... ... you ... (go) to school?
Mr Bell I went to school in London.

3 *Student* ... ... (be) the name of your school?
Mr Bell Charles Darwin School.

4 *Student* ... ... (be) your favourite teacher?
Mr Bell My music teacher, Ms Johnson.

5 *Student* ... ... you ... (like) at school?
Mr Bell I liked the school band.

6 *Student* ... ... you ... (start) to play the guitar?
Mr Bell When I was eight.

7 *Student* ... ... (be) your favourite lessons at school?
Mr Bell Music and PE.

8 *Student* ... ... you ... (feel) at Eggy on your first day?
Mr Bell I really felt great.

More help 8c WRITING A cool festival in my neighbourhood

▸ Unit 2, p. 46

Did you go to a festival or party last year? Write a letter about it. Think about the questions in b). The sentences in the box can help you.

▸ Wordbank 2, p. 160

- Last year / summer / September / ... there was a ... in our neighbourhood / town / village.
- It was in the park / on the market place / ...
- I went there with ...
- We saw lots of ...
- In the afternoon / evening we played ... / watched ... / went ...
- We ate ... and drank ...
- Later we went ... / had...
- I liked the ... the best.

Unit 3

More practice 1 Mia goes skating

▸ Unit 3, p. 52

Complete Mia's sentences with this • that • these • those.

1 Excuse me, is ... the way to the ice rink, or is that the way over there?
2 Sorry, these are the wrong skates. I asked for ... behind you on the shelf.
3 ... is my first time here, so I don't know the rink very well.
4 Look over there, Ellie! Did you see ...? Adam nearly fell!
5 Watch here, Adam. I'll show you. You have to turn like ...!
6 That was cool, Adam. I can't do that. Now watch me. Can you do ...?
7 Do you see the girl's sunglasses over there? I like ... – they look really cool.
8 *(On the way home)* ... was great, guys. Let's go there again next week!

Unit 3

More help 3c SONG Cooler than me ▸ Unit 3, p. 53

Write a poem about the word COOL. Start each line with one letter of the word. A line can be a word, a phrase, or a whole sentence. Share your poem in class.

These words can help you to start each line:

C café – cake – call – can – car – CD – chatting – chocolate – chores – city – class(room) – cleaning – cold – colour – come – concert – cool – cute – ...

O October – often – OK – on – one – only – open – other – our – outside – over – ...

L last – late – later – laughing – lazy – learning – let's – life – listen – little – living – look – lonely – lots – love – lunch – ...

More practice 2 WORDS Nouns and adjectives ▸ Unit 3, p. 55

a) Pick the nouns from the box for these adjectives and complete the networks.

band • book • boy • film • food • girl • house • magazine • mask • song • sport • story • summer • tea • teacher • water • weather

hot

scary

popular

Partner check: Compare your networks.

b) Now think of nouns for these adjectives – as many as you can.

1 funny
2 exciting
3 cool
4 cute
5 boring
6 dangerous
7 expensive
8 interesting

c) Complete the questions.

1 What's more boring – ... or ...?
2 What's more exciting – ... or ...?
3 What's cuter – ... or ...?
4 What's more expensive – ... or ...?
5 What's funnier – ... or ...?
6 What's more dangerous – ... or ...?
7 What's more interesting – ... or ...?
8 What's cooler – ... or ...?

Then find a partner and ask your questions.

More practice 3 A table

▸ Unit 3, p. 56

a) Copy and complete this table in your exercise book.
Partner check: Compare your tables.

b) Find more adjectives for your table – as many as you can.

c) Make a comparison table for your classroom. Decorate your poster with little pictures.

	Comparatives	Superlatives
busy	busier than	the busiest
bossy	bossier than	the ...
...	friendlier than	the ...
funny	...	...
...	...	the easiest
...	...	the hungriest
happy	...	...
cool	cooler than	...
cute	...	the cutest
...	faster than	...
mean	...	...
...	...	the smallest
...	stricter than	...
boring	more boring than	the most boring
...	...	the most interesting
...	more dangerous than	...
...	more difficult than	...
...	...	the most exciting
nervous	...	...
good	...	...
bad	worse than	...

d) Write at least five sentences with words from the table.
Example: *My friend Anna is the funniest student in our class.*

//● 7 Is Sam the biggest boy?

▸ Unit 3, p. 56

Complete the sentences.
Use superlatives and adjectives from the box:

bad • ~~big~~ • dangerous • expensive • good • old

1 Sam is *the biggest* boy in the class.

2 Saturday is ...

3 The red bike is ...

4 Monday is ...

5 My car is ...

6 The tiger is ...

Unit 3

More practice 4 Doing stuff in Plymouth ▸ Unit 3, p. 56

1 Central Park is nice, but I think the Hoe is much ... (nice).
2 The Theatre Royal is ... (expensive) than Dartmoor Zoo.
3 Dartmoor Zoo is the ... (good) place to go to see wild animals.
4 The weather in Plymouth was ... (bad) on Sunday than it was on Saturday.
5 I think bowling at Tenpin Bowling is the ... (boring) activity in Plymouth.
6 Pitch and putt is cool, but football is a lot ... (cool).
7 The restaurant Submarine says it has the nicest food in town, but we thought it was the ... (bad)!
8 We went to a lot of places in Plymouth, but for me the aquarium was the ... (interesting) place.

More help 4a WORDS The new den ▸ Unit 3, p. 59

Look at the picture.
Match the things (1–20) in the picture with these words.

bike • bottles • box • CD player • CDs • chairs • comics • dartboard • den • dress • garage • lamp • magazines • poster • rubbish • rug • sofa • table • toy • wardrobe

More practice 5 An email to Luca ▸ Unit 3, p. 59

Write an email to Luca.
Write about these things:
- What's your name?
- Where do you live?
- What do you think of Luca's den?
- What's your favourite thing in the den?
- Do you get pocket money?
- Do you do chores?

Hi Luca

My name is ...
I live in ...
...

You can also write about these things – as many as you like:
- Do you know the Spice Girls? Do you like them?
- Do you listen to your parents' music? What's it like?
- Do you have a den or a hobby room?
- Do you recycle things? What?
- Do you like ice skating?
- Do you play darts?

More help 2b A TV evening in Luca's house ▸ Unit 3, p. 62

It's 6 pm. Everybody in Luca's family wants to watch TV. Make a plan for the evening. The table can help you.

– Luca's mum wants to find out about the weather.
– Luca's brother loves music shows.
– Luca wants to watch an exciting film.
– Luca's dad is interested in food and cooking.

Who	What	Times	Channel
Luca	film		
mum	weather		
brother	music		
dad	cooking		

More practice 6 What do you think of their talks? ▸ Unit 3, p. 63

a) Work with a partner. One partner fills in a table like this for Mark's talk and one partner fills in a table for Paul's talk. Watch part 2 again if you need to.

	good	OK	not so good
1 spoke clearly			
2 had a good plan			
3 used good phrases			
4 showed pictures			
5 gave interesting information			

b) Look at your tables from a). Say what was good and what wasn't so good in Paul's talk and Mark's talk. (If you need help, look at page 61, task 2b.)

More help 3 MEDIATION ▸ Unit 3, p. 63

You want to talk to German tourists about Dartmoor Zoo. Watch the film again. Take notes about four interesting things – in German. Then tell your group. You can use these ideas:

Öffnungszeiten: ...
Preise: ...
Wie viele Leute im Zoo arbeiten: ...
Tiere (Anzahl): ...
Die interessantesten Tiere (für dich): ...

Unit 4

More help 3c ACTIVITY My food and drink this week ▸ Unit 4, p. 71

Write a food diary about your food this week.

Start like this: *My food and drink this week*
This week I've eaten and drunk some healthy things. For example ...

First write about healthy food. Write sentences like this:

I've drunk lots of / a lot of water / a bottle of water / ...
I think that's OK / good / ...

I've eaten lots of / a lot of / some fruit today.
I've eaten three apples / two oranges / ... this week.
I think that's OK / good / ...

I've had breakfast every day / nearly every day / ...
I think that's good / OK / ...

Maybe you have eaten some unhealthy food. Write sentences like this:

But I've eaten too much chocolate / ... this week.
I've drunk too many sugary drinks.

I haven't drunk enough / (very) much water.
I haven't eaten enough fruit.
I haven't had breakfast every day.

You could write about next week too:

Next week I'm going to	*eat / drink*	*more / less*	*fruit / water / ...* *crisps / junk food / ...*

2.05 More practice 2 GAME 'Simon says' ▸ Unit 4, p. 72

a) Listen. When you hear 'Simon says', act.
When you don't hear 'Simon says', don't act.

b) Now you play 'Simon says'. One person in the class is Simon. Take turns to be Simon.
When you hear 'Simon says', act.

When you don't hear 'Simon says', don't act. If you do, you're out!

Look at the list of irregular verbs, p. 270.

//● 4 Mia and her dad ▸ Unit 4, p. 75

a) Put the verbs in the *present perfect*.

1 *Mia* — I… … (put) the old bottles away, Dad. That was my last chore.
2 *Dad* — That's great, Mia. Thanks. Hey, … you … (see) my phone? I can't find it.
3 *Mia* — No, I haven't, Dad. Adam … … (buy) a new phone. Can I have a new phone for my birthday?
4 *Dad* — Mia, you… already … (have) a birthday present! Remember?
5 *Mia* — Oh yes! Luca … just … (send) me a text. Can I go with Ellie and Adam to his den?
6 *Dad* — Well, we… already … (do) our Saturday chores, so it's OK with me.

//● 5 Ellie's chores ▸ Unit 4, p. 76

a) Ellie wants to go to Luca's den too. But has she done her chores yet?
Put the verbs from the table in the *present perfect*. Make positive or negative sentences.

1 Ellie … … the house.
2 And she … … the dishwasher.
3 But she … … the car.
4 Ellie and Conor … … the kitchen.
5 But they … … lunch.
6 And what about Zoe – has she helped? No, she … … !

	Ellie	Conor	Zoe
hoover house	✓	✗	✗
fill dishwasher	✓	✗	✗
wash car	✗	✗	✗
clean kitchen	✓	✓	✗
cook lunch	✗	✗	✗

More practice 3 ● At Luca's den ▸ Unit 4, p. 76

Look at the picture. Who has done what for the party? Write sentences in the *present perfect*. Use the ideas from the box.

- Luca – tidy
- Luca's dad – cook
- Luca's mum – buy
- Mia – make
- Mrs Trent – bring
- Ellie – drink
- Adam – wash
- Buster – eat

Unit 4

//● 3 Tell the story ▸ Unit 4, p. 79

a) Finish these sentences and tell the story.

On Saturday morning Ellie's dad phoned her – he had a ...
But Ellie wasn't ...
Ellie's friends wanted to do things with her, but Ellie ...
On Saturday evening Ellie and her mum had a ...
On Sunday she ...
On Monday things started to ...
On Tuesday the friends had lots of fun and Ellie ...

b) What do you think is the message of the story?

More help 2b ACTIVITY Tips for healthy living ▸ Unit 4, p. 79

Work in groups. Plan a *Healthy living* poster for your class.
Think of good tips – as many as you can. Here are some more ideas:

Talk to friends. | Find a new hobby. | Don't eat junk food.
Don't drink sugary drinks. | Cook good food with your mum. | Eat more fruit.
Write a diary. | Go out with your friends. | ...

More help 2b Who is it? ▸ Unit 4, p. 80

Pick one text on page 80 and check the new words in the following dictionary entries.

curly ['kɜːli] (***curlier, curliest***) (*hair*) gelockt, lockig (*Haare*)

easy-going [iːzi'gəʊɪŋ] gelassen, entspannt

reliable [rɪ'laɪəbl]
1 *allg* zuverlässig, verlässlich
2 (*evidence, witness*) glaubwürdig (*Beweise, Zeuge*)

serious ['sɪəriəs]
1 *allg* ernst
! ≠ *seriös* (= ***respectable***)
2 **be serious about something** es mit etwas ernst meinen
3 **Are you serious?** Ist das dein Ernst?
4 (*problem, talk*) ernsthaft (*Problem, Gespräch*)
5 (*injury, crime, accusation*) schwer (*Verletzung, Verbrechen, Vorwurf*)

well-built [wel'bɪlt]
1 *Person* kräftig gebaut, stattlich
2 (*building, car*) solide gebaut (*Gebäude, Auto*)

More practice 4 Describing me

▸ Unit 4, p. 80

Write a short text about yourself. Don't write your name. Put all the texts in a box. One student picks a text out of the box and reads it to the class. Everybody has to guess who it is.

- My friends say that I'm ...
- I think I'm ...
- I'm not tall / short ...
- I look ...
- I wear ...

always busy • bossy • clever • cool • cute • fit • friendly • fun • interesting • kind • lazy • nervous • nice • noisy • normal • quiet • short • small • sporty • tall • ...

More practice 5 Describing Alice

▸ Unit 4, p. 80

Look at the picture of Alice. Use some of the words in these dictionary entries and describe her. Write as many sentences as you can. You can use your own words and words from 1b, p. 80 too.

Alice

dünn
1 *allg* thin [θɪn]: ***Have you lost weight?*** Bist du dünner geworden?
2 *von Kaffee, Tee* weak /.../

Kleid
1 ≈ *Frauenkleid* dress [dres]
2 **Kleider** ≈ *Kleidung* clothes [kləʊðz]

Pferdeschwanz *Frisur* ponytail ['pəʊniteɪl]

hübsch
1 *allg* pretty ['prɪti]
2 *umg* · *von Summe usw* tidy ['taɪdi]

witzig
1 *allg* **funny** ['fʌni]
2 ≈ *geistreich* **witty** ['wɪti]

More practice 6 Finding out more

▸ Unit 4, p. 82

a) Pick one sport from the middle of your placemat. Find out more about this sport: Where can you do it? How hard is it? How many people do you need? What other things do you need? Make notes.

b) Talk to a partner.
You can do / play it in a park / sport hall / ...

c) Tell your class.

Unit 4 Stop! Check! Go!

//● 4 LANGUAGE What has happened? ▸ Unit 4, p. 85

Match the sentence halves and put the verbs in the *present perfect*.

1 Mia has a stomach ache because ...	three students ... ... (forget) their English homework.
2 Luca is really hungry because ...	she ... ... (eat) too much chocolate.
3 Our teacher is very angry because ...	Ellie's mum ... ... (put) the TV in the kitchen.
4 I'm very tired because ...	he ... ... (finish) his homework.
5 Zoe and Ellie aren't so tired because ...	he ... ... (find) a new job.
6 Adam can't go out because ...	I ... ... (sleep) enough.
7 Ellie's dad is feeling happy because ...	he ... ... (have) breakfast.

1 Mia has a stomach ache because she has eaten too much chocolate.
2 Luca ...

More help 7a PEOPLE AND PLACES READING and MEDIATION A poster ▸ Unit 4, p. 86

Read this poster quickly and find out:

1 What is the poster about? (A) Eating healthy food. (B) Having a healthy lifestyle. (C) Not getting a cold.
2 Where can you find this poster? (A) In schools. (B) In a cafe. (C) At home.
3 Who is this poster for? (A) Teachers and parents. (B) Doctors. (C) Students.

More help 7c PEOPLE AND PLACES READING and MEDIATION A poster ▸ Unit 4, p. 86

Du bist mit einem deutschsprachigen Freund an deiner englischen Partnerschule. Hilf ihm das Poster zu verstehen. Gib die 10 Tipps kurz und knapp in eigenen Worten wieder. Diese Fragen können dir helfen, die wichtigsten Informationen zu vermitteln:

1. Man soll sich warm anziehen. Was soll man noch tragen?
2. Welche Aktivitäten an der frischen Luft sind empfehlenswert?
3. Was soll man mit der Kleidung machen?
4. Welches Obst sollte man essen?
5. Welches Gemüse wird genannt?
6. Warum soll man regelmäßig Mich trinken und Fisch essen?
7. Die Hände soll man ca. 20 Sekunden waschen. Und was ist mit dem Lied „Happy birthday"?
8. Was soll man nicht mit seinen Klassenkameraden gemeinsam benutzen?
9. Was muss man wegwerfen?
10. Wenn man Leute begrüßt, sollte man sich nicht küssen und was sonst noch?

Unit 5

More practice 1 A picture of Dartmoor

▸ Unit 5, p. 89

a) What did you see on your trip across Dartmoor?
Draw a picture. Put labels on your picture.

b) Now use your picture from a) and write a short text about what you saw, heard, smelled and felt.

More practice 2 How did it go?

▸ Unit 5, p. 92

When you've finished, tell your partner why he/she was good or not so good.

You talked clearly. That was good.

You didn't listen carefully. That wasn't so good.

You asked lots of questions. That was good.

You talked too quietly. That wasn't so good.

– talked slowly / clearly	– talked too quickly
– listened carefully	– didn't listen carefully
– checked/asked if I was ready	– didn't check/ask if I was ready
– didn't get angry	– got angry very quickly
– said sorry	– didn't say sorry
– were nice to me	– weren't nice to me

More help 3a The safety rules

▸ Unit 5, p. 93

Before the Eggy kids can go out on Dartmoor, they have to know the safety rules.
Think: What safety rules are important?
Make a list of safety rules. You can use the ideas in the boxes.

Everybody should wear …

a jacket • comfortable clothes • walking boots • rain gear • ...

Everybody should take …

a rucksack • food • water • rain gear • a first-aid kit • a map • a compass • a whistle • a plastic bag • ...

You shouldn't / Don't …

leave the track • go walking alone • go near animals • ...

If you need help, you should …

use a mobile • use a whistle • stay together • ...

Unit 5

More help 3d The safety rules

▸ Unit 5, p. 93

Make a poster with safety rules for an exciting class trip. You can work on your own or with a partner.

Step 1: Decide where you want to go. You can go anywhere, e.g. to the city, to an adventure centre, to a swimming pool, to another country, …

Step 2: Write some rules for your trip. Maybe you can use some of Laura's rules. But maybe you need different rules too.

Step 3: Find or draw some pictures for your poster.

More practice 3 Your adverb poem

▸ Unit 5, p. 93

a) Complete the poem. Make adverbs from the adjectives in the box.

At the start of the lesson
I opened the door …
And went into the classroom …
Then I sat on my chair …
I said hello to my friend …
I opened my bag …
"Oh," I said …
And I closed my bag …

careful • happy • loud • nervous • noisy • quick • quiet • sad • shy • slow • …

b) If you like, you can add a last line.
Examples: *There were no books inside! / It was my sister's school bag!*

c) Act your poem for the class. Don't say the adverbs. Can the class guess them?

More help 3f You and your future ▸ Unit 5, p. 95

Write a text about you and your future in 5, 10 or 15 years.
You can write like this:

My future
In five years I'll be … I think I'll still live in …
I'll drive … and maybe I'll have a …
Maybe I'll work …
In ten years I'll be … Maybe I'll live in …
I think I'll work … . I'm sure I'll be …
In fifteen years I'll be …
I'm sure I'll be married. Maybe I'll have …
I think I'll live in … I hope I'll have …

You can put your text in your DOSSIER.

More practice 4 ACTIVITY Make a °fortune-teller ▸ Unit 5, p. 95

a) Make a fortune-teller like this.
Pick four colours. Write the numbers 1–8.

b) Write eight sentences like this:
- You'll win lots of money.
- You'll have lots of boyfriends / girlfriends / …
- You'll work in a circus / …
- You'll be a great actor / …
- You'll °be good at …

c) Now play the fortune-teller game.
You can do it like this:
1 Find a partner. Say *"Please pick a colour."* Say the letters (e.g. B-L-U-E) and open and close the paper fortune-teller at the same time.
2 Now say *"Please pick a number."* Count *"1-2-3-…"* and open and close your paper fortune-teller at the same time.
3 Now say *"Pick a number again."* Open the flap and read the sentence.
4 Now swap roles.

More practice 5 WORDS Weather words ▸ Unit 5, p. 96

Collect weather words in a network like this.

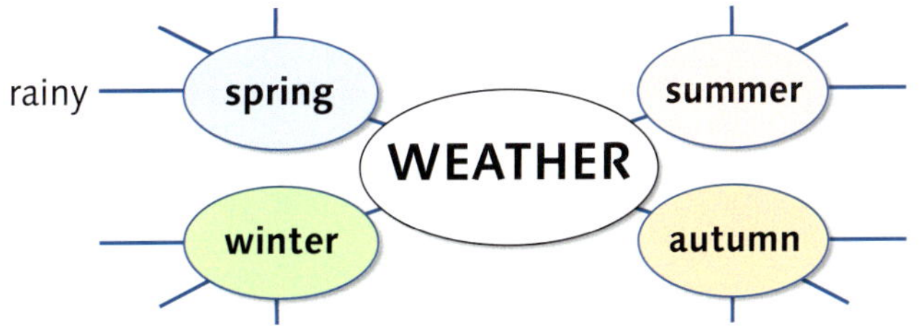

Unit 5

More practice 6 A Dartmoor blog ▸ Unit 5, p. 99

a) Imagine you're one of the kids – in the blue team or in the red team. What happened on Dartmoor? What did your team do? Where did you go? What did you see? How did you feel? Write a blog – 80 words or more – about your Dartmoor adventure.
You can start like this:

Merve's blog
I was on Dartmoor with my friends Hannah, Nico and Alex.
We did the two-tor adventure. We were the red team.
First we went to ...
Then ....

b) Swap blogs with other students and read about their adventures.

More help 1a An accident ▸ Unit 5, p. 101

Work with a partner.
Write a phone dialogue for the picture on page 101.
Pick the sentences in the box and write a question for each.
The sentences are not in the right order.

- Robert Jones. 081 771 26 293.
- Ambulance, please.
- OK. Thank you. Bye.
- Hello. We need help, please.
- My friend has had a bike accident.
- My friend has hurt his hand. And he has a headache. He can't ride his bike.
- We're on the road from Postbridge to Plymouth, about 2 miles from Postbridge.

More help 1 A postcard from Germany ▸ Unit 5, p. 102

b) Have you found all the mistakes in the postcard on page 102?
Compare with this postcard.
All the mistakes are marked in the five different colours.

c) Now write the correct postcard for Alex.

Dear Ellie, Luca, Adam and Mia

hello from Stuttgart. how are you?
The Weather is great here. it's sunny and hot every day.

Last Friday i played football. we lose 1:6!

Yesterday i go to the Swimming pool.
it was fun.

I think i'll go to the Cinema tomorrow or maybe I go swimming again. I think Nico come with me.

Best wishes Alex

Unit 5 Stop! Check! Go!

6 Another postcard from Alex ▸ Unit 5, p. 106

a) Alex is on holiday in Denmark. He has written a first draft of this postcard. Write a clean copy of Alex's postcard and correct his mistakes. The tips will help you. And you can look at page 102 too.

Dear Luca

hello from Blavand in denmark. I'm here on holiday for three week. The Weather is OK. It's sunny, but it gives a lot of Wind too.

We arrive here last week. On the first day i met two joung peoples from Sweden on the beach. There names are Sven and Linda. We speak english together!

Yesterday we go on a bike trip and had a picnic on the beach. It was fun. Tomorrow we'll climb the big lighthouse in the near of the beach. I'm sure we have a great time there. Maybe we go to a beach party at the evening.

Best wishes Alex

Luca Boateng
9 Windsor Street
Plymouth PL3 6QL
England

Alex hat drei Wochen Urlaub, nicht nur eine Woche.

Man schreibt ***jung*** auf Deutsch. Und auf Englisch?

Alex meint ***es gibt***, aber so sagt man das nicht auf Englisch.

People drückt schon die Mehrzahl aus!

Auf Deutsch sagt man ***in der Nähe***. Auf Englisch geht es einfacher!

Falsches Wort! ***There*** / ***They're*** und ***Their*** klingen alle gleich. Was ist hier richtig?

Auf Deutsch sagt man ***am Abend***. Was sagt man auf Englisch?

Partner B

6a JIGSAW Mia's mystery ▸ Unit 2, p. 36

You're Luca. Read this text. How many questions in the box can you answer? Write the answers.

You had a busy weekend. But on Sunday afternoon you were at home. The weather was terrible, so you didn't go to the park. You played some computer games and you chatted online with some friends. You chatted with Mia too. She was at home in Hoe Lane. She had a very busy weekend. She was in London! She was very happy and excited because she had two cats. They're her grandfather's cats. Her grandfather can't look after them. You're not sure why.

1 Where did Mia go on Friday after school?
2 Who did Mia talk to on the phone?
3 Why was she worried?
4 Where did she go?
5 Who did Mia text on Saturday?
6 Where was Mia?
7 Who was in hospital?
8 Who did Mia chat with on Sunday?
9 Where was Mia on Sunday afternoon?
10 Was Mia happy in the end? Why? Why not?

Unit 6

More help 1d A history project ▸ Unit 6, p. 110

What do you think? What else will happen if they go on the tour?
Here are some useful ideas.

If they go on the tour, they'll ...

learn about the Citadel.
find out more about Plymouth history.
have fun.
meet interesting people.
...

More help 2 READING LOG Scene notes ▸ Unit 6, p. 113

Complete the table after reading each scene with ideas from the boxes.

Scene	*Where?*	*What happened?*
1	*in the castle*	*the friends went downstairs*
2		
3		
4		
5		
6		

- at the bus stop
- in Luca's den
- in Luca's kitchen
- in the harbour
- on the Hoe
- in the lighthouse

- the friends met Arthur / John / Mary and William
- all the kids went by bus to ...
- they found out more about ...
- they were eating pizza and ... came in
- the history kids were surprised when ...
- William, Mary, John and Arthur left ...

More help 3b READING LOG What do you know about the history kids? ▸ Unit 6, p. 115

You're a history detective. Finish these sentences. Choose from the ideas in the box.

1 Maybe John will find Sir Francis if he goes to ...
2 Maybe Mary, William and Rover will find their ship if they go to the ...
3 Maybe Arthur will get home if he goes to ...

America • Luca's house • Merlin's Cave • Spain • Tintagel • the Citadel • the Hoe • the Mayflower Steps

More help 4 READING LOG Now and then ▸ Unit 6, p. 116

What are the differences between now and then?
Make notes like this. Use the ideas in the box or your own ideas.

– In the old days people didn't wear ...
– In the old days people didn't have ...

- jeans / short skirts / hoodies / ...
- mobile phones / laptops / toilets / ...
- car / bus / train / ...
- boring / better / more interesting / ...

More practice 1 What happened in the story? ▸ Unit 6, p. 117

Write a short text. These ideas can help you. You can add your own ideas too. You can put your text in your DOSSIER.

The history kids – a fantasy story

The story started in … The four friends were doing …
When they saw some old steps they went …
First they met … He came from …
Then they met … They were from the …
Next they saw a boy and his name was … He was a drummer boy for …
All the kids went to … They went by … At … they found information about …
After that they … Then they went to …

More help 3 Yesterday in the classroom ▸ Unit 6, p. 120

You can make your sentences with these words.

Mia and Adam One kid Another kid Three kids A girl / A boy …	was were wasn't weren't	coming having playing reading sleeping talking writing …	a book. cards. fun. into the classroom. on the table. something. together. …

More help 1c The kids from Harbour Road: Where's Anna? ▸ Unit 6, p. 121

What do you think Paul and Sarah told Anna and Ethan about the tour?
Write a dialogue. You can use ideas from the table. Then act your dialogue for the class.

Anna / Ethan	Paul / Sarah
– Well, tell us about the tour. Was it good?	– Yes, it was nice / exciting / fun / …
– Where did you go?	– Well, first we went to … After that we went to …
– What else did you see?	– We saw the … Then we saw you and Ethan!
– What was the best bit?	– The … was cool. – Did you know that …?

Unit 6 Stop! Check! Go!

More help 2 LANGUAGE What will you do at the weekend? ► Unit 6, p. 122

Finish the sentences. Use the phrases in the box or your own.

1 If I have time at the weekend, I'll visit *my friends*.
2 If I go shopping, I'll ...
3 If I have enough money, I'll ...
4 If I watch TV, I'll ...
5 If I meet my friends, we'll ...
6 If I do some chores, I'll ...

buy a shirt • clean my room • go to a sports shop • play football • watch a cartoon

More help 4 WRITING My journey into the future ► Unit 6, p. 123

Imagine you're one of the history kids – Arthur, John, Mary or William. Write a diary entry. You can write about one or more scenes from the story (pp. 112–117).

These sentence parts can help you.

My journey began when ... It was very ... and I was ...
First I met ... They were coming from ... Together we tried to ...
Then we went to ... There was ... / He had ...

I was very surprised / ... We were ... when suddenly ...
Then Arthur got a ... After that we went to ... We had to ... so we ...
We didn't have much time, so ...

Then I heard something ... Merlin told us to ... But the problem was ...
When we got to ...

TF 1

More help 2 NOW YOU Holiday story ► Text file 1, pp. 164–165

Look again at Tom's homework task on p. 165 and write your own holiday story.
Maybe you want to illustrate it too!
These examples can help you:

In my summer holidays I went away with my ...
We went to ...
The weather was great / OK / not so great / ...
We stayed with friends / at a campsite / in a holiday house / in a hotel / ...
It was very nice of / lots fun / OK / a bit boring / terrible / ... because ...
We were there for ... days / weeks.
On the first day I / we visited / played / went to ...
The next day I / we ...
My favourite thing was ...
The food there was yummy / OK / strange / not so good / ...

In my summer holidays I didn't go away.
I stayed at home and played computer games / went swimming / met my friends / played football / ...
Sometimes I did things with my family.
We went to / visited / ...
It was lots of fun / very nice / OK / a bit boring / terrible / ... because ...
My favourite thing in my summer holidays was sleeping late / watching TV / going to the cinema / ...

Wordbank 1: My neighbourhood

▸ Unit 2, p. 29

In my neighbourhood / street there's a ...
bike shop, bookshop, cafe, car park, church, cinema, computer shop, fire station, fruit and veg shop, garage, hairdresser's, hospital, market, mobile phone shop, museum, newsagent's, park, pet shop, police station, post office, restaurant, school, sports club, supermarket, zoo, ...

In my neighbourhood / street there are some ...
bus stops, flats, houses, shops, traffic lights, trees, ...

baker's

bank

tram stop

chemist's

dry cleaner's

butcher's

In my neighbourhood there's a ...

youth centre

petrol station

children's playground

library

train station

fast food place

hotel

sports ground

Wordbank 2: Festivals

▸ Unit 2, p. 46

Last year I went to a …

funfair

theme park

Christmas market

street festival

I had a ride on a …

merry-go-round

roller coaster

big wheel

bumper car

ghost train

There were / There was a …

lots of stalls

tombola

shooting gallery

mime artist

I got a …

raffle ticket

I won a …

cuddly toy

I ate …

ice cream, popcorn, pizza, hamburgers, hot dogs, sausages, chips, …

a toffee apple

a gingerbread heart

sugared almonds

a waffle

candyfloss

Wordbank 3: Chores

▸ Unit 3, p. 51

Meals

go shopping
(einkaufen gehen)

prepare and cook the meals
(Essen vorbereiten und kochen)

lay the table
(den Tisch decken)

clear the table
(den Tisch abräumen)

fill / empty the dishwasher
(die Spülmaschine ein- / ausräumen)

wash up (abwaschen)

dry dishes (abtrocknen)

Cleaning

tidy my room
(mein Zimmer aufräumen)

do the dusting
(Staub wischen)

make the bed
(das Bett machen)

hoover the floor
(staubsaugen)

sweep or wash the floor
(den Boden kehren / wischen)

clean the washbasin
(das Waschbecken putzen)

clean the birdcage / cat box
(den Vogelkäfig / das Katzenklo saubermachen)

take bottles to the bottle bank
(Flaschen zum Container bringen)

take out the rubbish
(den Müll rausbringen)

wash the car
(das Auto waschen)

Clothes

put the clothes in the washing machine
(Wäsche in die Waschmaschine tun)

hang up the washing
(Wäsche aufhängen)

do the ironing (bügeln)

put my clean clothes away
(meine saubere Wäsche wegräumen)

clean my shoes
(meine Schuhe putzen)

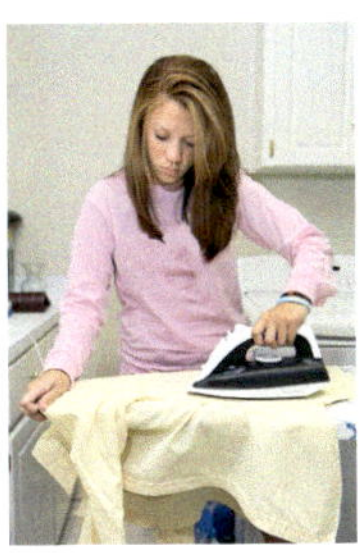

Other

babysit
(auf Kinder aufpassen)

take care of the pets
(sich um die Haustiere kümmern)

walk the dog
(mit dem Hund spazieren gehen)

work in the garden
(im Garten arbeiten)

water the plants
(Pflanzen gießen)

cut the grass (Rasen mähen)

shovel snow
(Schnee fegen)

Wordbank 4: Food

▸ Unit 4, p. 70

Fruit apples, nuts, oranges, jam

Vegetables carrots, potatoes

Meat and fish
salami, sausages, chicken

Drinks cocoa, coffee, hot chocolate, juice, lemonade, tea, water

Dairy products (Milchprodukte)
milk, milkshake, cream

Eggs (Eier)
omelette

Other bread, chips

Snacks biscuits, chocolate, crisps, ice cream, sweets

Wordbank 5: What's the matter?

▸ Unit 4, p. 73

He / She has a cold, a temperature, a stomach ache, a headache, …
He / She has a sore arm / back / hand / knee / leg / throat / …

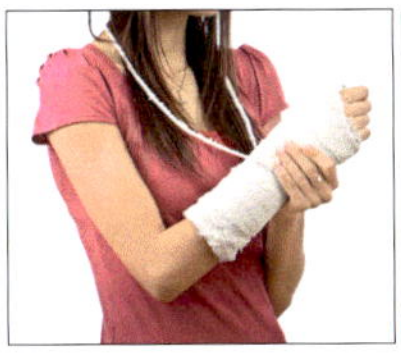
a broken arm

a cough

an ear ache

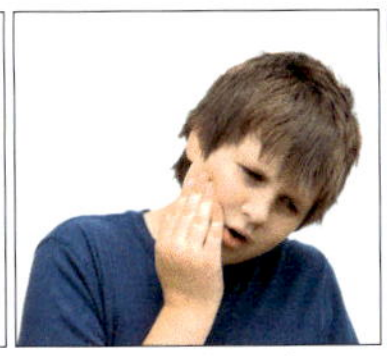
a toothache

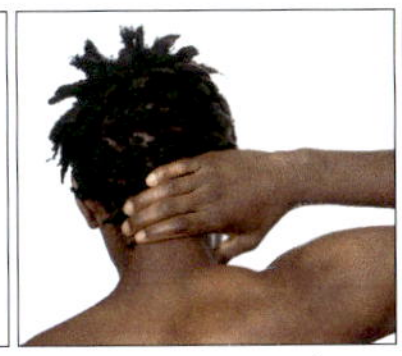
a sore neck

a sore shoulder

Wordbank 6: The weather forecast

▸ Unit 5, p. 96

It will be cloudy, cold, cool, foggy, freezing, hot, rainy, snowy, sunny, warm, windy, …
There will be clouds, fog, rain, snow, wind, …

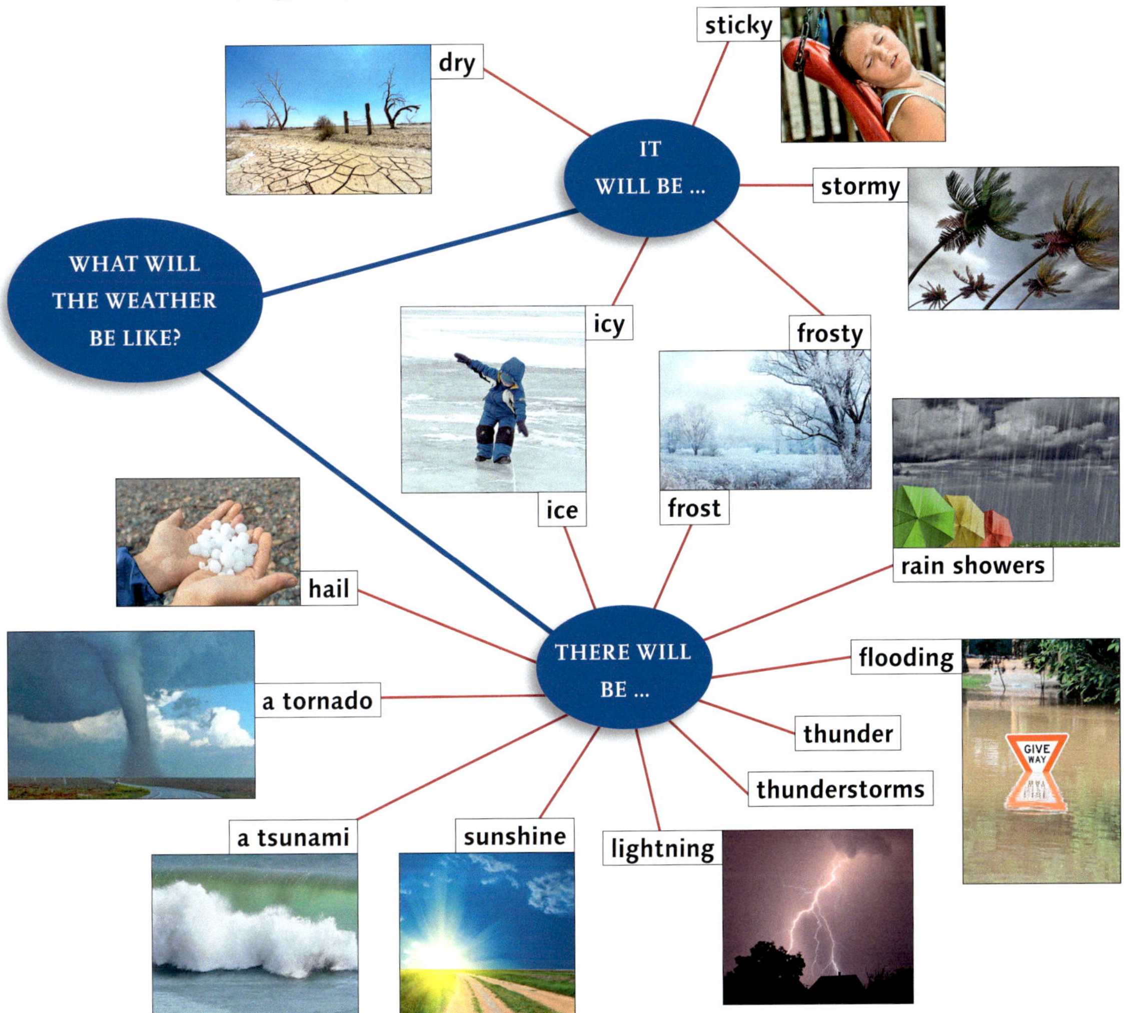

thunder *Donner*   thunderstorm *Gewitter*   sticky *schwül*

TF 1 The Brilliant[1] World of Tom Gates

(Extracts from the novel by Liz Pichon, adapted and abridged)

It's the first day back at school and Tom's teacher, Mr Fullerman, gives the class some homework …

Holiday story writing

Welcome back everybody.

Today I would like you to write a story about what you did in your summer holidays.

– Did you go away?

– Did you go with your family?

– What was the weather like and where did you stay?

Remember to give as much information as you can.

Mr Fullerman

1 Before you read

Look at the pictures in the story and answer Mr Fullerman's questions.

1 I think Tom went away / stayed at home.

2 I think he went camping with his family / friends.

3 I think the weather was good / bad and he stayed in a hotel / on a campsite[2].

Camping Sucks[3]

This year dad said,
"Let's go camping."
Dad and I went to the
camping shop to buy
a few things.
The camping shop had
some very cool stuff[4].
Dad spent a LOT of money.

At first the holiday was OK.
Then we took
the wrong road
and got LOST.

Then the car had a flat tyre.
When we got to the campsite
it was dark.
My sister Delia wasn't happy.
(Delia is never happy.)
I helped dad with
the tent and mum
got our things out of
the car.
(Delia did nothing.)

[1] brilliant ['brɪliənt] *großartig* [2] campsite ['kæmpsaɪt] *Campingplatz* [3] suck [sʌk] *(infml) echt blöd sein*
[4] stuff [stʌf] *(infml) Zeug, Dinge*

In the tent I couldn't[1] sleep. I could hear mum and dad …

The noise got louder and LOUDER.
It was like thunder[3].
That was because …
it was thunder.

There was a BIG storm and our tent blew away.

We slept in the car.
It was terrible.

Our tent was next to a stream. So in the morning all our stuff was wet.

In the morning I climbed[4] a tree. I was nearly at the TOP when suddenly …

My arm felt REALLY BAD.

Delia just watched.

So we went home again.
I wasn't too sad and Delia was very happy.
When we got home my arm had SWOLLEN up like a balloon.

Mum and dad were shocked.
They drove me to the hospital.
Delia stayed at home.

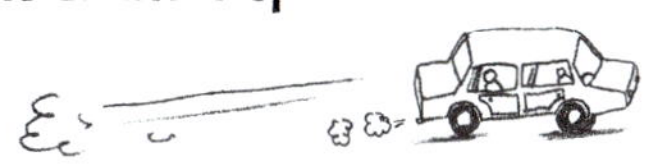

Luckily my arm was OK. ☺
It was late ☾ when we got home and there was VERY LOUD music at our house.
It was Delia and lots of her friends.

Mum and dad were VERY ANGRY.

Delia was in BIG trouble.
That was the **BEST PART** of my holiday.

THE END

2 NOW YOU Holiday story

Look again at Tom's homework task on p. 164 and write your own holiday story.
Maybe you want to illustrate it too! More help p. 158

[1] I couldn't ['kʊdnt] / I could [kʊd] *ich konnte nicht/ich konnte* [2] snore [snɔː] *schnarchen* [3] thunder ['θʌndə] *Donner* [4] climb [klaɪm] *klettern* [5] You're grounded! ['graʊndɪd] *Du hast Hausarrest!*

TF 2 The story of Guy Fawkes

1

Guy Fawkes

2

King James I

Life was difficult for Catholics in England under Queen Elizabeth I. She was a Protestant and didn't like Catholics. When the Queen died in 1603, the Catholics hoped that things would get better under the new king. But King James I didn't make life easier for them – he made it harder. Like many Catholics, Guy Fawkes was fed up. He and twelve other Catholic men wanted to change things. They wanted a new king and a new parliament. So they made a plan.

3

The plan was to blow up the English Parliament, King James, the king's son and everybody in parliament.
The men hid 36 barrels of gunpowder in a room under the Houses of Parliament in London.

4
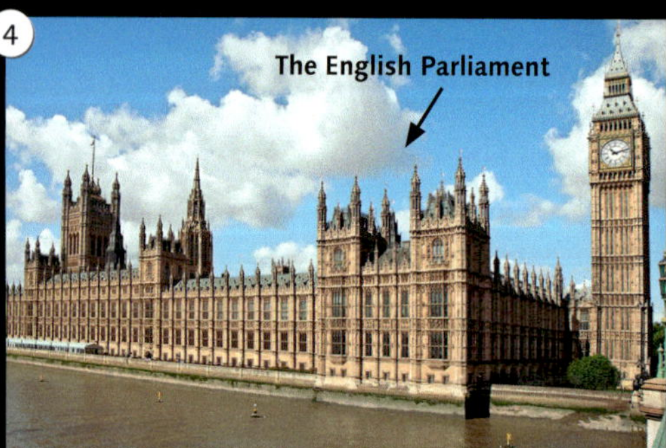

Key terms

background ['bækgraʊnd] *Hintergrund*
blow sth. up [bləʊ 'ʌp] *etwas (in die Luft) sprengen*
foreground ['fɔːgraʊnd] *Vordergrund*
freedom fighter ['faɪtə] *Freiheitskämpfer/-in*
gunpowder ['gʌnpaʊdə] *Schießpulver*
kill [kɪl] *töten*
king [kɪŋ] *König*
light the fuse *die Zündschnur anzünden*
queen [kwiːn] *Königin*
torture ['tɔːtʃə] *foltern*
traitor ['treɪtə] *Verräter/-in*

One of the men, Guy Fawkes, looked after the gunpowder. His job was to light the fuse when parliament met on 5th November 1605.
But there was a problem ...
On 26th October 1605 a man who worked in parliament got a letter from "a friend". Nobody knows who wrote the letter. It said that it was dangerous to go to parliament on 5th November. The man gave the letter to the king.

At 1 am on 5th November they found Guy Fawkes and the barrels of gunpowder under the Houses of Parliament. They took him to the Tower of London. Fawkes told them he wasn't sorry about trying to kill the king.

5

At first he didn't give the king's men his real name or the names of the other twelve men in his group. Then the king's men tortured him. On day two he gave the men the information that they wanted. They found the other men and killed them together with Guy Fawkes. King James told his people to celebrate with bonfires. Parliament made 5th November a day of celebration and today people in Britain celebrate Guy Fawkes Day with bonfires (and a guy on the fire!) and fireworks.

6

7

So more than 400 years later people still remember the name Guy Fawkes. But who or what was he really? For Britain's Protestants, Guy Fawkes was a traitor and a terrorist. For Catholics, he was a good man and a freedom fighter.

8

Answer the questions.

1 Why was Guy Fawkes fed up?
2 What was Guy Fawkes's job on the big day?
3 What happened to him? What happened to the other men in his group?
4 Describe the pictures. How does each picture tell a part of the story? The words and phrases in the box can help you.
5 Was Guy Fawkes a good guy or a bad guy? What do you think?

Activate your English

Picture 1 / ... is an illustration / photo of ...
The first / second / ... picture is ...
It / The illustration / The photo shows ...
On the left / In the middle / On the right there's a ... / you can see ...
In the foreground / background ...
Next to / in front of / behind ...

TF 3 A Christmas Carol[1] by Charles Dickens

3.10 Ebenezer Scrooge

It was late afternoon on Christmas Eve[2] in London. An old man sat in a quiet, cold office[3]. He was rich[4], but he wasn't a happy man. His name was Ebenezer Scrooge.

Another man was in the office too. His name was Bob Cratchit. He worked for Scrooge. He was very quiet and he worked very hard.

Scrooge's old partner, Jacob Marley, was dead[5]. Now Scrooge had no friends, but friends were not important to him. For Scrooge money was more important than people.

Suddenly the door opened. "Happy Christmas, Uncle," a young man shouted. It was Fred. He was a nice young man, always happy and friendly. "Christmas? That's humbug!" Scrooge answered.
"Come to our house tomorrow, Uncle. You can have Christmas dinner with us," Fred said. But Scrooge said no. So Fred left and it was quiet again in the office.

Then somebody came to the door. It was a poor, hungry boy. He sang a Christmas carol and then he asked Scrooge for some money. But Scrooge said no.

At 6 o'clock Bob Cratchit went home. "Merry Christmas, Mr Scrooge," he said. But Scrooge didn't say Merry Christmas. He was a very grumpy[6] old man.

Task 1

Right or wrong? Correct the wrong sentences.

1 Scrooge was rich and unhappy.
2 Bob Cratchit was quiet and lazy.
3 After Jacob Marley died, Scrooge had no friends.
4 Fred was Scrooge's uncle.
5 Scrooge gave a poor, hungry boy some money.

[1] carol ['kærəl] *Weihnachtslied* [2] Christmas Eve [krɪsməs 'iːv] *Heiligabend* [3] office ['ɒfɪs] *Büro* [4] rich [rɪtʃ] *reich*
[5] dead [ded] *tot* [6] grumpy ['grʌmpi] *schlecht gelaunt*

Marley's ghost[1]

When Scrooge got home at the end of the day, he was tired. Then something scary happened. He saw a face on his door. It was the face of Marley, his old partner. But Marley was dead! Scrooge was scared.

Marley's ghost said, "Listen to me Scrooge. This is important. Three more ghosts are coming to visit you: the ghost of Christmas past, the ghost of Christmas present and the ghost of Christmas future. It's dangerous to love money so much. You must change[2] your life!"
Then Marley went away. Scrooge was shocked. He felt very tired and soon he fell asleep[3].

3.11

The ghost of Christmas past

That night Scrooge woke up and saw a ghost next to his bed.

"I am the ghost of Christmas past. Come with me," the ghost said.
Scrooge and the ghost went to a small town. They saw lots of people and Scrooge knew them all. But nobody saw Scrooge or the ghost.

Then they came to a school and went in.
"I remember this place," Scrooge said.
There was only one small boy in the school. It was Scrooge when he was young. He was alone. All the other children were at home for Christmas, but young Scrooge had no home.

Scrooge felt sad. Then he remembered the boy who came to his office and sang a Christmas carol.
"Why didn't I give him some money?" he thought.
The ghost of Christmas past went away and Scrooge fell asleep again.

Task 2

a) Finish these sentences.

- The ghost took Scrooge to ...
- Young Scrooge was alone because ...

b) What do you think?

Why did Scrooge feel sad when he saw the small boy in the school?

---

[1] ghost [gəʊst] *Geist* [2] change [tʃeɪndʒ] *ändern, verändern* [3] fall asleep [fɔːl əˈsliːp] *einschlafen*

The ghost of Christmas present

Later the ghost of Christmas present came. This ghost took Scrooge out to the street. It was Christmas morning and there were lots of people. But nobody saw Scrooge and the ghost.

They went to Bob Cratchit's house. Bob and his family were poor, but the house was a happy place. They all were having Christmas dinner. "Merry Christmas everyone," Bob said. "And to Mr Scrooge too."
Bob Cratchit's small boy, Tiny Tim, was ill[1] and couldn't walk very well. Scrooge was sad when he saw Tiny Tim.

"Will he be OK?" he asked the ghost.
"No," answered the ghost. "He'll die if we can't change the future."
Scrooge fell asleep again and the ghost left.

Task 3

a) Finish this sentence.
The ghost of Christmas present took Scrooge ...

b) ● What do you think?
Why did Scrooge feel sad when he saw Tiny Tim?

The ghost of Christmas future

Later that night the last ghost came.
"Are we going to the future?" Scrooge asked. But the ghost didn't speak. Scrooge couldn't see its face. He was scared.
Together they went into the city. Scrooge heard people talking about a man. The man was dead, but nobody was sad. They said he had a lot of money, but he wasn't a good man. Then they went to a bedroom. There was a man on the bed. He was dead. Scrooge couldn't see who it was. But he was scared.

Then they went to Bob Cratchit's house again. But Tiny Tim wasn't there. He was dead and the family was very sad.

[1] ill [ɪl] *krank*

Scrooge and the ghost went to a graveyard[1] and looked at a grave[2]. Scrooge was shocked when he saw the name on the grave.

"Oh, ghost," Scrooge said. "You showed me lots of sad things. And I've learned a lot. I promise[3], I'll change my life. I'll enjoy Christmas. And I'll change the future ..."
The ghost said nothing and left.

Task 4

a) What sad things did Scrooge see in the future? Pick the right answer.

1 The dead man on the bed was Scrooge / Marley / Bob Cratchit.

2 People said that the dead man was good / rich / happy.

3 Bob's family was sad because Tim was ill / unhappy / dead.

b) What do you think? What will happen next?

c) Now read the end of the story. Were you right?

The end of the story

In the morning Scrooge woke up and he was happy. It was Christmas Day[4] and he felt that everything was different now. He went out into the streets and said Merry Christmas to everyone.

In the evening he visited Fred and his family. Fred was very happy to see Scrooge. He saw that Scrooge was different. And they all had a nice Christmas party together.

After that Christmas, Scrooge visited Bob Cratchit and his family often. He gave Bob Cratchit more money. Now he could buy good food and medicine for Tiny Tim. The boy got better and he and Scrooge were good friends. And Scrooge loved Christmas!

Task 5

Who's who? Name the characters.

1 He loves money and hates Christmas.

2 He works for Scrooge. He loves his family and he's a good dad to Tiny Tim.

3 He was Scrooge's old office partner. Scrooge sees his face on his door.

4 He's Bob Cratchit's small son. He's very ill.

5 This ghost hides its face and doesn't speak.

6 This ghost takes him to Bob Cratchit's family.

7 This ghost takes Scrooge to a small town.

Task 6

What do you think of the story? Explain your answer.

– I think the story is ... because ...
– My favourite character is ... because he is ...
– I think the ending is ... because ...

[1] graveyard ['greɪvjɑːd] *Friedhof* [2] grave [greɪv] *Grab* [3] promise ['prɒmɪs] *versprechen*
[4] Christmas Day [krɪsməs 'deɪ] *der 1. Weihnachtsfeiertag*

TF 4 Heeeeeey Macarena

THE PLYMOUTH NEWS — Saturday, 9th July 2011

A world record[1]

Yesterday over 2,000 students at Eggbuckland Community College in Plymouth broke[2] the world record for Macarena dancing. The old record was 1,861 children in a school in Canada. The new record is 2,219 students.

Dan Phillips, a Year 11 student at Eggbuckland, had the idea. Dan and his team planned the record for many months. They talked to the school principal and made training films. Then they visited other schools in Plymouth and asked for their help.

Katrina Borowski, principal of Eggbuckland Community College, said, "We are very happy and proud." Dan said, "It was great that everyone came together to do something special and we all had a good time."

3.12

Learn the Macarena

Try the Macarena in class. It's easy. Stand up, play the music ... and let's go!

1

Put your right arm out, palm[3] down.
Then put your left arm out, palm down.

2

Put your right palm up.
Then put your left palm up.

3

Put your right hand on your left arm.
Then put your left hand on your right arm.

4

Put your right hand behind your head.
Then put your left hand behind your head.

5

Put your right hand on your left hip.
Then put your left hand on your right hip.

6

Put your right hand behind your bottom.
Then put your left hand behind your bottom.

7

Swing your hips to the right, then left, then right.

8

Jump to your right and clap your hands.

[1] world record [wɜːld ˈrekɔːd] *Weltrekord* [2] break sth. [breɪk], simple past: broke [brəʊk] *etwas brechen*
[3] palm [pɑːm] *Handfläche*

TF 5 The Hound of the Baskervilles

Part 1

3.13

Let me tell you this famous Dartmoor story. It began in the year 1904 at a big, old, lonely house called Baskerville Hall. The owner of the house was Sir Charles Baskerville. One cold night in winter Sir Charles was in the living room of his big house when he heard a terrible noise. The noise came from the garden. Sir Charles opened the door and went out ... and he never came back. Later they found Sir Charles. He was dead[1]. What happened? What did Sir Charles see in the garden? Who did he meet there? And what made that terrible noise? Nobody knew. But a lot of people told stories about a hound – the hound of the Baskervilles. They thought that Sir Charles saw the hound before he died and that the hound killed[2] him. And they were sure that the hound would come back again.

3.14 **1** What do you think happened next? Talk to a partner. Make notes. Then listen to part two of the story and compare.

2 What surprised you in part two? How was it different?

3.14 **3** Which of these things or people do you hear about in part two of the story?

a detective

a gun

a hat

a telephone

Baskerville Hall

a car

a big dog

4 Why did Sherlock Holmes and his friend Dr Watson go to Dartmoor? What did they find out?

5 What do you think of the story? Was it scary? Can you believe the story?

---

[1] dead [ded] *tot* [2] kill [kɪl] *töten*

▸ *KV 52*

TF 6 The weather

1 Talking about the weather

a) Look at the pictures. What's the weather like?

In picture A the weather is … / It's …

A

B

C

D

b) What kind of weather do or don't you like? Why? Talk to a partner. ▸ *Wordbank 5, p. 157*

Activate your English

I like I don't like	hot weather cloudy weather … rain …	because	it's nice / fun / boring / no fun / … you can / can't … you (don't) have to … …

2 Weather forecasts

3.15
3.16
a) Look at the key terms below. These are more words that you can hear in weather forecasts. Then look at the weather map and listen to the weather reporter. Which cities is she talking about?

Key terms

cloudy sky [skaɪ]	*bewölkter Himmel*
clear sky [klɪə]	*klarer Himmel*
pressure ['preʃə]	*(Luft)druck*
low [ləʊ]	*niedrig*
low pressure	*niedriger (Luft)druck*
high [haɪ]	*hoch*
high temperature	*hohe Temperatur*
heavy rain ['hevi]	*starker Regen*
light rain [laɪt]	*leichter Regen*
partly cloudy, partly sunny	*teils bewölkt, teils sonnig*

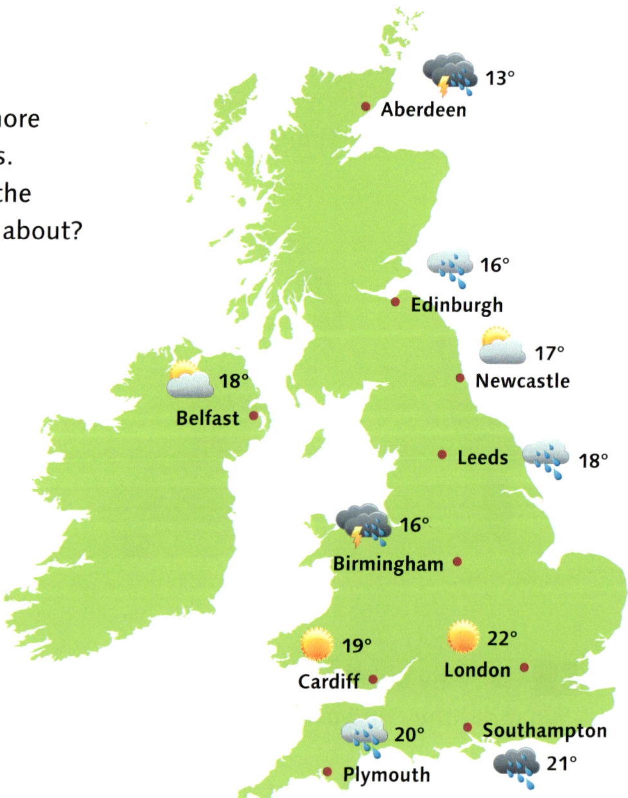

b) Make the weather forecast for a city on the map. Your partner must guess the city. Then swap. Example: In this city it'll be partly cloudy / there'll be light rain …

3 Clouds

a) Look at the picture and read the five small texts. The key terms can help you to understand the text.

Key terms

condense [kən'dens]	*kondensieren*	**moist** [mɔɪst]	*feucht*
cool (down)	*(ab)kühlen*	**rise** [raɪz]	*hochsteigen*
water droplet ['drɒplət]	*Wassertröpfchen*	**warm (up)**	*(auf)wärmen*
form [fɔːm]	*sich bilden*	**water vapour** ['veɪpə]	*Wasserdampf*

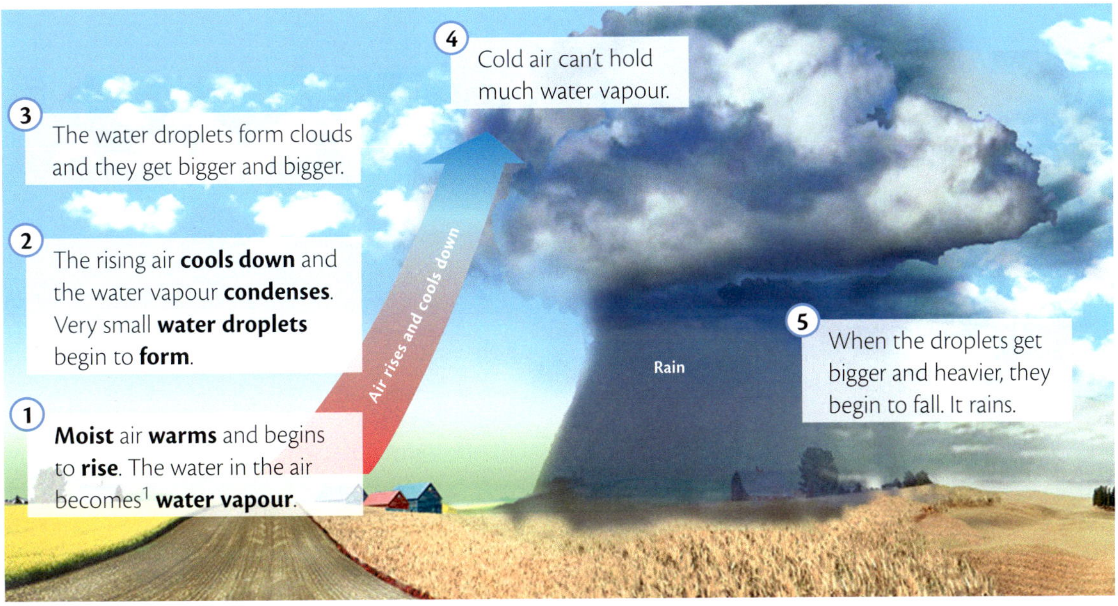

b) What are clouds and where do they come from? True or false? Correct the wrong sentences.

1 The air cools and rises in the sky.
2 The air gets higher in the sky and it warms.
3 Then the water vapour in the air condenses and small water droplets form.
4 Lots of these droplets together make clouds.
5 It rains when the water droplets begin to rise from the clouds.

4 ACTIVITY Make a cloud in a glass

Do the following experiment with a partner to see for yourself how a cloud forms.

You need: a glass, warm water, ice and a metal dish[2].

Step 1: Put the ice into the metal dish.

Step 2: Put a bit of warm water in the glass.

Step 3: Wait until the dish is really cold. Then put it on top of the glass.

Step 4: Watch the inside of the glass carefully. You should see a "cloud" form near the top.

[1] become [bɪ'kʌm] *werden* [2] metal dish ['metl] *Schüssel oder Teller aus Metall*

TF 7 Living history

Some of the people and places in the play on pages 112–117 were real. Find out more about them.

You can find more information about all these topics on the Headlight website: Go to www.cornelsen.de/headlight and put in the webcode Head-2-176.

Homework Help Forum → History help → **King Arthur**

Dear Homework Help: I have to give a presentation about King Arthur, but my mother says he wasn't real. Can you help me? – Unhappy

A: Was King Arthur real?

Dear Unhappy: Even[1] today, people love stories, poems and films about King Arthur and Merlin. Most people say that not all of the stories are real, but history experts agree that the Arthur in the stories is based on[2] a real person who probably[3] lived in the 5th or 6th century[4]. In the stories Merlin is an old magician and he looks after Arthur when he is young. And he helps him later too when Arthur becomes king. Arthur also has his Knights[5] of the Round Table to help him, and his beautiful queen, Guinevere.

Where was Arthur's castle?

Nobody knows the answer to that question. But in 1998 a very old stone with the name 'Artognou' was found at Tintagel. Experts say that the stone was from the real Arthur's time and that Tintagel was a very important place. Some people think that Artognou was the real King Arthur and Tintagel was one of his castles.

The Pilgrims

The Mayflower

The Mayflower is famous in America because it was the ship that took the first pilgrims from England to America in 1620.
On the ship there were 102 passengers and about 30 sailors.
Some people took their pets – like dogs, cats and birds – on the ship with them. When the pilgrims arrived, they made their new home in the place that is now Plymouth, Massachusetts.

Pilgrims getting on board the Mayflower in Plymouth, England

Pilgrims landing in Plymouth Harbor, America

What do we know about children and teenagers on the Mayflower?

On the ship there were 22 boys and 11 girls. One of the teenagers was Mary Chilton. She was 13. People say that she was the first woman to go on land in America.

There was a teenager called William Butten on the ship, but his story was not so happy. He died on the ship two days before it arrived in America.

Mary Chilton

[1] even [iːvn] *sogar, selbst* [2] is based on [beɪst] *basiert auf* [3] probably ['prɒbəbli] *wahrscheinlich*
[4] century ['sentʃəri] *Jahrhundert* [5] knight [naɪt] *Ritter*

Smugglers on the coast of England

Smuggling was a big activity on the coast of England in the 18th and 19th centuries.
The British government[1] taxed[2] goods[3] like chocolate, coffee, tea and alcohol, so these things were very expensive. Many people thought this was not fair. Smuggled goods were much cheaper, so everybody wanted to buy them. Sailors brought the goods in boats at night. People waited on the coast and, when the boats arrived, they brought the goods on land. Other people carried[4] the goods away. The police tried to stop smugglers, but the coast was very long and the smugglers were often quicker and cleverer. In poor fishing villages, like around Plymouth, nearly everybody was a smuggler – even people with normal jobs. They could make extra money and have their goods too.

The Romans in Britain

Professor Simon Adams speaks with *History* magazine about Britain's Roman history.

***History:* When were the Romans here?**
Adams: They arrived nearly 2,000 years ago and stayed for about 400 years. Think about it – 400 years is a long time!

Why did they come here?
Nobody is really sure, but the Romans always wanted more land, more slaves[5] and more riches[6], and they could get these in Britain.

How were the Romans good for Britain?
Well, they built big towns with straight streets and proper[7] houses, and they built roads all over the country. They had fair laws[8] too. Britain didn't have all these things before.

Were they everywhere in Britain?
No. In the north, where Scotland is today, the people fought hard and kept the Romans out. And in the south-west the Romans never went further than Exeter. They weren't in Plymouth, for example.

[1] government ['gʌvənmənt] *Regierung* [2] tax *besteuern* [3] goods (pl) *Waren* [4] carry ['kæri] *tragen* [5] slave [sleɪv] *Sklave* [6] riches (pl) ['rɪtʃɪz] *Reichtümer* [7] proper *solide, gut gebaut* [8] law *Gesetz*

LF 1 REVISION The verb *be* (Das Verb *be* („sein“) in der Gegenwart)

Bejahte Aussagen Yes

I'm	(I am)	late.
You're	(You are)	
He's	(He is)	
She's	(She is)	
It's	(It is)	
We're	(We are)	
You're	(You are)	
They're	(They are)	

Verneinte Aussagen No

I'm not	(I am not)	late.
You aren't	(You are not)	
He isn't	(He is not)	
She isn't	(She is not)	
It isn't	(It is not)	
We aren't	(We are not)	
You aren't	(You are not)	
They aren't	(They are not)	

In der **gesprochenen** Sprache werden meist **Kurzformen** verwendet:
He's twelve. He isn't eleven.

Langformen stehen meist
– nach **Eigennamen**:
Ellie is ..., Ellie and Luca are ...
– nach **Nomen**:
the bike is ..., the boys are ...

Fragen ohne Fragewort ?

Am I	late?	
Are you		
Is he/she/it		
Are we		
Are you		
Are they		

Kurzantworten

Yes	No
Yes, I am.	No, I'm not.
Yes, you are.	No, you aren't.
Yes, he/she/it is.	No, he/she/it isn't.
Yes, we are.	No, we aren't.
Yes, you are.	No, you aren't.
Yes, they are.	No, they aren't.

Fragen **ohne Fragewort** *(Is he late?)* beantwortest du mit einer **Kurzantwort**:
Is Luca late?
– Yes, he is. / No, he isn't.

Fragen mit Fragewort ?

Who's that?
Who are the girls?
Where's Luca?
Where are the boys?

Bei Fragen **mit Fragewort** *(Who / Where / What / How ...?)* kannst du ***is*** verkürzen, nicht jedoch ***are***:
– Who's that?
– Who are the girls?

LF 2 REVISION The simple present (Die einfache Form der Gegenwart)

Im Englischen gibt es zwei Formen der Gegenwart:
die einfache Form (the ***simple present***) und die Verlaufsform (the ***present progressive***). ▸ LF 3, p. 179

> I like Saturdays. In the morning I often go shopping with my mum. She likes the market and always goes there first.

Mit dem ***simple present*** drückst du aus, was **wiederholt** oder **nie** passiert.
Häufige Wörter in Sätzen im ***simple present*** sind: *always, sometimes, often, never* oder Zeitangaben wie *every day, every year, in the morning, in the evening, on Monday, ...*

Bejahte Aussagen Yes

I	like	crabs.
You	like	
He/She/It	likes	
We	like	
You	like	
They	like	

Verneinte Aussagen No

I	don't like	crabs.
You	don't like	
He/She/It	**doesn't** like	
We	don't like	
You	don't like	
They	don't like	

Bei **bejahten Aussagen** fügst du bei *he / she / it* ein ***-s*** an das Verb.
Endet das Verb auf ***-o***, ***-ss***, ***-x***, ***-sh***, ***-ch*** wird ***-es*** angehängt:
he / she / it does, goes, boxes, misses, washes, watches

Fragen ohne Fragewort ?

Do I/you	like	crabs?
Does he/she/it	like	
Do we/you/they	like	

Kurzantworten Yes

Yes, I/you do.
Yes, he/she/it **does**.
Yes, we/you/they do.

Kurzantworten No

No, I/you don't.
No, he/she/it **doesn't**.
No, we/you/they don't.

Fragen mit Fragewort ?

What **do** you like?
Why **do** you like crabs?
Where **does** Sandy meet Cyril?

Fragen, auf die man mit „Ja" oder „Nein" antwortet, beginnen mit *Do* oder *Does*:
Do you like crabs?
– Yes, I do. / No, I don't.
Does Cyril like Sandy?
– Yes, he does.

Das Fragewort steht vor *do* bzw. *does*:
– *What do Cyril and Sandy like?*
– *Why does Cyril like Sandy?*

LF 3 REVISION The present progressive

(Die Verlaufsform der Gegenwart)

Adam is helping his mother.
Adam hilft gerade seiner Mutter. / Adam ist gerade dabei, seiner Mutter zu helfen.

Mit dem ***present progressive*** sagst du, dass etwas gerade jetzt passiert. Damit beschreibst du auch Bilder. Häufige Zeitangaben in Sätzen im ***present progressive*** sind: *now*, *at the moment*, *today*.

Bejahte Aussagen Yes

I'm	helping.
You're	
He's/She's/It's	
We're	
You're	
They're	

Verneinte Aussagen No

I'm not	helping.
You aren't	
He/She/It isn't	
We aren't	
You aren't	
They aren't	

Das ***present progressive*** bildest du mit einer Form von ***be*** + ***verb*** + *-ing*:
*he**'s*** + ***help**ing*
*he **isn't*** + ***play**ing*

! *make → making* *hide → hiding*
! *plan → planning* *stop → stopping*
sit → sitting *swim → swimming*

Fragen ohne Fragewort ?

Am I	helping?
Are you	
Is he/she/it	
Are we	
Are you	
Are they	

Kurzantworten Yes

Yes, I am.
Yes, you are.
Yes, he/she/it is.
Yes, we/you/they are.

Kurzantworten No

No, I'm not.
No, you aren't.
No, he/she/it isn't.
No, we/you/they aren't.

Fragen mit Fragewort ?

What's Cyril doing?
Where's he swimming?
Where are Cyril, Benny and Babe playing?

– *What's Cyril doing?*
Is he hiding on the beach?
– *No, he isn't.*
He's swimming with his friends.

LF 4 REVISION The *going to*-future (Das Futur mit *going to*)

I'm going to stay at home today, but my friends are going to go ice skating. Mia is going to wear her new sunglasses.

I'm not going to stay at home – but am I going to be at the party? No, I'm not! What am I going to do today?

Merke: *going to* hat hier nichts mit dem deutschen Wort „gehen" zu tun. Es heißt hier *werden / wollen / vorhaben / beabsichtigen*.

The friends are going to go ice skating.

Die Freunde werden/wollen eislaufen gehen.
Die Freunde haben vor, eislaufen zu gehen.

Wenn du ausdrücken möchtest, was jemand **vorhat** oder für die Zukunft **plant**, verwendest du das Futur mit *going to*. Es wird mit einer Form von *be* (*am* / *are* / *is*) gebildet, oft mit den Kurzformen

***'m / 're / 's* + *going to* + *verb*:**

I'm	*going to*	*stay*	*at home.*
They're	*going to*	*have*	*fun.*

Verneinung:
*I'**m not going to** stay at home.*
*We **aren't going to** play football.*

Fragen:
***Am** I **going to** be sad?*
***Are** you **going to** go swimming tomorrow?*
*What **am** I **going to** do?*
*Where **are** you **going to** go swimming?*

► *Für alle Formen von **be** siehe LF 1, p. 178*

LF 5 The simple past – *was / were* ► *Unit 1, p. 9*

(Das Verb be („sein") in der Vergangenheit)

My holidays were OK. I was in Spain with my parents. How were your holidays? Was the weather OK?

My holidays weren't so nice. The weather wasn't good. It was rainy and cold all the time.

Bejahte Aussagen (Yes)

I was	late.
You were	
He / She / It was	
We were	
You were	
They were	

Verneinte Aussagen (No)

I wasn't	(I was not)	late.
You weren't	(You were not)	
He / She / It wasn't	(He / … was not)	
We weren't	(We were not)	
You weren't	(You were not)	
They weren't	(They were not)	

Das Verb ***be*** hat zwei Vergangenheitsformen: *was* und *were*.
– *I, he, she, it* *was*
– *you, we, they* *were*

Die verneinten Formen heißen *wasn't / weren't*.

Fragen ohne Fragewort (?)

Was I	late?
Were you	
Was he / she / it	
Were we	
Were you	
Were they	

Kurzantworten

Yes	No
Yes, I was.	No, I wasn't.
Yes, you were.	No, you weren't.
Yes, he / she / it was.	No, he / she / it wasn't.
Yes, we were.	No, we weren't.
Yes, you were.	No, you weren't.
Yes, they were.	No, they weren't.

Die Fragen bildest du mit *Was I … / Were you …?* usw.

Die Kurzantworten lauten:
– *Yes, I was.*
– *No, you weren't.* usw.

Fragen mit Fragewort (?)

Who was that?	Where was Luca?
Who were the girls?	Where were the boys?

Bei Fragen mit Fragewort steht das Fragewort vor *was / were*.

LF 6 The simple past (Die einfache Form der Vergangenheit)

▸ Unit 1, p. 15

Ellie

I loved the holidays. In August I went to Spain with dad. I made two new friends in the hotel. We played on the beach and we had lots of fun.

Luca

Yes, the holidays were cool. Last week I visited my cousins and yesterday I stayed in bed very late!

Mit dem ***simple past*** sagst du, was **zu einer bestimmten Zeit** in der Vergangenheit geschah. Du verwendest es oft mit Zeitangaben wie *yesterday*, *last week*, *in August*, *in 2012*. Das ***simple past*** verwendest du auch, um **Geschichten** zu erzählen.

Wir waren letzten Sommer in Spanien. Wir sind letzten Sommer in Spanien gewesen.	→	We were in Spain last summer.
Wir fuhren letzte Woche nach London. Wir sind letzte Woche nach London gefahren.	→	Last week we went to London.

LF 7 The simple past – positive statements

▸ Unit 1, p. 15

(Die einfache Form der Vergangenheit: bejahte Aussagen)

a) Regelmäßige Verben (Regular verbs)

Bejahte Aussagen (Yes)	
I / You / He / She / It We / You / They	**loved** the holidays.

Die meisten Verben sind **regelmäßig**. Das ***simple past*** bildest du durch Anhängen von ***-ed*** an das Verb:

Verb (Grundform)	**+**	***-ed***	
stay	→	*stayed*	[-d]
ask	→	*asked*	[-t]
visit	→	*visited*	[-ɪd]

Die Vergangenheitsform ist für alle Personen gleich.

Achtung Schreibung:
– Wenn das Verb auf ***-e*** endet, wird nur ***-d*** angehängt: *love* → *loved*, *like* → *liked*
– Einige Konsonanten werden verdoppelt: *plan* → *planned*, *stop* → *stopped*
– ***y*** nach einem **Konsonanten** wird zu ***-ied***: *try* → *tried*, *worry* → *worried*
(aber nicht nach einem **Vokal**: *play* → *played*)

b) Unregelmäßige Verben (Irregular verbs)

Bejahte Aussagen (Yes)	
I / You / He / She / It We / You / They	**went** to Spain.

Unregelmäßige Verben haben ***simple past***-Formen, die du lernen musst:

Verb (Grundform)	***Simple past***
be, go, have, make	*was / were, went, had, made*

▸ List of irregular verbs, p. 270

LF 8 The simple past – negative statements

▸ Unit 1, p. 15

(Die einfache Form der Vergangenheit: verneinte Aussagen)

Luca

We didn't **go** on holiday, but last week we went to London. I helped at home too, but I didn't **help** every day.

Verneinte Aussagen (No)	
I / You / He / She / It We / You / They	**didn't like** …

Wenn du sagen willst, was nicht geschah, setzt du ***didn't*** vor das Verb:
– *We* ***didn't*** ***go*** *on holiday.*
– *I* ***didn't*** ***help*** *every day.*
Die Langform heißt ***did not***.

Das Verb steht dabei immer in der Grundform: ***go***, ***help*** usw.,
also nicht: *I didn't ~~helped~~ / ~~went~~.*

LF 9 The simple past: questions and short answers ► Unit 2, p. 34

(Fragen mit *did* und Kurzantworten)

a) Fragen mit *did*

Did you **go** to the bonfire party yesterday?
Bist du gestern zur … gegangen?

Did you **wear** a costume?
Hast du ein Kostüm getragen?

Fragen im ***simple past***, die man mit „Ja" oder „Nein" beantworten kann, bildest du mit ***Did*** und der Grundform des Verbs.

Die Form ist für alle Personen gleich: immer ***Did***.

Fragen ohne Fragewort

Did I, you, he/she/it Did we, you, they	**like** the party?

What did you watch?
Was hast du dir angesehen?
When did it finish?
Wann war es zu Ende?
And where did you go then?
Und wohin bist du dann gegangen?

Auch bei Fragen mit Fragewort verwendest du ***did*** bei allen Personen und das Verb in der Grundform.
Setze das Fragewort vor *did*:

Did *you* ***go*** *to the party yesterday?*
When did *you* ***go****?*

Bei Fragen im ***simple past*** ist das Verb in der Grundform. Aber bei den Antworten musst du das Verb in die Vergangenheitsform setzen.

Fragen mit Fragewort	Antworten
What did he watch?	He watched the fireworks.
When did it finish?	It finished at 10 o'clock.
Where did they go?	They went home.

! Achtung bei Fragen mit *Who*: *Who texted Luca?* → Wer hat Luca eine SMS geschrieben?
Who did Mia text? → Wem hat Mia eine SMS geschrieben?

b) Kurzantworten

Did you have a good day yesterday, Cyril?

Yes, I did. I had a very good day.

Kurzantworten – Yes	No
Yes, I did.	No, I didn't.
Yes, he/she/it did.	No, he/she/it didn't.
Yes, you/we/they did.	No, you/we/they didn't.

Kurzantworten bildest du
– nach *Yes* mit *did*:
Yes, I did. / Yes, he did. usw.
– nach *No* mit *didn't*:
No, I didn't. / No, he didn't. usw.

LF 10 *some* and *any* ▸ Unit 2, p. 30

Some bedeutet „einige", „ein paar" oder „etwas". Du benutzt ***some***

– in **bejahten** Aussagen:
I can make some sandwiches.
Ich kann ein paar Sandwiches machen.

– in Fragen, wenn du jemandem etwas anbietest:
Would you like some milk?
Möchtest du etwas Milch?

– in Fragen, wenn du um etwas bittest:
Can I have some milk, please?
Kann ich bitte (etwas / ein bisschen) Milch haben?

In **verneinten** Aussagen verwendest du ***any*** statt ***some***.
We don't have any scones today.
Wir haben heute keine Scones.

not … any bedeutet „kein(e)":
There isn't any fruit tea.
Es ist kein Früchtetee da.

LF 11 *this/that, these/those* ▸ Unit 3, p. 52

Mit ***this / that*** (Singular) und ***these / those*** (Plural) weist du auf etwas hin. Sie können
– **vor** einem Nomen stehen *(**this** glove, **these** gloves)* oder
– **allein** anstelle eines Nomens stehen (***This*** is Mia's glove. / ***These*** are Mia's gloves.)

Du benutzt ***this*** und ***these***, um auf Dinge oder Personen hinzuweisen, die unmittelbar **in der Nähe** des Sprechers sind:
This is the queue *(here)*.
These *(here)* are my new gloves. Look!

Du benutzt ***that*** und ***those*** für Dinge oder Personen, die **weiter entfernt** sind:
That's the entrance *(there)*.
Are those your new sunglasses, Mia?

Merke: *That is* wird meistens in der Kurzform *That's* verwendet.

LF 12 The comparison of adjectives ▸ Unit 3, p. 55
(Die Steigerung der Adjektive)

Um Personen oder Dinge zu beschreiben, benutzt du Adjektive, z.B. *cool*, *friendly*, *popular*, *small*, *big*.

Um Personen oder Dinge miteinander zu vergleichen, benutzt du die zwei Steigerungsformen des Adjektivs, entweder den **Komparativ** *(I'm cooler than you.)* oder den **Superlativ** *(I'm the coolest.)*.

Babe has a **good** idea, Sandy's idea is **better**, but Cyril has the **best** idea!

The maths test was **bad**. The history test was **worse**, but the French test was the **worst**.

I don't have **much** money. Jo has **more**, but Sally has the **most**.

1 Bei kurzen (einsilbigen) Adjektiven und bei Adjektiven mit der Endung *-y* hängst du für die Steigerung *-er* und *-est* an das Adjektiv:

Cyril is cool.
Sandy thinks she's cooler than Cyril.
But Babe thinks he's the coolest.

Beachte die Besonderheiten der Schreibweise:

nice	*nicer*	*(the) nicest*
friendly	*friendlier*	*(the) friendliest*
big	*bigger*	*(the) biggest*

2 Bei längeren (zwei- oder dreisilbigen) Adjektiven stellst du ***more*** und ***most*** vor das Adjektiv:

popular	*more popular*	*(the) most popular*
boring	*more boring*	*(the) most boring*

Babe thinks he's the most popular crab, but Cyril says he's the most boring.

3 Einige Adjektive werden unregelmäßig gesteigert. Die Formen musst du auswendig lernen, z.B.

good	*better*	*(the) best*
bad	*worse*	*(the) worst*
much / many	*more*	*(the) most*

LF 13 *much, many, a lot of* („viel / viele") ▸ Unit 4, p. 71

Much bedeutet „viel". Du verwendest *much* bei Nomen, die keine Pluralform haben wie *chocolate*, *sugar*, *water*, *food*, *time*.

Many bedeutet „viele". Du verwendest *many* mit dem **Plural** von zählbaren Nomen wie *sweets*, *carrots*, *ideas*.

In bejahten Aussagesätzen steht ***a lot of*** oder ***lots of***:
- A lot of / Lots of sugar is bad for you.
  Viel Zucker ist schlecht für dich.
- A lot of / Lots of sweets are bad for you.
  Viele Süßigkeiten sind schlecht für dich.

In Verneinungen oder Fragen benutzt du eher *much* oder *many*.

LF 14 The present perfect (Das *present perfect*)

▸ Unit 4, p. 75

Two bad things have just happened, Luca. I'm hungry because Buster has eaten my ice cream – and he has drunk my water. So I'm thirsty too.

Oh, Buster! What have you done? Have you really eaten Adam's ice cream? Yes, you have!

Well, I've already finished my sandwiches, Adam, but I haven't eaten my apple yet. So here you are.

Merke:
Das ***present perfect*** wird **immer** mit ***have/has*** gebildet:

Buster has eaten my ice cream.
Buster hat mein Eis gegessen.

Das gilt auch, wenn im Deutschen eine Form von „sein" steht:

Two bad things have happened.
Zwei schlimme Dinge sind geschehen.

Mit dem ***present perfect*** drückst du aus, dass etwas **irgendwann bereits** (oder noch nie) geschehen ist. Es ist unwichtig, wann es geschehen ist. Deshalb wird auch kein genauer Zeitpunkt angegeben.

Oft hat die Handlung **Auswirkungen** auf die Gegenwart oder Zukunft:

... and he has drunk my water. So I'm thirsty too.
Buster hat Adams Wasser getrunken.
Ergebnis: Jetzt hat Adam Durst.

Du bildest das ***present perfect*** mit:

have / has + **3. Form des Verbs**
('ve / 's) ***(past participle)***

Bildung des ***past participle***:

Bei **regelmäßigen** Verben hängst du ***-ed*** an die Grundform an (wie beim *simple past*):
happen → happened, finish → finished

! Besonderheiten der Schreibung ▸ LF 7, p. 181

Unregelmäßige Verben haben besondere Formen, die du lernen musst:

Grundform *(infinitive)*	***simple past***	***past participle***
eat	*ate*	*eaten*
drink	*drank*	*drunk*

▸ *List of irregular verbs, p. 270*

Bejahte Aussagen Yes

I've You've He / She / It has We've They've	finished. eaten.

Verneinte Aussagen No

I haven't You haven't He / She / It hasn't We haven't They haven't	finished. eaten.

Fragen ?		**Kurzantworten** Yes No
Have I Have you	finished? eaten?	Yes, I have. / No, I haven't.
Has he/she/it		Yes, he / she / it has. No, he / she / it hasn't.
Have we		Yes, we have. / No, we haven't.
Have they		Yes, they have. / No, they haven't.

What have you done, Buster?
Why has Luca given Adam an apple?

LF 15 Adverbs of manner (Adverbien der Art und Weise)

▸ Unit 5, p. 93

The maze game is great for teams. And a slow team is often better than a fast team. Give your directions slowly and clearly. Listen carefully. Follow this advice and you can do it easily. So have fun and do well!

I can sing beautifully!

Silly bird! You sing terribly – erm ... and you eat noisily!

Adjektiv	**Adverb**
Luca did a **good** job.	Luca did the job **well**.
It was **hard** work.	Luca worked **hard**.
Rabbits are **fast** runners.	Rabbits can run **fast**.

Adjektive beschreiben **Nomen** näher. Sie sagen aus, wie etwas oder jemand **ist**:

Crabs are slow animals.

Adverbien der Art und Weise beschreiben ein **Verb** näher. Sie sagen aus, wie jemand etwas **tut** oder wie etwas **geschieht**:

Crabs move slowly and quietly.

Du bildest ein Adverb der Art und Weise meist durch Anhängen von *-ly* an das Adjektiv:

slow → slowly *clear → clearly* *careful → carefully*

Beachte die Besonderheiten der Schreibung:

-y* + *-ly wird zu *-ily*:	*easy*	→ *easily*
-le wird zu ***ly***:	*terrible*	→ *terribly*

Unregelmäßige Adverbformen sind:

Adjektiv		**Adverb**
good	→	well
fast	→	fast
hard	→	hard

LF 16 The *will*-future (Das Futur mit *will*)

▸ Unit 5, p. 95

I think everybody will **like** our trip. I'm sure it won't **be** boring. Will it **rain**?

No, it won't. It will **be** sunny and a bit foggy. We'll **have** a great time. You'll **see**.

Merke:
Das Englische *I will* heißt im Deutschen „ich werde" und nicht „ich will":

I will	➜	ich werde
I want to	➜	ich will / möchte

Mit dem ***will-future*** kannst du über die Zukunft sprechen, z.B. **Vermutungen** und **Vorhersagen** äußern.

Eine **Vermutung** fängt oft an mit: *I think* (ich denke / glaube), *I'm sure* (ich bin sicher) oder *maybe* (vielleicht).

– *I think everybody will like our trip.*
Ich denke, alle werden unseren Ausflug mögen.

Bei **Vorhersagen** geht es oft um Dinge, die man nicht beeinflussen kann, z.B. das Wetter.

– *It won't rain.* Es wird nicht regnen.

Mit dem ***will-future*** kannst du einen spontanen Entschluss, z. B. ein Hilfsangebot, äußern:
Don't move. We'll help you, said Mia.

Du bildest das ***will-future*** mit ***will*** + **Verb** (Grundform)

Die Kurzform von *will* heißt *'ll*.
Die Verneinung heißt *will not* (Kurzform *won't*).
Die Frage bildest du mit *will* oder *won't* + I/you/he/...
– *Will I be happy? Won't she be angry?*
Die Kurzantworten heißen: *Yes, I will / No, I won't* usw.

Die Formen *will* und *won't* sind für alle Personen gleich.

LF 17 *Conditional sentences (type 1) (Bedingungssätze Typ 1) ▸ Unit 6, p. 110

Was Sir Francis Drake really a pirate? I don't know. But if we go on the tour, we'll find out!

Good idea, Ellie! We won't find out if we don't go on the tour. I think Francis Drake is a great topic. So let's go!

when oder *if*?

If we go on the tour, ... = *Falls / Wenn ...*
(Es ist nicht sicher, ob wir die Tour machen.)

When we go on the tour, ... = *Dann wenn / Sobald ...*
(Es ist sicher, dass wir die Tour machen. Wir haben es fest vor.)

Bedingungssätze bestehen aus zwei Teilen: einem Nebensatz mit *if* („Wenn ...") und einem Hauptsatz.

***if*-Satz** (*if*-clause)	***Hauptsatz*** (main clause)
If we go on the tour, Wenn wir die Tour machen,	we'll find out. werden wir es herausfinden / finden wir es heraus.
If we don't go on the tour, Wenn wir die Tour nicht machen,	we won't find out. werden wir es nicht herausfinden / finden wir es nicht heraus.

Der *if*-Satz nennt eine **realistische Bedingung** (die Kinder könnten die Tour machen). Der Hauptsatz beschreibt die **Folge**, d.h. was geschehen oder nicht geschehen wird, wenn die Bedingung eintritt oder erfüllt ist (die Kinder werden etwas herausfinden).

Im *if*-Satz steht das ***simple present***. Im Hauptsatz steht meist das Futur mit ***will***.

Wenn du mit dem *if*-Satz beginnst, setzt du zwischen *if*-Satz und Hauptsatz ein Komma. Wenn du mit dem Hauptsatz beginnst, brauchst du kein Komma:

If we don't go on the tour, we won't find out.
Aber: *We won't find out if we don't go on the tour.*

LF 18 *The past progressive (Die Verlaufsform der Vergangenheit) ▸ Unit 6, p. 120

Mit dem ***past progressive*** drückst du aus, dass eine (meist längere) Handlung in der Vergangenheit **gerade im Gange** war:

– *The friends were visiting an old castle.*
Die Freunde waren gerade dabei, eine alte Burg zu besuchen.

Mit dem ***past progressive*** beschreibst du auch, was gerade vor sich ging, als etwas anderes geschah (*simple past*):

– *The friends were walking through the halls when suddenly they **heard** a drum.*
Die Freunde gingen (gerade) durch die Hallen, als sie plötzlich eine Trommel hörten.

Das ***past progressive*** bildest du mit
was / were + verb + -ing:
I / He / She / It was playing a drum.
We / You / They were playing a drum.

! Schreibbesonderheiten ***verb + -ing*** ▸ LF 3, p. 179

Verneinung: *I wasn't / You weren't playing ...*
Frageformen: *Was I ... / Were you playing ...?*
Kurzantworten: *Yes, I was. / No, I wasn't* usw.

*Diese Struktur ist in Klasse 6 nur in einigen Bundesländern Pflichtstoff.

Grammatical terms (Grammatische Fachbegriffe)

adjective	['ædʒɪktɪv]	Adjektiv	*good, red, new, boring, …*
adverb of manner	[ædvɜːb əv 'mænə]	Adverb der Art und Weise	*slowly, happily, well, …*
answer	['ɑːnsə]	Antwort(satz)	
comparative	[kəm'pærətɪv]	Komparativ	*nicer, more important*
comparison	[kəm'pærɪsn]	Steigerung	*old – older – oldest*
conditional sentence	[kən'dɪʃənl 'sentəns]	Bedingungssatz	*If we go on the tour, we'll meet them.*
future	['fjuːtʃə]	Zukunft, Futur	
going-to future	['gəʊɪŋ tʊ fjuːtʃə]	Futur mit *going to*	*I'**m going to stay** at home tonight.*
infinitive	[ɪn'fɪnətɪv]	Grundform des Verbs, Infinitiv	*go, open, see, read*
irregular verb	[ɪ'regjələ 'vɜːb]	unregelmäßiges Verb	*go – went – gone*
linking word	['lɪŋkɪŋ wɜːd]	Bindewort	*and, because, but, so*
main clause		Hauptsatz	***I like Ellie** because she's nice.*
negative statement	[negətɪv 'steɪtmənt]	verneinte Aussage	*I don't like pizza.*
noun	[naʊn]	Nomen, Hauptwort, Substantiv	*Ellie, boy, brother, time, …*
past participle	[pɑːst 'pɑːtɪsɪpl]	Partizip Perfekt, 3. Form des Verbs	*happened, eaten, gone, …*
past progressive	[pɑːst prə'gresɪv]	Verlaufsform der Vergangenheit	*He was playing a drum.*
persononal pronoun	[pɜːsənl 'prəʊnaʊn]	Personalpronomen (persönliches Fürwort)	*I, you, he, she, it, we, they; me, you, him, her, it, us, them*
plural	['plʊərəl]	Plural, Mehrzahl	*sweets, carrots, ideas, …*
positive statement	[pɒzətɪv 'steɪtmənt]	bejahte Aussage	*I like animals.*
present perfect	[preznt 'pɜːfɪkt]	*present perfect*	*He **has drunk** your water.*
present progressive	[preznt prə'gresɪv]	Verlaufsform der Gegenwart	*They'**re having** lunch.*
pronoun	['prəʊnaʊn]	Pronomen, Fürwort	
question	['kwestʃən]	Frage(satz)	*What did you do yesterday?*
question word	['kwestʃən wɜːd]	Fragewort	*what?, when?, where?, how?, …*
regular verb	['regjələ 'vɜːb]	regelmäßiges Verb	*help – helped – helped*
short answer	[ʃɔːt 'ɑːnsə]	Kurzantwort	*Yes, I am. / No, I don't. / …*
simple past	[sɪmpl 'pɑːst]	einfache Form der Vergangenheit	*I **loved** the holidays.*
simple present	[sɪmpl 'preznt]	einfache Form der Gegenwart	*I always **go** to school by bike.*
singular	['sɪŋgjələ]	Singular, Einzahl	
statement	['steɪtmənt]	Aussage(satz)	
subject	['sʌbdʒɪkt]	Subjekt	***My dad** is working.*
superlative	[su'pɜːlətɪv]	Superlativ	*cheapest, most expensive*
time phrase	['taɪm freɪz]	Zeitangabe	*yesterday, this morning, after school*
verb	[vɜːb]	Verb	*like, meet, play*
will-future	['wɪl fjuːtʃə]	Futur mit *will*	*I think our trip **will be** fun.*
yes/no question	['jes 'nəʊ kwestʃən]	Entscheidungsfrage	*Are you 13? Do you like films?*

SF 1 Learning words

▸ Unit 1, p. 20

- Führe dein Vokabelheft, dein Ringbuch oder den Karteikasten aus Klasse 5 weiter.
- Lerne nur 5–10 Vokabeln auf einmal.
- Lerne und wiederhole regelmäßig, am besten täglich 10 Minuten.
- Lerne mit jemandem zusammen, fragt euch gegenseitig ab. Es macht mehr Spaß und vielleicht erhältst du Tipps, wie man gut Vokabeln üben kann: durch Hören, durch Bilder oder mit dem e-Workbook.
- Schreibe schwierige Vokabeln auf selbstklebende Zettel. Die klebst du zu Hause an Gegenstände, die du immer wieder ansiehst.

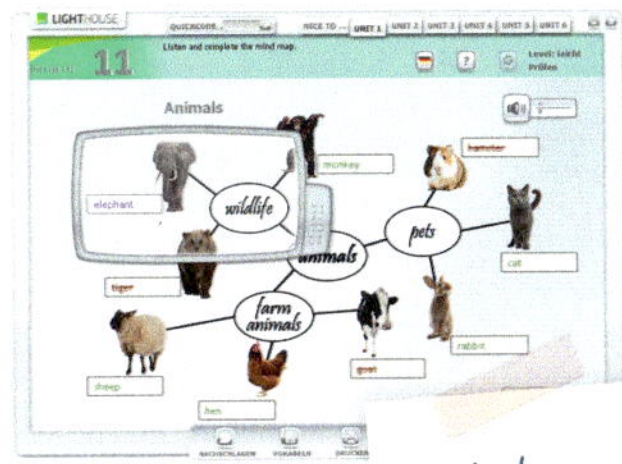

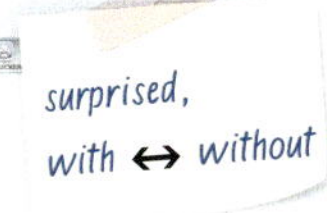

So kannst du dir neue Wörter besser merken:

1 *Word fields* (Wortfelder)

- Ordne die Wörter unter einem Oberbegriff. Male Bilder dazu, dann kannst du dir die Wörter noch besser merken.
- Oder arbeite mit Karteikarten. Schreibe den Oberbegriff in Großbuchstaben oben in die Mitte der Karte und die zu dem Wortfeld gehörenden Wörter darunter. Oder schreibe den Oberbegriff auf die Vorderseite und die Wörter dazu auf die Rückseite.

HOLIDAYS

countries	weather	places	activities
Italy	sunny	sea	go swimming
Spain	warm	beach	play football
...	...	...	...

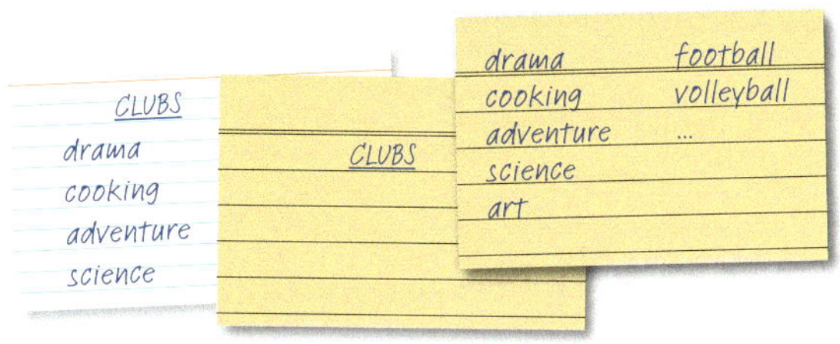

Lege Wortfeldkarten zu diesen Oberbegriffen an:
lessons at school • *colours* • *pets* • *house* • *instruments*

2 *Networks* (Wortnetze)

Du hast bereits Wörter in Wortnetzen gesammelt und geordnet. Wortfelder kannst du gut in deine Wortnetze einbauen. Ergänze die Wortfelder, wenn du neue passende Wörter lernst.

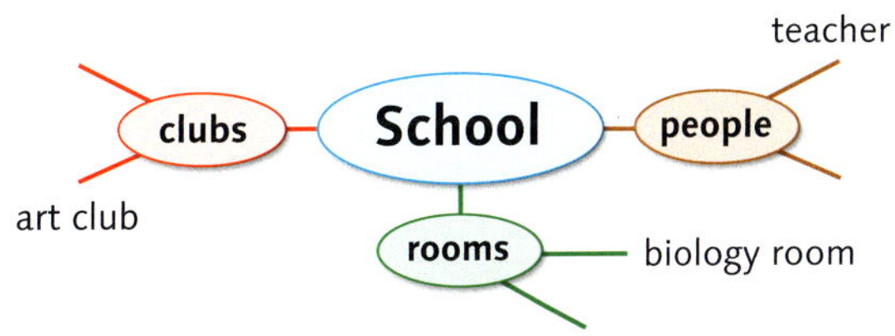

3 *Opposites* (Gegensatzpaare)

Sammle Gegensatzpaare und schreibe sie z.B. auf die letzte Seite deines Vokabelhefts.

4 Lerne *phrases* statt Einzelwörter

Phrases sind Ausdrücke von zwei oder mehreren Wörtern, z.B. *a bottle of water* = eine Flasche Wasser. Lerne also nicht *bottle* und *water* als Einzelwörter, sondern den ganzen Ausdruck: *a bottle of water*.

Weitere Beispiele:

lunchtime	➜	*at lunchtime*
trip	➜	*do a trip*
listen	➜	*listen to a song*
sad	➜	*feel sad*

SF 2 Understanding new words

▸ Unit 4, p. 86

Englische Texte enthalten oft Wörter, die du noch nicht kennst oder gelernt hast. Aber du kannst viele Texte verstehen, wenn du folgende Dinge beachtest:

He has long, black hair. He's wearing it in plaits. He has two piercings and an earring in his left ear.

1 Schau auf Bilder

Häufig gibt es zu Texten auch Bilder. Sie zeigen oft Dinge, die du im Text nicht verstehst. Was könnten z.B. *plaits* und *earring* im Text rechts bedeuten?

2 Denke an ähnliche Wörter im Deutschen

Viele englische Wörter werden ähnlich wie im Deutschen geschrieben oder klingen ähnlich wie deutsche Wörter, z.B. in dem kleinen Text oben:

- *ring* ist im Deutschen das gleiche Wort: „Ring"
- *ear* klingt so ähnlich wie das deutsche Wort „Ohr".

Was bedeuten wohl die folgenden Wörter auf Deutsch?

balloon • battery • detective • electric • expert • India • Ireland • machine • medal • palace • shocked • tolerant • waterfall • whale

3 Schau auf die Wörter vor und nach dem unbekannten Wort

Häufig kannst du ein unbekanntes Wort aus dem Satzzusammenhang erschließen. Dabei helfen dir die Wörter, die vor oder nach dem unbekannten Wort stehen.

Was könnten *menu* und *luggage* in den folgenden Sätzen bedeuten?

1 I'm not sure what I'm going to eat in the restaurant. Let's look at the menu first.

2 Our car is very small so we can't take much luggage for the holidays.

4 Steckt im unbekannten Wort ein Wort, das du kennst?

Manchmal versteckt sich im unbekannten Wort auch ein Wort, das du bereits gelernt hast. Anhand dieses Wortes kannst du oft den Sinn erschließen.

Was könnten die folgenden Wörter auf Deutsch bedeuten?

actor • player • reader • swimmer • traveller • worker • writer

SF 3 Using a dictionary

▸ Unit 4, p. 80

Wenn du in einem Text ein Wort nicht kennst oder vergessen hast, kannst du es in deinem Dictionary (S. 231 – 249) oder in einem Wörterbuch, z.B. im **Schulwörterbuch Englisch**, nachschlagen.

1 Alles im Wörterbuch ist alphabetisch geordnet

- *V* kommt vor *W*
- *val*ue kommt vor *vid*eo
- *vil*lage kommt vor *vis*it

V

value ['væljuː]: **It's good value.** Es ist sein Geld wert. I
vegetables *(pl)* ['vedʒtəblz] Gemüse I
very ['veri] sehr I **Thanks very much.** Danke sehr. / Danke vielmals. II 2 (42)
video ['vɪdiəʊ] Video II 3 (56)
village ['vɪlɪdʒ] Dorf I
visit ['vɪzɪt] besuchen I
visitor ['vɪzɪtə] Besucher/in; Gast

2 Zusammengesetzte Ausdrücke finden

Der Haupteintrag (z.B. *sing*) steht farbig oder fett am Anfang. Daneben oder darunter findest du oft zusammengesetzte Wörter oder Redewendungen (z.B. *sing along*).

sing [sɪŋ]
▶ **sing along** mitsingen
▶ **sing a different tune** seine Meinung ändern

3 Unterschiedliche Wortbedeutungen beachten

Die Ziffern 1, 2 usw. zeigen, dass ein Wort mehrere Bedeutungen hat. So kann z.B. das Wort *coach* Reisebus bedeuten. Was heißt aber *coach* in diesen Sätzen?

1 *I was late for football training and my coach was angry.*

2 *When I got onto the train, the first coach was full. So we went to the next.*

3 *When she saw the horses and coaches, she said, "Let's go for a coach ride through the park!"*

Lies also immer den ganzen Eintrag und entscheide dann, welche Bedeutung die richtige ist.

coach [kəʊtʃ] *Substantiv* (***coaches***)
1 (*Fahrzeug*) Reisebus
2 (*Eisenbahn*) Eisenbahnwagen
3 (*Sport*) Trainer(in)
4 (*für Prüfungen*) Nachhilfelehrer(in)
5 (*vom Pferd gezogene*) Kutsche

4 Unterschiedliche Wortarten beachten

Manchmal ist das gleiche Wort ein Substantiv, ein Adjektiv oder ein Verb. Die Bedeutung kann je nach Wortart unterschiedlich sein.

Lies die beiden Wörterbucheinträge zu *flat*, also **flat¹** und **flat²**. Ist *flat* in den folgenden Sätzen ein Substantiv oder ein Adjektiv? Was bedeutet es in jedem Satz?

1 *I didn't like the juice. It was flat.*

2 *I couldn't use my mobile because the battery was flat.*

3 *We live in a nice flat in the city centre.*

4 *This road is good for inline-skating, it's very flat.*

flat¹ [flæt] *Adjektiv* (***flatter, flattest***)
1 flach, eben
2 (*Reifen*) platt
3 (*Getränk*) abgestanden, schal
4 (*Batterie*) leer

flat² [flæt] *Substantiv*
Wohnung, Apartment

5 Was für Informationen liefert das Wörterbuch noch?

- Die Lautschrift zeigt dir, wie ein Wort ausgesprochen wird.
- Unregelmäßige Verbformen, besondere Pluralformen, die Steigerungsformen der Adjektive und ähnliche Hinweise stehen in Klammern hinter dem Haupteintrag.

go [gəʊ] *Verb* (***went*** [went], ***gone*** [gɒn])

child [tʃaɪld] (***children*** [tʃɪldrən])

SF 4 Mindmaps

▸ Unit 1, p. 11

1 Wie machst du eine Mindmap?

1 Schreibe in die **Mitte** des Blattes das **Thema** und male z.B. einen **Kreis** oder eine **Wolke** darum.

2 Überlege, über welche Hauptthemen du sprechen oder schreiben willst und notiere diese als Schlüsselwörter auf je einem Hauptast. Verwende unterschiedliche Farben.

3 Ergänze weitere Ideen zu den jeweiligen Hauptästen auf Nebenästen. Verwende auch hierbei nur Schlüsselwörter. An die Nebenäste kannst du noch weitere Ideen „anhängen“. Du kannst statt Wörtern auch Symbole oder Bilder benutzen.

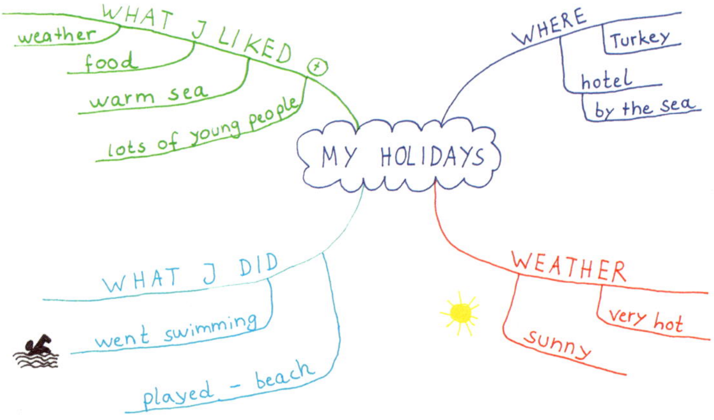

2 Wozu sind Mindmaps gut?

1 Mit Mindmaps kann man Ideen **sammeln und ordnen**, wenn man z.B. etwas vortragen oder einen Text schreiben möchte – wie in der Mindmap über die Ferien.

2 Mindmaps können dir auch helfen, wichtige **Gedanken eines Textes** zu verstehen und **zu notieren**. Hier rechts steht die Antwort von Mias Freundinnen auf ihre Mail (S. 11). Darunter findest du eine Mindmap mit den wichtigsten Informationen aus der Mail.

Dear Mia

Thanks for your email. School here in Leipzig started two weeks ago. We have a new class teacher. His name is Herr Sprengel and he's our German and music teacher. He's young and really nice :-). All the girls in our class love him.

Well, our maths teacher is still Frau Koch. She's terrible. She talks a lot, but nobody really listens. We hope your maths teacher at Eggy is better.

We also have a new girl in our class, Anna. Her family moved to Leipzig and she was always alone in the breaks. When we read about your first day, Lisa and I talked to her in the afternoon. We had a great time together and now we are friends.

We miss you too.
Lisa, Anja and Esra

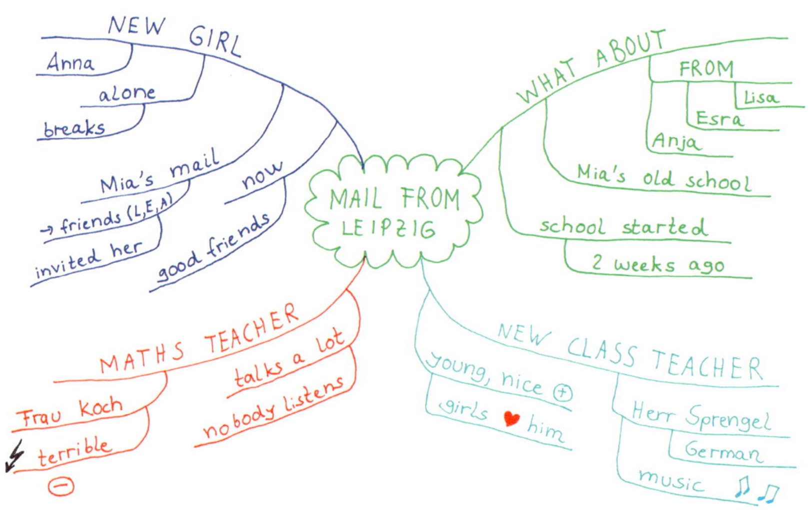

SF 5 Writing better texts

▸ Unit 1, p. 21

1 Ideen sammeln

Bevor du mit dem Schreiben eines Textes beginnst, solltest du deine Ideen sammeln, z.B. in einer Mindmap ▸ *Skills file 4, p. 192* oder in einer Liste.

2 Textentwurf schreiben

Dann erstelle einen Textentwurf auf einem Blatt Papier oder am Computer. Texte aus dem Buch sind oft ein gutes Muster. Schreibe aber nicht ab, sondern ändere die Texte und ergänze eigene Ideen. Überlege dir eine sinnvolle Reihenfolge und mache Absätze bei neuen Gedanken.

3 Textentwurf überarbeiten

Texte klingen besser und für den Leser interessanter, wenn du *time phrases* und *linking words* benutzt:

- Mit *time phrases* sagst du, wann etwas geschieht, z.B. *every day*, *later*, *yesterday*, *on Saturday*, *in the evening*.
- Mit *linking words* verbindest du Sätze, z.B. *and*, *because*, *so*, *then*, *but*, *before*, *after*.

Lies die Postkarten von Ben. Welche klingt besser? Warum?

Dear Tom
I'm in Spain with my parents.
The weather is great.
I'm at the beach. I go swimming.
The water is warm.
I played beach volleyball.
I played football with other kids.
I went to the disco. I met young Germans.
I like it here.
I don't want to go home.
Love Ben

Dear Tom
I'm in Spain with my parents.
The weather is great so I'm at the beach every day. After breakfast I often go swimming in the sea because the water is nice and warm.
Yesterday I played beach volleyball and later I had a football match with other kids.
In the evening I sometimes go to the disco.
Last night I had a great time with young Germans.
I like it here so I don't want to go home.
Love Ben

Schreibe einen eigenen Text und prüfe:

- Enthält dein Text *time words*? Hast du deine Sätze mit *linking words* verbunden?
- Hast du alles richtig geschrieben? Wenn du unsicher bist, schlage im Dictionary nach (S. 231–249).
- Suche dir einen Partner / eine Partnerin und tauscht eure Texte aus. Versteht ihr die Texte des anderen? Findet ihr noch Fehler?

Schreibe am Ende den korrigierten Text noch einmal ab (z.B. für dein DOSSIER).

SF 8 Describing pictures and photos

▸ Unit 4, p. 80

Wenn du ein Bild oder Foto beschreibst, geht es besonders gut, wenn du folgende Dinge beachtest:

1 Beginne allgemein

Sage zunächst, was du allgemein im Bild oder Foto siehst.
Welcher Ort, welcher Gegenstand oder welche Personen sind zu sehen?

In the picture I can see a beach with lots of people.

2 Gehe in einer bestimmten Reihenfolge vor

Sage dann, **wen** oder **was** du siehst, und **wo** sich die Personen oder Gegenstände im Bild oder Foto befinden.
Gehe dabei in einer bestimmten **Reihenfolge** vor: Sage z.B. zunächst, was du links siehst, gehe dann zur Mitte und nach rechts. Du kannst auch mit dem beginnen, was oben oder unten im Bild zu sehen ist.
Benutze **allgemeine Ortsangaben** wie:

In the middle / On the left / On the right I can see …
At the top there's …
At the bottom there are …

3 Beschreibe alle Teile genauer

Beschreibe genauer, wo sich eine Person oder ein Gegenstand befindet:

There's a book in front of the woman with the hat.
There's a ball under the old man's chair.
The man with two ice creams is next to the old woman on the chair.

4 Beschreibe, was Personen machen

Wenn du sagen willst, was gerade im Bild oder Foto passiert, oder **was die Personen gerade tun**, benutze das ***present progressive***.

At the bottom on the right a man and woman are sitting on chairs. The man is sleeping and the woman is eating a sandwich. Two seagulls are next to them. They're watching the woman.

▸ Language file 3, p. 179

SF 9 Scanning ▸ Unit 3, p. 62

1 Wie kann ich bestimmte Informationen in einem Text finden?

Häufig suchst du in einem Lesetext nur nach bestimmten Informationen. Dazu musst du nicht den gesamten Text genau lesen. Suche den Text nach Schlüsselwörtern *(key words)* ab und lies dort genauer, wo du diese findest. Das geht besonders gut, wenn du die folgenden Schritte beachtest.

1 Merke dir das Schlüsselwort

Überlege dir, welches Schlüsselwort du suchen willst. Manchmal sind in Aufgaben Schlüsselwörter vorgegeben, nach denen du suchen sollst. In der Aufgabe 2 auf Seite 62 sind das z.B. *comedy* oder *talk show*.
Es hilft dir, wenn du dir das Schlüsselwort aufschreibst und den Text nach jedem Schlüsselwort einzeln scannst.

2 Selbst Schlüsselwörter finden

Wenn bei dem Text, den du liest, keine Schlüsselwörter vorgegeben sind, dann überlege kurz, nach welchen Informationen du suchst und welche Schlüsselwörter dazu gehören könnten.

3 Wie findest du das Schlüsselwort?

Präge dir das Schriftbild des Schlüsselwortes ein und gehe mit deinen Augen schnell über den Text. Das gesuchte Wort wird dir „ins Auge springen“.
Du kannst das Suchen dadurch unterstützen, dass du mit dem Finger den Text abfährst und dabei ein „S“, „Z“ oder „U“ schreibst.

4 Was machst du, wenn dir das Schlüsselwort nicht weitergeholfen hat?

Manchmal kannst du das Schlüsselwort nicht finden, weil es nicht im Text steht. Überlege dir dann, welche Wörter man an die Stelle deines ersten Begriffes setzen kann. Wonach sollte Annelie suchen, wenn sie mit *weekend* nicht erfolgreich war?

Saturday, Sunday

SF 10 Do better in tests

▸ Unit 2, p. 40–41

Bei Klassenarbeiten und Tests sind die Arbeitsanweisungen ganz wichtig! Daher:

1 Lies zuerst alle Arbeitsanweisungen.
2 Lies die Arbeitsanweisungen sehr genau – auch zwei- oder dreimal. Sie geben dir wichtige Hinweise und Hilfen.

1 READING

Hier ist ein Beispiel für eine Leseaufgabe:

Look at the poster about a missing dog.
Complete the table below in words and numbers.
Don't write full sentences.
There's an example at the beginning. (0)

DOG MISSING
Please help!

Her name is Lulu.
She ran away from Post Road on Tuesday, 2nd Dec.
Lulu is a small dog. She's white and brown with a long tail and brown ears.
She has a new collar with her name on it.
She's very friendly and loves children.
If you find or see her, please phone the owner: 01724 555601

REWARD – £25

0	*Dog's name*	*Lulu*
1	Colour, tail, ears	
2	When did she run away?	
3	Where?	
4	Telephone	
5	How can you find out that it is Lulu?	

1 Lies zuerst die Arbeitsanweisung
Unterstreiche, was du tun oder beachten sollst:

Look at the poster about a missing dog.
Complete the table below in words and numbers.
Don't write full sentences.
There's an example at the beginning.(0)

2 Was musst du bei dieser Aufgabe tun?
– Eine Tabelle vervollständigen?
– Ganze Sätze schreiben?
– Nur Einzelwörter und Zahlen schreiben?
– Mit Satz 0 beginnen?

Du musst eine Tabelle vervollständigen und nur Einzelwörter und Zahlen schreiben.
Du brauchst keine ganzen Sätze zu schreiben. Satz 0 ist ein Beispiel. Es hilft dir.

2 LISTENING

Lies auch bei Höraufgaben die Arbeitsanweisung immer genau durch und unterstreiche das Wichtigste.

Listen to Sophie and her friend Lucy.	← Wie viele Menschen wirst du hören?
They are talking about Guy Fawkes Day.	← Worum wird es in dem Hörtext gehen?
While listening, tick the correct answers.	← Wie musst du antworten?
There is an example at the beginning.	← Gibt es ein Beispiel? Lies es – es hilft dir!
You will hear the recording once.	← Wie oft wirst du den Hörtext hören?

3 WRITING

Hier ist ein Beispiel für eine Schreibaufgabe:

1 Lies zuerst die Arbeitsanweisungen
Was würdest du unterstreichen?

Write a short letter to your English penfriend Mike.
Tell him about your new pet (three things).
Ask him two questions about pets.
Write at least 60 words.

2 Nun lies Fabians Brief

Dear Mike

How are you? I feel great because I have a new pet.
It's a dog. His name is Bobby and he's three months old.
He sleeps in a basket in my room. That's really great. He's
brown and he has black ears and a long tail.
Do you have a pet? Write about it.
How was your last football match?

Best wishes
Fabian

3 Hat Fabian alle Arbeitsanweisungen befolgt?
- Sind der Anfang und das Ende des Textes wie in einem Brief?
- Hat er beachtet, was er schreiben soll (hier: drei Dinge über seinen Hund)?
- Hat er zwei Fragen gestellt (hier: zu Mikes Haustier)?
- Hat er mindestens 60 Wörter geschrieben?

Schreibe auch einen Brief an Mike und überprüfe dann mit dieser Liste, ob du alles beachtet hast.

4 Allgemeine Tipps – wie verhalte ich mich richtig?

Welche Antworten sind richtig?

1 Ich befolge sofort die erste Arbeitsanweisung.
2 Ich lese zunächst die ganze Aufgabenstellung.
3 Ich schreibe die Aufgabe ab.
4 Ich unterstreiche wichtige Punkte in den Arbeitsanweisungen.
5 Ich überprüfe nach Erledigung der Aufgabe, ob ich alle geforderten Punkte abhaken kann.
6 Ich löse die Aufgabe so schnell wie möglich und beginne sofort mit der nächsten Aufgabe.

SF 11 Making a poster

▸ Unit 6, p. 119

In der Schule erstellst du Plakate, um Arbeitsergebnisse zu präsentieren und deine Mitschüler zu informieren. Plakate werden oft im Klassenraum ausgehängt. Du willst dabei die Aufmerksamkeit deiner Mitschüler in Sekundenschnelle gewinnen und ihr Interesse an deinem Thema aufrechterhalten. Deswegen gilt: Weniger ist mehr – keine Langeweile, bitte! Mithilfe der folgenden Tipps kannst du dies erreichen.

1 Die Überschrift – groß und deutlich
Überlege dir, welche Überschrift am besten zu deinem Poster passt. Schreibe sie groß und deutlich, am besten in Großbuchstaben.

2 Bilder und Zeichnungen
Mit Fotos, Zeichnungen, Landkarten usw. machst du dein Poster interessanter. Achte darauf, dass z.B. deine Fotos genau zum Thema passen und knappe Bildunterschriften haben.
Fotos und Abbildungen sind wichtig, aber verwende nicht zu viele. Dein Poster soll nicht wie ein Fotoalbum aussehen.

3 Kurze Sätze, wenig Text
Schreibe nur wenig Text. Kurze Sätze mit den wichtigsten Informationen lassen sich leichter lesen und besser merken. Wenn du mehr Informationen hast, kannst du sie unter einer Abbildung verbergen. **(3a)**
Wichtig: Benutze eigene Worte. Deine Schrift sollte gut lesbar sein.

4 Gelungene optische Aufteilung
Sorge für eine gute optische Aufteilung auf deinem Plakat.
- Mache zuerst einen Plan: Wo soll was hin?
- Ordne den Texten die passenden Bilder zu.
- Benutze verschiedene Farben für Unterpunkte.
- Markiere besonders wichtige Informationen mit einem Textmarker.
- Benutze Symbole, um Text zu sparen und übersichtlicher zu sein.
- Achte darauf, dass dein Poster nicht zu voll und überladen ist. Lass am Rand Platz.

Wenn du etwas Ungewöhnliches gefunden hast, das zum Thema passt, klebe es auf dein Poster. Dadurch wird es noch interessanter.

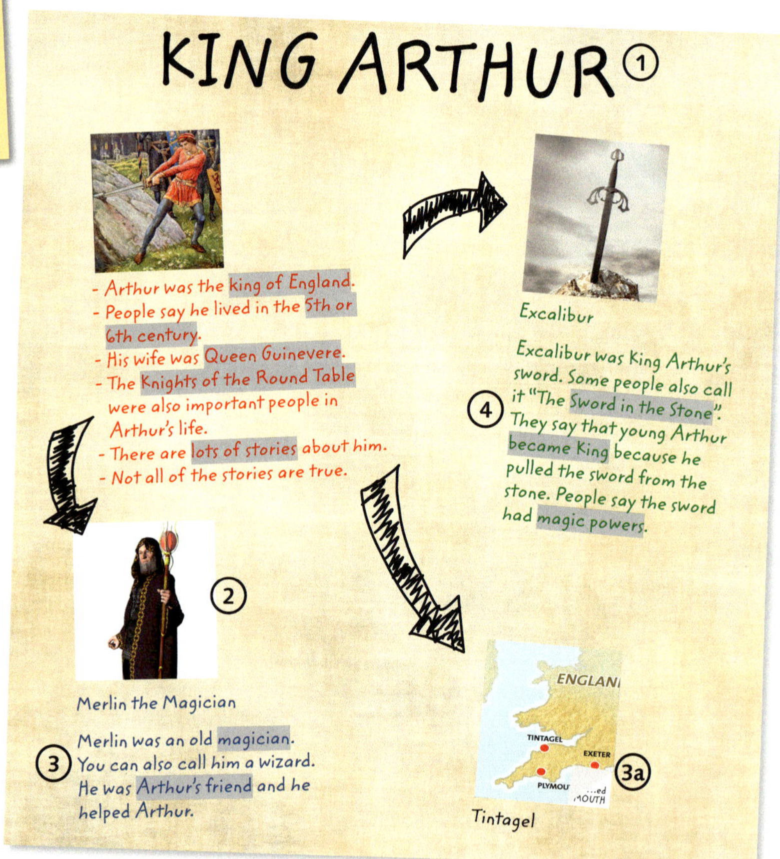

SF 12 Giving a short talk

▸ Unit 3, p. 61

Wenn du die folgenden Tipps beachtest, kann bei deinem nächsten Vortrag oder deiner nächsten Präsentation in der Klasse nichts mehr schiefgehen.

1 Vorbereitung

- Sammle Ideen zu deinem Thema und ordne sie, z.B. mithilfe einer Mindmap ▸ *Skills file 4, p. 192* oder in einer Tabelle.
- Schreibe das Wichtigste auf nummerierte Karteikarten.
- Überlege, welche Bilder du zeigen kannst und wie du sie präsentieren möchtest – z.B. als Poster oder am Computer. Verwende dabei wenig Text. Schreibe groß und gut lesbar.
- Übe die Präsentation allein vor einem Spiegel oder mit einem Partner / einer Partnerin. Das gibt dir Sicherheit.

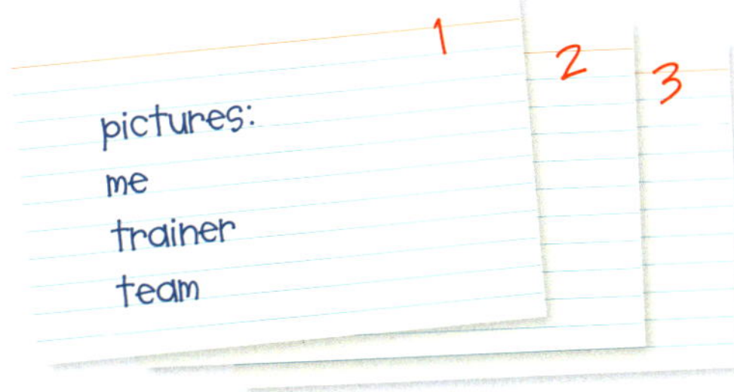

2 Durchführung

- Überprüfe zu Beginn, ob alles vorbereitet ist, z.B.: Ist das Poster aufgehängt? Ist der Computer bereit? Sind die Vortragskarten richtig sortiert?
- Stelle dich dann vor deine Zuhörer/innen und warte, bis es ruhig ist. Schaue die Zuhörer/innen an.
- Sage am Anfang, worüber du sprechen möchtest.
- Verwende typische Redewendungen und sprich langsam, laut und deutlich.
- Wenn du ein Poster oder Bilder benutzt, zeige während des Vortrags darauf.
- Sage, wann der Vortrag zu Ende ist. Bedanke dich fürs Zuhören und frage deine Mitschüler/innen, ob sie noch Fragen haben.

Today I'm going to talk about ...

First I'd like to tell you ...

Now I'm going to talk about ...

Look at this picture.

That's the end of my talk. Thank you for listening. Do you have any questions?

3 Wie kann ich feststellen, ob ein Vortrag gelungen ist?

Die Bewertungstabelle hilft dir, einen Kurzvortrag oder eine Präsentation besser einzuschätzen. Es sollte eine Rückmeldung zu folgenden Dingen geben:

- Wurde deutlich gesprochen?
- War der Vortrag gut gegliedert?
- Wurden typische Wendungen für einen guten Vortrag benutzt?
- Wurden passende Bilder gezeigt?
- Waren die Informationen interessant?

(name)	good	OK	not great
1 spoke clearly			
2 had a good plan			
3 used good phrases			
4 showed pictures			
5 gave interesting information			

Eine solche Einschätzung hilft zu erkennen, an welchen Stellen des Vortrags es gut gelaufen ist und an welchen Stellen man sich noch verbessern kann.

Das **Vocabulary** (S. 202–230) enthält alle neuen Wörter und Wendungen des Buches, die du **lernen** musst. Sie stehen in der Reihenfolge, in der sie im Buch zum ersten Mal vorkommen.

Hier siehst du, wie das **Vocabulary** aufgebaut ist:

Diese Zahl gibt die **Seite** an, auf der die Wörter zum ersten Mal vorkommen. p. 11 = Seite 11

Die **Lautschrift** zeigt dir, wie ein Wort ausgesprochen wird. Eine Übersicht über die **Lautschriftzeichen** findest du auf S. 267.

Die **blauen Kästen** solltest du dir immer besonders gut ansehen. Dort stehen wichtige Hinweise zu den neuen Wörtern.

p. 11	**feel bored**, *simple past:* **felt** [felt]	Langeweile haben	
	bored [bɔːd]	gelangweilt	
	get: she **got** [gɒt]	bekommen: sie bekam, sie hat bekommen	
	its name [ɪts]	sein Name/ihr Name	➔ This is my hamster. **Its** name is Joe. I – **my** name, you – **your** name, he – **his** name, she – **her** name, it – **its** name we – **our** names, you – **your** names, they – **their** names
	quite [kwaɪt]	ziemlich	
	at break [breɪk]	in der Pause *(zwischen Schulstunden)*	**At break** it's always quite noisy at school.
	alone [əˈləʊn]	allein	! **alone** = allein – **lonely** = einsam
	long [lɒŋ]	lang	Yesterday I got a **long** letter from grandma.
	short [ʃɔːt]	kurz	**short** ◄► **long**

Theme 2

p. 12	**newsletter** [ˈnjuːzletə]	Mitteilungsblatt, Informationsblatt	
	lunchtime [ˈlʌntʃtaɪm]	Mittagszeit	**lunchtime** clubs = AG…

Der **blaue Pfeil** heißt: Zu diesem Eintrag gibt es in der rechten Spalte einen blauen Kasten.

Dies ist das „Gegenteil"-Zeichen. **short ◄► long** bedeutet: „**short**" ist das Gegenteil von „**long**".

Das **rote Ausrufezeichen** bedeutet: Vorsicht, hier macht man leicht Fehler!

Tipps zum Wörterlernen findest du im **Skills file** auf Seite 189.

Im **Vocabulary** werden folgende **Abkürzungen und Symbole** verwendet:

- p. = page (Seite)
- pp. = pages (Seiten)
- sb. = somebody (jemand)
- sth. = something (etwas)
- *pl* = *plural* (Mehrzahl)
- *infml* = *informal* (umgangssprachlich)
- *AE* = *American English*
- *BE* = *British English*

Wenn du **nachschlagen** möchtest, was ein englisches Wort bedeutet oder wie man es ausspricht, dann solltest du das **Dictionary English – German** auf den Seiten 231–249 verwenden.
Und wenn du vergessen hast, wie etwas auf Englisch heißt, dann kann dir das **Dictionary German – English** auf den Seiten 250–265 eine erste Hilfe sein.

Unit 1: Together again

p. 8	**mountain** ['maʊntən]	Berg
	lake [leɪk]	(Binnen-)See

! the **sea** – das Meer, die See
the **lake** – der See

	barbecue ['bɑːbɪkjuː]	Grillfest, Grillparty
	summer camp ['sʌmə kæmp]	(Sommer-)Ferienlager
	camp [kæmp]	(Zelt-)Lager
	walk around [wɔːk ə'raʊnd]	umhergehen
	they **weren't** [wɜːnt] **(= were not** [wə 'nɒt]**)**	sie waren nicht

→

Yes	No
I was	I wasn't
you were	you weren't
he/she/it was	he/she/it wasn't
we were	we weren't
you were	you weren't
they were	they weren't

▸ *Language file 5, p. 180*

	so great [səʊ]	so toll
	weather ['weðə]	Wetter
	warm [wɔːm]	warm
	cold [kəʊld]	kalt
	sunny ['sʌni]	sonnig
	rainy ['reɪni]	regnerisch
	rain [reɪn]	Regen
	rain [reɪn]	regnen

p. 9	**agree with** sb./sth. [ə'griː]	jm. zustimmen; mit etwas einverstanden sein

! *German:* Ich **stimme dir zu**.
English: I **agree with you**.

Theme 1

p. 10	**Give me five!**	Gib mir fünf! *(Aufforderung, gegen die erhobene Hand des Gegenübers zu klatschen, Geste der Freude/Begrüßung)*
	go: I **went** [went]	gehen: ich ging / ich bin gegangen

	I **didn't** want to … ['dɪdnt] (= **did not** [dɪd 'nɒt])	ich wollte nicht …	**I wanted ◂▸ I didn't want**
	stay: I **stayed** [steɪd]	bleiben: ich blieb / ich bin geblieben	→ **Vergangenheit:** I **helped**, we **learned**, we **lived**, I **played**, I **stayed**, I **started**, we **visited**, …
	funny ['fʌni]	witzig, komisch	
	poor Ellie [pɔː, pʊə]	(die) arme Ellie	
	yesterday ['jestədeɪ]	gestern	**Yesterday** I was home late. Mum wasn't happy.
	read: I **read** [red]	lesen: ich las / ich habe gelesen	! Aussprache: • *Grundform u. Gegenwartsform:* I always **read** in bed. [riːd] • *Vergangenheitsform:* Yesterday I **read** a comic. [red]
	make friends, *simple past:* **made** [meɪd]	Freunde finden	
	have to do sth.	etwas tun müssen	Look, it's late. We **have to** go now. ! *German* **müssen** = **1.** have to; **2.** must (**have to** wird häufiger verwendet als **must**)
	class [klɑːs]	Unterricht; Kurs	
	meet: I **met** [met]	treffen: ich traf / ich habe getroffen	
p. 11	**feel bored**, *simple past:* **felt** [felt]	Langeweile haben	
	bored [bɔːd]	gelangweilt	
	get: she **got** [gɒt]	bekommen: sie bekam, sie hat bekommen	
	its name [ɪts]	sein Name / ihr Name	→ This is my hamster. **Its** name is Joe. **I** – **my** name, **you** – **your** name, **he** – **his** name, **she** – **her** name, **it** – **its** name, **we** – **our** names, **you** – **your** names, **they** – **their** names
	quite [kwaɪt]	ziemlich	
	at break [breɪk]	in der Pause *(zwischen Schulstunden)*	**At break** it's always quite noisy at school.
	alone [ə'ləʊn]	allein	! **alone** = allein – **lonely** = einsam
	long [lɒŋ]	lang	Yesterday I got a **long** letter from grandma.
	short [ʃɔːt]	kurz	**short ◂▸ long**

Theme 2

p. 12	**newsletter** ['njuːzletə]	Mitteilungsblatt, Informationsblatt	
	lunchtime ['lʌntʃtaɪm]	Mittagszeit	**lunchtime** clubs = AGs / Klubs zur Mittagszeit
	cricket ['krɪkɪt]	Kricket *(Mannschaftssportart)*	
	act [ækt]	Theater spielen, schauspielern	

	do: we **did** [dɪd]	machen: wir machten; wir haben gemacht; tun: wir taten, wir haben getan	
	Christmas ['krɪsməs]	Weihnachten	
	Christmas pantomime ['pæntəmaɪm]	*(BE) Theaterstück zur Weihnachtszeit*	! **(BE)** zeigt dir, dass dieses Wort besonders in Großbritannien gebräuchlich ist.
	healthy ['helθi]	gesund	Stay fit and **healthy** – join our jogging club.
	yummy *(infml)* ['jʌmi]	lecker	
	experiment [ɪk'sperɪmənt]	Experiment	In our science club we **do** great **experiments**.
	rock climbing ['rɒk klaɪmɪŋ]	Felsklettern	
	a **three-day** trip ['θriː deɪ]	ein dreitägiger Ausflug	
p. 13	**Which** club? [wɪtʃ]	Welcher Klub?	**Which** club would you like to join?
	Which club **did** you **join?** [dɪd]	In welchen Klub bist du eingetreten? / Welchem Klub hast du dich angeschlossen?	
	circle ['sɜːkl]	Kreis	a **circle** 

Focus on language

p. 14	**channel** ['tʃænl]	Kanal	
	drive [draɪv], *simple past:* **drove** [drəʊv]	*(mit dem Auto)* fahren	
	be/feel homesick ['həʊmsɪk]	Heimweh haben	
	present ['preznt]	Gegenwart	! **present** = **1.** Geschenk; **2.** Gegenwart
	past [pɑːst]	Vergangenheit	

Unregelmäßige Vergangenheitsformen – Irregular simple past forms

infinitive	simple past		infinitive	simple past	
be	**was, were**	*sein*	**go**	**went** [went]	*gehen*
do	**did** [dɪd]	*tun, machen*	**make**	**made** [meɪd]	*machen*
feel	**felt** [felt]	*(sich) fühlen*	**meet**	**met** [met]	*(sich) treffen*
find	**found** [faʊnd]	*finden*	**read**	**read** [red]	*lesen*
get	**got** [gɒt]	*bekommen*	**write**	**wrote** [rəʊt]	*schreiben*

► *Unregelmäßige Verben, p. 270*

p. 15	**rule** [ruːl]	Regel	
	sentence ['sentəns]	Satz	
p. 16	**ask** sb. **about** sth. [ɑːsk]	sich bei jm. nach etwas erkundigen	You can **ask** Adam and Ellie **about** all the clubs at Eggy.
	in the end	schließlich, zum Schluss	

	winner ['wɪnə]	Gewinner/in	
	each [iːtʃ]	jeder/jede/jedes (einzelne)	**Each** student can ask one question.

Story

p. 17	**a few** [fjuː]	ein paar, einige	You're hungry? There are **a few** apples in the kitchen.
	for a few minutes	ein paar Minuten (lang)	
	Next ... [nekst]	Als Nächstes ...	**Next** I'd like to look at some photos with you.
	without [wɪ'ðaʊt]	ohne	**with** ◄► **without**
	answer ['ɑːnsə]	antworten (auf), beantworten	
	answer ['ɑːnsə]	Antwort	! **answer** = **1.** Antwort; **2.** (be)antworten
	when [wen]	als	→ **when** **1. When**'s your birthday? **Wann** hast du Geburtstag? **2.** Phone me **when** you're back. Ruf mich an, **wenn** du zurück bist. **3.** She phoned me **when** she was back. Sie rief mich an, **als** sie zurück war.
	at first	zuerst, am Anfang	I didn't like this song **at first**, but now I love it.
	get sth. [get], *simple past:* **got** [gɒt]	(sich) etwas holen, (sich) etwas besorgen	
	school yard ['skuːl jɑːd]	Schulhof	
	surprised [sə'praɪzd]	überrascht	
p. 18	**jealous** ['dʒeləs]	eifersüchtig, neidisch	
	just like Berry ['dʒʌst laɪk]	genau wie Berry	
	she didn't know **what to say**	sie wusste nicht, was sie sagen sollte	I was so surprised! I didn't know **what to do**.
	eye [aɪ]	Auge	
	What's the matter? ['mætə]	Was ist denn? / Was ist los?	You look sad. **What's the matter?**
	die [daɪ]	sterben	! Schreibung: **die, died** – She **died** last year. *aber:* **dying** – This tree is **dying**.
	that's why	deshalb, darum	Ellie was alone. **That's why** she felt sad.
	cry [kraɪ]	weinen	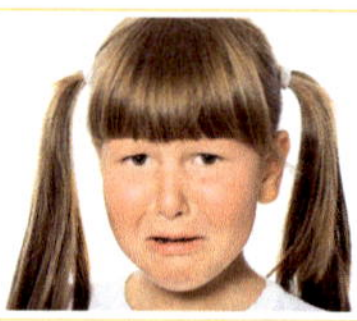 She's **crying**.

	thank sb. [θæŋk]	sich bei jm. bedanken	
p. 19	**unfriendly** [ʌn'frendli]	unfreundlich	**friendly** ◄► **unfriendly**

Skills training

p. 20	**collect** [kə'lekt]	sammeln	My friend Jamie **collects** old photos.
	tip [tɪp]	Tipp	
	opposite ['ɒpəzɪt]	Gegenteil	The **opposite** of 'with' is 'without'.
	finish ['fɪnɪʃ]	beenden, zu Ende machen	First **finish** your homework, then you can phone your friends.

Opposites with 'un-'

cool – **uncool** [ʌn'ku:l] *uncool*
fit – **unfit** [ʌn'fɪt] *nicht fit*
friendly – **unfriendly** [ʌn'frendli] *unfreundlich*
happy – **unhappy** [ʌn'hæpi] *unglücklich*
healthy – **unhealthy** [ʌn'helθi] *ungesund*
interesting – **uninteresting** [ʌn'ɪntrəstɪŋ] *uninteressant*
sure – **unsure** [ʌn'ʃʊə, ʌn'ʃɔ:] *unsicher*
welcome – **unwelcome** [ʌn'welkəm] *unerwünscht, unwillkommen*

p. 22	**wear** [weə], *simple past:* **wore** [wɔ:]	tragen, anhaben *(Kleidung)*	At some British schools, students have to **wear** uniforms.
	scarf, *pl* **scarves** [skɑ:f], [skɑ:vz]	Schal	
	strange [streɪndʒ]	seltsam, sonderbar	
p. 23	**milkshake** ['mɪlkʃeɪk]	Milchshake	
	angry ['æŋgri]	wütend	
	shy [ʃaɪ]	scheu, schüchtern	

Unregelmäßige Vergangenheitsformen – Irregular simple past forms

infinitive	simple past		infinitive	simple past	
buy	**bought** [bɔ:t]	*kaufen*	have	**had** [hæd]	*haben*
come	**came** [keɪm]	*kommen*	say	**said** [sed]	*sagen*
drink	**drank** [dræŋk]	*trinken*	see	**saw** [sɔ:]	*sehen*
eat	**ate** [eɪt, et]	*essen*	sit	**sat** [sæt]	*sitzen*
give	**gave** [geɪv]	*geben*	understand	**understood** [ʌndə'stʊd]	*verstehen*

► *Unregelmäßige Verben, p. 270*

Unit 2: Neighbours

28/29	**neighbour** ['neɪbə]	Nachbar/in	
	post office ['pəʊst ɒfɪs]	Post(amt)	
	garage ['gærɑ:ʒ]	(Auto-)Werkstatt	**!** **garage** = **1.** Garage; **2.** Werkstatt
	electronics [ɪlek'trɒnɪks]	Elektronik	
	lane [leɪn]	Gasse, Weg, Sträßchen	
	car park ['kɑ: pɑ:k]	Parkplatz	

	hair [heə]	Haar, Haare	**!** *German:* Deine **Haare sind** zu lang. *English:* Your **hair is** too long.

newsagent ['nju:zeɪdʒənt]	Zeitungshändler/in	
letter box ['letə bɒks]	Briefkasten	an English **letter box**
hairdresser ['heədresə]	Frisör/in	

the hairdresser's / the newsagent's
Wenn man das Geschäft oder den Laden meint, wird **'s** an die Berufsbezeichnung angehängt.

My father is at the **hairdresser's**. – *... beim Friseur*
The **newsagent's** is on the left. – *Der Zeitungsladen ...*

Who did Adam meet?	Wen hat Adam getroffen? / Wen traf Adam?	
bus stop ['bʌs stɒp]	Bushaltestelle	
traffic lights *(pl)* ['træfɪk laɪts]	(eine) Ampel	
flower ['flaʊə]	Blume; Blüte	

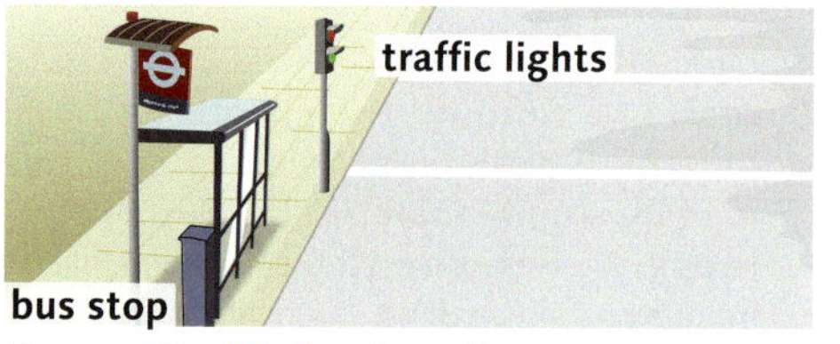

! *German:* Da **ist eine Ampel**.
English: There **are some traffic lights**.

neighbourhood ['neɪbəhʊd]	Nachbarschaft, Gegend, Viertel	There's a bike shop in my **neighbourhood**.
we **don't have any ...**	wir haben kein/e ...	We **don't have any** cafes in our neighbourhood. **we have some ◄► we don't have any**

Theme 1

p. 30	**festival** ['festɪvl]	Fest	
	(Great) Britain ['brɪtn]	Großbritannien	
	popular ['pɒpjələ]	beliebt, populär	Black bread is very **popular** in Germany.
	more popular [mɔ:]	beliebter	
	milk [mɪlk]	Milch	
	Would you like some tea/chips? [wʊd]	Möchtest du (etwas) Tee / (ein paar) Pommes frites?	
	I'll have ...	ich nehme ... *(beim Essen, im Restaurant)*	**I'll have** a sandwich and some water, please.
p. 31	**around** here [ə'raʊnd]	hier in der Nähe	
	collar ['kɒlə]	Halsband	
	Good boy. / Good dog.	Braver Junge. / Braver Hund.	
	suddenly ['sʌdənli]	plötzlich, auf einmal	
	firework ['faɪəwɜ:k]	Feuerwerkskörper	
	fireworks *(pl)* ['faɪəwɜ:ks]	Feuerwerk	

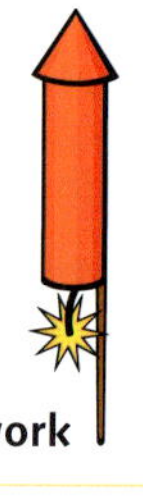
a firework

Get lost! [get 'lɒst]	Verschwinde(t)!	
run [rʌn], *simple past:* **ran** [ræn]	rennen, laufen	
as fast as he could [əz]	so schnell (wie) er konnte	

be scared (of) [skeəd]	Angst haben (vor)	
We'll [wi:l] **(= we will** [wi 'wɪl]**)** find him.	Wir werden ihn finden.	
half an hour [hɑ:f ən 'aʊə]	eine halbe Stunde	! *German:* **eine halbe** Stunde *English:* **half an** hour
far [fɑ:]	weit (entfernt)	You want to go to Africa? But that's **far away**! *(weit weg)*
the dogs' home	das Hundeheim	→ **Einzahl:** **the dog's home** das Zuhause <u>des</u> Hundes; **the dog's name** der Name <u>des</u> Hundes **Mehrzahl:** **the dogs' home** das Zuhause <u>der</u> Hunde/das Hundeheim; **the dogs' names** die Namen <u>der</u> Hunde
owner ['əʊnə]	Besitzer/in	
tail [teɪl]	Schwanz	

Theme 2

p. 32 **tell (about)** [tel], *simple past:* **told** [təʊld]	erzählen (von), berichten (über)	
a dog **that** could be Buster	ein Hund, der Buster sein könnte	! Kein Komma im Englischen: *English:* a **dog that** could be Buster *German:* ein **Hund, der** Buster sein könnte
he **could** [kʊd]	er könnte	! **I could** = **1.** ich konnte; **2.** ich könnte
ask sb. **to do** sth.	jn. bitten, etwas zu tun	! **ask** = **1.** fragen, sich erkundigen; **2.** bitten Mrs Trent **asked** Adam **to go** to the dogs' home for her.
of course [əv 'kɔ:s]	natürlich, selbstverständlich	
this morning/afternoon/ evening	heute Morgen/Nachmittag/ Abend	Let's meet at 3 o'clock **this afternoon**. ! *German* **heute** = **today** *German* **heute Morgen/Nachmittag/Abend** = **this morning/afternoon/evening**
I see.	Ach so. / Aha. / Verstehe.	
open ['əʊpən]	offen, geöffnet	
tomorrow [tə'mɒrəʊ]	morgen	
take the train [treɪn], *simple past:* **took** [tʊk]	den Zug nehmen	
train [treɪn]	Zug, Eisenbahn	! *German:* Wir treffen uns **im Zug**. *English:* We'll meet **on the train**.
(train) station ['treɪn steɪʃn]	Bahnhof	
ear [ɪə]	Ohr	

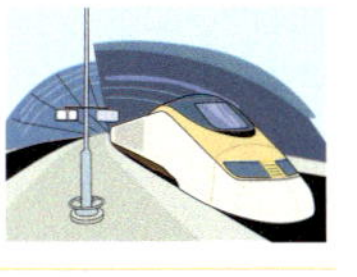

p. 33 **check** [tʃek]	(über)prüfen, kontrollieren	
check a website [tʃek]	auf einer Website nachschauen	
adopt [ə'dɒpt]	adoptieren; *(Tier)* bei sich aufnehmen	
lovely ['lʌvli]	schön; nett, lieb	

blind [blaɪnd]	blind	
go for a walk	einen Spaziergang machen, spazieren gehen	
budgie ['bʌdʒi]	Wellensittich	

Focus on language

p. 34	**bonfire** ['bɒnfaɪə]	*(großes Freuden-)*Feuer	a **bonfire**
	celebrate ['selɪbreɪt]	feiern	My grandmother **celebrated** her 60th birthday last week.
	costume ['kɒstjuːm]	Kostüm, Verkleidung	
	potato, *pl* **potatoes** [pə'teɪtəʊ]	Kartoffel	
	clothes *(pl)* [kləʊðz]	Kleidung, Kleidungsstücke	**!** *German:* Ihre gesamte **Kleidung ist** schwarz. *English:* All her **clothes are** black.
p. 35	**lantern** ['læntən]	Laterne	
	cocoa ['kəʊkəʊ]	Kakao	
	your own lanterns [əʊn]	eure eigenen Laternen, eigene Laternen	
	witch [wɪtʃ]	Hexe	a **witch**
	candy ['kændi]	*(AE)* Süßigkeiten	**! (AE)** zeigt dir, dass dieses Wort besonders in Amerika gebräuchlich ist.
	take photos	Fotos machen	**!** *German:* Kannst du ein **Foto** von uns **machen**? *English:* Can you **take** a **photo** of us?
p. 36	**mystery** ['mɪstri]	Geheimnis	
	someone ['sʌmwʌn] **(***or:* **somebody** ['sʌmbədi]**)**	jemand	There's **someone/ somebody** at the door.

! **someone** *or* **somebody** = jemand
everyone *or* **everybody** = jeder; alle

Story

p. 37	**Penny for the guy!** [gaɪ]	*(BE)* Einen Penny für die Guy-Fawkes-Puppe!	
	penny ['peni]	Penny *(kleinste britische Münze)*	
	pushchair ['pʊʃtʃeə]	(Kinder-)Sportwagen, Buggy	
	newspaper ['njuːzpeɪpə]	(Tages-)Zeitung	
	head [hed]	Kopf	
	smile [smaɪl]	lächeln	

Verben und Nomen, die dieselbe Form haben

answer	**1.** (be)antworten; **2.** Antwort	**smile**	**1.** lächeln; **2.** (das) Lächeln
cook	**1.** kochen; **2.** Koch, Köchin	**text**	**1.** eine SMS schicken; **2.** SMS; Text
help	**1.** helfen; **2.** Hilfe	**walk**	**1.** (zu Fuß) gehen; **2.** Spaziergang
rain	**1.** regnen; **2.** Regen	**work**	**1.** arbeiten; **2.** Arbeit

along the road [ə'lɒŋ]	die Straße entlang	! *German:* Geh **die Straße entlang**. *English:* Go **along the road**.
mask [mɑːsk]	Maske	
bark (at sb.) [bɑːk]	(jn. an)bellen	
sniff (at) [snɪf]	schnüffeln, schnuppern (an)	
Here we go! *(infml)*	Jetzt geht's los!	
point (at/to) [pɔɪnt]	zeigen, deuten (auf)	
change (clothes) [tʃeɪndʒ]	sich umziehen, sich andere Sachen anziehen	
It wasn't them.	Sie waren es nicht.	→ **Ich/Er/Sie** war es nicht. – It wasn't **me/him/her**. **Du** warst es nicht. – It wasn't **you**. **Ihr** wart es nicht. – It wasn't **you**. **Wir/Sie** waren es nicht. – It wasn't **us/them**.
p. 38 **jacket** ['dʒækɪt]	Jacke, Jackett	
turn right/left [tɜːn]	(nach) rechts/links abbiegen	
Let's have a look. [lʊk]	Lass(t) uns mal nachschauen.	
call [kɔːl]	rufen; anrufen; nennen	Please **call** your dog. It's in our garden. **Call** me tomorrow. Here's my phone number. Her name is Jessica, but we **call** her Jess.
mine [maɪn]	meine, meiner, meins	this is my bike = this bike is **mine**
jump (up) [dʒʌmp]	(hoch)springen	
up [ʌp]	hinauf, hoch	
down [daʊn]	hinunter, herunter	**up** ◄► **down**
pull [pʊl]	ziehen	
pocket ['pɒkɪt]	Tasche *(an Kleidungsstücken)*	
those boys [ðəʊz]	die Jungen dort, jene Jungen	

this, that – these, those

- Wenn etwas näher beim Sprecher ist, verwendet man eher **this** und **these**.
- Wenn etwas weiter entfernt ist, verwendet man eher **that** und **those**.

	only ['əʊnli]	erst	! **only** = **1.** nur, bloß; **2.** erst
p. 39	**hand** [hænd]	Hand	
	danger ['deɪndʒə]	Gefahr	there is no **danger** = it is not dangerous

Skills training

p. 40	**do better** ['betə]	besser abschneiden	I want to **do better** in tests.
p. 41	**penfriend** ['penfrend]	Brieffreund/in	
	at least [ət 'liːst]	wenigstens, zumindest	
p. 42	**directions** *(pl)* [də'rekʃnz]	Wegbeschreibung(en)	
	tell sb. **the way**	jm. den Weg beschreiben	
	ask sb. **the way**	jn. nach dem Weg fragen	He's **asking** her the **way**.
	cross [krɒs]	überqueren	

	metre ['miːtə]	Meter	
	past the shop [pɑːst]	am Geschäft vorbei	Go **past** the garage and turn left.
	Thanks very much. [veri 'mʌtʃ]	Vielen Dank.	
	bank [bæŋk]	Bank *(Geldinstitut)*	
p. 43	**toilet roll** ['tɔɪlət rəʊl]	Rolle Toilettenpapier	
	mummy ['mʌmi]	Mumie	

Unregelmäßige Vergangenheitsformen – Irregular simple past forms

infinitive	simple past		infinitive	simple past	
fall	**fell** [fel]	*fallen*	**send**	**sent** [sent]	*schicken*
hear	**heard** [hɜːd]	*hören*	**sing**	**sang** [sæŋ]	*singen*
lose	**lost** [lɒst]	*verlieren*	**take**	**took** [tʊk]	*nehmen*
put	**put** [pʊt]	*stellen, legen*	**win**	**won** [wʌn]	*gewinnen*

► *Unregelmäßige Verben, p. 270*

Unit 3: Teen talk

pp. 48/49	**teen talk** ['tiːn tɔːk]	*etwa:* Teenagergespräche	
	talk [tɔːk]	Vortrag, Rede; Gespräch	
	perfect ['pɜːfɪkt]	perfekt	! Betonung auf der 1. Silbe: **perfect** ['pɜːfɪkt]
	chill *(infml)* [tʃɪl]	relaxen, sich ausruhen	
	stuff *(infml)* [stʌf]	Zeug, Kram	

	ski [ski:]	Ski laufen, Ski fahren	**skiing** 
	do chores [tʃɔ:z]	(Haus-)Arbeiten erledigen	
	also ['ɔ:lsəʊ]	auch	I like coffee and I like tea too. = I like coffee and I **also** like tea.
	survey ['sɜ:veɪ]	Umfrage	
	How much? [haʊ 'mʌtʃ]	Wie viel?	**How much** money/time/homework do we have?
	much [mʌtʃ]	viel	We don't have **much** time – and there's so **much** work to do!
	go out [gəʊ 'aʊt]	rausgehen, weggehen; ausgehen	
	nobody ['nəʊbədi]	niemand	

Theme 1

p. 50	**magazine** [mægə'zi:n]	Zeitschrift	
	a lot (of) [ə 'lɒt]	viel/e; sehr	→ I have **a lot of** money/CDs *(viel/e)* she knows **a lot** *(viel)* that's **a lot** better *(viel)* I like her **a lot** *(sehr)*
	mean [mi:n]	geizig	! **mean** = **1.** gemein, fies; **2.** geizig
	older than me [ðən]	älter als ich	! *German:* älter **als ich/er/wir/...** *English:* older **than me/him/us/...**
	What **should** I do? [ʃʊd]	Was sollte ich tun?	What **should** I do? – I think you **should** talk to your parents.
	frustrated [frʌ'streɪtɪd]	frustriert	
	until [ən'tɪl]	bis *(zeitlich)*	We can play **until** 2 o'clock – **until** mum comes home.
	if [ɪf]	wenn, falls	"**If** you like him, phone him," she said.
	extra ['ekstrə]	Extra-, zusätzliche(r, s)	**Chores** 
p. 51	**hoover** ['hu:və]	staubsaugen	
	fill [fɪl]	füllen	
	dishwasher ['dɪʃwɒʃə]	Geschirrspülmaschine	
	empty ['empti]	leeren	
	empty ['empti]	leer	
	enough [ɪ'nʌf]	genug	Is one sandwich **enough**? Or are you still hungry?

cut [kʌt], *simple past:* **cut**	schneiden; *(Rasen)* mähen	
grass [grɑːs]	Gras; Rasen	**She's cutting the grass.** 
tidy ['taɪdi]	aufräumen	At the weekend I have to **tidy** my room.
tidy ['taɪdi]	ordentlich	! **empty** 1. leeren; 2. leer **tidy** 1. aufräumen; 2. ordentlich *but* **fill** füllen; **full** voll
not … either ['eɪðə]	auch nicht	I hate coffee and I do**n't** like tea **either**.
£10 **a** week	10 Pfund pro Woche	
do a paper round ['peɪpə raʊnd]	Zeitungen austragen	
Go for it!	Nichts wie ran!	
for example [ɪg'zɑːmpl]	zum Beispiel	I like ball games – basketball, **for example**.

Theme 2

p. 52 **nearly** ['nɪəli]	fast	
still [stɪl]	(immer) noch; trotzdem	It's 4.30 and Joe **still** isn't here. *(noch)* It's cold, but I'll **still** walk to school. *(trotzdem)*
ice skating ['aɪs skeɪtɪŋ]	Schlittschuhlaufen	
ice rink ['aɪs rɪŋk]	Schlittschuhbahn	
It doesn't matter. ['mætə]	Es/Das ist egal.	
matter	von Bedeutung sein, wichtig sein	Does it really **matter** which team wins?
entrance ['entrəns]	Eingang; Zutritt	
queue [kjuː]	(Warte-)Schlange	
glove [glʌv]	Handschuh	**a pair of gloves** 
ice skates *(pl)* ['aɪs skeɪts]	Schlittschuhe	
winter ['wɪntə]	Winter	
p. 53 **cap** [kæp]	Kappe, (Schirm-)Mütze	
blouse [blaʊz]	Bluse	
boot [buːt]	Stiefel	**walking boots** 

Focus on language

p. 54	**activity** [æk'tɪvəti]	Aktivität, Tätigkeit	! Betonung auf der 2. Silbe: **activity** [æk'tɪvəti]
	day out, *pl* **days out** [deɪ 'aʊt]	(Tages-)Ausflug	
	adult ['ædʌlt]	Erwachsene/r	Tickets are £1 for children and £2 for **adults**.
	mile [maɪl]	Meile *(ca. 1,6 km)*	
	kilometre (km) ['kɪləmiːtə]	Kilometer	1,000 metres = 1 **kilometre**
	cheap [tʃiːp]	billig, preiswert	**cheap** ◄► **expensive**
	the **most** sports [məʊst]	die meisten Sportarten	! *Steigerung:* **much/many – more – (the) most**
p. 55	**near to** the city	nah am Stadtzentrum	
	worse [wɜːs]	schlechter, schlimmer	! good – better bad – **worse**
	careful ['keəfl]	vorsichtig; sorgfältig; aufmerksam	! Be **careful** when you cross the road. *(vorsichtig)* … needs **careful** checking *(sorgfältige Überprüfung)*
	ice hockey ['aɪs hɒki]	Eishockey	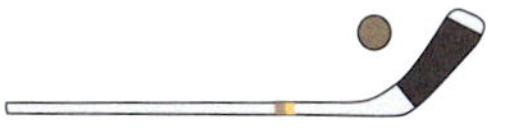
p. 56	**earth** [ɜːθ]	Erde	 ! *ohne Artikel* = **on earth** (auf der Erde)
	beautiful ['bjuːtɪfl]	(wunder)schön	Your baby sister is a **beautiful** little girl.
	worst [wɜːst]	der/die/das schlechteste, schlimmste; am schlechtesten, am schlimmsten	bad – worse – **worst**

Story

p. 57	**grow** [grəʊ], *simple past:* **grew** [gruː]	wachsen	
	Money doesn't grow on trees.	*(etwa)* Das Geld liegt nicht auf der Straße. *(wörtlich: Geld wächst nicht auf Bäumen.)*	
	part [pɑːt]	Teil	
	It's a deal! [diːl]	Abgemacht!	

	deal	Geschäft; Vereinbarung	It's a deal.  They're making a **deal**. **!** *English:* **make** a **deal** *German:* ein Geschäft abschließen, vereinbaren
	not (...) anything ['eniθɪŋ]	nichts	Without money you can**'t** do **anything**.
	toy [tɔɪ]	Spielzeug	a **toy** train 
	rubbish ['rʌbɪʃ]	(Haus-)Müll, Abfall	
	get rid of sth. [get 'rɪd]	etwas loswerden	
	recycle [ri'saɪkl]	recyceln, wiederverwerten	
	dartboard ['dɑːtbɔːd]	Dartscheibe	
	not (...) any more [eni 'mɔː]	nicht mehr	This bag is very old. I don**'t** use it **any more**.
p. 58	**charity shop** ['tʃærəti ʃɒp]	*Geschäft, das gespendete Waren für wohltätige Zwecke verkauft*	
	charity ['tʃærəti]	wohltätige Organisation	
	as [æz, əz]	als, während	My dog watched me **as** I ate my sandwich.
	save [seɪv]	sparen *(Geld, Zeit)*	 He's playing **darts**.
	den [den]	Versteck; Hobbyraum	
	comfortable ['kʌmftəbl]	bequem, gemütlich	
	dart [dɑːt]	(Wurf-)Pfeil	
	the 90s ['naɪntiz]	die Neunzigerjahre	
	dress [dres]	Kleid	
	arrive [ə'raɪv]	ankommen	The party was over when we **arrived**.
	get full	voll werden	It **gets** very hot here in the summer.
	match [mætʃ]	Spiel, Wettkampf	
	spend time/money (on) [spend], *simple past:* **spent** [spent]	Geld ausgeben (für); Zeit verbringen (mit)	Dad says I **spend** too much time in front of my computer. My brother **spends** a lot of money **on** DVDs.
p. 59	**task** [tɑːsk]	Aufgabe	

Skills Training

p. 61	**give a talk** [tɔːk]	einen Vortrag halten	
	free-time activities	Freizeitaktivitäten	
	e.g. *(aus dem Lateinischen)* [iː 'dʒiː]	z.B. (zum Beispiel)	**!** **e.g.** wird in geschriebenem Englisch benutzt. Wenn man spricht, sagt man **for example**.
	coach [kəʊtʃ]	Trainer/in	
	relaxing [rɪ'læksɪŋ]	entspannend, beruhigend	
	relax [rɪ'læks]	sich entspannen	

gear [gɪə]	Ausrüstung	You don't need a lot of **gear** to go swimming.
etc. *(aus dem Lateinischen)* [et'setərə]	usw. (und so weiter)	
p. 62 **cartoon** [kɑː'tuːn]	Zeichentrickfilm; Comic	
comedy ['kɒmədi]	Comedyshow; Komödie	
crime series, *pl* **crime series** ['kraɪm sɪəriːz]	Krimiserie	
documentary [dɒkju'mentri]	Dokumentarfilm	
soap [səʊp]	Seife; *(infml auch:)* Seifenoper	
reality [ri'æləti]	Realität, Wirklichkeit	! Betonung auf der 2. Silbe: **reality** [ri'æləti]
like sth. **best**	etwas am liebsten mögen	I like basketball **better** than volleyball, but I like football **best**.
find out about sth. [faɪnd 'aʊt]	sich über etwas informieren, etwas herausfinden	**Find out about** the drama club at Eggy and give a short talk about it.
interested (in) ['ɪntrəstɪd]	interessiert (an)	Are you **interested in** science? Then join the Science Club.
p. 63 **vote for** sb. [vəʊt]	für jn. stimmen	16 students **voted for** Ella, 12 students **voted for** Oliver. Ella is the new student leader.
leader ['liːdə]	Leiter/in, (An-)Führer/in	
ticket office ['tɪkɪt ɒfɪs]	Kartenschalter	

Unregelmäßige Vergangenheitsformen – Irregular simple past forms

infinitive	simple past		infinitive	simple past	
hide	**hid** [hɪd]	*(sich) verstecken*	**speak**	**spoke** [spəʊk]	*sprechen*
leave	**left** [left]	*weggehen, abfahren*	**swim**	**swam** [swæm]	*schwimmen*
set the table	**set** the table [set]	*den Tisch decken*	**think**	**thought** [θɔːt]	*denken*

► *Unregelmäßige Verben, p. 270*

Unit 4: Feeling good

p. 68 **the way you live**	deine Lebensweise (die Art, wie du lebst)	
how many? ['mæni]	wie viele?	

much („viel") – many („viele")

„viel" **How much** coffee do we need? – We do**n't** need **much** coffee, but we need **lots of** milk.
Wie viel Kaffee ...? – **nicht viel** Kaffee **viel** Milch

„viele" **How many** DVDs do you have? – I do**n't** have **many** DVDs, but I have **lots of** CDs.
Wie viele DVDs ...? – **nicht viele** DVDs **viele** CDs

less than [les]	weniger als	**less** ◄► **more**
junk food ['dʒʌŋk fuːd]	Junkfood *(ungesundes Essen)*	
mostly ['məʊstli]	meistens; hauptsächlich	I eat **mostly** healthy food, but I love chips.
sugary ['ʃʊgəri]	süß(lich), zuckerhaltig	
sugar ['ʃʊgə]	Zucker	

	pick [pɪk]	(aus)wählen, aussuchen	
	dessert [dɪ'zɜːt]	Nachspeise, Dessert	
p. 69	**sleep** [sliːp]	Schlaf	! **sleep** = **1.** schlafen; **2.** Schlaf
	active ['æktɪv]	aktiv	
	advice [əd'vaɪs]	Rat, Ratschlag, Ratschläge	! *German:* Er gab mir **einen Rat**. *English:* He gave me **some advice**.
	Keep it up! [kiːp ɪt 'ʌp]	Weiter so!	
	high [haɪ]	hoch	
	low [ləʊ]	niedrig, tief	**high** ◄► **low**
	back [bæk]	Rücken; Rückseite	! **back** = **1.** zurück; **2.** Rücken, Rückseite
	arm [ɑːm]	Arm	
	fist [fɪst]	Faust	
	knee [niː]	Knie	! Aussprache – das „k" wird nicht gesprochen: **knee** [niː]

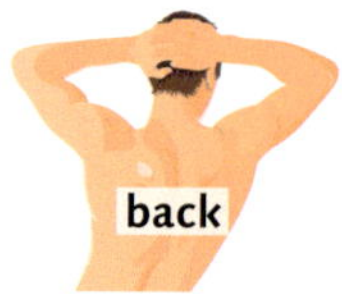

Theme 1

p. 70	**baked potato** [beɪkt pə'teɪtəʊ]	Ofenkartoffel *(in der Schale gebackene Kartoffel)*	
	bake [beɪk]	backen	
	pasty ['pæsti]	Pastete *(mit Fleisch- oder Gemüsefüllung)*	
	meat [miːt]	Fleisch	
	have: **I've had**	haben: ich habe gehabt	
	I've never had …	ich habe (noch) nie … gehabt	
	before [bɪ'fɔː]	vorher; zuvor	→
	lunch box ['lʌntʃ bɒks]	Brotdose	
	carrot ['kærət]	Möhre, Karotte	
	German ['dʒɜːmən]	Deutsche, Deutscher	Are all **Germans** as nice as you, Mia?
	a packet of crisps ['pækɪt]	eine Packung/Tüte Chips	a **packet** of crisps
	chance [tʃɑːns]	Chance, Gelegenheit	

a baked potato

a pasty

before
1. **before** school/lunch/…
   vor der Schule/dem Mittagessen/…
2. **before** you go/read/…
   bevor du gehst/liest/…
3. I've never had a pasty **before**.
   Ich habe **vorher** noch nie/noch nie **zuvor** eine Pastete gegessen.

p. 71	**doctor** ['dɒktə]	Arzt, Ärztin	! *German:* beim **Arzt**/zum **Arzt** *English:* at the **doctor's**/to the **doctor's**
	the good news is **that …**	die gute Nachricht ist, dass …	The doctor says **that** I will soon feel better. ! Kein Komma im Englischen: *English:* she says **that** … *German:* sie **sagt, dass** …
	dark [dɑːk]	dunkel	It's too **dark** in here. I can't see anything.
	cereals *(pl)* ['sɪəriəlz]	Getreide-, Frühstücksflocken	
	smoothie ['smuːði]	Smoothie *(Getränk aus Fruchtpüree, evtl. mit Milchprodukten)*	
	peanut butter ['piːnʌt]	Erdnussbutter	
	butter ['bʌtə]	Butter	
	vitamin ['vɪtəmɪn]	Vitamin	
	drink: **I've drunk** [drʌŋk]	trinken: ich habe getrunken	
	none [nʌn]	keine(r, s)	**None** of us knows German fruit tea.
	eat: **I've eaten** ['iːtn]	essen: ich habe gegessen	

Theme 2

p. 72	**skive** *(infml)* [skaɪv]	*(Schule)* schwänzen	
	ill [ɪl]	krank	
	stomach ['stʌmək]	Bauch; Magen	
	have a stomach ache [eɪk], **have a headache** ['hedeɪk]	Bauchschmerzen haben Kopfschmerzen haben	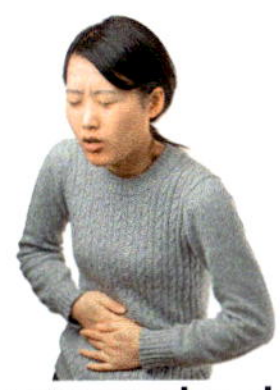 **a stomach ache**  **a headache**
	he **has lost** his job [lɒst]	er hat seine Arbeitsstelle verloren	
	move (to) [muːv]	(um)ziehen (nach)	They **moved to** York, **to** a nice flat in town.
	I have a sore throat. [sɔː 'θrəʊt]	Ich habe Halsschmerzen. / Mir tut der Hals weh.	→ **Mit Artikel:** I have **a stomach ache/a headache**. I have **a sore throat.** I have **a temperature**. Ich habe Magenschmerzen/Kopf-schmerzen/Halsschmerzen/Fieber.
	throat [θrəʊt]	Hals	
	sore [sɔː]	schmerzhaft	
	cold [kəʊld]	Erkältung	
	temperature ['temprətʃə]	Temperatur; Fieber	
p. 73	**appointment** [ə'pɔɪntmənt]	Termin; Verabredung	
	I'm not feeling well. [wel]	Ich fühle mich nicht gut.	
	air [eə]	Luft	

p. 74	**just** [dʒʌst]	gerade (eben)	I'm new in York. I've **just** moved here.
	miss [mɪs]	verpassen	! **miss** = **1.** vermissen; **2.** verpassen I'm late! I'll **miss** the bus.
	not … yet [jet]	noch nicht	
	be thirsty ['θɜːsti]	durstig sein, Durst haben	
p. 75	**whole** [həʊl]	ganze(r, s)	
	wash [wɒʃ]	waschen; sauber machen	
	already [ɔːl'redi]	schon	Do you have to go **already**? Can't you stay?

already • not … yet • never • just • before

already	Ellie and Mia have **already** finished their homework.	*schon*
not … yet	I've tidied my room, but I have**n't** finished my homework **yet**.	*noch nicht*
never	I've **never** played basketball.	*(noch) nie*
just	Your room looks great. – Yes, I've **just** tidied it.	*gerade (eben)*
not … before	Try my lasagne. – Thank you. I have**n't** eaten lasagne **before**.	*vorher noch nie*

p. 76	**everything** ['evriθɪŋ]	alles	**everything** ◄► **nothing**

Story

p. 77	**technician** [tek'nɪʃn]	Techniker/in	
	disappointed (with) [dɪsə'pɔɪntɪd]	enttäuscht (von)	No birthday presents? I'd be very **disappointed**!
	kitten ['kɪtn]	Kätzchen, junge Katze	
	make sb. **do** sth.	jn. dazu bringen, etwas zu tun	She couldn't **make** him **stay**, …
	watch sb. **do** sth.	(zu)sehen, wie jemand etwas tut	… so she had to **watch** him **go**.
	stop by [stɒp 'baɪ]	vorbeischauen (in/bei/an)	Let's **stop by** Adam's cafe for a cup of tea.
	phone call *(oft auch kurz:* **call***)* ['fəʊn kɔːl]	(Telefon-)Anruf	
	miss/like/love sb. **so much** [səʊ 'mʌtʃ]	jn. so sehr vermissen/mögen/lieben	I miss them **so much** I could cry all the time.
p. 78	**helpless** ['helpləs]	hilflos	
	something **like this / like that**	so etwas	How beautiful! I've never seen anything **like this** before.
p. 79	**Go on.**	Ach, komm! / Na los, mach schon!	
	have a chat [tʃæt]	eine Unterhaltung führen, sich unterhalten	! **chat** = **1.** sich unterhalten, chatten; **2.** Unterhaltung, Chat
	forget about sth.	(etwas) vergessen, nicht mehr an etwas denken	
	situation [sɪtʃu'eɪʃn]	Situation	

p. 80	**tall** [tɔːl]	groß *(Person)*; hoch *(Gebäude)*	
	short [ʃɔːt]	klein *(Person)*	❗ **short** = **1.** kurz; **2.** klein *(räumlich u. zeitlich)* **short** ◄► **long** *(Person)* **short** ◄► **tall**
	straight [streɪt]	gerade; *(Haare)* glatt	
	sporty ['spɔːti]	sportlich	
	kind [kaɪnd]	nett, freundlich	
	clever ['klevə]	schlau, klug	
	(dictionary) entry ['entri]	(Wörterbuch-)Eintrag	
p. 81	**e-friend** ['iːfrend]	E-Mail-Freund/in	
	north [nɔːθ]	Norden; nördlich; Nord-	
	easy-going [iːzi 'ɡəʊɪŋ]	gelassen, locker	

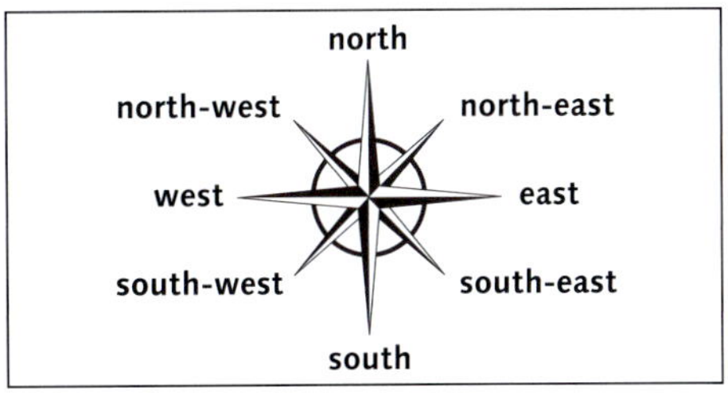

	especially [ɪ'speʃəli]	insbesondere	I love team sports, **especially** football.
	hang out [hæŋ 'aʊt], **hung, hung** [hʌŋ]	rumhängen, abhängen	
	total ['təʊtl]	total	In that costume I'll look like a **total** idiot.
	subject ['sʌbdʒɪkt]	Thema; *(in E-Mails)* Betreff	
	look forward to ['fɔːwəd]	sich freuen auf	I'm **looking forward to** the weekend. We're going to go to the zoo.
	personality [pɜːsə'næləti]	Persönlichkeit; Charakter	What's special about your friend? Tell me about her **personality**.
	ending ['endɪŋ]	Endung; Ende *(Text, Geschichte)*	
p. 82	**archery** ['ɑːtʃəri]	Bogenschießen	
	dive [daɪv]	(ein)tauchen	
	climb [klaɪm]	klettern (auf)	❗ *German:* **auf** einen Hügel/Baum **klettern** *English:* **climb** a hill/tree
	ballroom dancing [bɔːlruːm 'dɑːnsɪŋ]	Standardtanz	
	enjoy [ɪn'dʒɔɪ]	genießen	He's **enjoying** a lazy afternoon.

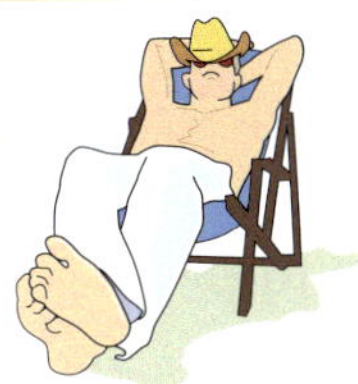

	step [step]	Schritt	
	gymnastics [dʒɪm'næstɪks]	Turnen, Gymnastik	
	judo ['dʒuːdəʊ]	Judo	
	choose [tʃuːz], **chose** [tʃəʊz], **chosen** ['tʃəʊzn]	(aus)wählen	
	outdoor sport ['aʊtdɔː]	Sport für draußen / im Freien	I like to be outdoors: I like **outdoor** activities.

p. 83	**embarrassed** [ɪm'bærəst]	verlegen	I felt so **embarrassed** when my mobile rang.

Unregelmäßige 3. Formen – Irregular past participles

bring	**brought**	**brought**	*(mit)bringen*	**hear**	**heard**	**heard**	*hören*
buy	**bought**	**bought**	*kaufen*	**make**	**made**	**made**	*machen*
cut	**cut**	**cut**	*schneiden*	**meet**	**met**	**met**	*(sich) treffen*
do	**did**	**done** [ʌ]	*tun, machen*	**put**	**put**	**put**	*legen, stellen*
feed	**fed**	**fed**	*füttern*	**ring**	**rang**	**rung** [ʌ]	*läuten, klingeln*
find	**found**	**found**	*finden*	**see**	**saw**	**seen**	*sehen*
forget	**forgot**	**forgotten**	*vergessen*	**send**	**sent**	**sent**	*schicken, senden*
go	**went**	**gone** [ɒ]	*gehen*	**speak**	**spoke**	**spoken**	*sprechen*

► *Unregelmäßige Verben, p. 270*

Unit 5: Dartmoor adventures

p. 88	**mud** [mʌd]	Schlamm, Matsch	
	national park [næʃnəl 'pɑːk]	Nationalpark *(staatliches Naturschutzgebiet)*	
	river ['rɪvə]	Fluss	
	stone [stəʊn]	Stein	
	mysterious [mɪ'stɪəriəs]	geheimnisvoll	It's a mystery: very **mysterious**!
	autumn ['ɔːtəm]	Herbst	! *you say* ['ɔːtəm] – *you write* **autumn**
p. 89	**everywhere** ['evriweə]	überall(hin)	Oh no, look, now there's mud **everywhere**.
	bite [baɪt], **bit** [bɪt], **bitten** ['bɪtn]	beißen	Don't feed the ponies. They **bite**.
	drive **carefully** ['keəfəli]	vorsichtig fahren	! *German:* **Sei vorsichtig.** **Fahr vorsichtig.** *English:* **Be careful.** **Drive carefully.**
	owl [aʊl]	Eule	
	fox [fɒks]	Fuchs	
	badger ['bædʒə]	Dachs	
	in the old days	früher	**In the old days**, there were no mobiles.
	hairy ['heəri]	behaart, haarig	
	across Dartmoor [ə'krɒs]	(quer) über das Dartmoor	Birds can fly **across** the sea.
	smell [smel]	riechen	

Theme 1

p. 90	the weather **will** be good [wɪl]	das Wetter wird gut sein	! I **will** have fun. Ich **werde** Spaß haben. I **want to** have fun. Ich **will** Spaß haben.
	it **won't** rain [wəʊnt] **(=** it **will not** rain**)**	es wird nicht regnen	
	forecast (*kurz für* **weather forecast)** ['fɔːkɑːst]	(Wetter-)Vorhersage	
	foggy ['fɒgi]	nebelig	
	fog [fɒg]	Nebel	

	take [teɪk], **took** [tʊk], **taken** ['teɪkən]	(mit)nehmen; bringen	It's raining! Don't go by bike, **take** the bus. *(nehmen)* It's cold. **Take** a coat! *(mitnehmen)* Can you **take** me home? *(bringen)*
	useful ['juːsfl]	nützlich, hilfreich	
	get lost, got, got [get 'lɒst]	sich verirren, sich verlaufen	
	curious about sth. ['kjʊəriəs]	neugierig auf etwas	My little sister is **curious about** everything. She always asks questions.
	tent [tent]	Zelt	
p. 91	**pack** [pæk]	packen, einpacken	
	cream [kriːm]	Creme	! **cream** = **1.** Sahne; **2.** Creme
	pyjamas *(pl)* [pə'dʒɑːməz]	Schlafanzug	Where are my pink **pyjamas**?

Nomen, die immer Plural sind
Diese Nomen sind immer Plural, anders als ihre deutschen Entsprechungen:

• Your **pyjamas are** nice. **Are they** new?	Dein **Schlafanzug ist** schön. **Ist er** neu?
• My **trousers/jeans are** new. **They're** cool.	Meine **Hose/Jeans ist** neu. **Sie ist** cool.
• **These tights are** nice. How much **are they**?	**Diese Strumpfhose ist** schön. Was **kostet sie**?
• I need my **glasses/scissors**. Where **are they**?	Ich brauche meine **Brille/Schere**. Wo **ist sie**?

	hairdryer ['heədraɪə]	Föhn, Haartrockner	
	rucksack ['rʌksæk]	Rucksack	What a big **rucksack**!
	list [lɪst]	Liste	

Theme 2

p. 92	**maze** [meɪz]	Irrgarten, Labyrinth	
	start [stɑːt]	Anfang, Start	
	finish ['fɪnɪʃ]	Ziel *(beim Sport)*	
	clear [klɪə]	klar, deutlich	→ **clear** / **clearly** **clear** directions – *deutliche Anweisungen* speak **clearly** – *deutlich sprechen*
	if [ɪf]	ob	! **if** = **1.** *wenn, falls:* We'll come to your party **if** we're free. **2.** *ob:* I don't know **if** I can come.
	forward ['fɔːwəd]	vorwärts, nach vorne	one step **forward** ◂▸ one step **back**
	straight on [streɪt 'ɒn]	geradeaus (weiter)	

p. 93	**safety** ['seɪfti]	Sicherheit	
	compass ['kʌmpəs]	Kompass	
	whistle ['wɪsl]	(Triller-)Pfeife	a **whistle**
	plastic ['plæstɪk]	Plastik, Kunststoff	

first-aid kit [fɜːst 'eɪd kɪt]	Erste-Hilfe-Set, Verbandkasten	
first aid [fɜːst 'eɪd]	Erste Hilfe	

Focus on language

She's **putting on** a pullover.

He's **putting on** his hat.

p. 94	**cloud** [klaʊd]	Wolke	
	cloudy ['klaʊdi]	wolkig, bewölkt	
	spring [sprɪŋ]	Frühling	
	put sth. **on** [pʊt 'ɒn]	etwas anziehen *(Kleidung)*; etwas aufsetzen *(Hut)*	
	leave sth. [liːv], **left, left** [left]	etwas zurücklassen	
	litter ['lɪtə]	Abfall	
	bin [bɪn]	(Müll-)Eimer	
	pick sth. **up** [pɪk 'ʌp]	etwas aufheben *(vom Boden)*, etwas hochheben	

	police *(pl)* [pə'liːs]	Polizei	→ **police** ist immer Plural: Where **are** the **police**? We have to call **them**. Wo **ist** die **Polizei**? Wir müssen **sie** rufen.
p. 95	**future** ['fjuːtʃə]	Zukunft	
	married (to) ['mærid]	verheiratet (mit)	! *German:* **verheiratet mit** *English:* **married to**
	single ['sɪŋgl]	ledig, alleinstehend	not married
p. 96	**season** ['siːzn]	Jahreszeit	

The four seasons

	degree [dɪ'griː]	Grad	It'll be 14 **degrees** (14°) and very cloudy.
	cool [kuːl]	kühl	
	windy ['wɪndi]	windig	→ **Nomen + -y → Adjektiv** rain → rainy, wind → windy, hair → hairy, *but:* noise → noisy
	wind [wɪnd]	Wind	
	snowy ['snəʊi]	schneebedeckt; verschneit	
	snow [snəʊ]	Schnee	
	freezing ['friːzɪŋ]	eisig, eiskalt	
	freeze [friːz], **froze** [frəʊz], **frozen** ['frəʊzn]	(ge)frieren	
	minus ['maɪnəs]	minus	

It's **freezing** – **minus** 4 degrees.

Story

p. 97	**bridge** [brɪdʒ]	Brücke	
	cottage ['kɒtɪdʒ]	Häuschen, Hütte	
	stand [stænd], **stood, stood** [stʊd]	stehen; sich (hin)stellen	
	cross [krɒs]	Kreuz	
	prize [praɪz]	Preis, Gewinn	! He won first **prize** in the rap battle. *(Preis im Wettbewerb)* £150 is a good **price** for this bike. *(Kauf-)Preis*

The two-tor adventure (pp. 97–99 and pp. 124–125)

get (to)	gelangen, (hin)kommen (nach)	

Die neuen Wörter aus *The two-tor adventure* kommen in der Geschichte des blauen Teams und in der Geschichte des roten Teams vor und stehen daher hier in alphabetischer Reihenfolge.

get, got, got

1. bekommen	He **got** a job in London.	Er **bekam** eine Stelle in London.
2. werden	It **got** very hot in the room.	Es **wurde** sehr warm im Zimmer.
3. holen, besorgen	Can you go and **get** some milk?	Kannst du etwas Milch **holen** gehen?
4. gelangen, (hin)kommen	How can we **get** to the cottage?	Wie können wir zur Hütte **kommen**?

ground [graʊnd]	(Erd-)Boden	Don't sit on the **ground**. It's too cold.
hound [haʊnd]	(Jagd-)Hund	
joke [dʒəʊk]	Witz, Scherz	
round [raʊnd]	rund	
scarecrow ['skeəkrəʊ]	Vogelscheuche	a **scarecrow** in a field
scream [skri:m]	schreien	
shout [ʃaʊt]	rufen	
voice [vɔɪs]	Stimme	

Skills training

p. 100	**platform** ['plætfɔ:m]	Bahnsteig	! *English:* The train will arrive **at platform** 4. *German:* Der Zug fährt **auf Gleis** 4 ein.
	passenger ['pæsɪndʒə]	Passagier/in, Fahrgast	
	on time	pünktlich	Our train arrived **on time**.
	leave, left, left	abfahren, losfahren	

leave, left, left

1. etwas/jn. **zurücklassen**	He **left** his dog in the car when he went shopping.
2. gehen, weggehen	I said goodbye and **left**.
3. abfahren	The train to Bristol will **leave** from platform 2 at 4:15.

fire ['faɪə]	Feuer

p. 117	**hold** [həʊld], **held, held** [held]	halten	Can you **hold** my bag for a minute? They're in love: they're **holding hands**.
	great **for making friends**	großartig, um Freunde zu finden	

Skills training

p. 118	**prepare (for)** [prɪ'peə]	vorbereiten; sich vorbereiten (auf)	Let's **prepare** food for the party. *(vorbereiten)* I must **prepare for** the maths test tomorrow. *(mich vorbereiten auf)*
	expert ['ekspɜːt]	Experte, Expertin	❗ Betonung auf der 1. Silbe: **expert** ['ekspɜːt]
	research [rɪ'sɜːtʃ]	erforschen, untersuchen, recherchieren	
p. 119	**illustration** [ɪlə'streɪʃn]	Abbildung, Illustration	
	the most interesting information **to me**	die interessanteste Information für mich	
p. 121	**island** ['aɪlənd]	Insel	a small **island** with a **lighthouse**
	puppet ['pʌpɪt]	Puppe *(Handpuppe, Marionette)*	

Unregelmäßige 3. Formen – Irregular past participles

come	**came**	**come**	*kommen*	**show**	**showed**	**shown**	*zeigen*
drive	**drove**	**driven** [ɪ]	*fahren*	**sing**	**sang**	**sung** [ʌ]	*singen*
fly	**flew**	**flown** [əʊ]	*fliegen*	**take**	**took**	**taken**	*nehmen*
give	**gave**	**given** [ɪ]	*geben*	**tell**	**told**	**told**	*erzählen*
mean	**meant**	**meant** [e]	*bedeuten; meinen*	**think**	**thought**	**thought**	*denken*
run	**ran**	**run**	*rennen*	**wake**	**woke**	**woken**	*wecken*
				win	**won**	**won** [ʌ]	*gewinnen*

▶ *Unregelmäßige Verben, p. 270*

Das **DICTIONARY** besteht aus **zwei alphabetischen Wörterlisten:**
English – German (S. 231–249) und **German – English** (S. 250–265)

Im **English – German dictionary** kannst du nachschlagen, wenn du wissen möchtest, was ein englisches Wort bedeutet, wie man es ausspricht oder wie es geschrieben wird.

Im **Dictionary** werden folgende **Abkürzungen und Symbole** verwendet:

pl = plural (Mehrzahl) *AE = American Englisch* *BE = British Englisch*

° Mit diesem Kringel sind Wörter markiert, die nicht zum Lernwortschatz gehören.

Die **Fundstellenangaben** zeigen, wo ein Wort zum ersten Mal vorkommt.
Die Ziffern in Klammern bezeichnen Seitenzahlen:

I = *Headlight* Band 1
II 1 (17) = *Headlight* Band 2, Unit 1, Seite 17

Tipps zur Arbeit mit einem Wörterbuch findest du im Skills file auf Seite 189.

A

a [ə] ein/e I **£10 a week** 10 Pfund pro Woche II 3 (51)
aboard [ə'bɔːd] an Bord I
about [ə'baʊt]:
1. ungefähr I
2. über I
about me über mich I **good about my house** gut an meinem Haus I **What about you?** Und du? / Was ist mit dir? I
°**above** [ə'bʌv] oben; über, oberhalb (von)
accident ['æksɪdənt] Unfall II 5 (100)
ache [eɪk] Schmerz(en) II 4 (72)
across Dartmoor [ə'krɒs] (quer) über das Dartmoor II 5 (89)
act [ækt]:
1. Theater spielen, schauspielern II 1 (12)
°**2.** aufführen, spielen
°**action** ['ækʃn]: **in action** in Aktion
active ['æktɪv] aktiv II 4 (69)
activity [æk'tɪvəti] Aktivität, Tätigkeit II 3 (54)
°**add** [æd] hinzufügen, addieren
address [ə'dres] Adresse I
adopt [ə'dɒpt] adoptieren; *(Tier)* bei sich aufnehmen II 2 (33)
adult ['ædʌlt] Erwachsene/r II 3 (54)
adventure [əd'ventʃə] Abenteuer I
advert ['ædvɜːt] Anzeige, Werbung I
advice [əd'vaɪs] Rat, Ratschlag, Ratschläge II 4 (69)
Africa ['æfrɪkə] Afrika I
after ['ɑːftə] nach *(zeitlich)* I **after dinner** nach dem Abendessen I
afternoon [ɑːftə'nuːn] Nachmittag I **in the afternoon** am Nachmittag I
again [ə'gen] wieder, noch einmal I
against [ə'genst] gegen II 6 (108)
age [eɪdʒ] Alter I
ago [ə'gəʊ]: **a long time ago** vor langer Zeit II 6 (112)
agree [ə'griː]: **agree with sb./sth.** jm. zustimmen; mit etwas einverstanden sein II 1 (9) °**agree on** sich einigen auf
°**ahead** [ə'hed]: **(the road) ahead** (die Straße) vor uns / vor dir
air [eə] Luft II 4 (73)
alarm clock [ə'lɑːm klɒk] Wecker I
alive [ə'laɪv] lebendig, am Leben II 6 (111) **come alive** lebendig werden, (wieder) aufleben II 6 (111)
all [ɔːl] alle(s) I **all over the country** überall im Land, im ganzen Land II 6 (109) **all summer** den ganzen Sommer I
alone [ə'ləʊn] allein II 1 (11)
along [ə'lɒŋ]: **along the road** die Straße entlang II 2 (37) °**sing along with** mitsingen bei
alphabet ['ælfəbet] Alphabet I
already [ɔːl'redi] schon II 4 (75)
also ['ɔːlsəʊ] auch II 3 (48/49)
always ['ɔːlweɪz] immer I
am [æm]: **I'm (= I am)** ich bin I
am [eɪ'em]: **9 am** 9 Uhr morgens/vormittags I
amazing [ə'meɪzɪŋ] erstaunlich II 6 (112)
ambulance ['æmbjələns] Krankenwagen II 5 (100)
an [ən] ein/e *(vor Vokalen)* I
and [ænd], [ənd] und I
angry ['æŋgri] wütend II 1 (23)
animal ['ænɪml] Tier I
°**announcement** [ə'naʊnsmənt] Durchsage, Ansage, Ankündigung
another [ə'nʌðə] ein/e andere/r/s; noch ein/e I
answer ['ɑːnsə]:
1. Antwort II 1 (17/206)
2. antworten (auf), beantworten II 1 (17)
any ['eni]: **Any ideas?** Irgendwelche Ideen? I **we don't have any** wir haben kein/keine/keinen II 2 (28/29)
any more [eni 'mɔː]: **not (...) any more** nicht mehr II 3 (57)
anything ['eniθɪŋ]: **Would you like anything else?** Möchten Sie sonst noch etwas? I **not (...) anything** nichts II 3 (57)
°**anywhere** ['eniweə] irgendwo(hin); überall(hin)
apple ['æpl] Apfel I
appointment [ə'pɔɪntmənt] Termin; Verabredung II 4 (73)
April ['eɪprəl] April I
aquarium [ə'kweəriəm] Aquarium I
archery ['ɑːtʃəri] Bogenschießen II 4 (82)
are [ɑː] bist, sind, seid I **The posters are £ 2.50.** Die Poster kosten 2 Pfund fünfzig. I
°**area** ['eəriə] Gegend, Bereich
arm [ɑːm] Arm II 4 (69) °**I'd have you up under my arm** du wärst schon mein

around [ə'raʊnd] umher- II 1 (8) **around here** hier in der Nähe II 2 (31) °**wear sunglasses around** *(infml)* eine Sonnenbrille dauernd tragen

arrive [ə'raɪv] ankommen II 3 (58)

°**arrow** ['ærəʊ] Pfeil

art [ɑːt] Kunst I

as [æz], [əz] als, während II 3 (58) **as fast as he could** so schnell (wie) er konnte II 2 (31)

ask [ɑːsk] fragen I **ask sb. about sth.** sich bei jm. nach etwas erkundigen II 1 (16) **ask sb. to do sth.** jn. bitten, etwas zu tun II 2 (32) **ask questions** Fragen stellen I °**ask for sth.** um etwas bitten

assembly [ə'sembli] Schulversammlung I

at [æt], [ət]: **at MARTINS** bei MARTINS I **at 1 o'clock** um 1 Uhr / um 13 Uhr I **at a restaurant** in einem Restaurant I **at home** zu Hause, daheim I **at least** wenigstens, zumindest II 2 (41) **at night** nachts, in der Nacht I **at school** in der Schule I **at the bottom** unten, am unteren Ende I **at the cinema** im Kino I **at the moment** im Moment, gerade I **at the top** oben, am oberen Ende; an der Spitze I **at the weekend** am Wochenende I **at this school** auf/an dieser Schule I **at work** bei der Arbeit, am Arbeitsplatz I

ate [eɪt], [et] *siehe* **eat**

attack [ə'tæk]:
1. angreifen II 6 (108)
°2. Angriff

°**attractive** [ə'træktɪv] attraktiv

August ['ɔːgəst] August I

aunt [ɑːnt] Tante I

autumn ['ɔːtəm] Herbst II 5 (88)

°**avoid** [ə'vɔɪd] (ver)meiden

away [ə'weɪ] weg, fort I

B

baby ['beɪbi] Baby I

babysitter ['beɪbisɪtə] Babysitter I

babysitting ['beɪbisɪtɪŋ] Babysitten I

back [bæk]:
1. Rücken; Rückseite II 4 (69)
2. zurück I

bad [bæd] schlecht; schlimm I

badger ['bædʒə] Dachs II 5 (89)

bag [bæg] Tasche I

bake [beɪk] backen II 4 (70)

baked potato [beɪkt pə'teɪtəʊ] Ofenkartoffel *(in der Schale gebackene Kartoffel)* II 4 (70)

balcony ['bælkəni] Balkon I

ball [bɔːl] Ball I

ballroom dancing [bɔːlruːm 'dɑːnsɪŋ] Standardtanz II 4 (82)

band [bænd] Band, Musikgruppe I

bank [bæŋk] Bank *(Geldinstitut)* II 2 (42)

bar [bɑː] Bar II 2 (28/29)

barbecue ['bɑːbɪkjuː] Grillfest, Grillparty II 1 (8)

bark (at sb.) [bɑːk] (jn. an)bellen II 2 (37)

barn [bɑːn] Scheune, Stall I

baseball ['beɪsbɔːl] Baseball II 3 (54)

basketball ['bɑːskɪtbɔːl] Basketball I

°**bat** [bæt] Schläger *(Sport)*

bathroom ['bɑːθruːm] Bad(ezimmer) I

battle ['bætl] Wettstreit, Battle *(im Rap)* I

be [biː], **was/were, been** sein I

beach [biːtʃ] Strand I **on the beach** am Strand I

bear [beə] Bär I

beat [biːt] *(Musik)* Beat, Rhythmus I

beautiful ['bjuːtɪfl] schön, wunderschön II 3 (56)

became [bɪ'keɪm] *siehe* **become**

because [bɪ'kɒz] weil I °**'cause** weil (= because)

become [bɪ'kʌm], **became, become** werden II 6 (109)

bed [bed] Bett I

bedroom ['bedruːm] Schlafzimmer I

been [biːn] *siehe* **be**

before [bɪ'fɔː]:
1. bevor; vor *(zeitlich)* I
2. vorher; zuvor II 4 (70)

began [bɪ'gæn] *siehe* **begin**

begin [bɪ'gɪn], **began, begun** anfangen, beginnen II 6 (114)

°**beginning** [bɪ'gɪnɪŋ] Anfang

begun [bɪ'gʌn] *siehe* **begin**

behind [bɪ'haɪnd] hinter I

believe (in sth.) [bɪ'liːv] glauben (an etwas) II 6 (110)

°**below** [bɪ'ləʊ] unten; unter(halb von)

best [best] beste(r, s); am besten I **Best wishes** Viele Grüße … *(Briefschluss)* I **like sth. best** etwas am liebsten mögen II 3 (62) **the best of both worlds** das Beste von beidem I

better ['betə] besser I **do better** besser abschneiden II 2 (40) **like sth. better** etwas lieber mögen II 3 (62)

between [bɪ'twiːn] zwischen I

°**bicycle** ['baɪsɪkl] Fahrrad

big [bɪg] groß I

bike [baɪk] Fahrrad I

bin [bɪn] (Müll-)Eimer II 5 (94)

bird [bɜːd] Vogel I

birthday ['bɜːθdeɪ] Geburtstag I **Happy birthday!** Herzlichen Glückwunsch zum Geburtstag! I **It's her birthday.** Sie hat Geburtstag. I

biscuit ['bɪskɪt] Keks, Plätzchen I

bit [bɪt] *siehe* **bite**

bit [bɪt]: **a bit** ein bisschen I

bite [baɪt], **bit, bitten** beißen II 5 (89)

bitten ['bɪtn] *siehe* **bite**

black [blæk] schwarz I

blanket ['blæŋkɪt] Decke *(zum Zudecken u. Ä.)* I

blazer ['bleɪzə] Blazer *(Jackett, oft Teil der Schuluniform)* I

°**blew** [bluː] *siehe* **blow**

blind [blaɪnd] blind II 2 (33)

block of flats [blɒk əv 'flæts] Mehrfamilienhaus, Wohnblock I

blog [blɒg] Blog *(Internet-Tagebuch)* II 1 (10)

°**blond** [blɒnd] blond

blouse [blaʊz] Bluse II 3 (53)

°**blow** [bləʊ], **blew, blown** blasen (in); wehen *(Wind)*

°**blown** [bləʊn] *siehe* **blow**

blue [bluː] blau I

BMX [biː em 'eks] BMX(-Fahrrad) I

board [bɔːd]:
1. Tafel I
°2. Skateboard

boat [bəʊt] Boot; Schiff II 6 (111)

°**body** ['bɒdi] Körper

bodyboard ['bɒdibɔːd] *kurzes Surfbrett, mit dem man auf dem Bauch liegend surft* I

bonfire ['bɒnfaɪə] *(großes Freuden-)*Feuer II 2 (34)

book [bʊk] Buch I

bookshop ['bʊkʃɒp] Buchladen II 2 (42)

boot [buːt] Stiefel II 3 (53) **walking boot** Wanderstiefel II 5 (90)

bored [bɔːd] gelangweilt II 1 (11)
feel bored Langeweile haben II 1 (11)
boring ['bɔːrɪŋ] langweilig I
borrow ['bɒrəʊ] (aus)leihen, sich borgen I
bossy ['bɒsi] herrisch, rechthaberisch I
both [bəʊθ] beide I **the best of both worlds** das Beste von beidem I
bottle ['bɒtl] Flasche I **a bottle of ...** eine Flasche ... I
bottom ['bɒtəm]: **at the bottom** unten, am unteren Ende I
bought [bɔːt] *siehe* **buy**
bowling ['bəʊlɪŋ] Bowling, Kegeln II 3 (54)
bowls *(pl)* [bəʊlz] Rasenbowling *(Spiel)* II 6 (114)
box [bɒks] Kasten, Kiste, Kästchen I
boy [bɔɪ] Junge I
boyfriend ['bɔɪfrend] (fester) Freund I
bread [bred] Brot I
break [breɪk] Pause I **at break** in der Pause *(zwischen Schulstunden)* II 1 (11)
breakfast ['brekfəst] Frühstück I **have breakfast** frühstücken I
bridge [brɪdʒ] Brücke II 5 (97)
bring [brɪŋ], **brought, brought** bringen, mitbringen I
Britain ['brɪtn] Großbritannien II 2 (30)
British ['brɪtɪʃ] britisch I
°**broccoli** ['brɒkəli] Brokkoli
brochure ['brəʊʃə] Broschüre, Prospekt I
brother ['brʌðə] Bruder I
brought [brɔːt] *siehe* **bring**
brown [braʊn] braun I
°**bubble** ['bʌbl] Blase *(Denkblase, Sprechblase)*
budgie ['bʌdʒi] Wellensittich II 2 (33)
build [bɪld], **built, built** bauen II 6 (114)
built [bɪlt] *siehe* **build**
bull [bʊl] Stier, Bulle I
burger ['bɜːgə] Hamburger *(Frikadelle)* II 4 (68)
bus [bʌs] Bus I **go by bus** mit dem Bus fahren I **on the bus** im Bus I
bus station ['bʌs steɪʃn] Busbahnhof I
bus stop ['bʌs stɒp] Bushaltestelle II 2 (28/29)
busy ['bɪzi]: **The kitchen is too busy.** In der Küche ist zu viel los. I **be busy** beschäftigt sein; viel zu tun haben I
but [bʌt], [bət] aber I
butter ['bʌtə] Butter II 4 (71)
buy [baɪ], **bought, bought** kaufen I
by [baɪ]: **go by bus** mit dem Bus fahren I °**surprised by** überrascht von
Bye. [baɪ] Tschüs. I

C

cafe ['kæfeɪ] Café I
cage [keɪdʒ] Käfig I
cake [keɪk] Kuchen, Torte I
calculator ['kælkjuleɪtə] Taschenrechner I
call [kɔːl] rufen; anrufen; nennen II 2 (38) °**be called** heißen °**be on call** (Bereitschafts-)Dienst haben
came [keɪm] *siehe* **come**
camera ['kæmərə] Fotoapparat; Kamera I
camp [kæmp] (Zelt-)Lager II 1 (8)
camping ['kæmpɪŋ] Camping I
can [kæn], [kən] können I **I can't (= cannot) do my homework.** Ich kann meine Hausaufgaben nicht machen. I
candy ['kændi] *(AE)* Süßigkeiten II 2 (35)
canoe [kə'nuː] Kanu, Paddelboot I
canteen [kæn'tiːn] Kantine, (Schul-)Mensa I
cap [kæp] Kappe, (Schirm-)Mütze II 3 (53)
capital ['kæpɪtl]: **capital (letter)** Großbuchstabe II 5 (102)
captain ['kæptɪn] Kapitän/in II 6 (111)
°**caption** ['kæpʃn] Bildunterschrift
car [kɑː] Auto I
car park ['kɑː pɑːk] Parkplatz II 2 (28/29)
card [kɑːd] Karte I
careful ['keəfl] vorsichtig; sorgfältig; aufmerksam II 3 (55) **drive carefully** vorsichtig fahren II 5 (89)
carriage ['kærɪdʒ] Kutsche II 6 (113)
carrot ['kærət] Möhre, Karotte II 4 (70)
cartoon [kɑː'tuːn] Zeichentrickfilm; Comic II 3 (62)
castle ['kɑːsl] Burg II 6 (110)
cat [kæt] Katze I
°**catch** [kætʃ], **caught, caught** (ein)fangen
Catholic ['kæθlɪk] Katholik/in; katholisch II 6 (108)
°**caught** [kɔːt] *siehe* **catch**
cave [keɪv] Höhle II 6 (115)
CD [siː 'diː] CD I
CD player [siː'diː pleɪə] CD-Player II 3 (57)
celebrate ['selɪbreɪt] feiern II 2 (34)
°**central** ['sentrəl] zentral
centre ['sentə] Zentrum, (Stadt-)Mitte I
°**century** ['sentʃəri] Jahrhundert
cereals *(pl)* ['sɪəriəlz] Getreide-, Frühstücksflocken II 4 (71)
chain [tʃeɪn] Kette I
chair [tʃeə] Stuhl I
chance [tʃɑːns] Chance, Gelegenheit II 4 (70)
°**change** [tʃeɪndʒ] (ver)ändern; wechseln
change (clothes) [tʃeɪndʒ] sich umziehen, sich andere Sachen anziehen II 2 (37)
channel ['tʃænl] Kanal II 1 (14)
chant [tʃɑːnt] Sprechgesang I
charity ['tʃærəti] wohltätige Organisation II 3 (58) **charity shop** *Geschäft, das gespendete Waren für wohltätige Zwecke verkauft* II 3 (58)
chat [tʃæt]:
1. Chat II 4 (79)
2. Unterhaltung *(Gespräch)* II 4 (79)
have a chat eine Unterhaltung führen, sich unterhalten II 4 (79)
chat (with) [tʃæt] plaudern, „chatten", sich unterhalten (mit) II 4 (78)
cheap [tʃiːp] billig, preiswert II 3 (54)
check [tʃek] (über)prüfen, kontrollieren II 2 (33) **check a website** auf einer Website nachschauen II 2 (33)
°**cheetah** ['tʃiːtə] Gepard
°**chef** [ʃef] Koch, Köchin *(als Beruf)*
chicken ['tʃɪkɪn] Huhn; (Brat-)Hähnchen I
child, *(pl)* **children** [tʃaɪld], [tʃɪldrən] Kind, Kinder I
chill *(infml)* [tʃɪl] relaxen, sich ausruhen II 3 (48/49)
chipmunk ['tʃɪpmʌŋk] Streifenhörnchen I
chips *(pl)* [tʃɪps] Pommes frites I

chocolate ['tʃɒklət] Schokolade I
choose [tʃu:z], **chose, chosen** (aus)wählen II 4 (82)
chore [tʃɔ:] (Haus-)Arbeit, *(lästige)* Pflicht II 3 (48/49)
do chores (Haus-)Arbeiten erledigen II 3 (48/49)
°**chorus** ['kɔ:rəs] Refrain *(Lied)*
chose [tʃəuz] *siehe* **choose**
chosen ['tʃəuzn] *siehe* **choose**
Christmas ['krɪsməs] Weihnachten II 1 (12)
church [tʃɜ:tʃ] Kirche I
cinema ['sɪnəmə] Kino I
circle ['sɜ:kl] Kreis II 1 (13)
°**circus** ['sɜ:kəs] Zirkus
city ['sɪti] (Groß-)Stadt I
class [klɑ:s]:
1. Klasse I
2. Unterricht; Kurs II 1 (10)
class teacher ['klɑ:s ti:tʃə] Klassenlehrer/in I
°**classmate** ['klɑ:smeɪt] Mitschüler/in
classroom ['klɑ:sru:m] Klassenraum I
clean [kli:n] sauber machen, putzen I
clear [klɪə] klar, deutlich II 5 (92)
°**speak clearly** deutlich sprechen
clever ['klevə] schlau, klug II 4 (80)
climb [klaɪm] klettern (auf) II 4 (82)
clock [klɒk] (Wand-, Stand-, Turm-)Uhr I
close [kləuz] schließen, zumachen I
clothes *(pl)* [kləuðz] Kleidung(sstücke) II 2 (34)
cloud [klaud] Wolke II 5 (94)
cloudy ['klaudi] wolkig, bewölkt II 5 (94/223)
club [klʌb] Klub I **Join the club.** Da bist du nicht der/die Einzige. II 6 (113)
°**clumsy** ['klʌmzi] unbeholfen, ungeschickt
coach [kəutʃ] Trainer/in II 3 (61)
coast [kəust] Küste II 6 (108) **on the coast** an der Küste II 6 (108)
°**cocker spaniel** [kɒkə 'spænjəl] Cockerspaniel *(Hunderasse)*
cocoa ['kəukəu] Kakao II 2 (35)
coffee ['kɒfi] Kaffee I
cold [kəuld]:
1. kalt II 1 (8)
2. Erkältung II 4 (72)
collar ['kɒlə] Halsband II 2 (31)
collect [kə'lekt] sammeln II 1 (20)
colour ['kʌlə] Farbe I
°**column** ['kɒləm] Spalte

come [kʌm], **came, come** (mit) kommen I **Come on!** Na los! / Komm(t) (schon)! I **come up** aufgehen *(Sonne)* I **the sea's coming in** die Flut kommt; das Wasser steigt I °**come true** wahr werden
comedy ['kɒmədi] Comedyshow; Komödie II 3 (62)
comfortable ['kʌmftəbl] bequem, gemütlich II 3 (58)
comic ['kɒmɪk] Comic II 3 (57)
°**comment** ['kɒment] Kommentar
community college [kə'mju:nəti kɒlɪdʒ] weiterführende Schule *(BE)* I
°**compare** [kəm'peə] vergleichen
°**comparison** [kəm'pærɪsn] Vergleich
compass ['kʌmpəs] Kompass II 5 (93)
°**complain** [kəm'pleɪn] sich beklagen, jammern
°**complete** [kəm'pli:t]:
1. vervollständigen
2. vollständig
computer [kəm'pju:tə] Computer I
concert ['kɒnsət] Konzert I
control [kən'trəul]: **lose control** die Kontrolle verlieren I
cook [kuk]:
1. Koch, Köchin I
2. kochen, *(Essen)* zubereiten I
cool [ku:l]:
1. cool I
2. kühl II 5 (96)
°**copy** ['kɒpi]:
1. Kopie; Exemplar
2. kopieren, abschreiben
corner ['kɔ:nə] Ecke I **pets corner** Streichelzoo I
correct [kə'rekt]:
1. korrigieren, berichtigen II 5 (102)
°2. korrekt
costume ['kɒstju:m] Kostüm, Verkleidung II 2 (34)
cottage ['kɒtɪdʒ] Häuschen, Hütte II 5 (97)
could [kud]:
1. **he could** er konnte II 2 (31)
2. **he could** er könnte II 2 (32)
°**count** [kaunt] zählen
country ['kʌntri] Land I
cousin ['kʌzn] Cousin/e I
°**cover** ['kʌvə] bedecken, *(Augen)* zuhalten
cow [kau] Kuh I
crab [kræb] Krebs I

°**crash (into)** [kræʃ] einen Unfall haben, zusammenstoßen (mit)
°**crayon** ['kreɪən] Buntstift
crazy ['kreɪzi] verrückt I
°**creak** [kri:k] knarren, quietschen
cream [kri:m]:
1. Creme II 5 (91/222)
2. Sahne I
cricket ['krɪkɪt] Kricket *(Mannschaftssportart)* II 1 (12)
crime series, *(pl)* **crime series** ['kraɪm sɪəri:z] Krimiserie II 3 (62)
crisps *(pl)* [krɪsps] (Kartoffel-)Chips I
Croatia [krəu'eɪʃə] Kroatien I
crocodile ['krɒkədaɪl] Krokodil I
cross [krɒs]:
1. Kreuz II 5 (97)
2. überqueren II 2 (42)
°**cruelty** ['kru:əlti] Grausamkeit
cruelty to animals Tierquälerei
cry [kraɪ] weinen II 1 (18)
°**cucumber** ['kju:kʌmbə] (Schlangen-)Gurke
cup [kʌp] Tasse I **a cup of …** eine Tasse … I
curious about ['kjuəriəs] neugierig auf II 5 (90)
°**curly** ['kɜ:li] lockig
cushion ['kuʃn] Kissen I
customer ['kʌstəmə] Kunde, Kundin I
cut [kʌt], **cut, cut** schneiden; *(Rasen)* mähen II 3 (51)
cute [kju:t] niedlich, süß I
°**cycle** ['saɪkl] Rad fahren

D

dad [dæd] Papa, Vati I
daily ['deɪli] täglich II 6 (111)
dance [dɑ:ns] tanzen I
danger ['deɪndʒə] Gefahr II 2 (39)
dangerous ['deɪndʒərəs] gefährlich I
dark [dɑ:k] dunkel II 4 (71)
dart [dɑ:t] (Wurf-)Pfeil II 3 (58)
dartboard ['dɑ:tbɔ:d] Dartscheibe II 3 (57)
date [deɪt] Datum I
daughter ['dɔ:tə] Tochter I
day [deɪ] Tag I **in the old days** früher II 5 (89)
day out, *(pl)* **days out** [deɪ 'aut] (Tages-)Ausflug II 3 (54)
deal [di:l] Geschäft; Vereinbarung II 3 (57) **It's a deal!** Abgemacht! II 3 (57)
dear [dɪə]: **Dear …** Liebe/r … I **Oh dear.** Oje! I

December [dɪ'sembə] Dezember I
°**decide** [dɪ'saɪd] beschließen, sich entscheiden
°**decorate** ['dekəreɪt] dekorieren, schmücken
degree [dɪ'griː] Grad II 5 (96)
den [den] Versteck; Hobbyraum II 3 (58)
°**Denmark** ['denmɑːk] Dänemark
describe [dɪ'skraɪb] beschreiben I
desk [desk] Schreibtisch I
dessert [dɪ'zɜːt] Nachspeise, Dessert II 4 (68)
destroy [dɪ'strɔɪ] zerstören, vernichten II 6 (114)
°**detective** [dɪ'tektɪv] Detektiv/in
dialogue ['daɪəlɒg] Dialog I
diary ['daɪəri] Tagebuch; Kalender I
dictionary ['dɪkʃənri] Wörterbuch, *(alphabetisches)* Wörterverzeichnis I **dictionary entry** Wörterbucheintrag II 4 (80)
did [dɪd] *siehe* **do** **I didn't want to ... (= did not)** ich wollte nicht ... II 1 (10) **Which club did you join?** In welchen Klub bist du eingetreten? II 1 (13)
die [daɪ] sterben II 1 (18)
difference ['dɪfrəns] Unterschied I **make a difference** etwas bewirken, etwas ausmachen I
different ['dɪfrənt] verschieden; anders I
difficult ['dɪfɪkəlt] schwierig I
dinner ['dɪnə] Abendessen I
directions *(pl)* [də'rekʃnz] Wegbeschreibung(en) II 2 (42)
disabled [dɪs'eɪbld] (körper)behindert I
disappointed (with) [dɪsə'pɔɪntɪd] enttäuscht (von) II 4 (77)
discover [dɪ'skʌvə] entdecken II 6 (111)
°**discuss** [dɪ'skʌs] diskutieren
discussion [dɪ'skʌʃn] Diskussion I
dishwasher ['dɪʃwɒʃə] Geschirrspülmaschine II 3 (51)
dive [daɪv]:
1. (ein)tauchen II 4 (82)
2. einen Kopfsprung machen I
°**divide into** [dɪ'vaɪd] auf-/einteilen in
do [duː], **did, done** machen, tun I **do a paper round** Zeitungen austragen II 3 (51) **do better** besser abschneiden II 2 (40) **do sport** Sport treiben I **she doesn't like** sie mag nicht I
doctor ['dɒktə] Arzt, Ärztin II 4 (71)
documentary [dɒkju'mentri] Dokumentarfilm II 3 (62)
dog [dɒg] Hund I **dogs' home** Hundeheim II 2 (31)
done [dʌn] *siehe* **do** **Well done.** Gut gemacht! I
donkey ['dɒŋki] Esel I
door [dɔː] Tür I
°**dormitory,** *infml auch:* **dorm** ['dɔːmətri] Schlafsaal
°**dossier** ['dɒsieɪ] Mappe, Dossier
°**double circle** [dʌbl 'sɜːkl] Doppelkreis
down [daʊn] hinunter, herunter II 2 (38/211) **down the hill** den Hügel hinunter I
downstairs [daʊn'steəz] (nach) unten *(die Treppe hinunter)* I
°**draft** [drɑːft] Entwurf
drama ['drɑːmə] Schauspiel, darstellende Kunst I
drank [dræŋk] *siehe* **drink**
°**draw** [drɔː] zeichnen
dream [driːm] Traum I
dress [dres] Kleid II 3 (58)
drink [drɪŋk] Getränk I
drink [drɪŋk], **drank, drunk** trinken I
drive [draɪv], **drove, driven** *(mit dem Auto)* fahren II 1 (14)
driven ['drɪvn] *siehe* **drive**
°**drop** [drɒp] fallen lassen
drove [drəʊv] *siehe* **drive**
drummer ['drʌmə] Trommler/in II 6 (113)
drums [drʌmz] Schlagzeug; Trommeln I
drunk [drʌŋk] *siehe* **drink**
°**dry** [draɪ] trocken
duck [dʌk] Ente I

E

e.g. [iː 'dʒiː] *(aus dem Lateinischen)* z.B. (zum Beispiel) II 3 (61)
each [iːtʃ] jede(r, s) (einzelne) II 1 (16)
ear [ɪə] Ohr II 2 (32)
early ['ɜːli] früh I
earth [ɜːθ] Erde II 3 (56)
east [iːst] Osten; östlich; Ost- II 4 (81)
easy ['iːzi] einfach, leicht I
easy-going [iːzi 'gəʊɪŋ] gelassen, locker II 4 (81)
eat [iːt], **ate, eaten** essen; fressen I
eaten ['iːtn] *siehe* **eat**
e-friend ['iːfrend] E-Mail-Freund/in II 4 (81)
°**egg** [eg] Ei
eight [eɪt] acht I
either ['eɪðə]: **not ... either** auch nicht II 3 (51)
electronics [ɪlek'trɒnɪks] Elektronik II 2 (28/29)
elephant ['elɪfənt] Elefant I
eleven [ɪ'levən] elf I
else [els]: **Would you like anything else?** Möchten Sie sonst noch etwas? I
email ['iːmeɪl] E-Mail I
embarrassed [ɪm'bærəst] verlegen II 4 (83)
emergency [i'mɜːdʒənsi] Notfall II 5 (100) **emergency services** Rettungsdienste II 5 (100)
empty ['empti]:
1. leer II 3 (51/213)
2. leeren II 3 (51)
end [end] Ende, Schluss I **in the end** schließlich, zum Schluss II 1 (16)
ending ['endɪŋ] Endung; Ende *(Text, Geschichte)* II 4 (81)
°**enemy** ['enəmi] Feind/in
England ['ɪŋglənd] England I
English ['ɪŋglɪʃ] Englisch; englisch I
°**English-speaking** ['ɪŋglɪʃ spiːkɪŋ] englischsprachig
enjoy [ɪn'dʒɔɪ] genießen II 4 (82)
enough [ɪ'nʌf] genug II 3 (51)
entrance ['entrəns] Eingang; Zutritt II 3 (52)
entry ['entri]:
1. Eintrag *(Wörterbuch)* II 4 (80)
°2. Zugang/Eingang; Zufahrt/Einfahrt
°**equipment** [ɪ'kwɪpmənt] Ausrüstung
e-reader ['iː riːdə] E-Book-Reader II 5 (91)
especially [ɪ'speʃəli] insbesondere II 4 (81)
etc. [et'setərə] *(aus dem Lateinischen)* usw. (und so weiter) II 3 (61)
°**euro,** *(pl)* **euros** ['jʊərəʊ] Euro
evening ['iːvnɪŋ] Abend I **in the evening** abends, am Abend I
event [ɪ'vent] Ereignis II 6 (110)
every ['evri] jede(r, s) I
everybody ['evribɒdi] jeder, alle I
everyone ['evriwʌn] jeder; alle II 2 (36)
everything ['evriθɪŋ] alles II 4 (76)
everywhere ['evriweə] überall(hin) II 5 (89)

example [ɪgˈzɑːmpl] Beispiel II 3 (51) **for example** zum Beispiel II 3 (51)
°**exchange student** [ɪksˈtʃeɪndʒ stjuːdnt] Austauschschüler/in
excited [ɪkˈsaɪtɪd] aufgeregt, gespannt I
exciting [ɪkˈsaɪtɪŋ] aufregend I
Excuse me, ... [ɪksˈkjuːz miː] Entschuldigung, ... / Entschuldigen Sie, ... I
exercise [ˈeksəsaɪz]:
1. Übung, Aufgabe I
°2. Bewegung *(sportliche Aktivität)*
exercise book [ˈeksəsaɪz bʊk] (Schul-)Heft I
expensive [ɪkˈspensɪv] teuer I
experience sth. [ɪkˈspɪəriəns] etwas erfahren, erleben II 6 (111)
experiment [ɪkˈsperɪmənt] Experiment II 1 (12)
expert [ˈekspɜːt] Experte, Expertin II 6 (118)
explain sth. to sb. [ɪkˈspleɪn] jm. etwas erklären II 6 (113)
extra [ˈekstrə] Extra-, zusätzliche(r, s) II 3 (50)
eye [aɪ] Auge II 1 (18)

F

face [feɪs] Gesicht I
fall [fɔːl], **fell, fallen** fallen; hinfallen I °**fall in love** sich verlieben
fallen [ˈfɔːlən] *siehe* **fall**
false [fɔːls] falsch, unrichtig I
family [ˈfæməli] Familie I **family tree** Familienstammbaum I °**family name** Familienname, Nachname
famous [ˈfeɪməs] berühmt II 6 (108)
°**fantastic** [fænˈtæstɪk] fantastisch
fantasy [ˈfæntəsi] Fantasie; Fantasy *(Literatur-, Filmgattung)* II 6 (112)
far [fɑː] weit (entfernt) II 2 (31) **far away** weit weg II 2 (31)
farm [fɑːm] Bauernhof, Farm I
fast [fɑːst] schnell I
fat [fæt] dick, fett II 6 (116)
father [ˈfɑːðə] Vater I
favourite [ˈfeɪvərɪt] Lieblings- I **favourite colour** Lieblingsfarbe I
February [ˈfebruəri] Februar I
fed [fed] *siehe* **feed** **feel fed up** genervt sein, sauer sein; die Nase voll haben I
feed [fiːd], **fed, fed** füttern I
feel [fiːl], **felt, felt** sich fühlen; fühlen I **feel bored** Langeweile haben II 1 (11)
feeling [ˈfiːlɪŋ] Gefühl I
fell [fel] *siehe* **fall**
felt [felt] *siehe* **feel**
ferry [ˈferi] Fähre I
festival [ˈfestɪvl] Fest II 2 (30)
few [fjuː]: **a few** ein paar, einige II 1 (17)
field [fiːld] Feld; Weide I **in the field** auf der Weide I
fight [faɪt], **fought, fought** kämpfen II 6 (108)
°**file** [faɪl] Datei; Ordner, Liste
fill [fɪl] füllen II 3 (51) °**fill in** einsetzen; ausfüllen
film [fɪlm] Film I
finally [ˈfaɪnəli] schließlich, endlich II 6 (110)
find [faɪnd], **found, found** finden I **find out about sth.** sich über etwas informieren, etwas herausfinden II 3 (62)
fine [faɪn] gut, in Ordnung; schön I **I'm fine.** Mir geht es gut. I
°**finger** [ˈfɪŋgə] Finger
finish [ˈfɪnɪʃ]:
1. beenden, zu Ende machen II 1 (20)
2. Ziel *(beim Sport)* II 5 (92)
fire [ˈfaɪə] Feuer II 5 (100)
fire station [ˈfaɪə steɪʃn] Feuerwache I
firefighter [ˈfaɪəfaɪtə] Feuerwehrmann, Feuerwehrfrau I
firework [ˈfaɪəwɜːk] Feuerwerkskörper II 2 (31) **fireworks** *(pl)* Feuerwerk II 2 (31)
first [fɜːst]:
1. erste(r, s) I
2. zuerst, als Erstes I
at first zuerst, am Anfang II 1 (17) **the first morning** der erste Morgen I
first aid [fɜːst ˈeɪd] Erste Hilfe II 5 (93) **first-aid kit** Erste-Hilfe-Set, Verbandkasten II 5 (93)
fish [fɪʃ] Fisch(e) I
fist [fɪst] Faust II 4 (69)
fit [fɪt] fit II 1 (12)
°**fit** [fɪt] passen (zu)
five [faɪv] fünf I **Give me five!** Gib mir fünf! *(Aufforderung zum „Abklatschen", Geste der Freude/Begrüßung)* II 1 (10)
flag [flæg] Fahne, Flagge II 5 (103)
°**flap** [flæp] Klappe, umgeklappter Teil
flat [flæt] Wohnung I **block of flats** Mehrfamilienhaus, Wohnblock I
flew [fluː] *siehe* **fly**
flower [ˈflaʊə] Blume; Blüte II 2 (28/29)
flown [fləʊn] *siehe* **fly**
°**flu** [fluː] Grippe
fly [flaɪ], **flew, flown** fliegen I
flyer [ˈflaɪə] Flyer *(Handzettel, Werbezettel)* II 5 (90)
°**focus** [ˈfəʊkəs] Schwerpunkt **focus on language** *(etwa)* Schwerpunkt: Sprache
fog [fɒg] Nebel II 5 (90/222)
foggy [ˈfɒgi] nebelig II 5 (90)
°**fold** [fəʊld] falten
follow [ˈfɒləʊ] folgen; verfolgen I °**followed by** gefolgt von
food [fuːd] Essen, Lebensmittel; Futter I
°**foot,** *(pl)* **feet** [fʊt] Fuß
football [ˈfʊtbɔːl] Fußball I
for [fɔː], [fə] für I **for a few minutes** ein paar Minuten (lang) II 1 (17) **for example** zum Beispiel II 3 (51) **great for making friends** großartig, um Freunde zu finden II 6 (117) **What's for homework?** Was haben wir als Hausaufgabe(n) auf? I
forecast [ˈfɔːkɑːst] Vorhersage II 5 (90)
forget [fəˈget], **forgot, forgotten** vergessen I **forget about sth.** (etwas) vergessen, nicht mehr an etwas denken II 4 (79)
forgot [fəˈgɒt] *siehe* **forget** **I forgot my homework.** Ich habe meine Hausaufgaben vergessen. I
forgotten [fəˈgɒtn] *siehe* **forget**
°**form** [fɔːm] Form
°**fortune-teller** [ˈfɔːtʃuːn telə] Wahrsager/in
forward [ˈfɔːwəd] vorwärts, nach vorne II 5 (92)
fought [fɔːt] *siehe* **fight**
found [faʊnd] *siehe* **find**
four [fɔː] vier I
fox [fɒks] Fuchs II 5 (89)
France [frɑːns] Frankreich I
freak [friːk] Freak, Fan II 4 (81)
free [friː] frei I **free-time activities** Freizeitaktivitäten II 3 (61) **It's free.** Es ist kostenlos/umsonst. I
freeze [friːz], **froze, frozen** (ge)frieren II 5 (96/224)

freezing ['fri:zɪŋ] eisig, eiskalt II 5 (96)
French [frentʃ] Französisch; französisch I
fresh [freʃ] frisch I
Friday ['fraɪdeɪ], ['fraɪdi] Freitag I
friend [frend] Freund/in I
friendly ['frendli] freundlich I
frisbee ['frɪzbi] Frisbee I
from [frɒm] von, aus I **from Monday to Friday** von Montag bis Freitag I **Where are you from?** Wo kommst du her? I
front [frʌnt]**: in front of** vor I
froze [frəʊz] *siehe* **freeze**
frozen ['frəʊzn] *siehe* **freeze**
fruit [fru:t] Obst I
frustrated [frʌ'streɪtɪd] frustriert II 3 (50)
full [fʊl] voll I
fun [fʌn] Spaß I **she's fun** es macht Spaß, mit ihr zusammenzusein I **it's fun** es macht Spaß I °**a fun day** *(etwa)* ein Tag voller Spaß °**just for fun** nur zum Spaß
funny ['fʌni] witzig, komisch II 1 (10)
furry ['fɜ:ri] flauschig; pelzig I
future ['fju:tʃə] Zukunft II 5 (95)

G

°**gallery** ['gæləri] Galerie
game [geɪm] Spiel I
garage ['gærɑ:ʒ]**:**
1. (Auto-)Werkstatt II 2 (28/29)
2. Garage I
garage sale Garagenflohmarkt *(privater Flohmarkt)* I
garden ['gɑ:dn] Garten I
gave [geɪv] *siehe* **give**
gear [gɪə] Ausrüstung II 3 (61)
geography [dʒi'ɒgrəfi] Geografie, Erdkunde I
German ['dʒɜ:mən]**:**
1. deutsch; Deutsch I
2. Deutsche, Deutscher II 4 (70)
Germany ['dʒɜ:məni] Deutschland I
get [get]**, got, got:**
1. bekommen I
2. werden II 3 (58)
3. get sth. (sich) etwas holen, (sich) etwas besorgen II 1 (17)
4. get (to) gelangen, (hin)kommen (nach) II 5 (97)
get lost sich verirren, sich verlaufen II 5 (90) **Get lost!** Verschwinde(t)! II 2 (31) **get out of** herauskommen aus, herausfinden aus II 6 (113) **get up** ufstehen I
girl [gɜ:l] Mädchen I
girlfriend ['gɜ:lfrend] (feste) Freundin I
give [gɪv]**, gave, given** geben I **give a talk** einen Vortrag halten II 3 (61) **Give me five!** Gib mir fünf! *(Aufforderung zum „Abklatschen", Geste der Freude/Begrüßung)* II 1 (10)
given ['gɪvn] *siehe* **give**
glad [glæd]**: I'm glad** ich bin froh II 6 (112)
glasses *(pl)* ['glɑ:sɪz] *(eine)* Brille I
glove [glʌv] Handschuh II 3 (52)
go [gəʊ]**, went, gone** gehen; fahren I **Go for it!** Nichts wie ran! II 3 (51) **Go to sleep!** Schlaf jetzt! I **go with** passen zu, gehören zu I **Here we go!** *(infml)* Jetzt geht's los! II 2 (37) **How's it going?** Wie geht's? / Wie läuft's? I **I must go.** *(am Telefon)* Ich muss Schluss machen. I **I'm going to bring ...** ich werde ... mitbringen I
°**gold** [gəʊld] Gold
gone [gɒn] *siehe* **go**
good [gʊd] gut I **Good boy. / Good dog.** Braver Junge. / Braver Hund. II 2 (31) **Good morning.** Guten Morgen. I **It's good value.** Es ist sein Geld wert. / Es ist preiswert. I °**be good at sth.** etwas gut können;gut in etwas sein
Goodbye. [gʊd'baɪ] Auf Wiedersehen! I
got [gɒt] *siehe* **get** °**you've got** du hast
grandfather ['grænfɑ:ðə] Großvater I
grandma ['grænmɑ:] Oma I
grandmother ['grænmʌðə] Großmutter I
grandpa ['grænpɑ:] Opa I
grandparents ['grænpeərənts] Großeltern I
granny ['græni] Oma I
grass [grɑ:s] Gras; Rasen II 3 (51)
great [greɪt] toll, großartig I
Great Britain [greɪt 'brɪtn] Großbritannien II 2 (30)
°**greedy** ['gri:di] gierig
green [gri:n] grün I
grew [gru:] *siehe* **grow**
grey [greɪ] grau I
ground [graʊnd] (Erd-)Boden II 5 (97)
group [gru:p] Gruppe I
grow [grəʊ]**, grew, grown** wachsen II 3 (57) **Money doesn't grow on trees.** Das Geld liegt nicht auf der Straße. *(Redewendung)* II 3 (57)
guess [ges] (er)raten I
guitar [gɪ'tɑ:] Gitarre I
guy [gaɪ]**:**
1. Typ, Kerl I
guys Leute *(Anrede)* I
2. *(BE) Guy-Fawkes-Puppe* II 2 (37)
Penny for the guy! *(BE)* Einen Penny für die Guy-Fawkes-Puppe! II 2 (37)
gymnastics [dʒɪm'næstɪks] Turnen, Gymnastik II 4 (82)

H

had [hæd] *siehe* **have**
hair [heə] Haar, Haare II 2 (28/29)
hairdresser ['heədresə] Frisör/in II 2 (28/29)
hairdryer ['heədraɪə] Föhn, Haartrockner II 5 (91)
hairy ['heəri] behaart, haarig II 5 (89)
half [hɑ:f] halbe(r, s) I **half an hour** eine halbe Stunde II 2 (31) **half past 6** halb 7 I °**half price** zum halben Preis
°**half,** *pl.* **halves** [hɑ:f], [hɑ:vz] Hälfe, Hälften
half-brother ['hɑ:f brʌðə] Halbbruder I
°**half-pipe** ['hɑ:fpaɪp] Halfpipe *(„halbe Röhre" fürs Inlineskating)*
half-sister ['hɑ:f sɪstə] Halbschwester I
hall [hɔ:l]**:**
1. Flur, Diele I
2. Gang, Korridor II 6 (112)
hamster ['hæmstə] Hamster I
hand [hænd] Hand II 2 (39)
hang out [hæŋ 'aʊt]**, hung, hung** rumhängen, abhängen II 4 (81)
°**hang** [hæŋ]**, hung, hung** (auf)hängen
°**hang-gliding** ['hæŋ glaɪdɪŋ] Drachenfliegen
happen ['hæpən] geschehen, passieren I
happy ['hæpi] glücklich, froh I **Happy birthday!** Herzlichen Glückwunsch zum Geburtstag! I

happy ending Happy End *(glückliches Ende)* II 5 (103)
harbour ['hɑːbə] Hafen I
hard [hɑːd] schwer, schwierig; hart I
has [hæz], [həz]: **it has** es (er, sie) hat I
hat [hæt] Hut, Mütze I
hate [heɪt] hassen I
have [hæv], **had, had** haben I **Have a good day.** Ich wünsche dir einen schönen Tag. / Schönen Tag (noch). I **have breakfast** frühstücken I **have lunch** (zu) Mittag essen I **have to do sth.** etwas tun müssen II 1 (10) **I'll have ...** ich nehme ... *(beim Essen, im Restaurant)* II 2 (30)
he [hiː] er I
head [hed] Kopf II 2 (37)
headache ['hedeɪk]: **a headache** Kopfschmerzen II 4 (72)
°**heading** ['hedɪŋ] Überschrift
°**headlight** ['hedlaɪt] Scheinwerfer(licht)
°**health** [helθ] Gesundheit
healthy ['helθi] gesund II 1 (12)
hear [hɪə], **heard, heard** hören I
heard [hɜːd] *siehe* **hear**
held [held] *siehe* **hold**
Hello. [hə'ləʊ] Hallo. I
helmet ['helmɪt] Helm I
help [help]:
1. helfen I
2. Hilfe I
helpless ['helpləs] hilflos II 4 (78)
her [hɜː], [hə] sie; ihr I
her father [hɜː] ihr Vater I
here [hɪə] hier; hierher I **Here you are.** Bitte schön. / Hier, bitte. I
Hi. [haɪ] Hallo. I **Say hi to everybody.** Grüß alle. I
hid [hɪd] *siehe* **hide**
hidden ['hɪdn] *siehe* **hide**
hide [haɪd], **hid, hidden** verstecken; sich verstecken I
high [haɪ] hoch II 4 (69)
high school ['haɪ skuːl] *(BE etwa:)* Gesamtschule I
°**highlight** ['haɪlaɪt]:
1. hervorheben, unterstreichen
2. Höhepunkt, Schlaglicht
°**highwayman,** *(pl)* **highwaymen** ['haɪweɪmən] Straßenräuber
hill [hɪl] Hügel I
him [hɪm] ihm, ihn I
°**himself** [hɪm'self] er selbst, ihn/ihm/sich selbst

hip hop ['hɪp hɒp] Hip-Hop II 4 (81)
his [hɪz] sein/e *(zu „he")* I
historic [hɪ'stɒrɪk] historisch *(berühmt, denkwürdig)* II 6 (110)
history ['hɪstri] Geschichte I
hobby ['hɒbi] Hobby I
hold [həʊld], **held, held** halten II 6 (117)
hole punch ['həʊl pʌntʃ] Locher I
holiday ['hɒlədeɪ] Urlaub I
holidays Ferien I
home [həʊm]:
1. Heim, Zuhause I
at home zu Hause, daheim I
dogs' home Hundeheim II 2 (31)
go home nach Hause gehen I
°2. *(Internet)* zur Startseite
homesick ['həʊmsɪk]: **be/feel homesick** Heimweh haben II 1 (14)
homework ['həʊmwɜːk] Hausaufgabe(n) I **do your homework** Hausaufgaben machen I
I forgot my homework. Ich habe meine Hausaufgaben vergessen. I
What's for homework? Was haben wir als Hausaufgabe(n) auf? I
hoodie ['hʊdi] Kapuzenpullover I
hoover ['huːvə] staubsaugen II 3 (51)
hope [həʊp] hoffen I
horse [hɔːs] Pferd II 6 (113)
hospital ['hɒspɪtl] Krankenhaus I
hot [hɒt] heiß I
hound [haʊnd] (Jagd-)Hund II 5 (97)
hour ['aʊə] Stunde II 2 (31)
house [haʊs] Haus I
how [haʊ] wie I **How are you?** Wie geht's? / Wie geht es dir/euch/Ihnen? I **How much are ...?** Was (Wie viel) kosten? I **How much is ...?** Was (Wie viel) kostet? I **How's it going?** Wie geht's? / Wie läuft's? I °**learn how to do sth.** lernen, wie man etwas macht
hundred ['hʌndrəd]: **a hundred, one hundred** (ein)hundert I
hung [hʌŋ] *siehe* **hang**
hungry ['hʌŋgri]: **We're hungry.** Wir haben Hunger. I
hurry ['hʌri] sich beeilen; eilen I
hurt [hɜːt], **hurt, hurt** verletzen; wehtun II 5 (101) **be hurt, get hurt** verletzt sein, sich verletzen II 5 (101)

I

I [aɪ] ich I **I'm (= I am)** ich bin I
ice cream [aɪs 'kriːm] (Speise-)Eis I
ice hockey ['aɪs hɒki] Eishockey II 3 (55)
ice rink ['aɪs rɪŋk] Schlittschuhbahn II 3 (52)
ice skates *(pl)* ['aɪs skeɪts] Schlittschuhe II 3 (52)
ice skating ['aɪs skeɪtɪŋ] Schlittschuhlaufen II 3 (52)
ICT (Information and Communication technology) [aɪ siː 'tiː], [ɪnfəmeɪʃn ənd kəmjuːnɪ'keɪʃn teknɒlədʒi] Informations- und Kommunikationstechnologie I
idea [aɪ'dɪə] Idee I
idiot ['ɪdiət] Idiot/in I
if [ɪf]:
1. ob II 5 (92)
2. wenn, falls II 3 (50)
ill [ɪl] krank II 4 (72)
°**illness** ['ɪlnəs] Krankheit
illustration [ɪlə'streɪʃn] Abbildung, Illustration II 6 (119)
°**imagine sth.** [ɪ'mædʒɪn] sich etwas vorstellen
important [ɪm'pɔːtnt] wichtig I
in [ɪn] in I **in English** auf Englisch I **in the afternoon** am Nachmittag I **in the country** auf dem Land I **in the end** schließlich, zum Schluss II 1 (16) **in the evening** abends, am Abend I **in the field** auf der Weide I **in the middle** in der Mitte I **in the morning** morgens, am Morgen I **in the photo** auf dem Foto I **in the picture** auf dem Bild I **in town** in der Stadt I
information [ɪnfə'meɪʃn] Information(en) I **information desk** Informationsstand I °**a piece of information** eine Information
inline skates [ɪnlaɪn 'skeɪts] Inlineskates I
°**inline skating** ['ɪnlaɪn skeɪtɪŋ] Inlineskaten
inside [ɪn'saɪd] drinnen; nach drinnen I **inside a T-shirt** in einem T-Shirt II 2 (37)
°**instruction** [ɪn'strʌkʃn] Anweisung
instrument ['ɪnstrəmənt] Instrument I
interested (in) ['ɪntrəstɪd] interessiert (an) II 3 (62)

interesting ['ɪntrəstɪŋ] interessant I
internet ['ɪntənet] Internet II 3 (60)
interview ['ɪntəvjuː] Interview I
into ['ɪntu], ['ɪntə] in (… hinein) I
invitation (to) [ɪnvɪ'teɪʃn] Einladung (zu, nach) I
invite (to) [ɪn'vaɪt] einladen (zu, nach) I
is [ɪz] *(er/sie/es)* ist I **The calculator is £ 1.** Der Taschenrechner kostet 1 Pfund. I
island ['aɪlənd] Insel II 6 (121)
it [ɪt] er, sie, es I
its [ɪts]**: its name** sein Name / ihr Name II 1 (11)

J

jacket ['dʒækɪt] Jacke, Jackett II 2 (38)
°**jaguar** ['dʒægjuə] Jaguar
jam [dʒæm] Marmelade I
January ['dʒænjuəri] Januar I
jealous ['dʒeləs] eifersüchtig, neidisch II 1 (18)
jeans *(pl)* [dʒiːnz] Jeans II 2 (37)
°**jigsaw** ['dʒɪgsɔː] Puzzle
job [dʒɒb] Job, (Arbeits-)stelle I
join [dʒɔɪn]**: join a club** sich einem Klub anschließen; in einen Klub eintreten I **Join the club.** Da bist du nicht der/die Einzige. II 6 (113)
joke [dʒəʊk]**:**
1. Witz, Scherz II 5 (97)
2. Witze machen, scherzen II 6 (112)
You're joking! Du machst wohl Witze! II 6 (112)
journey ['dʒɜːni] Reise II 6 (108)
judo ['dʒuːdəʊ] Judo II 4 (82)
juice [dʒuːs] Saft I
July [dʒu'laɪ] Juli I
jump (up) [dʒʌmp] (hoch)springen II 2 (38)
June [dʒuːn] Juni I
junk food ['dʒʌŋk fuːd] Junkfood *(ungesundes Essen)* II 4 (68)
just [dʒʌst]**:**
1. gerade (eben) II 4 (74)
°**2.** nur, bloß; einfach
just like Berry genau wie Berry II 1 (18)

K

°**keep** [kiːp]**, kept, kept** aufbewahren; (be)halten **Keep it up!** Weiter so! II 4 (69) **keep going** (immer) weiter gehen **keep off the grass** das Gras nicht betreten
°**kept** [kept] *siehe* **keep**
kid [kɪd] Kind, Jugendliche/r I
kilometre (km) ['kɪləmiːtə] Kilometer II 3 (54)
kind [kaɪnd]**: kind (of)** Art, Sorte II 5 (102)
kind [kaɪnd] nett, freundlich II 4 (80)
king [kɪŋ] König II 6 (109)
kiss [kɪs]**:**
1. Kuss I
°**2.** (sich) küssen
kitchen ['kɪtʃɪn] Küche I
kitten ['kɪtn] Kätzchen, junge Katze II 4 (77)
knee [niː] Knie II 4 (69)
knew [njuː] *siehe* **know**
know [nəʊ]**, knew, known** wissen; kennen I
known [nəʊn] *siehe* **know**

L

lab [læb] Labor I
°**label** ['leɪbl]**:**
1. Etikett, Schild(chen)
2. etikettieren, beschriften
lake [leɪk] (Binnen-)See II 1 (8)
lamp [læmp] Lampe I
lane [leɪn] Gasse, Weg, Sträßchen II 2 (28/29)
language ['læŋgwɪdʒ] Sprache I
lantern ['læntən] Laterne II 2 (35)
laptop ['læptɒp] Laptop II 6 (114)
lasagne [lə'zænjə] Lasagne II 4 (70)
last [lɑːst] letzte(r, s) I
late [leɪt] spät I
later ['leɪtə] später I **See you later.** Bis später. I
laugh [lɑːf]**:**
1. lachen I
2. *(ein)* Lachen I
with a laugh mit einem Lachen I
lazy ['leɪzi] faul I
°**lead** [liːd] (Hunde-)Leine
leader ['liːdə] Leiter/in, (An-)Führer/in II 3 (63)
league [liːg] Liga *(Sport)* II 6 (110)
learn [lɜːn] lernen I
°**learner log** ['lɜːnə lɒg] Lern-Tagebuch
least [liːst]**: at least** wenigstens, zumindest II 2 (41)
leave [liːv]**, left, left:**
1. *(jemanden)* verlassen; weggehen I
2. abfahren, losfahren II 5 (100)
3. zurücklassen II 5 (94)
left [left] *siehe* **leave**
left [left] links; nach links I
on the left links, auf der linken Seite I
leg [leg] Bein I **I have a sore leg.** Mein Bein tut weh. I
legend ['ledʒənd] Legende, Sage II 6 (109)
°**lemon** ['lemən] Zitrone
°**lemonade** [lemə'neɪd] Limonade
°**length** [leŋθ] Länge
less [les] weniger II 4 (68)
lesson ['lesn] (Unterrichts-)Stunde I
Let's … [lets] Lass(t) uns … I
letter ['letə]**:**
1. Brief I
2. Buchstabe II 5 (102)
letter box ['letə bɒks] Briefkasten II 2 (28/29)
°**letterbox** ['letəbɒks] Letterbox *(Behälter, der beim Letterboxing versteckt wird)*
°**letterboxing** ['letəbɒksɪŋ] Letterboxing *(Spiel, eine Art Schnitzeljagd)*
°**lettuce** ['letɪs] (Kopf-)Salat
life, *(pl)* **lives** [laɪf], [laɪvz] *(das)* Leben, *(die)* Leben I
°**lifestyle** ['laɪfstaɪl] Lebensstil
light [laɪt] Licht, Lampe II 6 (112)
lighthouse ['laɪthaʊs] Leuchtturm II 6 (116)
like [laɪk] mögen I **I don't like …** ich mag … nicht I **I like talking to …** ich spreche gern mit … I **I'd like … (= I would like)** Ich hätte gern … / Ich möchte … I
like [laɪk] wie I **something like this / like that** so etwas II 4 (78) **just like Berry** genau wie Berry II 1 (18) **What's it like?** Wie ist es? / Wie sieht es aus? I °**cards like this** solche Karten (wie diese hier) °**skates like those** solche Schlittschuhe °**start like this** fang so / auf diese Art an °**phrases like these** solche Redewendungen (wie diese hier)
°**limerick** ['lɪmərɪk] Limerick *(Gedicht)*
°**line** [laɪn]**:**
1. Linie
2. Telefonanschluss; Telefonleitung
3. Zeile
°**lion** ['laɪən] Löwe
list [lɪst] Liste II 5 (91)
listen (to) ['lɪsn] (sich etwas) anhören; zuhören I

litter ['lɪtə] Abfall II 5 (94)
litter bin ['lɪtə bɪn] Mülleimer, Abfalleimer II 5 (94)
little ['lɪtl] klein I
live [lɪv] leben, wohnen I
lives [laɪvz] *Plural von* **life** I
living history [lɪvɪŋ 'hɪstri] *etwa:* Geschichte zum Anfassen II 6 (109)
living room ['lɪvɪŋ ru:m] Wohnzimmer I
lonely ['ləʊnli] einsam I
long [lɒŋ] lang II 1 (11)
look [lʊk]:
1. aussehen I
2. sehen, schauen I
look after sich kümmern um; aufpassen auf I **Look at the sweets!** Sieh/Schau dir die Süßigkeiten an! I **look for** suchen; Ausschau halten nach I **look forward to** sich freuen auf II 4 (81) **Let's have a look.** Lass(t) uns mal nachschauen. II 2 (38) °**look up a word** ein Wort nachschlagen *(im Wörterbuch)*
lose [lu:z], **lost, lost** verlieren I **lose control** die Kontrolle verlieren I °**lose weight** abnehmen *(Gewicht)*, dünner werden
lost [lɒst] *siehe* **lose** **Get lost!** Verschwinde(t)! II 2 (31) **I'm not lost.** Ich habe mich nicht verlaufen/verirrt. I °**a lost dog** ein entlaufener Hund
lot [lɒts]: **lots of** viel/e I **a lot (of)** viel/e; sehr II 3 (50)
°**loud** [laʊd] laut
love [lʌv]:
1. lieben, sehr mögen I
I'd love to come. (= I would love to come.) Ich komme sehr gern. / Ich würde sehr gern kommen. I
2. Liebe I
in love (with) verliebt (in) I
°**fall in love** sich verlieben
lovely ['lʌvli] schön; nett, lieb II 2 (33)
°**lover** ['lʌvə]: **animal lover** Tierfreund/in
low [ləʊ] niedrig, tief II 4 (69)
°**luck** [lʌk]: **Good luck.** Viel Glück!
°**luckily** ['lʌkɪli] glücklicherweise
lucky ['lʌki]: **you're lucky** du hast Glück I
lunch [lʌntʃ] Mittagessen I **have lunch** (zu) Mittag essen I
lunch box ['lʌntʃ bɒks] Brotdose II 4 (70)
lunchtime ['lʌntʃtaɪm] Mittagszeit II 1 (12)
°**lynx, *(pl)* lynx *or* lynxes** [lɪŋks] Luchs

M

°**machine** [mə'ʃi:n] Maschine
made [meɪd] *siehe* **make**
madhouse ['mædhaʊs] Irrenhaus I
magazine [mægə'zi:n] Zeitschrift II 3 (50)
magic ['mædʒɪk] Zauberei, Magie II 6 (114)
magical ['mædʒɪkl] magisch; zauberhaft II 6 (116)
magician [mə'dʒɪʃn] Zauberer, Zauberin II 6 (109)
make [meɪk], **made, made** machen, herstellen I **make a difference** etwas bewirken, etwas ausmachen I **make friends** Freunde finden II 1 (10) **make** sb. **do** sth. jn. dazu bringen, etwas zu tun II 4 (77) °**make money** Geld verdienen
make-up ['meɪkʌp] Make-up II 1 (22)
man, *(pl)* men [mæn], [men] Mann, Männer I
manga ['mæŋgə] Manga II 4 (81)
many ['meni] viele II 4 (68) **how many?** wie viele? II 4 (68)
map [mæp] Landkarte, Stadtplan I
March [mɑ:tʃ] März I
°**mark** [mɑ:k] markieren **they are marked** sie sind/werden markiert
market ['mɑ:kɪt] Markt I
married (to) ['mærid] verheiratet (mit) II 5 (95)
mask [mɑ:sk] Maske II 2 (37)
°**match** [mætʃ]:
1. passen zu
2. (passend) zusammenfügen
match with zuordnen
match [mætʃ] Spiel, Wettkampf II 3 (58)
maths [mæθs] Mathe(matik) I
matter ['mætə] von Bedeutung sein, wichtig sein II 3 (52) **It doesn't matter.** Es/Das ist egal. II 3 (52)
matter ['mætə]: **What's the matter?** Was ist denn? / Was ist los? II 1 (18)
May [meɪ] Mai I
maybe ['meɪbi] vielleicht I
°**mayo** ['meɪəʊ] Majo(näse)
maze [meɪz] Irrgarten, Labyrinth II 5 (92)
me [mi:] mich; mir I **It's me.** Ich bin's. I
mean [mi:n]:
1. geizig II 3 (50)
2. gemein, fies I
mean [mi:n], **meant, meant:**
1. bedeuten I
2. meinen *(sagen wollen)* I
°**meaning** ['mi:nɪŋ] Bedeutung
meant [ment] *siehe* **mean**
meat [mi:t] Fleisch II 4 (70)
°**mediation** [mi:di'eɪʃn] Vermittlung, Sprachmittlung
°**meerkat** ['mɪəkæt] Erdmännchen
meet [mi:t], **met, met** kennenlernen; treffen I **Nice to meet you.** Freut mich, dich/euch/Sie kennenzulernen. I
men [men] *Plural von* **man** I
mess [mes]: **What a mess!** Was für ein Durcheinander/Chaos! II 6 (113)
message ['mesɪdʒ] Nachricht, Mitteilung I **message in a bottle** Flaschenpost I
messy ['mesi] unordentlich I
met [met] *siehe* **meet**
metre ['mi:tə] Meter II 2 (42)
middle ['mɪdl] Mitte I **in the middle** in der Mitte I
mile [maɪl] Meile *(ca. 1,6 km)* II 3 (54) °**miles and miles** meilenweit
milk [mɪlk] Milch II 2 (30)
milkshake ['mɪlkʃeɪk] Milchshake II 1 (23)
°**mime** [maɪm] vorspielen, pantomimisch darstellen
mind map ['maɪnd mæp] Gedankenkarte, Wörternetz, Mindmap I
mine [maɪn] meine, meiner, meins II 2 (38)
minus ['maɪnəs] minus II 5 (96)
minute ['mɪnɪt] Minute I
mirror ['mɪrə] Spiegel I
miss [mɪs]:
1. übersehen, überhören *(nicht mitbekommen)* II 6 (112)
2. vermissen I
3. verpassen II 4 (74)
Miss [mɪs] Fräulein *(BE: Anrede für Lehrerin)* II 5 (90) **Miss Borowski** Frau Borowski *(Anrede für unverheiratete Frauen)* I
°**missing** ['mɪsɪŋ] vermisst **the missing words** die fehlenden Wörter

mistake [mɪ'steɪk] Fehler II 5 (102) **by mistake** aus Versehen II 6 (113)
°**mixed up** [mɪkst 'ʌp] durcheinander
mobile (phone) [məʊbaɪl 'fəʊn] Handy I
modern ['mɒdn] modern I
moment ['məʊmənt] Moment I **at the moment** im Moment, gerade I
Monday ['mʌndeɪ], ['mʌndi] Montag I
money ['mʌni] Geld I **Money doesn't grow on trees.** Das Geld liegt nicht auf der Straße. *(Redewendung)* II 3 (57) **pocket money** Taschengeld II 3 (50)
monkey ['mʌŋki] Affe I
month [mʌnθ] Monat I
°**moor** [mɔː] Heide(land)
more [mɔː] mehr, weitere I **more popular** beliebter II 2 (30)
morning ['mɔːnɪŋ] Morgen I **Good morning.** Guten Morgen. I **in the morning** morgens, am Morgen I
most [məʊst]: **most popular** am beliebtesten II 2 (30) **(the) most sports** die meisten Sportarten II 3 (54)
mostly ['məʊstli] meistens; hauptsächlich II 4 (68)
mother ['mʌðə] Mutter I
mountain ['maʊntən] Berg II 1 (8)
mouth [maʊθ] Mund I
°**move** [muːv] (sich) bewegen
move (to) [muːv] (um)ziehen (nach) II 4 (72)
MP3 player [empiː'θriː pleɪə] MP3-Player I
Mr Brown ['mɪstə] Herr Brown I
Mrs Ford ['mɪsɪz] Frau Ford *(Anrede für verheiratete Frauen)* I
Ms Lee [mɪz], [məz] Frau Lee *(allgemeine Anrede für Frauen)* I
much [mʌtʃ] viel II 3 (48/49) **miss/like/love sb. so much** jn. so sehr vermissen/mögen/lieben II 4 (77) **How much is / How much are ...?** Was (Wie viel) kostet / Was (Wie viel) kosten ...? I **How much?** Wie viel? II 3 (48/49) **Thanks very much.** Vielen Dank. II 2 (42)
mud [mʌd] Schlamm, Matsch II 5 (88)
muffin ['mʌfɪn] Muffin *(kleiner runder Kuchen)* II 4 (83)
mum [mʌm] Mama, Mutti I
mummy ['mʌmi] Mumie II 2 (43)
museum [mju'ziːəm] Museum I
music ['mjuːzɪk] Musik I
musical ['mjuːzɪkl] Musical I
musician [mju'zɪʃn] Musiker/in I
must [mʌst] müssen I **I mustn't forget ...** ich darf ... nicht vergessen I **I must go.** *(am Telefon)* Ich muss Schluss machen. I
my [maɪ] mein/e I
myself [maɪ'self]: **for myself** für mich selbst I
mysterious [mɪ'stɪəriəs] geheimnisvoll II 5 (88)
mystery ['mɪstri] Geheimnis II 2 (36)

N

°**nachos** ['nætʃəʊz] Nachos *(Tortilla-Chips)*
name [neɪm]:
1. Name I
What's your name? Wie heißt du? I
°2. (be)nennen
°**narrator** [nə'reɪtə] Erzähler/in
°**nation** ['neɪʃn] Nation
°**national** ['næʃnəl] national, National-
national park [næʃnəl 'pɑːk] Nationalpark II 5 (88)
near [nɪə] nahe (bei), in der Nähe von I **near to the city** nah am Stadtzentrum II 3 (55)
nearly ['nɪəli] fast II 3 (52)
need [niːd] brauchen, benötigen I
negative ['negətɪv] negativ I
neighbour ['neɪbə] Nachbar/in II 2 (28/29)
neighbourhood ['neɪbəhʊd] Nachbarschaft, Gegend, Viertel II 2 (28/29)
nervous ['nɜːvəs] nervös, aufgeregt I
network ['netwɜːk] Netz; Wortnetz I
never ['nevə] nie, niemals I **I've never had ...** ich habe (noch) nie ... gehabt II 4 (70)
new [njuː] neu I
news [njuːz] Nachrichten I
newsagent ['njuːzeɪdʒənt] Zeitungshändler/in II 2 (28/29)
newsletter ['njuːzletə] Mitteilungsblatt, Informationsblatt II 1 (12)
newspaper ['njuːzpeɪpə] (Tages-)Zeitung II 2 (37)
next [nekst] nächste(r, s) I **Next ...** Als Nächstes ... II 1 (17) **Next, please.** Der/Die Nächste, bitte. I
next to ['nekst tə] neben I
nice [naɪs] nett, schön I
night [naɪt] Nacht I **at night** nachts, in der Nacht I
nine [naɪn] neun I
nineties ['naɪntiːz]: **the 90s** die Neunzigerjahre II 3 (58)
no [nəʊ]:
1. kein, keine I
2. nein I
nobody ['nəʊbədi] niemand II 3 (48/49)
noise [nɔɪz] Geräusch; Lärm I
noisy ['nɔɪzi] laut, voller Lärm I
none [nʌn] keine(r, s) II 4 (71)
normal ['nɔːml] normal I
north [nɔːθ] Norden; nördlich; Nord- II 4 (81) **north-east** Nordosten, nordöstlich II 4 (81) **north-west** Nordwesten, nordwestlich II 4 (81)
not [nɒt]: nicht I **I'm not a boy.** Ich bin kein Junge. I **I'm not ten.** Ich bin nicht zehn. I
note [nəʊt] Notiz II 6 (112) °**make notes** sich Notizen machen
nothing ['nʌθɪŋ] nichts I
November [nəʊ'vembə] November I
now [naʊ] nun, jetzt I
number ['nʌmbə] Zahl, Ziffer, Nummer I
nut [nʌt] Nuss I

O

o'clock [ə'klɒk]: **at 1 o'clock** um 1 Uhr / um 13 Uhr I
October [ɒk'təʊbə] Oktober I
of [ɒv], [əv]: von I **the last day of the holidays** der letzte Tag der Ferien / der letzte Ferientag I
of course [əv 'kɔːs] natürlich, selbstverständlich II 2 (32)
°**off** [ɒf]: **off his bike** von seinem Fahrrad (herunter) **keep off the grass** das Gras nicht betreten
°**office** ['ɒfɪs] Büro
often ['ɒfn], ['ɒftən] oft I
OK [əʊ'keɪ] okay, gut, in Ordnung I
old [əʊld] alt I **in the old days** früher II 5 (89)
omelette ['ɒmlət] Omelett I
on [ɒn] auf I **on 1st March** am 1. März I **on Monday** am Montag I **on the beach** am

Strand I **on the bus** im Bus I **on the phone** am Telefon I **on the way to ...** auf dem Weg zu/nach ... I **Go on.** Ach, komm! / Na los, mach schon! II 4 (79)

one [wʌn] eins I

online [ɒn'laɪn] online, Online- II 3 (50)

only ['əʊnli]:
1. erst II 2 (38)
2. nur, bloß I

only ['əʊnli]: **the only student** der einzige Schüler / die einzige Schülerin I

open ['əʊpən]:
1. offen, geöffnet II 2 (32)
2. öffnen; aufschlagen *(Buch)* I

opposite ['ɒpəzɪt] Gegenteil II 1 (20)

or [ɔː] oder; sonst I

orange ['ɒrɪndʒ]:
1. orange I
2. Orange, Apfelsine I

°**order** ['ɔːdə] Reihenfolge **put in the right order** in die richtige Reihenfolge bringen

°**organization** [ɔːgənaɪ'zeɪʃn] Organisation

°**ostrich** ['ɒstrɪtʃ] Strauß *(Vogel)*

other ['ʌðə] andere(r, s) I

°**otter** ['ɒtə] (Fisch-)Otter

our ['aʊə] unser/e I

out [aʊt]: **go out** rausgehen, weggehen; ausgehen II 3 (48/49) **school is out** die Schule ist aus/vorbei I

out of ... ['aʊt əv] aus ... (heraus/hinaus) I

outdoor (sport) ['aʊtdɔː] (Sport) für draußen / im Freien II 4 (82)

outdoors [aʊt'dɔːz] im Freien, draußen I

outside [aʊt'saɪd] draußen; nach draußen I

over ['əʊvə]: **be over** vorbei sein, zu Ende sein I

over there [əʊvə 'ðeə] da drüben, dort drüben I

owl [aʊl] Eule II 5 (89)

own [əʊn] eigene(r, s) II 2 (35) **make sth. your own** etwas in deinen Besitz bringen II 6 (109) **your own lanterns** eure eigenen Laternen, eigene Laternen II 2 (35) °**you can work on your own** du kannst alleine/ohne Hilfe arbeiten

owner ['əʊnə] Besitzer/in II 2 (31)

P

p [piː]: **50p** fünfzig Pence I

pack [pæk] packen, einpacken II 5 (91)

packet ['pækɪt]: **a packet of crisps** eine Packung/Tüte Chips II 4 (70)

°**pads** [pædz] Protektoren *(z.B. für Knie/Ellbogen beim Sport)*

page (= p.) [peɪdʒ] (Buch-, Heft-) Seite I **What page is it?** Auf welcher Seite sind wir? / Auf welcher Seite steht das? I

°**pair** [peə] Paar

°**pal** [pæl] Freund/in, Kumpel

°**panic** ['pænɪk]: **Don't panic.** Keine Panik. / Immer mit der Ruhe.

pantomime ['pæntəmaɪm]: **Christmas pantomime** *(BE)* *Theaterstück zur Weihnachtszeit* II 1 (12)

°**pantomime** ['pæntəmaɪm] Pantomime *(Theater ohne gesprochene Worte)*

paper ['peɪpə]:
1. Papier I
°**piece of paper** Stück Papier, Zettel
2. Zeitung II 3 (51)
do a paper round Zeitungen austragen II 3 (51)

parents ['peərənts] Eltern I

park [pɑːk]:
1. Park I
°**2.** parken

part [pɑːt] Teil II 3 (57)

partner ['pɑːtnə] Partner/in I

party ['pɑːti] Party I **have a party** eine Party feiern I

°**pass** [pɑːs]:
1. angeben, weitergeben
2. Pass *(Ballabgabe)*

passenger ['pæsɪndʒə] Passagier/in, Fahrgast II 5 (100)

past [pɑːst]: **past the shop** am Geschäft vorbei II 2 (42) **half past 6** halb 7 I **quarter past 6** viertel nach 6 I

past [pɑːst] Vergangenheit II 1 (14)

pasty ['pæsti] Pastete *(mit Fleisch- oder Gemüsefüllung)* II 4 (70)

PE (physical education) [piː 'iː], [fɪzɪkl edʒu'keɪʃn] (Schul-)Sport I

°**peacock** ['piːkɒk] Pfau

peanut ['piːnʌt] Erdnuss II 4 (71) **peanut butter** Erdnussbutter II 4 (71)

°**pedestrian** [pə'destriən] Fußgänger/in

pen [pen] Kugelschreiber, Stift; Füller I

pencil ['pensl] Bleistift I

pencil case ['pensl keɪs] Federmäppchen I

pencil sharpener ['pensl ʃɑːpnə] Bleistiftanspitzer I

penfriend ['penfrend] Brieffreund/in II 2 (41)

penny ['peni] Penny *(kleinste britische Münze)* II 2 (37)

people ['piːpl] Leute, Menschen I

°**pepper** ['pepə] Pfeffer

°**per** [pɜː]: **per week** pro Woche

perfect ['pɜːfɪkt] perfekt II 3 (48/49)

person ['pɜːsn] Person I

personality [pɜːsə'næləti] Persönlichkeit; Charakter II 4 (81)

pet [pet] (Haus-)Tier I

phone [fəʊn]:
1. anrufen I
2. Telefon I
on the phone am Telefon I

phone call *(oft auch kurz:* **call***)* ['fəʊn kɔːl] (Telefon-)Anruf II 4 (77)

phone number ['fəʊn nʌmbə] Telefonnummer I

photo ['fəʊtəʊ] Foto I **take photos** Fotos machen II 2 (35)

phrase [freɪz] Ausdruck, (Rede-) Wendung I

piano [pi'ænəʊ] Klavier I

pick [pɪk] (aus)wählen, aussuchen II 4 (68) **pick sth. up** etwas aufheben *(vom Boden)*, etwas hochheben II 5 (94)

picnic ['pɪknɪk] Picknick I

picture ['pɪktʃə] Bild I

°**piece of paper** [piːs əv 'peɪpə] Stück Papier

piercing ['pɪəsɪŋ] Piercing II 1 (22)

pig [pɪg] Schwein I

pilgrim ['pɪlgrɪm] Pilger/in II 6 (108)

pink [pɪŋk] rosa I

pirate ['paɪrət] Pirat/in II 6 (110)

pitch and putt [pɪtʃ ənd 'pʌt] Pitch and Putt *(einfachere Golf-Variante für Amateure)* II 3 (54)

pity ['pɪti]: **That's a pity.** Das ist schade. I

pizza ['piːtsə] Pizza I

place [pleɪs] Ort, Platz I

°**placemat** ['pleɪsmæt] Platzdeckchen

plan [plæn] Plan I

plastic ['plæstɪk] Plastik, Kunststoff II 5 (93) **plastic bag** Plastiktüte II 5 (93)
platform ['plætfɔːm] Bahnsteig II 5 (100) **at platform 4** auf Gleis 4 II 5 (100)
play [pleɪ] spielen I **play the guitar / the drums** Gitarre / Schlagzeug spielen I
please [pliːz] bitte I
pm [piː'em]: **5 pm** 5 Uhr nachmittags/abends, 17 Uhr I
pocket ['pɒkɪt] Tasche *(an Kleidungsstücken)* II 2 (38)
pocket money ['pɒkɪt mʌni] Taschengeld II 3 (50)
poem ['pəʊɪm] Gedicht I
point (at/to) [pɔɪnt] zeigen, deuten (auf) II 2 (37)
police *(pl)* [pə'liːs] Polizei II 5 (94)
police station [pə'liːs steɪʃn] Polizeiwache I
pond [pɒnd] Teich I
pony ['pəʊni] Pony I
°**ponytail** ['pəʊniteɪl] Pferdeschwanz *(Frisur)*
poor [pɔː], [pʊə] arm II 1 (10)
poor Ellie (die) arme Ellie II 1 (10)
°**pop (music)** ['pɒp mjuːzɪk] Pop(musik)
popcorn ['pɒpkɔːn] Popcorn II 4 (71)
popular ['pɒpjələ] beliebt, populär II 2 (30)
positive ['pɒzətɪv] positiv I
post [pəʊst] Post II 2 (28/29)
post office ['pəʊst ɒfɪs] Post(amt) II 2 (28/29)
postcard ['pəʊstkɑːd] Postkarte II 5 (102)
°**posted by** ['pəʊstɪd baɪ] gepostet von (= *in ein Blog gestellt)*
poster ['pəʊstə] Poster I
potato, *(pl)* **potatoes** [pə'teɪtəʊ] Kartoffel II 2 (34)
pound (£) [paʊnd] Pfund *(britische Währung)* I
°**practice** ['præktɪs] Übung(en)
practise ['præktɪs] üben I
°**prediction** [prɪ'dɪkʃn] Vorhersage, Voraussage
prefer [prɪ'fɜː]: **I'd prefer ...** ich würde ... vorziehen I
prepare (for) [prɪ'peə] vorbereiten; sich vorbereiten (auf) II 6 (118)
present ['preznt]:
1. Gegenwart II 1 (14)
2. Geschenk I
°**pretty** ['prɪti] hübsch
°**prevention** [prɪ'venʃn] Vermeidung, Verhütung
price [praɪs] (Kauf-)Preis I °**half price** zum halben Preis
principal ['prɪnsəpl] Rektor/in, Schulleiter/in I
°**private** ['praɪvət] privat
prize [praɪz] Preis, Gewinn II 5 (97)
°**probably** ['prɒbəbli] wahrscheinlich
problem ['prɒbləm] Problem I
°**profile** ['prəʊfaɪl] Profil; Beschreibung, Portrait
programme ['prəʊgræm] (Fernseh-)Sendung I
project ['prɒdʒekt] Projekt II 6 (110)
°**pronunciation** [prənʌnsi'eɪʃn] Aussprache
°**protect** [prə'tekt] (be)schützen
Protestant ['prɒtɪstənt] Protestant/in; protestantisch, evangelisch II 6 (108)
proud (of) [praʊd] stolz (auf) I
pull [pʊl] ziehen II 2 (38)
pullover ['pʊləʊvə] Pullover I
°**pumpkin pie** ['pʌmpkɪn paɪ] *(AE)* Kürbistorte *(traditionelle herbstliche Nachspeise in den USA)*
puppet ['pʌpɪt] Puppe *(Handpuppe, Marionette)* II 6 (121)
purple ['pɜːpl] violett, lila I
push [pʊʃ] schieben I
pushchair ['pʊʃtʃeə] (Kinder-)Sportwagen II 2 (37)
put [pʊt], **put, put** *(etwas wohin)* tun, legen, stellen, stecken I **put sth. on** etwas anziehen *(Kleidung)*; etwas aufsetzen *(Hut)* II 5 (94) °**put sth. up** etwas aufhängen *(an der Wand)* °**put in** einsetzen, eingeben °**put in the right order** in die richtige Reihenfolge bringen
pyjamas *(pl)* [pə'dʒɑːməz] Schlafanzug II 5 (91)

Q

quarter ['kwɔːtə] Viertel I
quarter past 6 viertel nach 6 I
quarter to 7 viertel vor 7 I
°**queen** [kwiːn] Königin
question ['kwestʃən] Frage I
ask questions Fragen stellen I
queue [kjuː] (Warte-)Schlange II 3 (52)
quick [kwɪk] schnell I
quiet ['kwaɪət] ruhig, still, leise I
quite [kwaɪt] ziemlich II 1 (11)
quiz [kwɪz] Quiz I

R

rabbit ['ræbɪt] Kaninchen I
°**radio** ['reɪdiəʊ] Radio
rain [reɪn]:
1. Regen II 1 (8/203)
2. regnen II 1 (8/203)
rainy ['reɪni] regnerisch II 1 (8)
ran [ræn] *siehe* **run**
rang [ræŋ] *siehe* **ring**
ranger ['reɪndʒə] *Aufseher/in in einem Nationalpark* II 5 (88)
rap [ræp]:
1. Rap I
2. rappen I
rapper ['ræpə] Rapper/in I
rat [ræt] Ratte I
read [red] *siehe* **read**
read [riːd], **read, read** lesen I
°**reading log** ['riːdɪŋ lɒg] Lesetagebuch
ready ['redi] fertig, bereit I
2. **get ready (for)** sich fertig machen (für), sich vorbereiten (auf) I
real [rɪəl] echt, wirklich I
reality [ri'æləti] Realität, Wirklichkeit II 3 (62) **reality show** Realityshow II 3 (62)
really ['riːəli], ['rɪəli] wirklich I
°**reason** ['riːzn] Grund, Begründung
recipe ['resəpi] (Koch-)Rezept I
°**recording** [rɪ'kɔːdɪŋ] Aufnahme
recycle [ri'saɪkl] recyceln, wiederverwerten II 3 (57)
red [red] rot I
reggae ['regeɪ] Reggae(musik) II 4 (81)
registration [redʒɪ'streɪʃn] *(etwa)* Anwesenheitskontrolle und Ankündigung aktueller Ereignisse vor dem Unterricht I
relax [rɪ'læks] sich entspannen II 3 (61)
relaxing [rɪ'læksɪŋ] entspannend, beruhigend II 3 (61)
°**reliable** [rɪ'laɪəbl] verlässlich, zuverlässig
remember [rɪ'membə]:
1. daran denken, nicht vergessen I
2. sich erinnern (an) I
°**repeat** [rɪ'piːt] wiederholen
°**reporter** [rɪ'pɔːtə] Reporter/in
°**rescue** ['reskjuː]:
1. retten
2. Rettung
research [rɪ'sɜːtʃ] erforschen, untersuchen, recherchieren II 6 (118)

rest [rest]:
1. Pause, Rast I
°2. sich ausruhen

restaurant ['restrɒnt] Restaurant I
°**result** [rɪ'zʌlt] Ergebnis
°**retriever** [rɪ'triːvə] Retriever *(Hunderasse)*
°**revision** [rɪ'vɪʃn] Wiederholung *(von Lernstoff)*
°**reward** [rɪ'wɔːd] Belohnung
rhyme [raɪm]:
1. (sich) reimen II 6 (113/228)
2. Reim II 6 (113)

rid [rɪd]: **get rid of sth.** etwas loswerden II 3 (57)
ridden ['rɪdn] *siehe* **ride**
ride [raɪd], **rode, ridden** reiten I **ride a bike/a BMX** mit dem Fahrrad/dem BMX-Rad fahren I
right [raɪt]:
1. richtig I
2. rechts; nach rechts I **on the right** rechts, auf der rechten Seite I

ring [rɪŋ], **rang, rung** läuten, klingeln I
river ['rɪvə] Fluss II 5 (88)
road [rəʊd] Straße *(Landstraße zwischen Orten; Straße in Orten)* I
rock [rɒk]:
1. Fels(en) I
2. Rock(musik) II 4 (81)

rock climbing ['rɒk klaɪmɪŋ] Felsklettern II 1 (12)
rode [rəʊd] *siehe* **ride**
°**role** [rəʊl] Rolle
Roman ['rəʊmən] Römer/in; römisch II 6 (109)
room [ruːm], [rʊm] Raum, Zimmer I
°**rough** [rʌf] rau, uneben
round [raʊnd] rund II 5 (97)
°**route** [ruːt] Route, Weg
°**royal** ['rɔɪəl] königlich
rubber ['rʌbə] Radiergummi I
rubbish ['rʌbɪʃ] (Haus-)Müll, Abfall II 3 (57)
rucksack ['rʌksæk] Rucksack II 5 (91)
rug [rʌg] Teppich, Läufer I
rugby ['rʌgbi] Rugby *(Ballsportart, bei der ein ovaler Ball mit den Füßen oder Händen gespielt wird)* II 3 (54)
ruins *(pl)* ['ruːɪnz] Ruine II 6 (115)
rule [ruːl] Regel II 1 (15)
ruler ['ruːlə] Lineal I
run [rʌn], **ran, run** rennen, laufen II 2 (31)
rung [rʌŋ] *siehe* **ring**

S

sad [sæd] traurig I
safety ['seɪfti] Sicherheit II 5 (93)
said [sed] *siehe* **say**
sail [seɪl] segeln, *(mit dem Schiff)* fahren II 6 (108)
sailor ['seɪlə] Seemann; Matrose/Matrosin II 6 (108)
salad ['sæləd] Salat *(als Gericht oder Beilage)* I
salami [sə'lɑːmi] Salami II 4 (70)
sale [seɪl] Verkauf; Schlussverkauf I
°**salt** [sɔːlt] Salz
same [seɪm]: **the same** derselbe/dieselbe/dasselbe; dieselben I
sand [sænd] Sand I
sandwich ['sænwɪtʃ], ['sænwɪdʒ] Sandwich I
sang [sæŋ] *siehe* **sing**
sat [sæt] *siehe* **sit**
Saturday ['sætədeɪ], ['sætədi] Samstag I
sausage ['sɒsɪdʒ] (Brat-, Bock-)Würstchen, Wurst I
save [seɪv] sparen *(Geld, Zeit)* II 3 (58)
saw [sɔː] *siehe* **see**
say [seɪ], **said, said** sagen I **Say hi to everybody.** Grüß alle. I
°**scan sth.** [skæn] etwas überfliegen *(Text, Programm)*
°**scare sb.** [skeə] jn. erschrecken, jm. Angst machen
scarecrow ['skeəkrəʊ] Vogelscheuche II 5 (97)
scared [skeəd]: **be scared (of)** Angst haben (vor) II 2 (31)
scarf, *(pl)* **scarves** [skɑːf], [skɑːvz] Schal II 1 (22)
scary ['skeəri] unheimlich, beängstigend, gruselig I
scene [siːn] Szene I
school [skuːl] Schule I **school is out** die Schule ist aus/vorbei I **at school** in der Schule I
school bag ['skuːl bæg] Schultasche I
school yard ['skuːl jɑːd] Schulhof II 1 (17)
science ['saɪəns] Naturwissenschaft I
scissors *(pl)* ['sɪzəz] Schere I
scone [skɒn] Milchbrötchen *(leicht süß, oft mit Rosinen)* I
scooter ['skuːtə] Scooter *(kleiner, zusammenfaltbarer Tretroller)* I
°**score** [skɔː] Spiel-/Punktestand; *(im Spiel/Sport erzielter)* Punkt
°**Scotland** ['skɒtlənd] Schottland
scream [skriːm] schreien II 5 (97)
sea [siː] Meer, (die) See I **the sea's coming in** die Flut kommt; das Wasser steigt I
°**seafaring** ['siːfeərɪŋ] Seefahrer-
°**seafood** ['siːfuːd] Meeresfrüchte
seagull ['siːgʌl] Möwe I
season ['siːzn] Jahreszeit II 5 (96)
seat [siːt] (Sitz-)Platz I
second ['sekənd]:
1. zweite(r, s) I
°2. Sekunde

second-hand [sekənd 'hænd] secondhand, aus zweiter Hand II 3 (58) **second-hand shop** Second-Hand-Laden II 3 (58)
secret ['siːkrət] geheim; Geheimnis II 5 (103)
see [siː], **saw, seen** sehen I **I see.** Ach so. / Aha. / Verstehe. II 2 (32) **See you later.** Bis später. I
seen [siːn] *siehe* **see**
send [send], **sent, sent** senden, schicken I
sent [sent] *siehe* **send**
sentence ['sentəns] Satz II 1 (15)
September [sep'tembə] September I
°**serious** ['sɪəriəs] ernst(haft)
service ['sɜːvɪs] Dienst II 5 (100) **emergency services** Rettungsdienste II 5 (100)
set the table [set], **set, set** den Tisch decken I
seven ['sevn] sieben I
°**shades** *(pl)* [ʃeɪdz] *(eine)* Sonnenbrille
°**shake** [ʃeɪk], **shook, shaken** schütteln
°**shaken** ['ʃeɪkən] *siehe* **shake**
share [ʃeə] teilen I **share a room with …** sich ein Zimmer mit … teilen I
sharpener ['ʃɑːpnə] Anspitzer I
she [ʃiː] sie *(weibliche Person)* I
sheep, *(pl)* **sheep** [ʃiːp] Schaf; Schafe I
°**sheet** [ʃiːt] Blatt *(Papier)*, Zettel
shelf, *(pl)* **shelves** [ʃelf], [ʃelvz] Regal, Regale I
ship [ʃɪp] Schiff II 6 (108)
shirt [ʃɜːt] Hemd I
°**shock** [ʃɒk] Schock
shoe [ʃuː] Schuh I
°**shook** [ʃʊk] *siehe* **shake**
shop [ʃɒp] Laden, Geschäft I
shopping ['ʃɒpɪŋ]: **shopping centre** Einkaufszentrum I **go shopping** einkaufen gehen I

short [ʃɔːt]:
1. klein *(Person)* II 4 (80/220)
2. kurz II 1 (11/204)

shorts *(pl)* [ʃɔːts] kurze Hose I

should [ʃʊd]: **What should I do?** Was sollte ich tun? II 3 (50)

shoulder ['ʃəʊldə] Schulter I

shout [ʃaʊt] rufen II 5 (97)

show [ʃəʊ] Show, Vorführung, Aufführung II 3 (54)

show [ʃəʊ], **showed, shown** zeigen I

shown [ʃəʊn] *siehe* **show**

Shut up! *(infml)* [ʃʌt 'ʌp], **shut, shut** Halt den Mund! I

shy [ʃaɪ] scheu, schüchtern II 1 (23)

°**side** [saɪd] Seite *(z.B. Straßenseite)*

sight [saɪt] Anblick, Bild I

sign [saɪn] Schild; Zeichen I

silly ['sɪli] dumm, blöd; albern II 6 (116)

sing [sɪŋ], **sang, sung** singen I

singer ['sɪŋə] Sänger/in I

single ['sɪŋgl] ledig, alleinstehend II 5 (95)

sir [sɜː] mein Herr II 6 (115)

sister ['sɪstə] Schwester I

sit [sɪt], **sat, sat** sitzen; sich setzen I

situation [sɪtʃu'eɪʃn] Situation II 4 (79)

six [sɪks] sechs I

skateboard ['skeɪtbɔːd]:
1. Skateboard I
2. Skateboard fahren I

°**skates** [skeɪts] (Inline-)Skates

ski [skiː] Ski laufen, Ski fahren II 3 (48/49)

°**skill** [skɪl] Fähigkeit, Fertigkeit; Lern- und Arbeitstechnik **skills file** Anhang mit Lern- und Arbeitstechniken

skirt [skɜːt] Rock I

skive *(infml)* [skaɪv] *(Schule)* schwänzen II 4 (72)

sky [skaɪ] Himmel II 6 (113)

sleep [sliːp] Schlaf II 4 (69) **Go to sleep!** Schlaf jetzt! I

sleep [sliːp], **slept, slept** schlafen I

sleeping bag ['sliːpɪŋ bæg] Schlafsack I

sleepover ['sliːpəʊvə] Schlafparty I

°**sleepy** ['sliːpi] müde, schläfrig, verschlafen

slept [slept] *siehe* **sleep**

°**slip** [slɪp] (aus)rutschen

slow [sləʊ] langsam I

small [smɔːl] klein I

°**smart** [smɑːt] intelligent, clever

smell [smel] riechen II 5 (89)

smelly ['smeli]: **it's smelly** es stinkt II 6 (112)

smile [smaɪl]:
1. lächeln II 2 (37)
2. *(ein)* Lächeln II 2 (37)

smoothie ['smuːði] Smoothie *(Getränk aus Fruchtpüree, evtl. mit Milchprodukten)* II 4 (71)

smuggler ['smʌglə] Schmuggler/in I

snack [snæk] Snack, kleine Mahlzeit II 4 (70)

snake [sneɪk] Schlange I

°**sneeze** [sniːz] niesen

sniff (at) [snɪf] schnüffeln, schnuppern (an) II 2 (37)

snow [snəʊ] Schnee II 5 (96/224)

snowy ['snəʊi] schneebedeckt; verschneit II 5 (96)

so [səʊ]:
1. also, daher I
2. so II 1 (8)

so far [səʊ 'fɑː] bis jetzt, bis hierher II 6 (112)

soap [səʊp] Seife; *(infml auch:)* Seifenoper II 3 (62)

°**society** [sə'saɪəti] Gesellschaft

sock [sɒk] Socke I

sofa ['səʊfə] Sofa I

°**soft drink** ['sɒft drɪŋk] alkoholfreies Getränk

°**solve** [sɒlv] lösen *(Rätsel, Problem)*, lüften *Geheimnis*

some [sʌm], [səm] einige, ein paar; etwas, ein wenig I **Would you like some tea/chips?** Möchtest du (etwas) Tee / (ein paar) Pommes frites? II 2 (30)

somebody ['sʌmbədi] jemand II 2 (36)

someone ['sʌmwʌn] jemand II 2 (36)

something ['sʌmθɪŋ] etwas I

sometimes ['sʌmtaɪmz] manchmal I

°**somewhere** ['sʌmweə] irgendwo(hin)

song [sɒŋ] Lied I

soon [suːn] bald I

sore [sɔː] schmerzhaft II 4 (72) **a sore throat** Halsschmerzen II 4 (72) **I have a sore leg.** Mein Bein tut weh. I

Sorry. / I'm sorry. ['sɒri] Tut mir leid. / Entschuldigung. I

sound [saʊnd]:
1. Geräusch; Klang, Laut I
°2. klingen

soup [suːp] Suppe I

south [saʊθ] Süden; südlich; Süd- II 4 (81) **south-east** Südosten, südöstlich II 4 (81) **south-west** Südwesten, südwestlich II 4 (81)

space [speɪs] Platz I

°**spaghetti** [spə'geti] Spaghetti

Spain [speɪn] Spanien I

Spanish ['spænɪʃ] spanisch; Spanisch II 6 (108) °**the Spanish** die Spanier

speak [spiːk], **spoke, spoken** sprechen I

speaker ['spiːkə] Lautsprecher I

special ['speʃl] besondere(r, s) I

special offer [speʃl 'ɒfə] Sonderangebot I

°**speech bubble** ['spiːtʃ bʌbl] Sprechblase

spell [spel] buchstabieren I

spend time/money (on) [spend], **spent, spent** Geld ausgeben (für); Zeit verbringen (mit) II 3 (58)

spent [spent] *siehe* **spend**

spoke [spəʊk] *siehe* **speak**

spoken ['spəʊkən] *siehe* **speak**

°**spoon** [spuːn] Löffel

sport [spɔːt] Sport; Sportart I **do sport** Sport treiben I

sports hall ['spɔːts hɔːl] Sporthalle I

sporty ['spɔːti] sportlich II 4 (80)

spring [sprɪŋ] Frühling II 5 (94/223)

square [skweə] Platz *(in der Stadt)* I

stairs *(pl)* [steəz] Treppe; (Treppen-)Stufen II 6 (112)

stamp [stæmp] Stempel; Briefmarke II 5 (103)

stand [stænd], **stood, stood** stehen; sich (hin)stellen II 5 (97)

°**standing stone** ['stændɪŋ stəʊn] Menhir *(großer stehender Stein)*

start [stɑːt]:
1. Anfang, Start II 5 (92)
2. beginnen, anfangen I

station ['steɪʃn] Bahnhof II 2 (32)

statue ['stætʃuː] Statue II 6 (116)

stay [steɪ] bleiben I

step [step]:
1. Schritt II 4 (82)
2. Stufe II 6 (114)

stepbrother ['stepbrʌðə] Stiefbruder I

stepdad ['stepdæd] Stiefvater I

stepfather ['stepfɑːðə] Stiefvater I

stepmother ['stepmʌðə] Stiefmutter I

stepmum ['stepmʌm] Stiefmutter I

°**stepping stone** ['stepɪŋ stəʊn] Trittstein

stepsister ['stepsɪstə] Stiefschwester I

still [stɪl] (immer) noch; trotzdem II 3 (52)

stomach ['stʌmək] Bauch; Magen II 4 (72) **a stomach ache** Bauchschmerzen, Magenschmerzen II 4 (72)

stone [stəʊn] Stein II 5 (88)

stood [stʊd] *siehe* **stand**

stop [stɒp]:
1. (an)halten; stoppen; aufhören (mit) I
stop by vorbeischauen (in/bei/an) II 4 (77)
2. Haltestelle II 2 (28/29)
°3. Halt, Haltepunkt

°**storm** [stɔːm] Sturm; Gewitter

story ['stɔːri] Geschichte I

straight [streɪt] gerade; *(Haare)* glatt II 4 (80) **straight on** geradeaus (weiter) II 5 (92)

strange [streɪndʒ] seltsam, sonderbar II 1 (22)

°**strawberry** ['strɔːbəri] Erdbeere

street [striːt] Straße *(in Ortschaften)* I

strict [strɪkt] streng I

stroke [strəʊk] streicheln I

°**strong** [strɒŋ] stark

student ['stjuːdnt] Schüler/in; Student/in I

°**student leader** [stjuːdnt 'liːdə] Schülersprecher/in

studio ['stjuːdiəʊ] Studio I

stuff *(infml)* [stʌf] Zeug, Kram II 3 (48/49)

stupid ['stjuːpɪd] dumm, blöd I

subject ['sʌbdʒɪkt] Thema; *(in E-Mails)* Betreff II 4 (81)

°**submarine** [sʌbmə'riːn] U-Boot

°**subtopic** ['sʌbtɒpɪk] Unterthema

suddenly ['sʌdənli] plötzlich, auf einmal II 2 (31)

sugar ['ʃʊgə] Zucker II 4 (68)

sugary ['ʃʊgəri] süß(lich), zuckerhaltig II 4 (68)

summer ['sʌmə] Sommer I

summer camp ['sʌmə kæmp] (Sommer-)Ferienlager II 1 (8)

sun [sʌn] Sonne I

suncream ['sʌnkriːm] Sonnencreme I

Sunday ['sʌndeɪ], ['sʌndi] Sonntag I

sung [sʌŋ] *siehe* **sing**

sunglasses *(pl)* ['sʌnglɑːsɪz] *(eine)* Sonnenbrille I

sunny ['sʌni] sonnig II 1 (8)

supermarket ['suːpəmɑːkɪt] Supermarkt I

sure [ʃʊə], [ʃɔː] sicher I

surprise [sə'praɪz] Überraschung I

surprised [sə'praɪzd] überrascht II 1 (17)

survey ['sɜːveɪ] Umfrage II 3 (48/49)

swam [swæm] *siehe* **swim**

°**swap** [swɒp] tauschen

sweatshirt ['swetʃɜːt] Sweatshirt I

°**Sweden** ['swiːdn] Schweden

sweets *(pl)* [swiːts] Bonbons, Süßigkeiten I

swim [swɪm], **swam, swum** schwimmen I **go swimming** schwimmen gehen I

swimming pool ['swɪmɪŋ puːl] Schwimmbad I

swimming trunks *(pl)* ['swɪmɪŋ trʌŋks] Badehose I

swimsuit ['swɪmsuːt] Badeanzug I

switch sth. on/off [swɪtʃ 'ɒn], [swɪtʃ 'ɒf] etwas einschalten/ausschalten II 6 (114)

sword [sɔːd] Schwert II 6 (109)

swum [swʌm] *siehe* **swim**

T

table ['teɪbl]:
1. Tisch I
set the table den Tisch decken I
°2. Tabelle

°**tackle** ['tækl] Angriff, Tiefhalten *(Rugby)*

tae kwon do [taɪ kwɒn 'dəʊ] Taekwondo I

tag rugby ['tæg rʌgbi] Tag Rugby *(kontaktlose Sonderform des Rugby)* II 4 (78)

tail [teɪl] Schwanz II 2 (31)

take [teɪk], **took, taken** (mit)nehmen; bringen II 5 (90) **I'll take it.** Ich nehme es (ihn, sie). *(beim Einkaufen)* I **take me to the theatre** mit mir ins Theater gehen I **take notes** sich Notizen machen II 6 (112) **take photos** Fotos machen II 2 (35) **take the train** den Zug nehmen II 2 (32)

taken ['teɪkən] *siehe* **take**

talk [tɔːk] Vortrag, Rede; Gespräch II 3 (48/49) **give a talk** einen Vortrag halten II 3 (61) **teen talk** Teenagergespräche II 3 (48/49)

talk (to) [tɔːk] sprechen, reden (mit) I

tall [tɔːl] groß *(Person)*; hoch *(Gebäude)* II 4 (80)

task [tɑːsk] Aufgabe II 3 (59) °**do a task** eine Aufgabe machen

tattoo [tə'tuː] Tattoo, Tätowierung II 1 (22)

taxi ['tæksi] Taxi II 5 (95)

tea [tiː] Tee I

teacher ['tiːtʃə] Lehrer/in I

team [tiːm] Team, Mannschaft I

°**team-building game** ['tiːm bɪldɪŋ] Spiel zur Teamentwicklung

technician [tek'nɪʃn] Techniker/in II 4 (77)

technology [tek'nɒlədʒi] Technik(unterricht); Technologie I

teen [tiːn] Teenager II 3 (48/49) **teen talk** Teenagergespräche II 3 (48/49)

°**teenager** ['tiːneɪdʒə] Teenager

tell (about) [tel], **told, told** erzählen (von), berichten (über) II 2 (32)

temperature ['temprətʃə] Temperatur; Fieber II 4 (72) **have a temperature** Fieber haben II 4 (72)

ten [ten] zehn I

tennis ['tenɪs] Tennis I

tent [tent] Zelt II 5 (90)

°**terrain** [tə'reɪn] Terrain, Gelände

terrible ['terəbl] schrecklich, fürchterlich I

test [test] Klassenarbeit, Test II 1 (23)

text [tekst] SMS I **text me** mir eine SMS schicken I

text message ['tekst mesɪdʒ] *(kurz auch:* **text***)* SMS I

textbook ['tekstbʊk] Schulbuch, Lehrbuch I

than [ðən]: **older than me** älter als ich II 3 (50)

thank sb. [θæŋk] sich bei jm. bedanken II 1 (18)

thank you ['θæŋk juː] danke (schön) I

thanks [θæŋks] danke (schön) I

that [ðæt]:
1. das (dort) I
that field das Feld (dort), jenes Feld I **That's £ 159.** Das macht 159 Pfund. I
2. der, die, das *(Relativpronomen)* II 2 (32)
a dog that could be Buster ein Hund, der Buster sein könnte II 2 (32)
3. dass II 4 (71)

the good news is that … die gute Nachricht ist, dass … II 4 (71)
the [ðə] der, die, das I
theatre ['θɪətə] Theater I
their [ðeə] ihr/e *(Plural)* I
them [ðem], [ðəm] sie, ihnen I **It wasn't them.** Sie waren es nicht. II 2 (37)
°**theme** [θiːm] Thema
theme park ['θiːm pɑːk] Themenpark *(Freizeitpark mit Attraktionen zu einem bestimmten Thema)* I
then [ðen] dann, danach I
there [ðeə] da, dort; dahin, dorthin I **there are** es sind … / es gibt … I **there's (= there is)** es ist … / es gibt … I
these [ðiːz]: **these people** diese Leute (hier) I °**phrases like these** solche Redewendungen (wie diese hier)
they [ðeɪ] sie *(Plural)* I
°**thin** [θɪn] dünn
thing [θɪŋ] Ding, Sache I
think [θɪŋk], **thought, thought** denken, meinen, glauben I **What do you think?** Was meinst du? / Was denkst du? I
third [θɜːd] dritte(r, s) I
thirsty ['θɜːsti]: **be thirsty** durstig sein, Durst haben II 4 (74)
this [ðɪs] dies; diese(r, s) I **This is …** Dies ist … / Das ist … I **this morning/afternoon/evening** heute Morgen/Nachmittag/Abend II 2 (32) **this time** dieses Mal I
those [ðəʊz]: **those boys** die Jungen dort, jene Jungen II 2 (38)
thought [θɔːt] *siehe* **think**
°**thousands of …** ['θaʊzndz] tausende …
three [θriː] drei I **a three-day trip** ein dreitägiger Ausflug II 1 (12)
°**threw** [θruː] *siehe* **throw**
throat [θrəʊt] Hals II 4 (72) **a sore throat** Halsschmerzen II 4 (72)
through [θruː] durch I
°**throw** [θrəʊ], **threw, thrown** werfen
°**thrown** [θrəʊn] *siehe* **throw**
Thursday ['θɜːzdeɪ], ['θɜːzdi] Donnerstag I
°**tick** [tɪk] ankreuzen, abhaken
ticket ['tɪkɪt] Eintrittskarte, Fahrkarte I **ticket office** Kartenschalter II 3 (63)
tidy ['taɪdi]:
1. aufräumen II 3 (51)
2. ordentlich II 3 (51/214)
tie [taɪ] Krawatte I
tiger ['taɪgə] Tiger I
tights *(pl)* [taɪts] Strumpfhose I
time [taɪm]:
1. Zeit; Uhrzeit I
on time pünktlich II 5 (100)
What's the time? Wie spät ist es? I
2. Mal I
this time dieses Mal I
°**timeline** ['taɪmlaɪn] Zeitstrahl
timetable ['taɪmteɪbl] Stundenplan I
tip [tɪp] Tipp II 1 (20)
tired ['taɪəd] müde I
°**tissue** ['tɪʃuː] Papiertaschentuch
to [tu], [tə] zu, nach I **to the cinema** ins Kino I **the most interesting information to me** die interessanteste Information für mich II 6 (119) **from Monday to Friday** von Montag bis Freitag I **quarter to 7** viertel vor 7 I °**read / sing your verse to …** lies / sing … deinen Vers vor
to [tu], [tə] (um) zu I **she didn't know what to say** sie wusste nicht, was sie sagen sollte II 1 (18) **time to eat** Zeit zu essen I °**learn how to do sth.** lernen, wie man etwas macht
toast [təʊst] Toast I
today [tə'deɪ] heute I
together [tə'geðə] zusammen I
toilet ['tɔɪlət] Toilette I **toilet roll** Rolle Toilettenpapier II 2 (43)
told [təʊld] *siehe* **tell** °**… until you are told.** …, bis es dir gesagt wird. / …, bis man es dir sagt.
tomorrow [tə'mɒrəʊ] morgen II 2 (32)
too [tuː] auch I **from Berlin too** auch aus Berlin I
too old [tuː] zu alt I
took [tʊk] *siehe* **take**
top [tɒp]: **at the top** oben, am oberen Ende; an der Spitze I °**the top three rules** die drei wichtigsten Regeln
topic ['tɒpɪk] Thema II 6 (110)
°**tor** [tɔː] Felsformation
total ['təʊtl] total II 4 (81)
tour [tʊə]: **a tour of the school** ein Rundgang durch die Schule I
tourist ['tʊərɪst] Tourist/in I
towel ['taʊəl] Handtuch I
town [taʊn] Stadt I
toy [tɔɪ] Spielzeug II 3 (57)
°**track** [træk] Pfad, (Feld-)Weg
traffic lights *(pl)* ['træfɪk laɪts] (eine) Ampel II 2 (28/29)
train [treɪn] Zug, Eisenbahn II 2 (32)
train station ['treɪn steɪʃn] Bahnhof II 2 (32)
trainers *(pl)* ['treɪnəz] Sportschuhe I
°**training** ['treɪnɪŋ]:
1. Ausbildung
2. Training
trampoline ['træmpəliːn] Trampolin I
transport *(no pl)* ['trænspɔːt] Fortbewegungsmittel; Beförderung II 6 (115)
°**travel** ['trævl] reisen
tree [triː] Baum I **Money doesn't grow on trees.** Das Geld liegt nicht auf der Straße. *(Redewendung)* II 3 (57)
°**tree surfing** ['triː sɜːfɪŋ] Baumsurfen *(sich mit Hilfsmitteln durch Baumkronen fortbewegen)*
°**trick** [trɪk]: **pull a trick** *etwa:* ein Kunststück vollbringen
°**trick or treating** [trɪk ɔː 'triːtɪŋ]: **go 'trick or treating'** *an Halloween von Haus zu Haus ziehen und die Bewohner um Süßigkeiten bitten*
trip [trɪp] Ausflug; Reise I
°**trip** [trɪp] stolpern
trouble ['trʌbl] Ärger, Schwierigkeiten I **Ellie is in trouble.** Ellie hat Ärger. / Ellie ist in Schwierigkeiten. I
trousers *(pl)* ['traʊzəz] Hose I
true [truː] wahr, richtig I °**come true** wahr werden
try [traɪ] probieren, ausprobieren I
T-shirt ['tiː ʃɜːt] T-Shirt II 2 (37)
tube [tjuːb] Schwimmreifen I
Tuesday ['tjuːzdeɪ], ['tjuːzdi] Dienstag I
Turkey ['tɜːki] (die) Türkei I
turn [tɜːn]: **turn right/left** (nach) rechts/links abbiegen II 2 (38) °**turn over the pages** die Zettel/Seiten umdrehen
turn [tɜːn]: **It's your turn.** Du bist dran. / Du bist an der Reihe. I
TV [tiː'viː] Fernseher I
twelve [twelv] zwölf I

°**twice** [twaɪs] zweimal I
two [tuː] zwei I

U

ugly ['ʌgli] hässlich I
umbrella [ʌm'brelə] (Regen-)Schirm I
uncle ['ʌŋkl] Onkel I
uncool [ʌn'kuːl] uncool II 1 (20)
under ['ʌndə] unter I
understand [ʌndə'stænd], **understood, understood** verstehen I
understood [ʌndə'stʊd] *siehe* **understand**
unfit [ʌn'fɪt] nicht fit II 1 (20)
unfriendly [ʌn'frendli] unfreundlich II 1 (19)
unhappy [ʌn'hæpi] unglücklich I
unhealthy [ʌn'helθi] ungesund II 1 (20)
uniform ['juːnɪfɔːm] Uniform I
uninteresting [ʌn'ɪntrəstɪŋ] uninteressant II 1 (20)
unit ['juːnɪt] Lektion, Kapitel I **unit quiz** Unit-Quiz I
unsure [ʌn'ʃʊə], [ʌn'ʃɔː] unsicher II 1 (20)
until [ən'tɪl] bis *(zeitlich)* II 3 (50)
unwelcome [ʌn'welkəm] unerwünscht, unwillkommen II 1 (20)
up [ʌp] hinauf, hoch II 2 (38)
upstairs [ʌp'steəz] (nach) oben *(die Treppe hoch)* I
us [ʌs], [əs] uns I °**animals and us** Tiere und wir
°**USA** [juː es 'eɪ] USA
use [juːz] benutzen, verwenden I
°**used to** ['juːst tə]: **I used to do sth.** ich habe (früher) immer etwas gemacht
useful ['juːsfl] nützlich, hilfreich II 5 (90)
usually ['juːʒuəli] normalerweise, meistens I

V

value ['væljuː]: **It's good value.** Es ist sein Geld wert. / Es ist preiswert. I
vegetables, *infml auch* **veg** ['vedʒtəblz], [vedʒ] Gemüse I
°**verse** [vɜːs] Vers, Strophe *(Lied)*
°**versus** ['vɜːsəs]: **versus (vs)** gegen *(bei sportlichen Wettkämpfen)*
very ['veri] sehr I **Thanks very much.** Vielen Dank. II 2 (42)
video ['vɪdiəʊ] Video II 3 (56)
video chat ['vɪdiəʊ tʃæt] Videochat, „Cammen" *(Telefongespräch via Internet mit Bildübertragung)* II 1 (9)
view [vjuː]:
1. (An-)Blick, (Aus-)Sicht II 6 (116)
°**2.** anschauen
village ['vɪlɪdʒ] Dorf I
visit ['vɪzɪt] besuchen I
visitor ['vɪzɪtə] Besucher/in; Gast I
vitamin ['vɪtəmɪn] Vitamin II 4 (71)
voice [vɔɪs] Stimme II 5 (97)
volleyball ['vɒlibɔːl] Volleyball II 1 (12)
°**volunteer worker** [vɒlən'tɪə 'wɜːkə] Freiwillige/r; ehrenamtliche/r Mitarbeiter/in
vote for sb. [vəʊt] für jn. stimmen II 3 (63)

W

wait (for) [weɪt] warten (auf) I **wait and see** abwarten I
wake [weɪk], **woke, woken** wecken I **wake up** aufwachen I
walk [wɔːk] wandern, (zu Fuß) gehen I **walk around** umhergehen II 1 (8) **go for a walk** einen Spaziergang machen, spazieren gehen II 2 (33) °**walk a dog** mit einem Hund spazieren gehen
°**wall** [wɔːl] Wand, Mauer
want [wɒnt] wollen I **want to be** *etwas* sein wollen I
°**war** [wɔː] Krieg
wardrobe ['wɔːdrəʊb] Kleiderschrank I
warm [wɔːm] warm II 1 (8)
was [wɒz], [wəz]: **I/he/she/it was** *Vergangenheitsform von* **be** I
wash [wɒʃ] waschen; sauber machen II 4 (75) **wash up** abwaschen I
watch [wɒtʃ] *sich etwas* anschauen; beobachten I **watch sb. do sth.** (zu)sehen, wie jemand etwas tut II 4 (77) **watch TV** fernsehen I **I like watching TV.** Ich sehe gern fern. I °**watch for sth.** Ausschau halten nach etwas
water ['wɔːtə] Wasser I
wave [weɪv] winken I
way [weɪ] Weg I **ask sb. the way** jn. nach dem Weg fragen II 2 (42/212) **on the way to …** auf dem Weg zu/nach … I **tell sb. the way** jm. den Weg beschreiben II 2 (42) **the way you live** deine Lebensweise (die Art, wie du lebst) II 4 (68)
we [wi], [wiː] wir I
°**weak** [wiːk] schwach; dünn *(Kaffee, Tee)*
wear [weə], **wore, worn** tragen, anhaben *(Kleidung)* II 1 (22)
weather ['weðə] Wetter II 1 (8)
weather forecast ['fɔːkɑːst] Wettervorhersage II 5 (90)
°**webcode** ['webkəʊd] Webcode
website ['websaɪt] Website II 2 (33)
Wednesday ['wenzdeɪ], ['wenzdi] Mittwoch I
week [wiːk] Woche I
weekend [wiːk'end] Wochenende I **at the weekend** am Wochenende I
°**weight** [weɪt]: **lose weight** abnehmen *(Gewicht)*, dünner werden
welcome ['welkəm]: **Welcome to Plymouth.** Willkommen in Plymouth. I **You're welcome.** Bitte, gern geschehen. / Nichts zu danken. I
well [wel]: **Well done.** Gut gemacht! I **work/speak well** gut funktionieren/sprechen I **I'm not feeling well.** Ich fühle mich nicht gut. II 4 (73)
Well, … [wel] Nun, … / Also, … / Na ja, … I
°**well-built** [wel 'bɪlt] stämmig, kräftig
went [went] *siehe* **go**
were [wɜː], [wə]: **we/you/they were** *Vergangenheitsform von* **be** I
west [west] Westen; westlich; West- II 4 (81)
wet [wet] nass I
what [wɒt]:
1. was I
2. welche(r, s) I
What about you? Und du? / Was ist mit dir? I **What are …?** Was sind …? I **What is it?** Was ist los? I **What page is it?** Auf welcher Seite sind wir? / Auf welcher Seite steht das? I **What's the time?** Wie spät ist es? I **What's your name?** Wie heißt du? I
wheel [wiːl] Rad I
wheelchair ['wiːltʃeə] Rollstuhl I
when [wen]:
1. als II 1 (17)
2. wann I
When's your birthday? Wann hast du Geburtstag? I
3. wenn I

where [weə] wo; wohin I **Where are you from?** Wo kommst du her? I
Which club? [wɪtʃ] Welcher Klub? II 1 (13)
°**while** [waɪl] während **while listening** während du zuhörst, während des Zuhörens
whisper ['wɪspə] flüstern II 6 (113)
whistle ['wɪsl] (Triller-)Pfeife II 5 (93)
white [waɪt] weiß I
who [hu:]:
1. wer I
Who are you? Wer bist du? / Wer seid ihr? I
2. wen; wem II 2 (28/29)
Who did Adam meet? Wen hat Adam getroffen? / Wen traf Adam? II 2 (28/29)
3. der, die *(Relativpronomen, Person)* I
a person who eine Person, die ... I
whole [həʊl] ganze(r, s) II 4 (75)
why [waɪ] warum I **that's why** deshalb, darum II 1 (18)
wild [waɪld] wild I
will [wɪl]: **it won't rain (= it will not rain)** es wird nicht regnen II 5 (90) **the weather will be good** das Wetter wird gut sein II 5 (90) **We'll (= we will) find him.** Wir werden ihn finden. II 2 (31)
win [wɪn], **won, won** gewinnen I
wind [wɪnd] Wind II 5 (96/224)
window ['wɪndəʊ] Fenster I
windy ['wɪndi] windig II 5 (96)
winner ['wɪnə] Gewinner/in II 1 (16)
winter ['wɪntə] Winter II 3 (52)
wish [wɪʃ]: **Best wishes** Viele Grüße ... *(Briefschluss)* I
witch [wɪtʃ] Hexe II 2 (35)
with [wɪð] mit I **with Ellie** bei Ellie I
without [wɪ'ðaʊt] ohne II 1 (17)
°**witty** ['wɪti] witzig *(geistreich)*
woke [wəʊk] *siehe* **wake**
woken ['wəʊkən] *siehe* **wake**
°**wolf,** *(pl)* **wolves** [wʊlf], [wʊlvz] Wolf, Wölfe
woman, *(pl)* **women** ['wʊmən], ['wɪmɪn] Frau, Frauen I
won [wʌn] *siehe* **win**
won't [wəʊnt]: **it won't rain (= it will not rain)** es wird nicht regnen II 5 (90)
word [wɜ:d] Wort I
°**word field** ['wɜ:d fi:ld] Wortfeld *(Wörter, die zu einem begrifflichen Bereich gehören)*
°**wordbank** ['wɜ:dbæŋk] Wortbank *(Sammlung von Wörtern zu einem Thema)*
wore [wɔ:] *siehe* **wear**
work [wɜ:k]:
1. Arbeit I
at work bei der Arbeit, am Arbeitsplatz I
2. arbeiten I
3. funktionieren I
°**workbook** ['wɜ:kbʊk] Arbeitsheft
workday ['wɜ:kdeɪ] Arbeitstag I
workshop ['wɜ:kʃɒp] Workshop *(Kurs)* I
world [wɜ:ld] Welt I **the best of both worlds** das Beste von beidem I
worn [wɔ:n] *siehe* **wear**
worried ['wʌrid]: **be worried (about)** beunruhigt sein, besorgt sein (wegen) I
worry (about) ['wʌri] sich Sorgen machen (wegen, um) I **Don't worry.** Mach dir keine Sorgen. I
worse [wɜ:s] schlechter, schlimmer II 3 (55)
worst [wɜ:st] der/die/das schlechteste, schlimmste; am schlechtesten, am schlimmsten II 3 (56)
would [wʊd]: **I'd like ... (= I would like)** Ich hätte gern ... / Ich möchte ... I **I'd love to come. (= I would love to come.)** Ich komme sehr gern. /Ich würde sehr gern kommen. I
°**Wow!** [waʊ] Wow! / Mensch!
write [raɪt], **wrote, written** schreiben I
written ['rɪtn] *siehe* **write**
wrong [rɒŋ] falsch I
wrote [rəʊt] *siehe* **write**

Y

yard [jɑ:d]: **school yard** Schulhof II 1 (17)
yeah *(infml)* [jeə] ja I
year [jɪə] Jahr(gang) I °**a nine-year-old dog** ein neun Jahre alter Hund
yellow ['jeləʊ] gelb I
yes [jes] ja I
yesterday ['jestədeɪ] gestern II 1 (10)
yet [jet]: **not ... yet** noch nicht II 4 (74)
Yippee! [jɪ'pi:] Hurra! I
°**yogurt** ['jɒgət] Joghurt
you [ju], [ju:] du; dich; dir; ihr; euch; Sie; Ihnen I
young [jʌŋ] jung I
your [jɔ:], [jə] dein/e; euer/eure; Ihr/e I
yours [jɔ:z] deine, deiner, deins I
yourself [jɔ:'self], [jə'self] du/dir/dich selbst I
yum *(infml)* [jʌm] lecker I
yummy *(infml)* ['jʌmi] lecker II 1 (12)

Z

zip wire ['zɪp waɪə] Seilrutsche I
zoo [zu:] Zoo I

Das **German – English dictionary** enthält den **Lernwortschatz** von *Headlight 2*.
Es kann dir eine erste Hilfe sein, wenn du vergessen hast, wie etwas auf Englisch heißt.

Wenn du wissen möchtest, wo das englische Wort zum ersten Mal in *Headlight 2* vorkommt, dann kannst du im **English – German dictionary** (S. 231–249) nachschlagen.

Es werden folgende **Abkürzungen** und **Symbole** verwendet:

pl = plural (Mehrzahl) *AE = American Englisch* *BE = British Englisch*

A

abbiegen: (nach) rechts/links abbiegen turn right/left [tɜːn]
Abbildung illustration [ɪlə'streɪʃn]
Abend evening ['iːvnɪŋ] **am Abend** in the evening
Abendessen dinner ['dɪnə]
abends in the evening ['iːvnɪŋ] **5 Uhr abends** 5 pm [piː'em]
Abenteuer adventure [əd'ventʃə]
aber but [bʌt], [bət]
abfahren leave [liːv]
Abfall litter ['lɪtə]; rubbish ['rʌbɪʃ]
Abfalleimer litter bin ['lɪtə bɪn]
Abgemacht! It's a deal!
abhängen hang out [hæŋ 'aʊt]
abschneiden: besser abschneiden do better ['betə]
abwarten wait and see [weɪt]
abwaschen wash up [wɒʃ 'ʌp]
Ach so. I see. [siː]
acht eight [eɪt]
adoptieren adopt [ə'dɒpt]
Adresse address [ə'dres]
Affe monkey ['mʌŋki]
Afrika Africa ['æfrɪkə]
Aha. I see. [siː]
aktiv active ['æktɪv]
Aktivität activity [æk'tɪvəti]
albern silly ['sɪli]
alle *(jeder)* everybody ['evribɒdi]; everyone ['evriwʌn]
allein alone [ə'ləʊn]
alleinstehend single ['sɪŋgl]
alle(s) all [ɔːl] **alles** everything ['evriθɪŋ]
Alphabet alphabet ['ælfəbet]
alphabetisches Wörterverzeichnis dictionary ['dɪkʃənri]
als as [æz], [əz]; when [wen] **älter als ich** older than me [ðən]
also so [səʊ]
Also, … Well, … [wel]
alt old [əʊld]
Alter age [eɪdʒ]
am: am 1. März on 1st March [ɒn] **am Arbeitsplatz** at work [ət 'wɜːk] **am besten** best [best] **am Montag** on Monday **am Nachmittag** in the afternoon [ɑːftə'nuːn] **am Strand** on the beach **am Telefon** on the phone **am Wochenende** at the weekend [wiːk'end]
Ampel traffic lights ['træfɪk laɪts]
an: an Bord aboard [ə'bɔːd] **an dieser Schule** at this school [æt], [ət] **gut an meinem Haus** good about my house [ə'baʊt]
Anblick sight [saɪt]; view [vjuː]
andere(r, s) other ['ʌðə] **ein(e) andere(r, s)** another [ə'nʌðə]
anders different ['dɪfrənt]
Anfang start [stɑːt] **am Anfang** at first [fɜːst]
anfangen begin [bɪ'gɪn]; start [stɑːt]
anfassen: Geschichte zum Anfassen living history [lɪvɪŋ 'hɪstri]
Anführer/in leader ['liːdə]
angreifen attack [ə'tæk]
Angst: Angst haben (vor) be scared (of) [skeəd]
anhaben *(Kleidung)* wear [weə]
anhalten *(stoppen)* stop [stɒp]
anhören: (sich etwas) anhören listen to ['lɪsn]
ankommen arrive [ə'raɪv]
Anruf *(Telefon)* (phone) call ['fəʊn kɔːl]
anrufen call [kɔːl]; phone [fəʊn]
anschauen: sich etwas anschauen *(beobachten)* watch [wɒtʃ]
anschließen: sich einem Klub anschließen join a club [dʒɔɪn]
Anspitzer sharpener ['ʃɑːpnə]
Antwort answer ['ɑːnsə]
antworten (auf) answer ['ɑːnsə]
Anwesenheitskontrolle registration [redʒɪ'streɪʃn]
Anzeige *(Werbung)* advert ['ædvɜːt]
anziehen *(Kleidung)* put on [pʊt 'ɒn] **sich andere Sachen anziehen** change (clothes) [tʃeɪndʒ]
Apfel apple ['æpl]
Apfelsine orange ['ɒrɪndʒ]
April April ['eɪprəl]
Aquarium aquarium [ə'kweəriəm]
Arbeit work [wɜːk] **bei der Arbeit** at work [ət 'wɜːk]
arbeiten work [wɜːk]
Arbeitsplatz: am Arbeitsplatz at work [ət 'wɜːk]
Arbeitsstelle job [dʒɒb]
Arbeitstag workday ['wɜːkdeɪ]
Ärger trouble ['trʌbl] **Ellie hat Ärger.** Ellie is in trouble.
Arm arm [ɑːm]
arm poor [pɔː], [pʊə] **(die) arme Ellie** poor Ellie
Art kind (of) [kaɪnd]
Arzt, Ärztin doctor ['dɒktə]
auch also ['ɔːlsəʊ]; too [tuː] **auch nicht** not … either ['eɪðə]
auf on [ɒn] **auf dem Bild** in the picture ['pɪktʃə] **auf dem Feld** in the field **auf dem Foto** in the photo ['fəʊtəʊ] **auf dem Land** in the country **auf dem Weg zu/nach …** on the way to … [weɪ] **auf dieser Schule** at this school [æt], [ət] **auf Englisch** in English [ɪn] **Auf Wiedersehen!** Goodbye. [gʊd'baɪ]
Aufführung show [ʃəʊ]
Aufgabe exercise ['eksəsaɪz]; task [tɑːsk]
aufgehen *(Sonne)* come up [kʌm 'ʌp]
aufgeregt excited [ɪk'saɪtɪd]; *(nervös)* nervous ['nɜːvəs]
aufhaben: Was haben wir als Hausaufgabe(n) auf? What's for homework?
aufheben *(vom Boden)* pick up [pɪk 'ʌp]
aufhören (mit) stop [stɒp]
aufleben: (wieder) aufleben come alive
aufmerksam careful ['keəfl]
aufnehmen: *(Tier)* **bei sich aufnehmen** adopt [ə'dɒpt]

aufpassen auf look after [lʊk 'ɑ:ftə]
aufräumen tidy ['taɪdi]
aufregend exciting [ɪk'saɪtɪŋ]
aufschlagen *(Buch)* open ['əʊpən]
Aufseher/in *(in einem Nationalpark)* ranger ['reɪndʒə]
aufsetzen *(Hut)* put on [pʊt 'ɒn]
aufstehen get up [get 'ʌp]
aufwachen wake up [weɪk 'ʌp]
Auge eye [aɪ]
August August ['ɔ:gəst]
aus from [frɒm] **aus ... (heraus/hinaus)** out of ... ['aʊt əv] **die Schule ist aus/vorbei** school is out [aʊt]
Ausdruck phrase [freɪz]
Ausflug trip [trɪp]; *(Tagesausflug)* day out [deɪ 'aʊt]
ausgeben: Geld ausgeben (für) spend money (on) [spend]
ausgehen *(weggehen)* go out [gəʊ 'aʊt]
ausleihen: sich (aus)leihen borrow ['bɒrəʊ]
ausmachen: etwas ausmachen make a difference [meɪk ə 'dɪfrəns]
ausprobieren try [traɪ]
ausruhen: sich ausruhen chill [tʃɪl]
Ausrüstung gear [gɪə]
ausschalten switch off [swɪtʃ 'ɒf]
Ausschau halten nach look for ['lʊk fə]
aussehen look [lʊk] **Wie sieht es aus?** What's it like? [laɪk]
Aussicht view [vju:]
aussuchen pick [pɪk]
austragen: Zeitungen austragen do a paper round ['peɪpə raʊnd]
auswählen choose [tʃu:z]; pick [pɪk]
Auto car [kɑ:]
Autowerkstatt garage ['gærɑ:ʒ]

B

Baby baby ['beɪbi]
Babysitten babysitting ['beɪbisɪtɪŋ]
Babysitter babysitter ['beɪbisɪtə]
backen bake [beɪk]
Badeanzug swimsuit ['swɪmsu:t]
Badehose swimming trunks ['swɪmɪŋ trʌŋks]
Bad(ezimmer) bathroom ['bɑ:θru:m]
Bahnhof (train) station ['treɪn steɪʃn]
Bahnsteig platform ['plætfɔ:m]
bald soon [su:n]
Balkon balcony ['bælkəni]
Ball ball [bɔ:l]
Band *(Musikgruppe)* band [bænd]
Bank *(Geldinstitut)* bank [bæŋk]
Bar bar [bɑ:]
Bär bear [beə]
Baseball baseball ['beɪsbɔ:l]
Basketball basketball ['bɑ:skɪtbɔ:l]
Battle *(im Rap)* battle ['bætl]
Bauch stomach ['stʌmək]
Bauchschmerzen a stomach ache ['stʌmək eɪk]
bauen build [bɪld]
Bauernhof farm [fɑ:m]
Baum tree [tri:]
beängstigend scary ['skeəri]
beantworten answer ['ɑ:nsə]
Beat *(Musik)* beat [bi:t]
bedanken: sich bei jm. bedanken thank sb. [θæŋk]
bedeuten mean [mi:n]
Bedeutung: von Bedeutung sein matter ['mætə]
beeilen: sich beeilen hurry ['hʌri]
beenden finish ['fɪnɪʃ]
beginnen begin [bɪ'gɪn]; start [stɑ:t]
behaart hairy ['heəri]
behindert *(körperbehindert)* disabled [dɪs'eɪbld]
bei with [wɪð] **bei der Arbeit** at work [æt], [ət] **bei ihrer Mutter zu Hause/daheim** at her mum's house **bei MARTINS** at MARTINS
beide both [bəʊθ] **das Beste von beidem** the best of both worlds
Bein leg [leg]
Beispiel example [ɪg'zɑ:mpl] **z.B. (zum Beispiel)** e.g. *(aus dem Lateinischen)* [i: 'dʒi:] **zum Beispiel** for example
beißen bite [baɪt]
bekommen get [get]
beliebt popular ['pɒpjələ]
bellen: (jn. an)bellen bark (at sb.) [bɑ:k]
benötigen need [ni:d]
benutzen use [ju:z]
beobachten watch [wɒtʃ]
bequem comfortable ['kʌmftəbl]
bereit ready ['redi]
Berg mountain ['maʊntən]
berichten (über) tell [tel]
berichtigen correct [kə'rekt]
beruhigend relaxing [rɪ'læksɪŋ]
berühmt famous ['feɪməs]
beschäftigt sein be busy ['bɪzi]
beschreiben describe [dɪ'skraɪb] **jm. den Weg beschreiben** tell sb. the way
Besitz: etwas in deinen Besitz bringen make sth. your own
Besitzer/in owner ['əʊnə]
besondere(r, s) special ['speʃl]
besorgen: (sich) etwas besorgen get sth. [get]
besorgt sein (wegen) be worried (about) ['wʌrid]
besser better ['betə] **besser abschneiden** do better
beste(r, s) best [best] **das Beste von beidem** the best of both worlds [ðə 'best əv bəʊθ wɜ:ldz]
besuchen visit ['vɪzɪt]
Besucher/in visitor ['vɪzɪtə]
Betreff *(in E-Mails)* subject ['sʌbdʒɪkt]
Bett bed [bed]
beunruhigt sein (wegen) be worried (about) ['wʌrid]
bevor before [bɪ'fɔ:]
bewirken: etwas bewirken make a difference [meɪk ə 'dɪfrəns]
bewölkt cloudy ['klaʊdi]
Bild picture ['pɪktʃə]; *(Anblick)* sight [saɪt]
billig *(preiswert)* cheap [tʃi:p]
Binnensee lake [leɪk]
bis *(zeitlich)* until [ən'tɪl] **bis jetzt, bis hierher** so far [səʊ 'fɑ:] **Bis später.** See you later. [si: ju 'leɪtə] **von Montag bis Freitag** from Monday to Friday
bisschen: ein bisschen a bit [bɪt]
bitte *(in Fragen und Aufforderungen)* please [pli:z] **Bitte, gern geschehen.** *(Nichts zu danken.)* You're welcome. ['welkʌm] **Bitte schön. / Hier, bitte.** Here you are. [hɪə ju: 'ɑ:]
bitten: jn. bitten, etwas zu tun ask sb. to do sth.
blau blue [blu:]
Blazer blazer ['bleɪzə]
bleiben stay [steɪ]
Bleistift pencil ['pensl]
Bleistiftanspitzer pencil sharpener ['pensl ʃɑ:pnə]
Blick *(Anblick)* view [vju:]
blind blind [blaɪnd]
blöd silly ['sɪli]; stupid ['stju:pɪd]
Blog *(Internet-Tagebuch)* blog [blɒg]
bloß *(nur)* only ['əʊnli]
Blume flower ['flaʊə]

Bluse blouse [blaʊz]
Blüte flower ['flaʊə]
BMX(-Fahrrad) BMX [bi: em 'eks]
Boden *(Erdboden)* ground [graʊnd]
Bodyboard bodyboard ['bɒdibɔ:d]
Bogenschießen archery ['ɑ:tʃəri]
Bonbon sweet [swi:t]
Boot boat [bəʊt]
Bord: an Bord aboard [ə'bɔ:d]
borgen: sich borgen borrow ['bɒrəʊ]
Bowling bowling ['bəʊlɪŋ]
Brathähnchen chicken ['tʃɪkɪn]
brauchen need [ni:d]
braun brown [braʊn]
brav: Braver Hund/Junge. Good dog/boy. [gʊd]
Brief letter ['letə]
Brieffreund/in penfriend ['penfrend]
Briefkasten letter box ['letə bɒks]
Briefmarke stamp [stæmp]
Brille glasses ['glɑ:sɪz]
bringen bring [brɪŋ]; take [teɪk] **jn. dazu bringen, etwas zu tun** make sb. do sth. [meɪk]
britisch British ['brɪtɪʃ]
Broschüre brochure ['brəʊʃə]
Brot bread [bred]
Brotdose lunch box ['lʌntʃ bɒks]
Brücke bridge [brɪdʒ]
Bruder brother ['brʌðə]
Buch book [bʊk]
Buchladen bookshop ['bʊkʃɒp]
Buchstabe letter ['letə]
buchstabieren spell [spel]
Bulle bull [bʊl]
Burg castle ['kɑ:sl]
Bus bus [bʌs] **im Bus** on the bus **mit dem Bus fahren** go by bus
Busbahnhof bus station ['bʌs steɪʃn]
Bushaltestelle bus stop ['bʌs stɒp]
Butter butter ['bʌtə]

C

Café cafe ['kæfeɪ]
Cammen *(Telefongespräch via Internet mit Bildübertragung)* video chat ['vɪdiəʊtʃæt]
Camping camping ['kæmpɪŋ]
CD CD [si: 'di:]
CD-Player CD player [si:'di: pleɪə]
Chance chance [tʃɑ:ns]
Chaos: Was für ein Chaos! What a mess! [mes]
Charakter personality [pɜ:sə'næləti]
Chat chat [tʃæt]
chatten (mit) chat (with) [tʃæt]
Chips crisps [krɪsps]
Comedyshow comedy ['kɒmədi]
Comic cartoon [kɑ:'tu:n]; comic ['kɒmɪk]
Computer computer [kəm'pju:tə]
cool cool [ku:l]
Cousin/e cousin ['kʌzn]
Creme cream [kri:m]

D

da: da drüben over there [əʊvə 'ðeə] **da(hin)** there [ðeə]
Dachs badger ['bædʒə]
daheim at home **bei ihrer Mutter daheim** at her mum's house [æt], [ət]
daher so [səʊ]
danach then [ðen]
Dank: Vielen Dank. Thanks very much. [veri 'mʌtʃ]
danke (schön) thank you ['θæŋk ju:]; thanks [θæŋks]
danken: Nichts zu danken. *(Gern geschehen.)* You're welcome. ['welkʌm]
dann then [ðen]
Dartscheibe dartboard ['dɑ:tbɔ:d]
darum that's why ['ðæts waɪ]
das (Artikel) the [ðə] **das (dort)** that [ðæt] **ein Ding, das ...** a thing that ...
dass: er sagt, dass ... he says that ... [ðət]
dasselbe the same [seɪm]
Datum date [deɪt]
Decke *(zum Zudecken u. Ä.)* blanket ['blæŋkɪt]
decken: den Tisch decken set the table [set]
dein/e *(vor Nomen)* your [jɔ:], [jə]
deine, deiner, deins yours [jɔ:z]
denken think [θɪŋk] **daran denken** remember [rɪ'membə] **nicht mehr an etwas denken** forget about sth. **Was denkst du?** What do you think?
der *(Artikel)* the [ðə]; *(Relativpronomen)* that [ðæt]; *(Relativpronomen, Person)* who [hu:] **der (dort)** that
derselbe the same [seɪm]
deshalb that's why ['ðæts waɪ]
Dessert dessert [dɪ'zɜ:t]
deuten (auf) point (at/to) [pɔɪnt]
deutlich clear [klɪə]
deutsch; Deutsch German ['dʒɜ:mən]
Deutsche/r German ['dʒɜ:mən]
Deutschland Germany ['dʒɜ:məni]
Dezember December [dɪ'sembə]
Dialog dialogue ['daɪəlɒg]
dich you [ju], [ju:] **dich selbst** yourself [jɔ:'self], [jə'self]
dick fat [fæt]
die (Artikel) the [ðə]; *(Relativpronomen)* that [ðæt]; *(Relativpronomen, Peson)* who [hu:] **die (dort)** *(Singular)* that **die (Jungen) dort** those (boys) [ðəʊz]
Diele hall [hɔ:l]
Dienst service ['sɜ:vɪs]
Dienstag Tuesday ['tju:zdeɪ], ['tju:zdi]
dies this [ðɪs]
dieselbe(n) the same [seɪm]
diese(r, s) this [ðɪs] **diese (hier)** *(Plural)* these [ði:z] **dieses Mal** this time [taɪm]
Ding thing [θɪŋ]
dir you [ju], [ju:] **dir selbst** yourself [jɔ:'self], [jə'self]
Diskussion discussion [dɪ'skʌʃn]
Dokumentarfilm documentary [dɒkju'mentri]
Donnerstag Thursday ['θɜ:zdeɪ], ['θɜ:zdi]
Dorf village ['vɪlɪdʒ]
dort: dort drüben over there [əʊvə 'ðeə] **dort(hin)** there [ðeə]
dran: Du bist dran. It's your turn. [tɜ:n]
draußen outdoors [aʊt'dɔ:z] **(nach) draußen** outside [aʊt'saɪd] **Sport für draußen / im Freien** outdoor sport ['aʊtdɔ:]
drei three [θri:]
dreitägig: ein dreitägiger Ausflug a three-day trip ['θri: deɪ]
drinnen, nach drinnen inside [ɪn'saɪd]
dritte(r, s) third [θɜ:d]
drüben: da/dort drüben over there [əʊvə 'ðeə]
du you [ju], [ju:] **du selbst** yourself [jɔ:'self], [jə'self]
dumm silly ['sɪli]; stupid ['stju:pɪd]
dunkel dark [dɑ:k]
durch through [θru:]
Durcheinander: Was für ein Durcheinander! What a mess! [mes]
dürfen: ich darf ... nicht vergessen I mustn't forget ... ['mʌsnt]
Durst haben be thirsty ['θɜ:sti]
durstig sein be thirsty ['θɜ:sti]

E

E-Book-Reader e-reader ['i: ri:də]
echt real [rɪəl]
Ecke corner ['kɔ:nə]
egal: Es/Das ist egal. It doesn't matter. ['mætə]
eifersüchtig jealous ['dʒeləs]
eigene(r, s) own [əʊn] **eure eigenen Laternen, eigene Laternen** your own lanterns
eilen hurry ['hʌri]
Eimer *(Mülleimer)* bin [bɪn]
ein/e a [ə]; *(vor Vokalen)* an [ən]
einfach *(leicht)* easy ['i:zi]
Eingang entrance ['entrəns]
einhundert a hundred, one hundred ['hʌndrəd]
einige a few [fju:]; some [sʌm], [səm]
einkaufen gehen go shopping [gəʊ 'ʃɒpɪŋ]
Einkaufszentrum shopping centre ['ʃɒpɪŋ sentə]
einladen (zu, nach) invite (to) [ɪn'vaɪt]
Einladung (zu, nach) invitation (to) [ɪnvɪ'teɪʃn]
einmal: auf einmal suddenly ['sʌdənli] **noch einmal** again [ə'gen]
einpacken pack [pæk]
eins one [wʌn]
einsam lonely ['ləʊnli]
einschalten switch on [swɪtʃ 'ɒn]
eintauchen dive [daɪv]
Eintrag *(Wörterbuch)* entry ['entri]
eintreten: in einen Klub eintreten join a club [dʒɔɪn]
Eintrittskarte ticket ['tɪkɪt]
einverstanden: mit etwas einverstanden sein agree with sth. [ə'gri:]
einzige(r, s): Da bist du nicht der/die Einzige. Join the club. [dʒɔɪn] **der/die einzige ...** the only ... ['əʊnli]
Eis *(Speiseeis)* ice cream [aɪs 'kri:m]
Eisenbahn train [treɪn]
Eishockey ice hockey ['aɪs hɒki]
eisig freezing ['fri:zɪŋ]
eiskalt freezing ['fri:zɪŋ]
Elefant elephant ['elɪfənt]
Elektronik electronics [ɪlek'trɒnɪks]
elf eleven [ɪ'levən]
Eltern parents ['peərənts]
E-Mail email ['i:meɪl]
E-Mail-Freund/in e-friend ['i:frend]
Ende end [end]; *(Text, Geschichte)* ending ['endɪŋ] **am oberen Ende** at the top [tɒp] **zu Ende machen** finish ['fɪnɪʃ] **zu Ende sein** be over ['əʊvə]
endlich finally ['faɪnəli]
Endung ending ['endɪŋ]
England England ['ɪŋglənd]
Englisch; englisch English ['ɪŋglɪʃ]
entdecken discover [dɪ'skʌvə]
Ente duck [dʌk]
entlang: die Straße entlang along the road [ə'lɒŋ]
Entschuldigung. *(Darf ich mal stören?)* Excuse me, ... [ɪks'kju:z mi]; *(Tut mir leid.)* Sorry. / I'm sorry. ['sɒri]
entspannen: entspannend relaxing [rɪ'læksɪŋ] **sich entspannen** relax [rɪ'læks]
enttäuscht (von) disappointed (with) [dɪsə'pɔɪntɪd]
er he [hi:]; *(Dinge, Tiere)* it [ɪt]
Erdboden ground [graʊnd]
Erde earth [ɜ:θ]
Erdkunde geography [dʒi'ɒgrəfi]
Erdnuss peanut ['pi:nʌt]
Erdnussbutter peanut butter [pi:nʌt 'bʌtə]
Ereignis event [ɪ'vent]
erfahren experience [ɪk'spɪəriəns]
erforschen research [rɪ'sɜ:tʃ]
erinnern: sich erinnern (an) remember [rɪ'membə]
Erkältung cold [kəʊld]
erklären: jm. etwas erklären explain sth. to sb. [ɪk'spleɪn]
erkundigen: sich bei jm. nach etwas erkundigen ask sb. about sth. [ɑ:sk]
erleben experience [ɪk'spɪəriəns]
erraten guess [ges]
erst only ['əʊnli]
erstaunlich amazing [ə'meɪzɪŋ]
Erste Hilfe first aid [fɜ:st 'eɪd]
Erste-Hilfe-Set first-aid kit [fɜ:st 'eɪd kɪt]
erste(r, s) first [fɜ:st]
Erstes: als Erstes first [fɜ:st]
Erwachsene/r adult ['ædʌlt]
erzählen (von) tell [tel]
es it [ɪt]
Esel donkey ['dɒŋki]
Essen food [fu:d]
essen eat [i:t]
etwas something ['sʌmθɪŋ]; *(ein bisschen)* some [sʌm], [səm] **Möchten Sie sonst noch etwas?** Would you like anything else? [eniθɪŋ 'els] **Möchtest du (etwas) Tee?** Would you like some tea?
euch you [ju], [ju:]
euer/eure *(vor Nomen)* your [jɔ:], [jə]
Eule owl [aʊl]
evangelisch Protestant ['prɒtɪstənt]
Experiment experiment [ɪk'sperɪmənt]
Experte, Expertin expert ['ekspɜ:t]
Extra- extra ['ekstrə]

F

Fahne flag [flæg]
Fähre ferry ['feri]
fahren go [gəʊ]; *(mit dem Auto)* drive [draɪv]; *(mit dem Schiff)* sail [seɪl] **mit dem Bus fahren** go by bus **mit dem Fahrrad/dem BMX-Rad fahren** ride a bike/a BMX [raɪd]
Fahrgast passenger ['pæsɪndʒə]
Fahrkarte ticket ['tɪkɪt]
Fahrrad bike [baɪk]
fallen fall [fɔ:l]
falls if [ɪf]
falsch false [fɔ:ls]; wrong [rɒŋ]
Familie family ['fæməli]
Familienstammbaum family tree [fæməli 'tri:]
Fantasie fantasy ['fæntəsi]
Fantasy *(Literatur-, Filmgattung)* fantasy ['fæntəsi]
Farbe colour ['kʌlə]
Farm farm [fɑ:m]
fast nearly ['nɪəli]
faul *(träge)* lazy ['leɪzi]
Faust fist [fɪst]
Februar February ['februəri]
Federmäppchen pencil case ['pensl keɪs]
Fehler mistake [mɪ'steɪk]
feiern celebrate ['selɪbreɪt] **eine Party feiern** have a party ['pɑ:ti]
Feld field [fi:ld] **auf dem Feld** in the field
Fels(en) rock [rɒk]
Felsklettern rock climbing ['rɒk klaɪmɪŋ]
Fenster window ['wɪndəʊ]
Ferien holidays ['hɒlədeɪz]

Ferienlager *(im Sommer)* summer camp ['sʌmə kæmp]
fernsehen watch TV [wɒtʃ tiː'viː]
Fernseher TV [tiː'viː]
Fernsehsendung programme ['prəʊgræm]
fertig ready ['redi] **sich fertig machen (für)** get ready (for)
Fest festival ['festɪvl]
fett fat [fæt]
Feuer fire ['faɪə]; *(großes Freudenfeuer)* bonfire ['bɒnfaɪə]
Feuerwache fire station ['faɪə steɪʃn]
Feuerwehrmann/-frau firefighter ['faɪəfaɪtə]
Feuerwerk fireworks *(pl)* ['faɪəwɜːks]
Feuerwerkskörper firework ['faɪəwɜːk]
Fieber temperature ['temprətʃə] **Fieber haben** have a temperature
fies *(gemein)* mean [miːn]
Film film [fɪlm]
finden find [faɪnd] **Freunde finden** make friends [meɪk 'frendz]
Fisch(e) fish [fɪʃ]
fit fit [fɪt] **nicht fit** unfit [ʌn'fɪt]
Flagge flag [flæg]
Flasche bottle ['bɒtl] **eine Flasche …** a bottle of …
Flaschenpost message in a bottle ['mesɪdʒ]
flauschig *(pelzig)* furry ['fɜːri]
Fleisch meat [miːt]
fliegen fly [flaɪ]
Flur *(Diele)* hall [hɔːl]
Fluss river ['rɪvə]
flüstern whisper ['wɪspə]
Flut: die Flut kommt the sea's coming in
Flyer *(Handzettel, Werbezettel)* flyer ['flaɪə]
Föhn hairdryer ['heədraɪə]
folgen follow ['fɒləʊ]
fort away [ə'weɪ]
Fortbewegungsmittel transport ['trænspɔːt]
Foto photo ['fəʊtəʊ] **Fotos machen** take photos
Fotoapparat camera ['kæmərə]
Frage question ['kwestʃən] **Fragen stellen** ask questions [ɑːsk]
fragen ask [ɑːsk] **jn. nach dem Weg fragen** ask sb. the way
Frankreich France [frɑːns]
Französisch; französisch French [frentʃ]
Frau woman, *pl* women ['wʊmən], ['wɪmɪn]; *(allgemeine Anrede für Frauen)* Ms … [mɪz], [məz]; *(Anrede für unverheiratete Frauen)* Miss … [mɪs]; *(Anrede für verheiratete Frauen)* Mrs … ['mɪsɪz]
Freak freak [friːk]
frei free [friː] **im Freien** outdoors [aʊt'dɔːz]
Freitag Friday ['fraɪdeɪ], ['fraɪdi]
Freizeitaktivitäten free-time activities [friː taɪm æk'tɪvətiz]
fressen eat [iːt]
freuen: Freut mich, dich/euch/Sie kennenzulernen. Nice to meet you. **sich freuen auf** look forward to ['fɔːwəd]
Freund/in friend [frend]; *(feste Freundin)* girlfriend ['gɜːlfrend]; *(fester Freund)* boyfriend ['bɔɪfrend] **Freunde finden** make friends
freundlich friendly ['frendli]; *(nett)* kind [kaɪnd]
frieren freeze [friːz]
Frisbee frisbee ['frɪzbi]
frisch fresh [freʃ]
Frisör/in hairdresser ['heədresə]
froh happy ['hæpi] **ich bin froh** I'm glad [glæd]
früh early ['ɜːli]
früher in the old days ['əʊld deɪz]
Frühling spring [sprɪŋ]
Frühstück breakfast ['brekfəst]
frühstücken have breakfast
Frühstücksflocken cereals ['sɪəriəlz]
frustriert frustrated [frʌ'streɪtɪd]
Fuchs fox [fɒks]
fühlen; sich fühlen feel [fiːl] **Ich fühle mich nicht gut.** I'm not feeling well. [wel]
füllen fill [fɪl]
Füller pen [pen]
fünf five [faɪv]
funktionieren work [wɜːk]
für for [fɔː], [fə] **die interessanteste Information für mich** the most interesting information to me [tu], [tə]
fürchterlich terrible ['terəbl]
Fußball football ['fʊtbɔːl]
Futter food [fuːd]
füttern feed [fiːd]

G

Gang hall [hɔːl]
ganz: ganze(r, s) whole [həʊl] **den ganzen Sommer** all summer [ɔːl] **im ganzen Land** all over the country [ɔːl 'əʊvə]
Garage garage ['gærɑːʒ]
Garagenflohmarkt *(privater Flohmarkt)* garage sale ['gærɑːʒ seɪl]
Garten garden ['gɑːdn]
Gasse lane [leɪn]
Gast visitor ['vɪzɪtə]
geben give [gɪv] **es gibt** there are ['ðeər ɑː]; there's [ðeəz]
Geburtstag birthday ['bɜːθdeɪ] **Herzlichen Glückwunsch zum Geburtstag!** Happy birthday! **Sie hat Geburtstag.** It's her birthday. **Wann hast du Geburtstag?** When's your birthday?
Gedankenkarte mind map ['maɪnd mæp]
Gedicht poem ['pəʊɪm]
Gefahr danger ['deɪndʒə]
gefährlich dangerous ['deɪndʒərəs]
gefrieren freeze [friːz]
Gefühl feeling ['fiːlɪŋ]
gegen against [ə'genst]
Gegend neighbourhood ['neɪbəhʊd]
Gegenteil opposite ['ɒpəzɪt]
Gegenwart present ['preznt]
geheim secret ['siːkrət]
Geheimnis mystery ['mɪstri]; secret ['siːkrət]
geheimnisvoll mysterious [mɪ'stɪəriəs]
gehen go [gəʊ] **Mir geht es gut.** I'm fine. [aɪm 'faɪn] **mit mir ins Theater gehen** take me to the theatre [teɪk] **umhergehen** walk around [wɔːk ə'raʊnd] **Wie geht's?** How's it going? **Wie geht's (dir/euch/Ihnen)?** How are you? **zu Fuß gehen** walk [wɔːk]
gehören zu go with ['gəʊ wɪð]
geizig mean [miːn]
gelangen (nach) get (to) [get]
gelangweilt bored [bɔːd]
gelassen *(locker)* easy-going [iːzi 'gəʊɪŋ]
gelb yellow ['jeləʊ]
Geld money ['mʌni] **Geld ausgeben (für)** spend money (on) [spend] **Das Geld liegt nicht auf der Straße.** *(Redewendung)* Money doesn't grow on trees. **Es ist sein Geld wert.** It's good value. ['væljuː]
Gelegenheit chance [tʃɑːns]
gemein *(fies)* mean [miːn]

Gemüse vegetables, *infml auch* veg ['vedʒtəblz], [vedʒ]
gemütlich comfortable ['kʌmftəbl]
genau wie Berry just like Berry ['dʒʌst laɪk]
genervt sein feel fed up [fed 'ʌp]
genießen enjoy [ɪn'dʒɔɪ]
genug enough [ɪ'nʌf]
geöffnet open ['əʊpən]
Geografie geography [dʒi'ɒgrəfi]
gerade straight [streɪt]; *(im Moment)* at the moment ['məʊmənt] **gerade (eben)** just [dʒʌst]
geradeaus (weiter) straight on [streɪt 'ɒn]
Geräusch sound [saʊnd]; *(Lärm)* noise [nɔɪz]
gern: Ich hätte gern / Ich möchte I'd like [laɪk] **Ich komme sehr gern. / Ich würde sehr gern kommen.** I'd love to come. [lʌv] **Ich sehe gern fern.** I like watching TV. **ich spreche gern mit …** I like talking to …
Gesamtschule *(BE)* high school ['haɪ sku:l]
Geschäft shop [ʃɒp]; *(Vereinbarung)* deal [di:l]; *(verkauft gespendete Waren für wohltätige Zwecke)* charity shop ['tʃærəti ʃɒp]
geschehen happen ['hæpən] **Bitte, gern geschehen.** You're welcome. ['welkʌm]
Geschenk present ['preznt]
Geschichte *(Erzählung)* story ['stɔ:ri]; *(vergangene Zeiten)* history ['hɪstri] **Geschichte zum Anfassen** living history [lɪvɪŋ 'hɪstri]
Geschirrspülmaschine dishwasher ['dɪʃwɒʃə]
Gesicht face [feɪs]
gespannt excited [ɪk'saɪtɪd]
Gespräch talk [tɔ:k]
gestern yesterday ['jestədeɪ]
gesund healthy ['helθi]
Getränk drink [drɪŋk]
Getreideflocken cereals ['sɪəriəlz]
Gewinn *(Preis)* prize [praɪz]
gewinnen win [wɪn]
Gewinner/in winner ['wɪnə]
Gitarre guitar [gɪ'tɑ:]
glatt *(Haare)* straight [streɪt]
glauben think [θɪŋk] **glauben (an etwas)** believe (in sth.) [bɪ'li:v]
Gleis: auf Gleis 4 at platform 4 ['plætfɔ:m]
Glück: du hast Glück you're lucky ['lʌki]
glücklich happy ['hæpi]
Glückwunsch: Herzlichen Glückwunsch zum Geburtstag! Happy birthday! [hæpi 'bɜ:θdeɪ]
Grad degree [dɪ'gri:]
Gras grass [grɑ:s]
grau grey [greɪ]
Grillfest barbecue ['bɑ:bɪkju:]
Grillparty barbecue ['bɑ:bɪkju:]
groß big [bɪg]; *(Person)* tall [tɔ:l]
großartig great [greɪt]
Großbritannien (Great) Britain ['brɪtn]
Großbuchstabe capital (letter) ['kæpɪtl]
Großeltern grandparents ['grænpeərənts]
Großmutter grandmother ['grænmʌðə]
Großstadt city ['sɪti]
Großvater grandfather ['grænfɑ:ðə]
grün green [gri:n]
Gruppe group [gru:p]
gruselig scary ['skeəri]
Grüße: Viele Grüße … *(Briefschluss)* Best wishes ['wɪʃɪz]
grüßen: Grüß alle. Say hi to everybody.
gut good [gʊd]; *(in Ordnung)* fine [faɪn]; *(okay)* OK [əʊ'keɪ] **gut an meinem Haus** good about my house **Guten Morgen.** Good morning. **gut funktionieren/ sprechen** work/speak well [wel] **Gut gemacht!** Well done. **Ich fühle mich nicht gut.** I'm not feeling well. **Mir geht es gut.** I'm fine.
Gymnastik gymnastics [dʒɪm'næstɪks]

H

Haar(e) hair [hair]
haarig hairy ['heəri]
Haartrockner hairdryer ['heədraɪə]
haben have [hæv] **die Nase voll haben** feel fed up [fed 'ʌp] **Ich hätte gern** I'd like [laɪk] **Sie hat Geburtstag.** It's her birthday. **viel zu tun haben** be busy ['bɪzi]
Hafen harbour ['hɑ:bə]
Hähnchen chicken ['tʃɪkɪn]
Halbbruder half-brother ['hɑ:f brʌðə]
halbe(r, s) half [hɑ:f] **eine halbe Stunde** half an hour **halb 7** half past 6 [pɑ:st]
Halbschwester half-sister ['hɑ:f sɪstə]
Hallo. Hello. [hə'ləʊ]; Hi. [haɪ]
Hals throat [θrəʊt]
Halsband collar ['kɒlə]
Halsschmerzen a sore throat [sɔ: 'θrəʊt]
halten hold [həʊld]; *(stoppen)* stop [stɒp] **Halt den Mund!** Shut up! [ʃʌt 'ʌp]
Haltestelle stop [stɒp]
Hamburger *(Frikadelle)* burger ['bɜ:gə]
Hamster hamster ['hæmstə]
Hand hand [hænd] **aus zweiter Hand** second-hand
Handschuh glove [glʌv]
Handtuch towel ['taʊəl]
Handy mobile (phone) [məʊbaɪl 'fəʊn]
Happy End *(glückliches Ende)* happy ending [hæpi 'endɪŋ]
hart hard [hɑ:d]
hassen hate [heɪt]
hässlich ugly ['ʌgli]
hauptsächlich mostly ['məʊstli]
Haus house [haʊs] **nach Hause** home [həʊm] **zu Hause** at home
Hausarbeit chore [tʃɔ:] **Hausarbeiten erledigen** do chores [tʃɔ:z]
Hausaufgabe(n) homework ['həʊmwɜ:k] **Hausaufgaben machen** do your homework **Ich habe meine Hausaufgaben vergessen.** I forgot my homework. [fə'gɒt] **Was haben wir als Hausaufgabe(n) auf?** What's for homework?
Häuschen cottage ['kɒtɪdʒ]
Haustier pet [pet]
Heft exercise book ['eksəsaɪz bʊk]
Heim *(Zuhause)* home [həʊm]
Heimweh haben be/feel homesick ['həʊmsɪk]
heiß hot [hɒt]
heißen: Wie heißt du? What's your name?
helfen help [help]
Helm helmet ['helmɪt]
Hemd shirt [ʃɜ:t]
herausfinden: herausfinden aus get out of **etwas herausfinden** find out about sth.
herauskommen aus get out of
Herbst autumn ['ɔ:təm]

Herr: mein Herr sir [sɜː]
Herr Brown Mr Brown ['mɪstə]
herrisch bossy ['bɒsi]
herstellen make [meɪk]
herunter down [daʊn]
Herzlichen Glückwunsch zum Geburtstag! Happy birthday! [hæpi 'bɜːθdeɪ]
heute today [tə'deɪ] **heute Morgen/Nachmittag/Abend** this morning/afternoon/evening
Hexe witch [wɪtʃ]
hier(her) here [hɪə] **bis hierher** so far [səʊ 'fɑː]
Hilfe help [help]
hilflos helpless ['helpləs]
hilfreich useful ['juːsfl]
Himmel sky [skaɪ]
hinauf up [ʌp]
hinfallen fall [fɔːl]
hinkommen (nach) *(gelangen nach)* get (to) [get]
hinstellen: sich (hin)stellen stand [stænd]
hinter behind [bɪ'haɪnd]
hinunter down [daʊn] **den Hügel hinunter** down the hill
Hip-Hop hip hop ['hɪp hɒp]
historisch *(berühmt, denkwürdig)* historic [hɪ'stɒrɪk]
Hobby hobby ['hɒbi]
Hobbyraum den [den]
hoch high [haɪ]; up [ʌp]; *(Gebäude)* tall [tɔːl]
hochheben pick up [pɪk 'ʌp]
hochspringen jump up [dʒʌmp 'ʌp]
hoffen hope [həʊp]
Höhle cave [keɪv]
holen: (sich) etwas holen get sth. [get]
hören hear [hɪə]
Hose trousers ['traʊzəz] **kurze Hose** shorts [ʃɔːts]
Hügel hill [hɪl]
Huhn chicken ['tʃɪkɪn]
Hund dog [dɒg]; *(Jagdhund)* hound [haʊnd]
Hundeheim dogs' home
hundert *(einhundert)* a hundred, one hundred ['hʌndrəd]
Hunger: Wir haben Hunger. We're hungry. ['hʌŋgri]
Hurra! Yippee! [jɪ'piː]
Hut hat [hæt]
Hütte cottage ['kɒtɪdʒ]

I

ich I [aɪ] **ich bin** I'm (= I am) [aɪm], [aɪ 'æm] **Ich bin's.** It's me. [ɪts 'miː]
Idee idea [aɪ'dɪə]
Idiot/in idiot ['ɪdiət]
ihm him [hɪm]
ihn him [hɪm]
ihnen them [ðem], [ðəm]
Ihnen *(höfliche Anrede)* you [ju], [juː]
ihr *(Plural von „du")* you [ju], [juː]
ihr *(zu „she")*: **Hilf ihr.** Help her. [hɜː], [hə]
ihr/e *(besitzanzeigend bei Dingen und Tieren)* its [ɪts]; *(besitzanzeigend zu „she")* her [hɜː], [hə]; *(besitzanzeigend zu „they")* their [ðeə]
Ihr/e *(besitzanzeigend zur höflichen Anrede „Sie")* your [jɔː], [jə]
Illustration illustration [ɪlə'streɪʃn]
im: im Bus on the bus **im Kino** at the cinema **im Moment** at the moment
immer always ['ɔːlweɪz] **immer noch** still [stɪl]
in in [ɪn]; inside [ɪn'saɪd] **in (… hinein)** into ['ɪntu], ['ɪntə] **in der Nacht** at night **in der Schule** at school **in der Stadt** in town **in einem Restaurant** at a restaurant **ins Kino** to the cinema
Information(en) information [ɪnfə'meɪʃn]
Informations- und Kommunikationstechnologie ICT (Information and Communication technology) [aɪ siː 'tiː], [ɪnfəmeɪʃn ənd kəmjuːnɪ'keɪʃn teknɒlədʒi]
Informationsblatt newsletter ['njuːzletə]
Informationsstand information desk [desk]
informieren: sich informieren über find out about [faɪnd 'aʊt]
Inlineskates inline skates [ɪnlaɪn 'skeɪts]
insbesondere especially [ɪ'speʃəli]
Insel island ['aɪlənd]
Instrument instrument ['ɪnstrəmənt]
interessant interesting ['ɪntrəstɪŋ]
interessiert (an) interested (in) ['ɪntrəstɪd]
Internet internet ['ɪntənet]
Interview interview ['ɪntəvjuː]
Irgendwelche Ideen? Any ideas? ['eni]
Irrenhaus madhouse ['mædhaʊs]
Irrgarten maze [meɪz]

J

ja yeah *(infml)* [jeə]; yes [jes]
Jacke jacket ['dʒækɪt]
Jackett jacket ['dʒækɪt]
Jahreszeit season ['siːzn]
Jahr(gang) year [jɪə]
Januar January ['dʒænjuəri]
Jeans jeans *(pl)* [dʒiːnz]
jeder *(alle)* everybody ['evribɒdi]; everyone ['evriwʌn]
jede(r, s) *(vor Nomen)* every ['evri] **jede(r, s) (einzelne)** each [iːtʃ]
jemand somebody ['sʌmbədi]; someone ['sʌmwʌn]
jene(r, s) that [ðæt] **jene (Jungen)** those (boys) [ðəʊz]
jetzt now [naʊ] **bis jetzt** so far [səʊ 'fɑː]
Job job [dʒɒb]
Judo judo ['dʒuːdəʊ]
Jugendliche/r kid [kɪd]
Juli July [dʒu'laɪ]
jung young [jʌŋ]
Junge boy [bɔɪ]
Juni June [dʒuːn]

K

Kaffee coffee ['kɒfi]
Käfig cage [keɪdʒ]
Kakao cocoa ['kəʊkəʊ]
Kalender diary ['daɪəri]
kalt cold [kəʊld]
Kamera camera ['kæmərə]
kämpfen fight [faɪt]
Kanal channel ['tʃænl]
Kaninchen rabbit ['ræbɪt]
Kantine canteen [kæn'tiːn]
Kanu canoe [kə'nuː]
Kapitän/in captain ['kæptɪn]
Kappe *(Mütze)* cap [kæp]
Kapuzenpullover hoodie ['hʊdi]
Karotte carrot ['kærət]
Karte card [kɑːd]
Kartenschalter ticket office ['tɪkɪt ɒfɪs]
Kartoffel potato, *pl* potatoes [pə'teɪtəʊ]
Kartoffelchips crisps [krɪsps]
Kästchen box [bɒks]
Kasten box [bɒks]
Katholik/in Catholic ['kæθlɪk]
katholisch Catholic ['kæθlɪk]
Kätzchen kitten ['kɪtn]

Katze cat [kæt] **junge Katze** kitten ['kɪtn]
kaufen buy [baɪ]
Kaufpreis price [praɪs]
Kegeln *(Bowling)* bowling ['bəʊlɪŋ]
kein/e no [nəʊ] **ich bin kein/e ...** I'm not ... [nɒt] **wir haben kein/keine/keinen ...** we don't have any ... ['eni]
keine(r, s) none [nʌn]
Keks biscuit ['bɪskɪt]
kennen know [nəʊ]
kennenlernen meet [mi:t] **Freut mich, dich/euch/Sie kennenzulernen.** Nice to meet you.
Kerl guy [gaɪ]
Kette chain [tʃeɪn]
Kilometer kilometre (km) ['kɪləmi:tə]
Kind child, *pl* children [tʃaɪld], ['tʃɪldrən]; kid [kɪd]
Kino cinema ['sɪnəmə] **im Kino** at the cinema **ins Kino** to the cinema
Kirche church [tʃɜ:tʃ]
Kissen cushion ['kʊʃn]
Kiste box [bɒks]
Klang sound [saʊnd]
klar clear [klɪə]
Klasse class [klɑ:s]
Klassenarbeit test [test]
Klassenlehrer/in class teacher ['klɑ:s ti:tʃə]
Klassenraum classroom ['klɑ:sru:m]
Klavier piano [pi'ænəʊ]
Kleid dress [dres]
Kleiderschrank wardrobe ['wɔ:drəʊb]
Kleidung(sstücke) clothes *(pl)* [kləʊðz]
klein little ['lɪtl]; small [smɔ:l]; *(Person)* short [ʃɔ:t]
klettern (auf) climb [klaɪm]
klingeln ring [rɪŋ]
Klub club [klʌb]
klug clever ['klevə]
Knie knee [ni:]
Koch, Köchin cook [kʊk]
kochen cook [kʊk]
Kochrezept recipe ['resəpi]
komisch funny ['fʌni]
kommen come [kʌm] **Ach, komm!** Go on. **die Flut kommt** the sea's coming in **(hin)kommen (nach)** *(gelangen nach)* get (to) [get] **Ich komme sehr gern. / Ich würde sehr gern kommen.** I'd love to come. [lʌv] **Komm(t) (schon)!** Come on! **Wo kommst du her?** Where are you from?
Komödie comedy ['kɒmədi]
Kompass compass ['kʌmpəs]
König king [kɪŋ]
können can [kæn], [kən] **er konnte** he could [kʊd] **er könnte** he could **nicht können** can't (= cannot) [kɑ:nt], ['kænɒt]
Kontrolle: die Kontrolle verlieren lose control [lu:z]
kontrollieren check [tʃek]
Konzert concert ['kɒnsət]
Kopf head [hed]
Kopfschmerzen a headache ['hedeɪk]
Kopfsprung: einen Kopfsprung machen dive [daɪv]
körperbehindert disabled [dɪs'eɪbld]
Korridor hall [hɔ:l]
korrigieren correct [kə'rekt]
kosten: Der Taschenrechner kostet 1 Pfund. The calculator is £ 1. **Die Poster kosten 2 Pfund fünfzig.** The posters are £ 2.50. **Was (Wie viel) kostet / kosten?** How much is / are ...?
kostenlos free [fri:]
Kostüm *(Verkleidung)* costume ['kɒstju:m]
Kram stuff *(infml)* [stʌf]
krank ill [ɪl]
Krankenhaus hospital ['hɒspɪtl]
Krankenwagen ambulance ['æmbjələns]
Krawatte tie [taɪ]
Krebs crab [kræb]
Kreis circle ['sɜ:kl]
Kreuz cross [krɒs]
Krimiserie crime series, *pl* crime series ['kraɪm sɪəri:z]
Kroatien Croatia [krəʊ'eɪʃə]
Krokodil crocodile ['krɒkədaɪl]
Küche kitchen ['kɪtʃɪn]
Kuchen cake [keɪk]
Kugelschreiber pen [pen]
Kuh cow [kaʊ]
kühl cool [ku:l]
kümmern: sich kümmern um look after [lʊk 'ɑ:ftə]
Kunde, Kundin customer ['kʌstəmə]
Kunst art [ɑ:t]
Kunststoff plastic ['plæstɪk]
Kurs class [klɑ:s]
kurz short [ʃɔ:t]
kurze Hose shorts [ʃɔ:ts]
Kuss kiss [kɪs]
Küste coast [kəʊst] **an der Küste** on the coast
Kutsche carriage ['kærɪdʒ]

L

Labor lab [læb]
Labyrinth maze [meɪz]
lächeln; *(ein)* Lächeln smile [smaɪl]
lachen; *(ein)* Lachen laugh [lɑ:f] **mit einem Lachen** with a laugh
Laden shop [ʃɒp]
Lager *(Zeltlager)* camp [kæmp]
Lampe lamp [læmp]; light [laɪt]
Land country ['kʌntri] **auf dem Land** in the country
Landkarte map [mæp]
lang long [lɒŋ] **ein paar Minuten lang** for a few minutes
Langeweile haben feel bored [bɔ:d]
langsam slow [sləʊ]
langweilig boring ['bɔ:rɪŋ]
Laptop laptop ['læptɒp]
Lärm noise [nɔɪz]
Lasagne lasagne [lə'zænjə]
Lass(t) uns ... Let's ... [lets]
Laterne lantern ['læntən]
laufen run [rʌn] **Wie läuft's?** How's it going?
Läufer *(Teppich)* rug [rʌg]
Laut sound [saʊnd]
laut *(voller Lärm)* noisy ['nɔɪzi]
läuten ring [rɪŋ]
Lautsprecher speaker ['spi:kə]
Leben life, *pl* lives [laɪf] **am Leben** alive [ə'laɪv]
leben live [lɪv]
lebendig alive [ə'laɪv] **lebendig werden** come alive
Lebensmittel food [fu:d]
Lebensweise: deine Lebensweise (die Art, wie du lebst) the way you live [ðə weɪ ju 'lɪv]
lecker yum *(infml)* [jʌm]; yummy *(infml)* ['jʌmi]
ledig single ['sɪŋgl]
leer empty ['empti]
leeren empty ['empti]
legen put [pʊt]
Legende *(Sage)* legend ['ledʒənd]
Lehrbuch textbook ['tekstbʊk]
Lehrer/in teacher ['ti:tʃə]
leicht *(einfach)* easy ['i:zi]
leidtun: Tut mir leid. Sorry. / I'm sorry. ['sɒri]
leihen: sich (aus)leihen borrow ['bɒrəʊ]
leise quiet ['kwaɪət]
Leiter/in leader ['li:də]
Lektion *(Schulbuch)* unit ['ju:nɪt]

lernen learn [lɜːn]
lesen read [riːd]
Letterbox *(Behälter, der beim Letterboxing versteckt wird)* letterbox ['letəbɒks]
letzte(r, s) last [lɑːst] **der letzte Ferientag** the last day of the holidays
Leuchtturm lighthouse ['laɪthaʊs]
Leute people ['piːpl]; *(als Anrede verwendet)* guys [gaɪz]
Licht light [laɪt]
lieb lovely ['lʌvli] **Liebe/r ...** Dear ... [dɪə]
lieben love [lʌv]
Lieblings- favourite ['feɪvərɪt]
Lied song [sɒŋ]
Liga *(Sport)* league [liːg]
lila purple ['pɜːpl]
Lineal ruler ['ruːlə]
links left [left] **auf der linken Seite** on the left **nach links** left
Liste list [lɪst]
Locher hole punch ['həʊl pʌntʃ]
locker *(gelassen)* easy-going [iːzi 'gəʊɪŋ]
los: In der Küche ist zu viel los. The kitchen is too busy. ['bɪzi] **Na los!** Come on! [kʌm 'ɒn] **Was ist los?** What is it?; What's the matter? ['mætə]
losfahren leave [liːv]
losgehen: Jetzt geht's los! Here we go! *(infml)* [hɪə wi 'gəʊ]
loswerden: etwas loswerden get rid of sth. [rɪd]
Luft air [eə]

M

machen *(herstellen)* make [meɪk]; *(tun)* do [duː] *(am Telefon)* **Ich muss Schluss machen.** I must go. **Das macht 159 Pfund.** That's £ 159. **Fotos machen** take photos **Gut gemacht!** Well done. [dʌn] **Hausaufgaben machen** do your homework ['həʊmwɜːk] **Na los, mach schon!** Go on. **sich Sorgen machen (wegen, um)** worry (about)
Mädchen girl [gɜːl]
Magen stomach ['stʌmək]
Magenschmerzen a stomach ache ['stʌmək eɪk]
Magie magic ['mædʒɪk]
magisch magical ['mædʒɪkl]
mähen *(Rasen)* cut [kʌt]
Mahlzeit: kleine Mahlzeit snack [snæk]
Mai May [meɪ]
Make-up make-up ['meɪkʌp]
Mal time [taɪm] **dieses Mal** this time
Mama mum [mʌm]
manchmal sometimes ['sʌmtaɪmz]
Manga manga ['mæŋgə]
Mann man, *pl* men [mæn], [men]
Mannschaft team [tiːm]
Markt market ['mɑːkɪt]
Marmelade jam [dʒæm]
März March [mɑːtʃ]
Maske mask [mɑːsk]
Mathe(matik) maths [mæθs]
Matrose/Matrosin sailor ['seɪlə]
Matsch mud [mʌd]
Meer sea [siː]
mehr more [mɔː] **nicht mehr** not (...) any more [eni 'mɔː]
Mehrfamilienhaus block of flats ['blɒk əv flæts]
Meile *(ca. 1,6 km)* mile [maɪl]
mein/e *(vor Nomen)* my [maɪ]
meine/r, meins mine [maɪn]
meinen *(denken, glauben)* think [θɪŋk]; *(sagen wollen)* mean [miːn] **Was meinst du?** What do you think?
meisten: die meisten Sportarten the most sports [məʊst]
meistens mostly ['məʊstli]; usually ['juːʒuəli]
Mensa canteen [kæn'tiːn]
Menschen people ['piːpl]
Meter metre ['miːtə]
mich me [miː] **mich (selbst)** myself [maɪ'self]
Milch milk [mɪlk]
Milchshake milkshake ['mɪlkʃeɪk]
Mindmap mind map ['maɪnd mæp]
minus minus ['maɪnəs]
Minute minute ['mɪnɪt] **ein paar Minuten (lang)** for a few minutes
mir me [miː] **mir (selbst)** myself [maɪ'self]
mit with [wɪð] **mit dem Bus fahren** go by bus [baɪ 'bʌs]
mitbringen bring [brɪŋ]
mitkommen come [kʌm]
mitnehmen take [teɪk]
Mittag: (zu) Mittag essen have lunch [lʌntʃ]
Mittagessen lunch [lʌntʃ]
Mittagszeit lunchtime ['lʌntʃtaɪm]
Mitte centre ['sentə]; middle ['mɪdl] **in der Mitte** in the middle
Mitteilung message ['mesɪdʒ]
Mitteilungsblatt newsletter ['njuːzletə]
Mittwoch Wednesday ['wenzdeɪ], ['wenzdi]
möchten: Ich möchte ... I'd like ... [laɪk]
modern modern ['mɒdn]
mögen like [laɪk] **etwas am liebsten mögen** like sth. best **etwas lieber mögen** like sth. better **ich mag ... nicht** I don't like ... **sehr mögen** love [lʌv]
Möhre carrot ['kærət]
Moment moment ['məʊmənt] **im Moment** at the moment
Monat month [mʌnθ]
Montag Monday ['mʌndeɪ], ['mʌndi] **am Montag** on Monday
Morgen morning ['mɔːnɪŋ] **am Morgen** in the morning **Guten Morgen.** Good morning.
morgen tomorrow [tə'mɒrəʊ]
morgens in the morning ['mɔːnɪŋ] **9 Uhr morgens** 9 am [eɪ'em]
Möwe seagull ['siːgʌl]
MP3-Player MP3 player [empiː'θriː pleɪə]
müde tired ['taɪəd]
Muffin *(kleiner runder Kuchen)* muffin ['mʌfɪn]
Müll *(Hausmüll)* rubbish ['rʌbɪʃ]
Mülleimer bin [bɪn]; litter bin ['lɪtə bɪn]
Mumie mummy ['mʌmi]
Mund mouth [maʊθ] **Halt den Mund!** Shut up! [ʃʌt 'ʌp]
Museum museum [mju'ziːəm]
Musical musical ['mjuːzɪkl]
Musik music ['mjuːzɪk]
Musiker/in musician [mju'zɪʃn]
Musikgruppe band [bænd]
müssen must [mʌst] **etwas tun müssen** have to do sth.
Mutter mother ['mʌðə]
Mutti mum [mʌm]
Mütze hat [hæt]; *(Schirmmütze)* cap [kæp]

N

Na ja, ... Well, ... [wel]
nach *(örtlich)* to [tu], [tə]; *(zeitlich)* after ['ɑːftə] **nach dem Abendessen** after dinner **nach Hause** home [həʊm] **viertel nach 6** quarter past 6 [pɑːst]
Nachbar/in neighbour ['neɪbə]
Nachbarschaft neighbourhood ['neɪbəhʊd]

Nachmittag afternoon [ɑːftə'nuːn] **am Nachmittag** in the afternoon
nachmittags: 5 Uhr nachmittags 5 pm [piː'em]
Nachricht message ['mesɪdʒ] **Nachrichten** news [njuːz]
nachschauen: nachschauen (auf einer Website) check (a website) [tʃek] **Lass(t) uns mal nachschauen.** Let's have a look. [lʊk]
Nachspeise dessert [dɪ'zɜːt]
nächste(r, s) next [nekst] **Der/Die Nächste, bitte.** Next, please.
Nächstes: als Nächstes next
Nacht night [naɪt] **in der Nacht** at night
nachts at night [naɪt]
Nähe: hier in der Nähe around here [ə'raʊnd] **in der Nähe von** near [nɪə]
nahe (bei) near [nɪə] **nah am Stadtzentrum** near to the city
Name name [neɪm]
Nase: die Nase voll haben feel fed up [fed 'ʌp]
nass wet [wet]
national, National- national ['næʃnəl] **Nationalpark** national park [næʃnəl 'pɑːk]
natürlich of course [əv 'kɔːs]
Naturwissenschaft science ['saɪəns]
Nebel fog [fɒg]
nebelig foggy ['fɒgi]
neben next to ['nekst tə]
negativ negative ['negətɪv]
nehmen take [teɪk] **den Zug nehmen** take the train **ich nehme …** *(beim Essen, im Restaurant)* I'll have … **Ich nehme es (ihn, sie).** *(beim Einkaufen)* I'll take it.
neidisch jealous ['dʒeləs]
nein no [nəʊ]
nennen call [kɔːl]
nervös nervous ['nɜːvəs]
nett nice [naɪs]; *(freundlich)* kind [kaɪnd]; *(schön; lieb)* lovely ['lʌvli]
Netz network ['netwɜːk]
neu new [njuː]
neugierig auf curious about ['kjʊəriəs]
neun nine [naɪn]
Neunzigerjahre the 90s ['naɪntiːz]
nicht: nicht mehr not (…) any more [eni 'mɔː] **auch nicht** not … either ['eɪðə] **ich bin nicht …** I'm not … [nɒt] **ich wollte nicht …** I didn't want to … **noch nicht** not … yet [jet]
nichts not (…) anything ['eniθɪŋ]; nothing ['nʌθɪŋ] **Nichts wie ran!** Go for it! **Nichts zu danken.** You're welcome. ['welkʌm]
niedlich cute [kjuːt]
niedrig low [ləʊ]
nie(mals) never ['nevə]
niemand nobody ['nəʊbədi]
noch still [stɪl] **noch ein/e** another [ə'nʌðə] **noch einmal** again [ə'gen] **noch nicht** not … yet [jet] **Möchten Sie sonst noch etwas?** Would you like anything else? [els]
Norden, Nord- north [nɔːθ]
nördlich north [nɔːθ]
Nordosten, nordöstlich northeast [nɔːθ'iːst]
Nordwesten, nordwestlich north-west [nɔːθ'west]
normal normal ['nɔːml]
normalerweise usually ['juːʒuəli]
Notfall emergency [i'mɜːdʒənsi]
Notiz note [nəʊt] **sich Notizen machen** take notes [teɪk 'nəʊts]
November November [nəʊ'vembə]
Nummer number ['nʌmbə]
nun now [naʊ]
Nun, … Well, … [wel]
nur only ['əʊnli]
Nuss nut [nʌt]
nützlich useful ['juːsfl]

O

ob if [ɪf]
oben *(am oberen Ende)* at the top [tɒp]; *(die Treppe hoch)* upstairs [ʌp'steəz]
Obst fruit [fruːt]
oder or [ɔː]
Ofenkartoffel *(in der Schale gebackene Kartoffel)* baked potato [beɪkt pə'teɪtəʊ]
offen open ['əʊpən]
öffnen open ['əʊpən]
oft often ['ɒfn], ['ɒftən]
ohne without [wɪ'ðaʊt]
Ohr ear [ɪə]
Oje! Oh dear. [əʊ 'dɪə]
okay OK [əʊ'keɪ]
Oktober October [ɒk'təʊbə]
Oma grandma ['grænmɑː]; granny ['græni]
Omelett omelette ['ɒmlət]
Onkel uncle ['ʌŋkl]
online, Online- online [ɒn'laɪn]
Opa grandpa ['grænpɑː]
Orange orange ['ɒrɪndʒ]
orange orange ['ɒrɪndʒ]
ordentlich tidy ['taɪdi]
Ordnung: in Ordnung fine [faɪn]; OK [əʊ'keɪ]
Ort place [pleɪs]
Osten, Ost- east [iːst]
östlich east [iːst]

P

paar: ein paar a few [fjuː]; some [sʌm], [səm] **Möchtest du (ein paar) Pommes frites?** Would you like some chips?
packen pack [pæk]
Packung: eine Packung/Tüte Chips a packet of crisps ['pækɪt]
Paddelboot canoe [kə'nuː]
Papa dad [dæd]
Papier paper ['peɪpə]
Park park [pɑːk]
Parkplatz car park ['kɑː pɑːk]
Partner/in partner ['pɑːtnə]
Party party ['pɑːti] **eine Party feiern** have a party
Passagier/in passenger ['pæsɪndʒə]
passen zu go with ['gəʊ wɪð]
passieren happen ['hæpən]
Pastete *(mit Fleisch- oder Gemüsefüllung)* pasty ['pæsti]
Pause break [breɪk]; rest [rest] **in der Pause** *(zwischen Schulstunden)* at break
pelzig *(flauschig)* furry ['fɜːri]
Pence: fünfzig Pence 50p [piː]
Penny *(kleinste britische Münze)* penny ['peni]
perfekt perfect ['pɜːfɪkt]
Person person ['pɜːsn]
Persönlichkeit personality [pɜːsə'næləti]
Pfeife *(Trillerpfeife)* whistle ['wɪsl]
Pfeil *(Wurfpfeil)* dart [dɑːt]
Pferd horse [hɔːs]
Pflicht *(lästige Pflicht)* chore [tʃɔː]
Pfund *(britische Währung)* pound (£) [paʊnd]
Picknick picnic ['pɪknɪk]
Piercing piercing ['pɪəsɪŋ]
Pilger/in pilgrim ['pɪlgrɪm]
Pirat/in pirate ['paɪrət]
Pitch and Putt *(einfachere Golf-Variante für Amateure)* pitch and putt [pɪtʃ ənd 'pʌt]
Pizza pizza ['piːtsə]

Plan plan [plæn]
Plastik plastic ['plæstɪk] **Plastiktüte** plastic bag
Platz *(freier Raum)* space [speɪs]; *(in der Stadt)* square [skweə]; *(Ort)* place [pleɪs]; *(Sitzplatz)* seat [siːt]
Plätzchen *(Keks)* biscuit ['bɪskɪt]
plaudern (mit) chat (with) [tʃæt]
plötzlich suddenly ['sʌdənli]
Polizei police *(pl)* [pə'liːs]
Polizeiwache police station [pə'liːs steɪʃn]
Pommes frites chips [tʃɪps]
Pony pony ['pəʊni]
Popcorn popcorn ['pɒpkɔːn]
populär popular ['pɑpjələ]
positiv positive ['pɒzətɪv]
Post post [pəʊst]
Post(amt) post office ['pəʊst ɒfɪs]
Poster poster ['pəʊstə]
Postkarte postcard ['pəʊstkɑːd]
Preis *(Gewinn)* prize [praɪz]; *(Kaufpreis)* price [praɪs]
preiswert cheap [tʃiːp]; good value ['væljuː]
pro: 10 Pfund pro Woche £10 a week
probieren try [traɪ]
Problem problem ['prɒbləm]
Projekt project ['prɒdʒekt]
Prospekt brochure ['brəʊʃə]
Protestant/in Protestant ['prɒtɪstənt]
protestantisch Protestant ['prɒtɪstənt]
prüfen check [tʃek]
Pullover pullover ['pʊləʊvə]
pünktlich on time [ɒn 'taɪm]
Puppe *(Handpuppe, Marionette)* puppet ['pʌpɪt]
putzen clean [kliːn]

Q

Quiz quiz [kwɪz]

R

Rad wheel [wiːl]; *(Fahrrad)* bike [baɪk]
Radiergummi rubber ['rʌbə]
ran: Nichts wie ran! Go for it!
Rap rap [ræp]
rappen rap [ræp]
Rapper/in rapper ['ræpə]
Rasen grass [grɑːs]
Rasenbowling *(Spiel)* bowls *(pl)* [bəʊlz]
Rast rest [rest]
raten *(erraten)* guess [ges]
Rat(schlag), Ratschläge advice [əd'vaɪs]
Ratte rat [ræt]
Raum room [ruːm], [rʊm]
rausgehen go out [gəʊ 'aʊt]
Realität reality [ri'ælɪti]
Realityshow reality show
recherchieren research [rɪ'sɜːtʃ]
rechthaberisch bossy ['bɒsi]
rechts, nach rechts right [raɪt] **auf der rechten Seite** on the right
recyceln recycle [ri'saɪkl]
Rede talk [tɔːk]
reden (mit) talk (to) [tɔːk]
Redewendung phrase [freɪz]
Regal shelf, *pl* shelves [ʃelf], [ʃelvz]
Regel rule [ruːl]
Regen rain [reɪn]
Regenschirm umbrella [ʌm'brelə]
Reggae(musik) reggae ['regeɪ]
regnen rain [reɪn]
regnerisch rainy ['reɪni]
Reihe: Du bist an der Reihe. It's your turn. [tɜːn]
Reim rhyme [raɪm]
reimen: (sich) reimen rhyme [raɪm]
Reise journey ['dʒɜːni]; trip [trɪp]
reiten ride [raɪd]
Rektor/in principal ['prɪnsəpl]
relaxen chill [tʃɪl]
rennen run [rʌn]
Restaurant restaurant ['restrɒnt]
Rettungsdienste emergency services [i'mɜːdʒənsi sɜːvɪsɪz]
Rezept *(Kochrezept)* recipe ['resəpi]
Rhythmus *(Musik)* beat [biːt]
richtig right [raɪt]; true [truː]
riechen smell [smel]
Rock skirt [skɜːt]
Rock(musik) rock [rɒk]
Rollstuhl wheelchair ['wiːltʃeə]
Römer/in Roman ['rəʊmən]
römisch Roman ['rəʊmən]
rosa pink [pɪŋk]
rot red [red]
Rücken back [bæk]
Rucksack rucksack ['rʌksæk]
Rückseite back [bæk]
rufen call [kɔːl]; shout [ʃaʊt]
Rugby *(Ballsportart)* rugby ['rʌgbi]
ruhig quiet ['kwaɪət]
Ruine ruins *(pl)* ['ruːɪnz]
rumhängen hang out [hæŋ 'aʊt]
rund round [raʊnd]
Rundgang: ein Rundgang durch die Schule a tour of the school [tʊə]

S

Sache thing [θɪŋ]
Saft juice [dʒuːs]
Sage legend ['ledʒənd]
sagen say [seɪ]
Sahne cream [kriːm]
Salami salami [sə'lɑːmi]
Salat *(als Gericht oder Beilage)* salad ['sæləd]
sammeln collect [kə'lekt]
Samstag Saturday ['sætədeɪ], ['sætədi]
Sand sand [sænd]
Sandwich sandwich ['sænwɪtʃ], ['sænwɪdʒ]
Sänger/in singer ['sɪŋə]
Satz sentence ['sentəns]
sauber machen clean [kliːn]; wash [wɒʃ]
sauer sein *(genervt sein)* feel fed up [fed 'ʌp]
schade: Das ist schade. That's a pity. ['pɪti]
Schaf(e) sheep [ʃiːp]
Schal scarf, *pl* scarves [skɑːf], [skɑːvz]
schauen look [lʊk]
Schauspiel *(darstellende Kunst)* drama ['drɑːmə]
schauspielern act [ækt]
Schere scissors ['sɪzəz]
Scherz joke [dʒəʊk]
scherzen joke [dʒəʊk]
scheu shy [ʃaɪ]
Scheune barn [bɑːn]
schicken send [send] **mir eine SMS schicken** text me [tekst]
schieben push [pʊʃ]
Schiff boat [bəʊt]; ship [ʃɪp]
Schild sign [saɪn]
Schirm *(Regenschirm)* umbrella [ʌm'brelə]
Schlaf sleep [sliːp]
Schlafanzug pyjamas *(pl)* [pə'dʒɑːməz]
schlafen sleep [sliːp] **Schlaf jetzt!** Go to sleep!
Schlafparty sleepover ['sliːpəʊvə]
Schlafsack sleeping bag ['sliːpɪŋ bæg]
Schlafzimmer bedroom ['bedruːm]
Schlagzeug drums [drʌmz]
Schlamm mud [mʌd]

Schlange snake [sneɪk]; *(Warteschlange)* queue [kjuː]
schlau clever ['klevə]
schlecht bad [bæd] **schlechter** worse [wɜːs] **der/die/das schlechteste, am schlechtesten** worst [wɜːst]
schließen *(zumachen)* close [kləʊz]
schließlich finally ['faɪnəli]; in the end
schlimm bad [bæd] **schlimmer** worse [wɜːs] **der/die/das schlimmste, am schlimmsten** worst [wɜːst]
Schlittschuhbahn ice rink ['aɪs rɪŋk]
Schlittschuhe ice skates *(pl)* ['aɪs skeɪts]
Schlittschuhlaufen ice skating ['aɪs skeɪtɪŋ]
Schluss end [end] *(am Telefon)* **Ich muss Schluss machen.** I must go. **zum Schluss** in the end
Schlussverkauf sale [seɪl]
Schmerz(en) ache [eɪk]
schmerzhaft sore [sɔː]
Schmuggler/in smuggler ['smʌglə]
Schnee snow [snəʊ]
schneebedeckt snowy ['snəʊi]
schneiden cut [kʌt]
schnell fast [fɑːst]; quick [kwɪk]
schnüffeln (an) sniff (at) [snɪf]
schnuppern (an) sniff (at) [snɪf]
Schokolade chocolate ['tʃɒklət]
schon already [ɔːl'redi]
schön beautiful ['bjuːtɪfl]; fine [faɪn]; lovely ['lʌvli]; nice [naɪs] **Schönen Tag (noch).** Have a good day. [gʊd]
schrecklich terrible ['terəbl]
schreiben write [raɪt]
Schreibtisch desk [desk]
schreien scream [skriːm]
Schritt step [step]
schüchtern shy [ʃaɪ]
Schuh shoe [ʃuː]
Schulbuch textbook ['tekstbʊk]
Schule school [skuːl] **auf/an dieser Schule** at this school **die Schule ist aus/vorbei** school is out **in der Schule** at school
Schüler/in student ['stjuːdnt]
Schulheft exercise book ['eksəsaɪz bʊk]
Schulhof school yard ['skuːl jɑːd]
Schulleiter/in principal ['prɪnsəpl]
Schulmensa canteen [kæn'tiːn]
Schulsport PE (physical education) [piː 'iː], [fɪsɪkl edʒu'keɪʃn]
Schultasche school bag ['skuːl bæg]
Schulter shoulder ['ʃəʊldə]
Schulversammlung assembly [ə'sembli]
Schwanz tail [teɪl]
schwänzen *(Schule)* skive *(infml)* [skaɪv]
schwarz black [blæk]
Schwein pig [pɪg]
schwer hard [hɑːd]
Schwert sword [sɔːd]
Schwester sister ['sɪstə]
schwierig difficult ['dɪfɪkəlt]; hard [hɑːd]
Schwierigkeiten trouble ['trʌbl] **Ellie ist in Schwierigkeiten.** Ellie is in trouble.
Schwimmbad swimming pool ['swɪmɪŋ puːl]
schwimmen swim [swɪm] **schwimmen gehen** go swimming
Schwimmreifen tube [tjuːb]
Scooter *(kleiner, zusammenfaltbarer Tretroller)* scooter ['skuːtə]
sechs six [sɪks]
secondhand second-hand [sekənd 'hænd]
Second-Hand-Laden second-hand shop
See *(Binnensee)* lake [leɪk] *(die)* **See** sea [siː]
Seemann sailor ['seɪlə]
segeln sail [seɪl]
sehen look [lʊk]; see [siː] **sehen, wie jemand etwas tut** watch sb. do sth. [wɒtʃ]
sehr a lot [ə 'lɒt]; very ['veri] **jn. so sehr vermissen/mögen/lieben** miss/like/love sb. so much [səʊ 'mʌtʃ]
Seife soap [səʊp]
Seifenoper soap [səʊp]
Seilrutsche zip wire ['zɪp waɪə]
sein be [biː]
sein/e *(besitzanzeigend bei Dingen und Tieren)* its [ɪts]; *(zu „he")* his [hɪz]
Seite *(Buchseite, Heftseite)* page [peɪdʒ] **auf der linken/rechten Seite** on the left/right **Auf welcher Seite sind wir? / Auf welcher Seite steht das?** What page is it?
selbst: für mich selbst for myself [maɪ'self]
selbstverständlich of course [əv 'kɔːs]
seltsam strange [streɪndʒ]
senden send [send]
Sendung *(Radio, Fernsehen)* programme ['prəʊgræm]
September September [sep'tembə]
setzen: sich setzen sit [sɪt]
Show show [ʃəʊ]
sicher sure [ʃʊə], [ʃɔː]
Sicherheit safety ['seɪfti]
Sicht *(Aussicht)* view [vjuː]
Sie *(höfliche Anrede)* you [ju], [juː]
sie *(Plural)* they [ðeɪ] **für sie** for them [ðem], [ðəm] **mit ihnen** with them **Sie waren es nicht.** It wasn't them.
sie *(Singular; Dinge und Tiere)* it [ɪt]
sie *(weibliche Person)* she [ʃiː] **Frag sie.** Ask her. [hɜː], [hə]
sieben seven ['sevn]
singen sing [sɪŋ]
Situation situation [sɪtʃu'eɪʃn]
sitzen sit [sɪt]
Sitzplatz seat [siːt]
Skateboard, Skateboard fahren skateboard ['skeɪtbɔːd]
Ski laufen / fahren ski [skiː]
SMS text (message) ['tekst mesɪdʒ] **mir eine SMS schicken** text me
Snack snack [snæk]
so so [səʊ] **so etwas** something like this / like that [laɪk] **so schnell (wie) er konnte** as fast as he could [əz]
Socke sock [sɒk]
Sofa sofa ['səʊfə]
sollen: Was sollte ich tun? What should I do? [ʃʊd]
Sommer summer ['sʌmə]
Sonderangebot special offer [speʃl 'ɒfə]
sonderbar strange [streɪndʒ]
Sonne sun [sʌn]
Sonnenbrille sunglasses ['sʌnglɑːsɪz]
Sonnencreme suncream ['sʌnkriːm]
sonnig sunny ['sʌni]
Sonntag Sunday ['sʌndeɪ], ['sʌndi]
sonst or [ɔː] **Möchten Sie sonst noch etwas?** Would you like anything else? [eniθɪŋ 'els]
Sorgen: sich Sorgen machen (wegen, um) worry (about) ['wʌri]
sorgfältig careful ['keəfl]

Sorte kind (of) [kaɪnd]
Spanien Spain [speɪn]
spanisch; Spanisch Spanish ['spænɪʃ]
sparen *(Geld, Zeit)* save [seɪv]
Spaß fun [fʌn] **es macht Spaß** it's fun **es macht Spaß, mit ihr zusammenzusein** she's fun
spät late [leɪt] **Wie spät ist es?** What's the time?
später later ['leɪtə] **Bis später.** See you later.
spazieren gehen go for a walk
Spaziergang: einen Spaziergang machen go for a walk [wɔːk]
Speiseeis ice cream [aɪs 'kriːm]
Spiegel mirror ['mɪrə]
Spiel game [geɪm]; *(Wettkampf)* match [mætʃ]
spielen play [pleɪ] **Theater spielen** act [ækt]
Spielzeug toy [tɔɪ]
Spitze: an der Spitze at the top [tɒp]
Sport(art) sport [spɔːt] **Sport treiben** do sport **Sport(unterricht)** PE (physical education) [piː 'iː], [fɪzɪkl edʒu'keɪʃn]
Sporthalle sports hall ['spɔːts hɔːl]
sportlich sporty ['spɔːti]
Sportschuhe trainers ['treɪnəz]
Sportwagen *(Kinderwagen)* pushchair ['pʊʃtʃeə]
Sprache language ['læŋgwɪdʒ]
sprechen speak [spiːk] **sprechen (mit)** talk (to) [tɔːk]
Sprechgesang chant [tʃɑːnt]
springen jump [dʒʌmp]
Stadt *(Großstadt)* city ['sɪti]; *(Kleinstadt)* town [taʊn] **in der Stadt** in town
Stadtmitte centre ['sentə]
Stadtplan map [mæp]
Stall barn [bɑːn]
Standardtanz ballroom dancing [bɔːlruːm 'dɑːnsɪŋ]
Start start [stɑːt]
Statue statue ['stætʃuː]
staubsaugen hoover ['huːvə]
stecken put [pʊt]
stehen stand [stænd] **Auf welcher Seite steht das?** What page is it?
steigen: das Wasser steigt the sea's coming in [kʌmɪŋ 'ɪn]
Stein stone [stəʊn]
Stelle *(Arbeitsstelle)* job [dʒɒb]
stellen put [pʊt] **Fragen stellen** ask questions [ɑːsk] **sich (hin)stellen** stand [stænd]
Stempel stamp [stæmp]
sterben die [daɪ]
Stiefbruder stepbrother ['stepbrʌðə]
Stiefel boot [buːt]
Stiefmutter stepmother ['stepmʌðə]; stepmum ['stepmʌm]
Stiefschwester stepsister ['stepsɪstə]
Stiefvater stepdad ['stepdæd]; stepfather ['stepfɑːðə]
Stier bull [bʊl]
Stift *(zum Schreiben)* pen [pen]
still quiet ['kwaɪət]
Stimme voice [vɔɪs]
stimmen für jn. vote for sb. [vəʊt]
stinken: es stinkt it's smelly ['smeli]
stolz (auf) proud (of) [praʊd]
stoppen stop [stɒp]
Strand beach [biːtʃ] **am Strand** on the beach
Sträßchen lane [leɪn]
Straße *(in Ortschaften)* street [striːt]; *(Landstraße zwischen Orten; Straße in Orten)* road [rəʊd] **Das Geld liegt nicht auf der Straße.** *(Redewendung)* Money doesn't grow on trees.
streicheln stroke [strəʊk]
Streichelzoo pets corner ['kɔːnə]
Streifenhörnchen chipmunk ['tʃɪpmʌŋk]
streng strict [strɪkt]
Strumpfhose tights [taɪts]
Student/in student ['stjuːdnt]
Studio studio ['stjuːdiəʊ]
Stufe step [step]
Stuhl chair [tʃeə]
Stunde hour ['aʊə]; *(Schulstunde)* lesson ['lesn]
Stundenplan timetable ['taɪmteɪbl]
suchen look for ['lʊk fə]
Süden, Süd- south [saʊθ]
südlich south [saʊθ]
Südosten, südöstlich south-east [saʊθ'iːst]
Südwesten, südwestlich south-west [saʊθ'west]
Supermarkt supermarket ['suːpəmɑːkɪt]
Suppe soup [suːp]
süß *(niedlich)* cute [kjuːt] **süß(lich)** *(zuckerhaltig)* sugary ['ʃʊgəri]
Süßigkeiten sweets *(pl)* [swiːts]; *(AE)* candy ['kændi]
Sweatshirt sweatshirt ['swetʃɜːt]
Szene scene [siːn]

T

Taekwondo tae kwon do [taɪ kwɒn 'dəʊ]
Tafel *(Schule)* board [bɔːd]
Tag day [deɪ] **Ich wünsche dir einen schönen Tag. / Schönen Tag (noch).** Have a good day.
Tag Rugby *(kontaktlose Sonderform des Rugby)* tag rugby ['tæg rʌgbi]
Tagebuch diary ['daɪəri]
Tagesausflug day out [deɪ 'aʊt]
Tageszeitung newspaper ['njuːzpeɪpə]
täglich daily ['deɪli]
Tante aunt [ɑːnt]
tanzen dance [dɑːns]
Tasche bag [bæg]; *(an Kleidungsstücken)* pocket ['pɒkɪt]
Taschengeld pocket money ['pɒkɪt mʌni]
Taschenrechner calculator ['kælkjuleɪtə]
Tasse cup [kʌp] **eine Tasse ...** a cup of ...
Tätigkeit activity [æk'tɪvəti]
Tätowierung tattoo [tə'tuː]
Tattoo tattoo [tə'tuː]
tauchen dive [daɪv]
Taxi taxi ['tæksi]
Team team [tiːm]
Techniker/in technician [tek'nɪʃn]
Technik(unterricht) technology [tek'nɒlədʒɪ]
Technologie technology [tek'nɒlədʒɪ]
Tee tea [tiː]
Teenager teen [tiːn] **Teenagergespräche** teen talk ['tiːn tɔːk]
Teich pond [pɒnd]
Teil part [pɑːt]
teilen share [ʃeə] **sich ein Zimmer mit ... teilen** share a room with ...
Telefon phone [fəʊn] **am Telefon** on the phone
Telefonanruf (phone) call ['fəʊn kɔːl]
Telefonnummer phone number
Temperatur temperature ['temprətʃə]
Tennis tennis ['tenɪs]
Teppich rug [rʌg]
Termin appointment [ə'pɔɪntmənt]
Test test [test]
teuer expensive [ɪk'spensɪv]
Theater theatre ['θɪətə] **Theater spielen** act [ækt]
Theaterstück zur Weihnachtszeit *(BE)* Christmas pantomime ['pæntəmaɪm]

Thema subject ['sʌbdʒɪkt]; topic ['tɒpɪk]
Themenpark theme park ['θi:m pɑ:k]
tief low [ləʊ]
Tier animal ['ænɪml]; *(Haustier)* pet [pet]
Tiger tiger ['taɪgə]
Tipp tip [tɪp]
Tisch table ['teɪbl] **den Tisch decken** set the table [set]
Toast toast [təʊst]
Tochter daughter ['dɔ:tə]
Toilette toilet ['tɔɪlət]
Toilettenpapier: Rolle Toilettenpapier toilet roll ['tɔɪlət rəʊl]
toll great [greɪt]
Torte cake [keɪk]
total total ['təʊtl]
Tourist/in tourist ['tʊərɪst]
tragen *(Kleidung)* wear [weə]
Trainer/in coach [kəʊtʃ]
Trampolin trampoline ['træmpəli:n]
Traum dream [dri:m]
traurig sad [sæd]
treffen, sich treffen meet [mi:t]
treiben: Sport treiben do sport
Treppe stairs [steəz]
Treppenstufen stairs [steəz]
trinken drink [drɪŋk]
Trommel drum [drʌmz]
Trommler/in drummer ['drʌmə]
trotzdem still [stɪl]
Tschüs. Bye. [baɪ]
T-Shirt T-shirt ['ti: ʃɜ:t]
tun do [du:] *(etwas wohin)* **tun** put [pʊt] **viel zu tun haben** be busy ['bɪzi]
Tür door [dɔ:]
Türkei Turkey ['tɜ:ki]
Turnen gymnastics [dʒɪm'næstɪks]
Typ guy [gaɪ]

U

üben practise ['præktɪs]
über about [ə'baʊt]; *(quer über)* across [ə'krɒs] **über mich** about me
überall(hin) everywhere ['evriweə] **überall im Land** all over the country [ɔ:l 'əʊvə]
überhören *(nicht mitbekommen)* miss [mɪs]
überprüfen check [tʃek]
überqueren cross [krɒs]
überrascht surprised [sə'praɪzd]
Überraschung surprise [sə'praɪz]
übersehen *(nicht mitbekommen)* miss [mɪs]
Übung exercise ['eksəsaɪz]
Uhr *(Wanduhr, Standuhr, Turmuhr)* clock [klɒk] **5 Uhr nachmittags/abends, 17 Uhr** 5 pm [pi:'em] **9 Uhr morgens/vormittags** 9 am [eɪ'em] **um 1 Uhr / um 13 Uhr** at 1 o'clock [ə'klɒk]
Uhrzeit time [taɪm]
um: um 1 Uhr / 13 Uhr at 1 o'clock **um etwas zu tun** to do sth. **großartig, um Freunde zu finden** great for making friends
Umfrage survey ['sɜ:veɪ]
umher- around [ə'raʊnd] **umhergehen** walk around [wɔ:k ə'raʊnd]
umsonst free [fri:]
umziehen: umziehen (nach) move (to) [mu:v] **sich umziehen** change (clothes) [tʃeɪndʒ]
uncool uncool [ʌn'ku:l]
und and [ænd], [ənd]
unerwünscht unwelcome [ʌn'welkəm]
Unfall accident ['æksɪdənt]
unfreundlich unfriendly [ʌn'frendli]
ungefähr about [ə'baʊt]
ungesund unhealthy [ʌn'helθi] **ungesundes Essen** junk food ['dʒʌŋk fu:d]
unglücklich unhappy [ʌn'hæpi]
unheimlich *(beängstigend)* scary ['skeəri]
Uniform uniform ['ju:nɪfɔ:m]
uninteressant uninteresting [ʌn'ɪntrəstɪŋ]
Unit-Quiz unit quiz ['ju:nɪt kwɪz]
unordentlich messy ['mesi]
unrichtig false [fɔ:ls]
uns us [ʌs], [əs]
unser/e our ['aʊə]
unsicher unsure [ʌn'ʃʊə], [ʌn'ʃɔ:]
unten *(am unteren Ende)* at the bottom ['bɒtəm]; *(die Treppe hinunter)* downstairs [daʊn'steəz]
unter under ['ʌndə]
unterhalten: sich unterhalten *(miteinander reden)* have a chat [tʃæt] **sich unterhalten (mit)** chat (with)
Unterhaltung *(Gespräch)* chat [tʃæt]
Unterricht class [klɑ:s]
Unterrichtsstunde lesson ['lesn]
Unterschied difference ['dɪfrəns]
untersuchen research [rɪ'sɜ:tʃ]
unwillkommen unwelcome [ʌn'welkəm]
Urlaub holiday ['hɒlədeɪ]
usw. (und so weiter) etc. *(aus dem Lateinischen)* [et'setərə]

V

Vater father ['fɑ:ðə]
Vati dad [dæd]
Verabredung appointment [ə'pɔɪntmənt]
Verbandkasten first-aid kit [fɜ:st 'eɪd kɪt]
verbringen: Zeit verbringen (mit) spend time (on) [spend]
Vereinbarung deal [di:l]
verfolgen follow ['fɒləʊ]
Vergangenheit past [pɑ:st]
vergessen forget [fə'get] **etwas vergessen** *(nicht mehr daran denken)* forget about sth. **Ich habe meine Hausaufgaben vergessen.** I forgot my homework. [fə'gɒt] **nicht vergessen** remember [rɪ'membə]
verheiratet (mit) married (to) ['mærid]
verirren: sich verirren get lost [get 'lɒst] **Ich habe mich nicht verirrt.** I'm not lost.
Verkauf sale [seɪl]
Verkehrsmittel transport ['trænspɔ:t]
Verkleidung costume ['kɒstju:m]
verlassen: *(jemanden)* **verlassen** leave [li:v]
verlaufen: sich verlaufen get lost [get 'lɒst] **Ich habe mich nicht verlaufen.** I'm not lost.
verlegen embarrassed [ɪm'bærəst]
verletzen hurt [hɜ:t] **sich verletzen** get hurt **verletzt sein** be hurt
verliebt (in) in love (with) [lʌv]
verlieren lose [lu:z]
vermissen miss [mɪs]
vernichten destroy [dɪ'strɔɪ]
verpassen miss [mɪs]
verrückt crazy ['kreɪzi]
verschieden different ['dɪfrənt]
verschneit snowy ['snəʊi]
verschwinden: Verschwinde(t)! Get lost! [get 'lɒst]
Versehen: aus Versehen by mistake [mɪ'steɪk]
Versteck *(Hobbyraum)* den [den]
verstecken, sich verstecken hide [haɪd]

verstehen understand [ʌndə'stænd] **Verstehe.** I see.
verwenden use [juːz]
Video video ['vɪdiəʊ]
Videochat *(Telefongespräch via Internet mit Bildübertragung)* video chat ['vɪdiəʊtʃæt]
viel a lot (of) [ə 'lɒt]; lots of [lɒts]; much [mʌtʃ] **viele** a lot (of); lots of; many ['mæni] **Viele Grüße ...** *(Briefschluss)* Best wishes ['wɪʃɪz] **Vielen Dank.** Thanks very much. [veri 'mʌtʃ] **In der Küche ist zu viel los.** The kitchen is too busy. ['bɪzi] **Wie viel?** How much? [haʊ 'mʌtʃ]
vielleicht maybe ['meɪbi]
vier four [fɔː]
Viertel neighbourhood ['neɪbəhʊd]; quarter ['kwɔːtə] **viertel nach 6** quarter past 6 [pɑːst] **viertel vor 7** quarter to 7 [tu], [tə]
violett purple ['pɜːpl]
Vitamin vitamin ['vɪtəmɪn]
Vogel bird [bɜːd]
Vogelscheuche scarecrow ['skeəkrəʊ]
voll full [fʊl] **die Nase voll haben** feel fed up [fed 'ʌp]
Volleyball volleyball ['vɒlibɔːl]
von from [frɒm] **von Montag bis Freitag** from Monday to Friday
vor *(örtlich)* in front of [ɪn 'frʌnt əv]; *(zeitlich)* before [bɪ'fɔː] **vor langer Zeit** a long time ago [ə'gəʊ] **viertel vor 7** quarter to 7 [tu], [tə]
vorbei: vorbei sein be over ['əʊvə] **am Geschäft vorbei** past the shop [pɑːst] **die Schule ist aus/vorbei** school is out [aʊt]
vorbeischauen (in/bei/an) stop by [stɒp 'baɪ]
vorbereiten prepare [prɪ'peə] **sich vorbereiten (auf)** get ready (for) ['redi]; prepare (for)
Vorführung show [ʃəʊ]
vorher before [bɪ'fɔː]
Vorhersage forecast ['fɔːkɑːst]
vormittags: 9 Uhr vormittags 9 am [eɪ'em]
vorne: nach vorne forward ['fɔːwəd]
vorsichtig careful ['keəfl] **vorsichtig fahren** drive carefully ['keəfəli]
Vortrag talk [tɔːk] **einen Vortrag halten** give a talk
vorwärts forward ['fɔːwəd]
vorziehen: ich würde ... vorziehen I'd prefer ... [prɪ'fɜː]

W

wachsen grow [grəʊ]
wählen choose [tʃuːz]; pick [pɪk]
wahr true [truː]
während as [æz], [əz]
wandern walk [wɔːk]
Wanderstiefel walking boot
wann? when? [wen] **Wann hast du Geburtstag?** When's (= when is) your birthday?
warm warm [wɔːm]
warten (auf) wait (for) [weɪt]
Warteschlange queue [kjuː]
warum? why? [waɪ]
was? what? [wɒt] **Was ist denn? / Was ist los?** What's the matter? ['mætə] **Was ist los?** What is it? **Was ist mit dir?** What about you? **Was (Wie viel) kosten?** How much are ...? **Was (Wie viel) kostet?** How much is ...?
waschen wash [wɒʃ]
Wasser water ['wɔːtə] **das Wasser steigt** the sea's coming in
Website website ['websaɪt]
wecken wake [weɪk]
Wecker alarm clock [ə'lɑːm klɒk]
Weg way [weɪ] **auf dem Weg zu/nach ...** on the way to ... **jm. den Weg beschreiben** tell sb. the way **jn. nach dem Weg fragen** ask sb. the way
weg away [ə'weɪ]
Weg *(Gasse, Sträßchen)* lane [leɪn]
Wegbeschreibung(en) directions [də'rekʃnz]
weggehen leave [liːv]; *(ausgehen)* go out [gəʊ 'aʊt]
wehtun hurt [hɜːt] **Mein Bein tut weh.** I have a sore leg. [sɔː] **Mir tut der Hals weh.** I have a sore throat. [sɔː 'θrəʊt]
Weide field [fiːld] **auf der Weide** in the field
Weihnachten Christmas ['krɪsməs]
weil because [bɪ'kɒz]
weinen cry [kraɪ]
weiß white [waɪt]
weit: weit (entfernt) far [fɑː] **weit weg** far away
weiter: weitere more [mɔː] **Weiter so!** Keep it up! [kiːp ɪt 'ʌp]
weiterführende Schule *(BE)* community college [kə'mjuːnəti kɒlɪdʒ]
welche(r, s)? what? [wɒt]; which? [wɪtʃ] **Auf welcher Seite sind wir? / Auf welcher Seite steht das?** What page is it?
Wellensittich budgie ['bʌdʒi]
Welt world [wɜːld]
wem? who?
wen? who?
Wendung *(Redewendung)* phrase [freɪz]
wenig: ein wenig some [sʌm], [səm]
weniger less [les]
wenigstens at least [ət 'liːst]
wenn when [wen]; *(falls)* if [ɪf]
wer? who? [huː] **Wer bist du? / Wer seid ihr?** Who are you?
Werbung advert ['ædvɜːt]
werden become [bɪ'kʌm]; get [get] **das Wetter wird gut sein** the weather will be good [wɪl] **es wird nicht regnen** it won't rain (= it will not rain) [wəʊnt] **ich werde ... mitbringen** I'm going to bring ... ['gəʊɪŋ tə] **Wir werden ihn finden.** We'll (= we will) find him.
Werkstatt *(Autowerkstatt)* garage ['gærɑːʒ]
wert: Es ist sein Geld wert. It's good value. ['væljuː]
Westen, West- west [west]
westlich west [west]
Wetter weather ['weðə]
Wettervorhersage weather forecast ['fɔːkɑːst]
Wettkampf match [mætʃ]
Wettstreit *(im Rap)* battle ['bætl]
wichtig important [ɪm'pɔːtnt] **wichtig sein** matter ['mætə]
wie *(ähnlich wie; so wie)* like [laɪk] **genau wie Berry** just like Berry ['dʒʌst laɪk]
wie? how? [haʊ] **Wie alt bist du?** How old are you? **Wie geht es dir/euch/Ihnen?** How are you? **Wie geht's? / Wie läuft's?** How's it going? **Wie ist es? / Wie sieht es aus?** What's it like? **Wie spät ist es?** What's the time?
wieder again [ə'gen]
Wiedersehen: Auf Wiedersehen! Goodbye. [gʊd'baɪ]
wiederverwerten recycle [ri'saɪkl]
wild wild [waɪld]

Willkommen in Plymouth. Welcome to Plymouth. ['welkəm]
Wind wind [wɪnd]
windig windy ['wɪndi]
winken wave [weɪv]
Winter winter ['wɪntə]
wir we [wi], [wiː]
wirklich real [rɪəl]; really ['riːəli], ['rɪəli]
Wirklichkeit reality [ri'ælɪti]
wissen know [nəʊ] **sie wusste nicht, was sie sagen sollte** she didn't know what to say
Witz, Witze machen joke [dʒəʊk] **Du machst wohl Witze!** You're joking!
witzig funny ['fʌni]
wo? where? [weə] **Wo kommst du her?** Where are you from?
Woche week [wiːk]
Wochenende weekend [wiːk'end]
wohin? where? [weə]
wohltätige Organisation charity ['tʃærəti]
Wohnblock block of flats ['blɒk əv flæts]
wohnen live [lɪv]
Wohnung flat [flæt]
Wohnzimmer living room ['lɪvɪŋ ruːm]
Wolke cloud [klaʊd]
wolkig cloudy ['klaʊdi]
wollen want [wɒnt] *etwas* **sein wollen** want to be **ich wollte nicht ...** I didn't want to ...
Workshop *(Kurs)* workshop ['wɜːkʃɒp]
Wort word [wɜːd]
Wörterbuch dictionary ['dɪkʃənri]
Wörterbucheintrag dictionary entry ['entri]
Wörternetz mind map ['maɪnd mæp]
Wörterverzeichnis *(alphabetisch)* dictionary ['dɪkʃənri]
Wortnetz network ['netwɜːk]
wunderschön beautiful ['bjuːtɪfl]
wünschen: Ich wünsche dir einen schönen Tag. Have a good day. [ə gʊd 'deɪ]
würde: ich würde ... vorziehen I'd prefer ... [prɪ'fɜː] **Ich würde sehr gern kommen.** I'd love to come. [lʌv]
Wurst sausage ['sɒsɪdʒ]
Würstchen sausage ['sɒsɪdʒ]
wütend angry ['æŋgri]

Z

z.B. (zum Beispiel) e.g. *(aus dem Lateinischen)* [iː 'dʒiː]
Zahl number ['nʌmbə]
Zauberei magic ['mædʒɪk]
Zauberer, Zauberin magician [mə'dʒɪʃn]
zauberhaft magical ['mædʒɪkl]
zehn ten [ten]
Zeichen sign [saɪn]
Zeichentrickfilm cartoon [kɑː'tuːn]
zeigen show [ʃəʊ] **zeigen (auf)** point (at/to) [pɔɪnt]
Zeit time [taɪm] **Zeit verbringen (mit)** spend time (on) [spend] **vor langer Zeit** a long time ago [ə'gəʊ]
Zeitschrift magazine [mægə'ziːn]
Zeitung newspaper ['njuːzpeɪpə]; paper ['peɪpə] **Zeitungen austragen** do a paper round ['peɪpə raʊnd]
Zeitungshändler/in newsagent ['njuːzeɪdʒənt]
Zelt tent [tent]
Zentrum centre ['sentə]
zerstören destroy [dɪ'strɔɪ]
Zeug *(Kram)* stuff *(infml)* [stʌf]
ziehen pull [pʊl] **ziehen nach** *(umziehen)* move to [muːv]
Ziel *(beim Sport)* finish ['fɪnɪʃ]
ziemlich quite [kwaɪt]
Ziffer number ['nʌmbə]
Zimmer room [ruːm], [rʊm]
Zoo zoo [zuː]
zu *(örtlich)* to [tu], [tə] **Zeit zu essen** time to eat
zu alt too old [tuː]
zu Hause: bei ihrer Mutter zu Hause at her mum's house
zubereiten *(Essen)* cook [kʊk]
Zucker sugar ['ʃʊgə]
zuckerhaltig sugary ['ʃʊgəri]
zuerst at first; first [fɜːst]
Zug *(Eisenbahn)* train [treɪn]
Zuhause home [həʊm]
zuhören listen ['lɪsn]
Zukunft future ['fjuːtʃə]
zumachen close [kləʊz]
zumindest at least [ət 'liːst]
zurück back [bæk]
zurücklassen leave [liːv]
zusammen together [tə'geðə]
zusätzliche(r, s) extra ['ekstrə]
zusehen, wie jemand etwas tut watch sb. do sth. [wɒtʃ]
zustimmen: jm. zustimmen agree with sb. [ə'griː]
Zutritt entrance ['entrəns]
zuvor before [bɪ'fɔː]
zwei two [tuː]
zweite(r, s) second ['sekənd]
zwischen between [bɪ'twiːn]
zwölf twelve [twelv]

First names (Vornamen)

Alex ['ælɪks]
Anna ['ænə]
Arthur ['ɑːθə]
Bella ['belə]
Bernard ['bɜːnəd]
Bilbo ['bɪlbəʊ]
Charles [tʃɑːlz]
Charlie ['tʃɑːli]
Claire [kleə]
Colin ['kɒlɪn]
Craig [kreɪg]
Eddie ['edi]
Elizabeth [ɪ'lɪzəbəθ]
Ellen ['elən]
Eric ['erɪk]
Ethan ['iːθən]
Harry ['hæri]
Horatio [hə'reɪʃiəʊ]
Jack [dʒæk]
Jasper ['dʒæspə]
Jenny ['dʒeni]
Jess [dʒes]
Jessie ['dʒesi]
Jessica ['dʒesɪkə]
Joey ['dʒəʊi]
John [dʒɒn]
Jonathan ['dʒɒnəθən]
Joss [dʒɒs]
Justin ['dʒʌstɪn]
Laura ['lɔːrə]
Lorna ['lɔːnə]
Mark [mɑːk]
Mary ['meəri]
Merlin ['mɜːlɪn]
Michael ['maɪkəl]
Mike [maɪk]
Molly ['mɒli]
Nate [neɪt]
Paul [pɔːl]
Ralph [rælf], [reɪf]
Richard ['rɪtʃəd]
Rosy ['rəʊzi]
Sally ['sæli]
Sam [sæm]
Sandra ['sɑːndrə]
Sarah ['seərə]
Simon ['saɪmən]
Steve [stiːv]
Thomas ['tɒməs]
Warren ['wɒrən]
William ['wɪljəm]

Family names / Surnames (Familiennamen)

Bell [bel]
Bieber ['biːbə]
Borowski [bə'rɒvski]
Darwin ['dɑːwɪn]
Donovan ['dɒnəvən]
Gates [geɪts]
Johnson ['dʒɒnsn]
Jones [dʒəʊnz]
Lee [liː]
Moran ['mɔːrən]
Porter ['pɔːtə]
Potter ['pɒtə]
Reed [riːd]
Ross [rɒs]
Trent [trent]

Place names (Ortsnamen)

America [ə'merɪkə]
Australia [ɒ'streɪliə]
Barbican Leisure Park [bɑːbɪkən 'leʒə pɑːk]
Baskerville Hall [bæskəvɪl 'hɔːl]
Beckham Road [bekəm 'rəʊd]
Berlin [bɜː'lɪn]
Boston ['bɒstən]
Buckland Abbey [bʌklənd'æbi]
California [kælə'fɔːniə]
Cornwall ['kɔːnwɔːl]
Dartmoor ['dɑːtmɔː]
Devon ['devən]
Drake Circus [dreɪk 'sɜːkəs]
Exeter ['eksɪtə]
Ghana ['gɑːnə]
Glastonbury ['glæstənbəri]
Highwayman's Cottage [haɪweɪmənz 'kɒtɪdʒ]
Hoe Lane [həʊ 'leɪn]
India ['ɪndiə]
Ireland ['aɪələnd]
Jamaica [dʒə'meɪkə]
Malaga ['mæləgə]
Miami [maɪ'æmi]
New York [njuː 'jɔːk]
Outland Road [aʊtlənd 'rəʊd]
Penzance [pen'zæns]
Poole [puːl]
Portugal ['pɔːtʃʊgl]
Postbridge ['pəʊstbrɪdʒ]
Princetown ['prɪnstaʊn]
Royal Citadel [rɔɪəl 'sɪtədəl]
Salem ['seɪləm]
Sparkwell ['spɑːkwel]
Tinside Lido [tɪnsaɪd 'liːdəʊ]
Tintagel [tɪn'tædʒəl]
Wales [weɪlz]
Wembley Stadium [wembli 'steɪdiəm]

Other names (Andere Namen)

BBC [biːbiː'siː] **(British Broadcasting Corporation)**
Buster ['bʌstə]
Cinderella [sɪndə'relə]
cola ['kəʊlə]
Countryfile ['kʌntrifaɪl]
CSI Miami [siːesaɪ maɪ'æmi]
Cyber Electronics [saɪbə ɪlek'trɒnɪks]
EastEnders [iːst'endəz]
Glee Club ['gliː klʌb]
Golden Hind [gəʊldən 'haɪnd]
Guy Fawkes [gaɪ 'fɔːks]
Halloween [hæləʊ'iːn]
Honey ['hʌni]
ITV [aɪtiːviː] **(Independent Television)**
Magic Bean Cafe [mædʒɪk 'biːn 'kæfeɪ]
Manchester United [mæntʃestə ju'naɪtɪd]
MasterChef ['mɑːstəʃef]
Mayflower ['meɪflaʊə]
Morgan ['mɔːgən]
Oxfam ['ɒksfæm]
Plymouth Argyle FC [plɪməθ ɑːgaɪl ef 'si]
Rose Cottage ['rəʊz kɒtɪdʒ]
Rover ['rəʊvə]
Royal Parade [rɔɪəl pə'reɪd]
Sheeba ['ʃiːbə]
Sherlock Holmes [ʃɜːlɒk 'həʊmz]
Sir Francis Drake [sə frɑːnsɪs 'dreɪk]
Spanish Armada [spænɪʃ ə'mɑːdə]
Spice Girls ['spaɪs gɜːlz]
Squashbox Theatre [skwɒʃbɒks 'θɪətə]
St. Martin [sənt 'mɑːtɪn]
Supervalue [suːpə'vælju]
Tenpin ['tenpɪn]
Theatre Royal [θɪətə 'rɔɪəl]
Tilly ['tili]
Twister ['twɪstə]

The English alphabet

a	[eɪ]	**h**	[eɪtʃ]	**o**	[əʊ]	**v**	[viː]
b	[biː]	**i**	[aɪ]	**p**	[piː]	**w**	['dʌbljuː]
c	[siː]	**j**	[dʒeɪ]	**q**	[kjuː]	**x**	[eks]
d	[diː]	**k**	[keɪ]	**r**	[ɑː]	**y**	[waɪ]
e	[iː]	**l**	[el]	**s**	[es]	**z**	[zed]
f	[ef]	**m**	[em]	**t**	[tiː]		
g	[dʒiː]	**n**	[en]	**u**	[juː]		

SOUNDS, NUMBERS

English sounds

[iː] green, he, sea
[ɑː] ask, class, car, park
[ɔː] or, ball, door, four, morning
[uː] ruler, blue, too, two, you
[ɜː] early, her, girl, work, T-shirt
[ɪ] in, big, expensive
[e] yes, bed, again, breakfast
[æ] animal, apple, black, cat
[ʌ] mum, bus, colour
[ɒ] song, on, dog, what
[ʊ] book, good, pullover
[ə] again, today, a sister
[i] happy, monkey

[eɪ] name, eight, play, great
[aɪ] I, time, right, my
[ɔɪ] boy, toilet, noise

[əʊ] old, no, road, yellow
[aʊ] now, house
[eə] where, pair, share, their
[ʊə] tour

[b] bike, table, verb
[p] pen, paper, shop
[d] day, window, good
[t] ten, letter, at
[g] go, again, bag
[k] kitchen, car, back
[m] man, remember, mum
[n] no, one, ten
[ŋ] wrong, young, uncle, thanks
[l] like, old, small
[r] ruler, friend, sorry
[w] we, where, one

[j] yes, you, uniform
[f] family, after, laugh
[v] very, seven, have
[s] six, poster, yes
[z] zoo, quiz, his, music, please
[ʃ] she, station, English
[ʒ] usually, revision, garage
[tʃ] child, teacher, watch
[dʒ] job, German, project, orange
[θ] thing, three, bathroom, both
[ð] the, father, with
[h] house, who, behind

Am besten kannst du dir die Aussprache der einzelnen Lautzeichen einprägen, wenn du dir zu jedem Zeichen ein einfaches Wort merkst – das [iː] ist der **green**-Laut, das [eɪ] ist der **name**-Laut usw.

English numbers

0 oh, zero, nil [əʊ, 'zɪərəʊ, nɪl]
1 one [wʌn]
2 two [tuː]
3 three [θriː]
4 four [fɔː]
5 five [faɪv]
6 six [sɪks]
7 seven ['sevn]
8 eight [eɪt]
9 nine [naɪn]
10 ten [ten]
11 eleven [ɪ'levn]
12 twelve [twelv]
13 thirteen [θɜː'tiːn]
14 fourteen [fɔː'tiːn]
15 fifteen [fɪf'tiːn]
16 sixteen [sɪks'tiːn]
17 seventeen [sevn'tiːn]
18 eighteen [eɪ'tiːn]
19 nineteen [naɪn'tiːn]
20 twenty ['twenti]
21 twenty-one [twenti'wʌn]
22 twenty-two [twenti'tuː]
23 twenty-three [twenti'θriː]
…
30 thirty ['θɜːti]
40 forty ['fɔːti]
50 fifty ['fɪfti]
60 sixty ['sɪksti]
70 seventy ['sevnti]
80 eighty ['eɪti]
90 ninety ['naɪnti]
100 a / one hundred [ə / wʌn 'hʌndrəd]
101 one hundred and one
102 one hundred and two
…

1st first [fɜːst]
2nd second ['sekənd]
3rd third [θɜːd]
4th fourth [fɔːθ]
5th fifth [fɪfθ]
6th sixth [sɪksθ]
7th seventh ['sevnθ]
8th eighth [eɪtθ]
9th ninth [naɪnθ]
10th tenth [tenθ]
11th eleventh [ɪ'levnθ]
12th twelfth [twelfθ]
13th thirteenth [θɜː'tiːnθ]
14th fourteenth [fɔː'tiːnθ]
15th fifteenth [fɪf'tiːnθ]
16th sixteenth [sɪks'tiːnθ]
17th seventeenth [sevn'tiːnθ]
18th eighteenth [eɪ'tiːnθ]
19th nineteenth [naɪn'tiːnθ]
20th twentieth ['twentiəθ]
21st twenty-first [twenti'fɜːst]
22nd twenty-second [twenti'sekənd]
23rd twenty-third [twenti'θɜːd]
…
30th thirtieth ['θɜːtiəθ]
40th fortieth ['fɔːtiəθ]
50th fiftieth ['fɪftiəθ]
60th sixtieth ['sɪkstiəθ]
70th seventieth ['sevntiəθ]
80th eightieth ['eɪtiəθ]
90th ninetieth ['naɪntiəθ]
100th hundredth ['hʌndrədθ]
101st hundred and first
102nd hundred and second
…

Du und dein Lehrer/deine Lehrerin	You and your teacher
Guten Morgen, Herr/Frau …	Good morning, Mr/Mrs/Miss … (bis 12 Uhr)
Guten Tag, Herr …	Good afternoon, Mr … (ab 12 Uhr)
Entschuldigung, dass ich zu spät komme.	Sorry, I'm late.
Kann ich bitte das Fenster öffnen/zumachen?	Can I open/close the window, please?
Kann ich bitte zur Toilette gehen?	Can I go to the toilet, please?
Auf Wiedersehen!/Bis morgen.	Goodbye./See you tomorrow.

Hausaufgaben und Übungen	Homework and exercises
Es tut mir leid, ich habe mein Schulheft nicht dabei.	Sorry, I have no exercise book.
Ich verstehe die Übung nicht.	I don't understand this exercise.
Ich kann Nummer 3 nicht lösen.	I can't do number 3.
Entschuldigung, ich bin noch nicht fertig.	Sorry, I haven't finished.
Ich habe … Ist das auch richtig?	I have … Is that right?
Es tut mir leid, das weiß ich nicht.	Sorry, I don't know.
Was haben wir (als Hausaufgabe) auf?	What's for homework?

Du brauchst Hilfe	You need help
Können Sie mir bitte helfen?	Can you help me, please?
Auf welcher Seite sind wir/steht das?	What page is it, please?
Was heißt … auf Englisch/Deutsch?	What's … in English/German?
Können Sie das bitte an die Tafel schreiben?	Can you write it on the board, please?
Kann ich das auf Deutsch sagen?	Can I say it in German?
Können Sie/Kannst du bitte lauter sprechen?	Can you speak louder, please?
Können Sie das bitte noch einmal sagen/abspielen?	Can you say/play that again, please?

Partnerarbeit	Work with a partner
Kann ich mit Julian arbeiten?	Can I work with Julian?
Du bist dran.	It's your turn.
Lass uns ein … machen/zeichnen.	Let's make/draw a …
Lass uns die Geschichte/den Dialog spielen.	Let's act the story/dialogue.

What your teacher says	Was dein Lehrer/deine Lehrerin sagt
Listen, please./Quiet, please.	Hört bitte zu./Ruhe bitte.
Open your books at page 24.	Schlagt bitte Seite 24 auf.
Do exercise 5 for homework, please.	Macht bitte Übung 5 als Hausaufgabe.
Where's your book, David?	Wo ist dein Buch, David?
Try again!	Versuche es noch einmal.
That's really good!	Das ist wirklich gut!
That's all for today. You can go.	Das ist alles für heute. Ihr könnt gehen.

Diese Arbeitsanweisungen findest du häufig im Schülerbuch

Act the dialogue / the scenes for the class.	Spiel(t) den Dialog / die Szenen vor der Klasse.
Add your own questions / ideas.	Füge deine eigenen Fragen / Ideen hinzu.
Agree on three rules.	Einigt euch auf drei Regeln.
Ask questions. / Ask different partners.	Stelle Fragen. / Frage verschiedene Partner.
Answer the questions (about the story).	Beantworte die Fragen (über die Geschichte.)
... as many as you can.	... so viele wie du kannst.
Before you listen / read / ...	Bevor du hörst / liest / ...
Check in the dictionary.	Schlage im Wörterbuch nach.
Choose a picture / the right answer.	Wähle ein Bild / die richtige Antwort aus.
Collect more examples.	Sammle weitere Beispiele.
Compare with a partner.	Vergleiche mit einem Partner / einer Partnerin.
Complete the questions / the rules / the sentences.	Vervollständige die Fragen / die Regeln / die Sätze.
Copy and complete the table.	Schreibe die Tabelle ab und vervollständige es.
Correct the sentences / the mistakes.	Berichtige die Sätze / die Fehler.
Decide on an answer / a meaning.	Entscheide dich für eine Antwort / Bedeutung.
Discuss your ideas in a group.	Besprecht eure Ideen in einer Gruppe.
Draw a picture of your idea.	Zeichne ein Bild von deiner Idee.
Fill in the table / the answers.	Fülle die Tabelle aus. / Trage die Antworten ein.
Find the answers / the mistakes / the rules.	Finde die Antworten / die Fehler / die Regeln.
Find a caption for each photo.	Finde eine Überschrift für jedes Foto.
Finish the sentences.	Beende die Sätze.
Go to page 25 / to bus stop A/B/C/D.	Gehe zu Seite 25 / zur Haltestelle A/B/C/D.
Imagine you are ...	Stell dir vor, du bist ...
Listen and check / repeat / write.	Hör zu und überprüfe / wiederhole / schreibe auf.
Look at the brochure / photos / pictures.	Sieh dir die Broschüre / Fotos / Bilder an.
Make a dialogue / a table / a list / notes etc.	Fertige einen Dialog / eine Tabelle / eine Liste / Notizen an.
Make groups.	Bildet Gruppen.
Match the sentences / captions with the pictures.	Ordne die Sätze / Überschriften den Bildern zu.
Pick a card / words from the box.	Nimm eine Karte / Wörter aus dem Kasten.
Practise with a partner.	Übe mit einem Partner / einer Partnerin.
Put the sentences in the right order.	Bringe die Sätze in die richtige Reihenfolge.
Put the posters / letters on the wall.	Hängt die Poster / Briefe an der Wand auf.
Read the text / story / instructions.	Lies den Text / die Geschichte / die Anweisungen.
Right or wrong? / True or false?	Richtig oder falsch?
Scan the poster / the image / the text.	Überfliege das Poster / das Bild / den Text.
Sing along with the song / the chorus / the verse.	Singe das Lied / den Refrain / die Strophe mit.
Swap partners / roles.	Tausch(t) den Partner / die Partnerin / die Rollen.
Take notes.	Mache Notizen.
Talk about ...	Sprich über ...
Talk to different partners.	Sprich mit verschiedenen Partnern / Partnerinnen.
Tell the class.	Erzähle das der Klasse.
Think about the questions.	Denke über die Fragen nach.
Think of more examples.	Denke dir mehr Beispiele aus.
Tick your list.	Hake deine Liste ab.
Use your notes / table.	Benutze deine Notizen / Tabelle.
Walk around.	Gehe herum.
Watch the film and check your answers.	Schaue den Film an und überprüfe deine Antworten.
Write a dialogue / sentences about you.	Schreibe einen Dialog / Sätze über dich.
Work in groups / on your own / with a partner.	Arbeite(t) in Gruppen / allein / mit einem Partner.
You can put it in your DOSSIER.	Du kannst es in deinem Dossier abheften.

infinitive	simple past	past participle	
be	*I/he/she/it* **was**; *you/we/you/they* **were**	**been**	sein
bite [aɪ]	**bit** [ɪ]	**bitten** [ɪ]	beißen
bring	**brought**	**brought**	bringen, mitbringen
buy	**bought**	**bought**	kaufen
come	**came**	**come**	kommen
cut	**cut**	**cut**	schneiden; *(Rasen)* mähen
do	**did**	**done** [ʌ]	tun, machen
drink	**drank**	**drunk**	trinken
drive [aɪ]	**drove**	**driven** [ɪ]	*(mit dem Auto)* fahren
eat	**ate** [et, eɪt]	**eaten**	essen
fall	**fell**	**fallen**	fallen, hinfallen
feed	**fed**	**fed**	füttern
feel	**felt**	**felt**	fühlen; sich fühlen
find	**found**	**found**	finden
forget	**forgot**	**forgotten**	vergessen
get	**got**	**got**	bekommen; holen, besorgen; werden; gelangen, (hin)kommen
give	**gave**	**given**	geben
go	**went**	**gone** [ɒ]	gehen
grow	**grew**	**grown**	wachsen
have	**had**	**had**	haben
hear [ɪə]	**heard** [ɜː]	**heard** [ɜː]	hören
hide [aɪ]	**hid** [ɪ]	**hidden** [ɪ]	verstecken; sich verstecken
hurt	**hurt**	**hurt**	verletzen; wehtun
know [nəʊ]	**knew** [njuː]	**known** [nəʊn]	wissen; kennen
leave	**left**	**left**	abfahren; (weg)gehen; zurücklassen
lose [uː]	**lost** [ɒ]	**lost** [ɒ]	verlieren
make	**made**	**made**	machen
meet	**met**	**met**	treffen; sich treffen; kennenlernen
put	**put**	**put**	*(etwas wohin)* tun, legen, stellen
read [iː]	**read** [e]	**read** [e]	lesen
ride [aɪ]	**rode**	**ridden** [ɪ]	reiten; *(Rad)* fahren
ring	**rang**	**rung**	läuten, klingeln
run	**ran**	**run**	rennen, laufen
say [eɪ]	**said** [e]	**said** [e]	sagen
see	**saw**	**seen**	sehen
send	**sent**	**sent**	schicken, senden
set the table	**set**	**set**	den Tisch decken
show	**showed**	**shown**	zeigen
shut up	**shut**	**shut**	den Mund halten
sing	**sang**	**sung**	singen
sit	**sat**	**sat**	sitzen
sleep	**slept**	**slept**	schlafen
speak	**spoke**	**spoken**	sprechen
spend	**spent**	**spent**	ausgeben *(Geld)*; verbringen *(Zeit)*
swim	**swam**	**swum**	schwimmen
take	**took**	**taken**	nehmen; mitnehmen
tell	**told**	**told**	erzählen, berichten
think	**thought**	**thought**	denken
understand	**understood**	**understood**	verstehen
wake	**woke**	**woken**	wecken
wear [eə]	**wore** [ɔː]	**worn** [ɔː]	tragen, anhaben *(Kleidung)*
win	**won** [ʌ]	**won** [ʌ]	gewinnen
write	**wrote**	**written**	schreiben

QUELLENVERZEICHNIS

Illustrationen: **Stefan Bachmann**, Wiesbaden (S. 16 unten; S. 24 unten; S. 36; S. 45; S. 56 Bild 1-6 (u. S. 141 Bild 1-6); S. 65; S. 80 (u. 149); S. 85; S. 94; S. 96 unten; S. 100; S. 101; S. 140); **Roland Beier**, Berlin (U2 icon Ireland castle); **Carlos Borrell**, Berlin (U2 The British Isles (u. S. 200), U3 Europe); **Beehive Illustration**, Cirencester (**Seb Camagajevac0**: S. 28/29; S. 89 The Hairy Hands; S. 92; **Pete Smith**: S. 168-171); **Cornelsen Archiv**, Berlin (S. 192: Bensmann); **Franz-Josef Domke**, Hannover (S. 175); **Christian Görke**, Berlin (S. 108/109 map); **Jeongsook Lee**, Heidelberg (U2 alle Icons außer Ireland castle; S. 42; S. 46; S. 53; S. 63; S. 82; S. 103 use litter bin icon (M), swim between flags icon (M); S. 104; S. 106; S. 114 Mayflower; S. 126; S. 138; S. 152; S. 172; S. 185; S. 189 oben; S. 195; S. 196; S. 197; S. 201; S. 202; S. 203; S. 205; S. 206; S. 207; S. 208 bus stop/traffic lights; S. 209; S. 210; S. 211; S. 212; S. 213; S. 214; S 215 ice hockey; S. 218 lunch box; S. 219; S. 221 unten; S. 222; S. 223; S. 224; S. 226; S. 228; S. 229; S. 268); **David Norman**, Meerbusch (S. 4; S. 5; S. 6 oben re., unten; S. 19 oben; S. 21; S. 24 oben, Mitte (u. 133); S. 30; S. 31; S. 32; S. 37; S. 38; S. 39; S. 44; S. 52; S. 57; S. 58; S. 59 (u. 142); S. 64 unten (u. 144); S. 74; S. 77; S. 78; S. 79 oben; S. 97; S. 98; S. 99; S. 112; S. 113 (u. 187); S. 115 unten; S. 116; S. 117; S. 120; S. 122 unten Bild 1-4; S. 124; S. 125; S. 131; S. 147; S. 173); **Elwood H. Smith**, Rhinebeck, NY (S. 14; S. 16 oben; S. 26; S. 34; S. 55; S. 64 oben; S. 68; S. 122 oben; S. 130; S. 141 Cyril; S. 178; S. 179; S. 182; S. 183; S. 184; S. 186)

Bildquellen: **akg-images**, Berlin (S. 108 Bild C: Sotheby's; S. 109 Bild D re.); **Alamy**, Abingdon (S. 6 oben (M): David Entrican, unten: Imagestate Media Partners Limited - Impact Photos; S. 8 Bild 1: David Wall, Bild 4: ACE STOCK LIMITED, unten: Glowimages RM; S. 9 Bild 2 Wembley (M): Jon Arnold Images Ltd, Bild 3: Neil Cooper; S. 12 cricket club: Keven Osborne, cooking club: MBI/Stockbroker, adventure club: Paul Thompson Images/Chris Ballentine; S. 13 oben: Cultura Creative/Ashley Jouhar; S. 14 Bild B: Tony Cordoza; S. 22 Bild 6 li.: Photofusion Picture Library/Paul Baldesare, re.: Catchlight Visual Services/Denise Hager; S. 27 Spain: Sola/parasola.net; S. 33 Morgan: Radius Images; S. 34 oben re.: Stephen Kelly, unten: DBURKE; S. 35 Bild 1: Megapress; S. 37: Linda Kennedy; S. 40 Bild F: Barry Mason, Bild G: Image Source; S. 48 Bild C: Bubbles Photolibrary, Bild E: Corbis Flirt/Roy Morsch; S. 49 Bild G: Simon Grosset, Bild I li.: Photo Alto/Laurence Mouton, Bild J: Fancy/Auslöser; S. 50 unten: brt PHOTO; S. 53 girl (M): Sergey Novikov; S. 54 Theatre Royal: Colin Palmer Photography; S. 60 unten Bild B, C: Corbis RF/Roy McMahon; S. 69 C: Imagebroker/Niehoff; S. 71 Bild 3 popcorn: studiomode; S. 88 oben Dartmoor (M): David Entrican, mud running: james cheadle; S. 89 book: The Protected Art Archive, sheep warning sign: Susanna Bennett; S. 96 Bild A: Darren Galpin, Bild B: nobleIMAGES, Bild C: Alan Orr; S. 97 stone circle: Adam Burton, old bridge: Dave Porter, standing stone: Nick Bodle, stone cross: Jane Hallin; S. 100 oben: Alvey & Towers Picture Library, Mitte: Kumar Sriskandan; S. 109 Bild D li. (u. 200): Ivy Close Images; S. 111 Bild C: Silverport Pictures; S. 112: DAVID NEWHAM; S. 115 oben re.: Imagestate Media Partners Limited - Impact Photos; S. 118 Mitte re.: Mary Evans Picture Library; S. 119 oben li.: Neil McAllister; S. 121 Bild 2: Neil Cooper; S. 159 baker's: Art Kowalsky, bank: Incamerastock/ICP; youth centre: Wildscape/Jason Smalley, fast food stand: Peter Alvey; S. 160 street festival: Chris Laurens, lots of stalls: Sunpix Travel, tombola: Kevin Britland, shooting gallery: Bernd Tschakert; S. 166 Bild 1: INTERFOTO/Personalities, Bild 3: Portrait Essentials; S. 167 Bild 7: Archie Miles, Bild 8: Julia Gavin; S. 173 dog: John Eccles; S. 176 Pilgrims getting on board: Classic Image, unten li. u. re.: North Wind Archives; S. 177 Mitte: World History Archive; S. 189 unten: Myrleen Pearson); **Bildagentur-online**, Burgkunstadt (S. 45: Tips-Images (M)); **Bridgeman Art Library**, Berlin (S. 89: The Highwayman, Eyles, Derek Charles (1902-74) / Private Collection / © Look and Learn); S. 109 Bild E: Unidentified Roman legions invade Britain, Biffignandi, Alessandro (b.1935) / Private Collection / © Look and Learn; S. 166 Bild 2: King James I, English School, (19th century) / Private Collection / © Look and Learn; S. 167 Bild 5: Guy Fawkes, from 'Peeps into the Past', published c.1900 (colour litho), Trelleek (fl.c.1900) / Private Collection / The Stapleton Collection; S. 177 oben: The Wonderful Story of Britain: Smugglers and Wreckers, Jackson, Peter (1922-2003) / Private Collection / © Look and Learn, unten: Typical London Street Scene in Roman Times (gouache on paper), Nicolle, Pat (Patrick) (1907-95) / Private Collection); **Trevor Burrows Photography**, Plymouth (S. 4; S. 5; S. 9 Bild 1 Ellie (M), Bild A-D, unten Ellie (M), unten Berry (M); S. 10 oben; S. 11 Mitte; S. 14 Bild A; S. 17 Bild 1, 2; S. 18; S. 22 Bild 1, 2, 7, 9; S. 30 Bild 2-8, unten; S. 32; S. 34 Mitte; S. 40 unten li.; S. 51; S. 61 re.; S. 66 oben; S. 70 Bild A-C; S. 72; S. 73 oben; S. 75 oben; S. 90 oben classroom (M); S. 107 step 1-6; S. 110; S. 120 (u. S. 157 oben); S. 180 oben; S. 181 Luca, Ellie; S. 182 oben re.; S. 183; S. 184; S. 186 oben, Ellie, Adam; S. 187); **Cornelsen Archiv**, Berlin (S. 9 Bild 2 souvernirs (M): Bensmann; S. 20 li.: Bensmann; S. 23 oben film reel kids (u. 43 u. 63 u. 83 u. 103 u. 121), Bild A, B, Plymkids sign; S. 43 unten signs; S. 60 Bild D: Bensmann; S. 63; S. 83; S. 103 Part 1, 2, 3, Bilbo; S. 103 stamp: Grabowski, S. 111 Bild B: Bensmann; S. 116 oben: Bensmann; S. 121 Crabby, Ruan: Leibowitz; S. 121 captain, Morwenna; S. 138; S. 143; S. 153: Bensmann; S. 157 unten; S. 175 Bild 1-4: Bensmann); **Dartmoor National Park Authority**, Newton Abbot (S. 6 oben li. (u. 88 u. 89) (M) Ranger Ralph © Dartmoor National Park Authority); **ddp images**, Hamburg (S. 176 Standfoto, round table); **Eggbuckland Community College**, Plymouth (S. 172); **Fotolia.com** (S. 60 oben Bild B: Kerioak; S. 62 music shows: pressmaster; S. 85 Bild 3: Kaarsten; S. 88 unten re.: Jacek Chabraszewski; S. 160 theme park: Cammy, sugared almonds: sep111, waffle: christian-colista; S. 227 oben: ioannis kounadeas); **Getty Images**, München (S. 8 Bild 2: Lifesize/Darrin Klimek, Bild 3: The Image Bank/Ghislain & Marie David de Lossy; S. 12 science club: Fuse; S. 48 Bild A: Photonica/Michelle Pedone; S. 54 bowling: Iconica/John Giustina; S. 85 Bild 6: Photodisc/Tom Le Goff; S. 108 Bild B: The Bridgeman Art Library/Peter Jackson; S. 111 Bild A: Blom UK; S. 114 unten re.: Hulton Archive; S. 119 oben re.: Hulton Archive/Epics; S. 161 Meals unten li.: Comstock Images/ Jupiterimages); **iStockphoto.com** (S. 22 Bild 4 oben: Julia Nicols, Bild 5: clu; S. 35 Bild 4: SteveStone; S. 48 Bild B: Aldo Murillo, Bild F: Jani Bryson; S. 54 pitch and putt: Haven, tiger: kritian sekulic; S. 60 oben Bild A: Pamela Moore, unten Bild A: RTimages; S. 62 news: R Timages; S. 71 Bild 2: Picsfive, Bild 4: Daniel Bendjy; S. 73 unten li.: SimplyCreativePhotography, Bild 1-3: Jason Lugo; S. 79 burger: Alexandr Mitiuc; S. 84 Bild 3: Ariene; S. 85 Bild 1: Jacek Chabraszewski; S. 86 Bild 4: Elena Elisseeva; S. 87 oben li.: Rosemary Buffoni, egg: Maks Narodenko, spoon: Milena Vuckovic, egg race: drewsent; S. 89 unten: Jani Bryson; S. 90 unten kids looking: Anna Zieli ska, canoeing: Ana Abejon; S. 91 suncream: onur kocamaz, computer game oben u. unten: pagadesign; S. 93 first-aid kit: Alena Brozova, unten: Kemter; S. 102 unten: Christopher Futcher; S. 114 oben: hardcoreboy, mobile: Maxim Kazmin; S. 118 oben (u. 119): Andrew Howe; S. 121 Bild 1: Matthew Stansfield; S. 161 Meals oben: Ethan Myerson, Cleaning oben u. Mitte: Ethan Myerson, unten: Juanmonino, Clothes unten re.: David H. Lewis, Other unten: Reuben Schulz; S. 162 fried potatoes: JackJelly; S. 174 Bild A: Tomas Anderson, Bild C: Lya_Cattel, Bild D: Robert Hoetink; S. 182 Mitte: SergiyN; S. 193 oben: cisale; S. 194 desk: tanika84, envelopes: Miroslaw Pieprzyk; S. 200 sword: emyerson; S. 203: Orchidpoet; S. 218 Mitte li.: Joe Gough; S. 229: majana); **Alan Pewsey**, Bovey Tracey, UK (S. 101 rescue team); **Photofusion Picture Library**, London (S. 33 RSPCA officer: John Birdsall); **Picture Alliance**, Frankfurt/Main (S. 62 cartoons, comedy shows: landov; S. 108 Bild A: imagestate/HIP; S. 114 unten li.: imagesstate/HIP; S. 118 Mitte li.: Mary Evans Picture Library); **Kevin Saunders**, Southhampton, UK (S. 101 rescue dog); **Thomas Schulz**, Teupitz (S. 10 unten; S. 15; S. 20 re.; S. 41; S. 54 oben; S. 61 li. boy pointing (M); S. 66 Mitte, unten; S. 67 oben; S. 69 Bild 1-5; S. 75 unten classroom; S. 123; S. 146); **Shutterstock.com** (S. 8 Bild 5: oliveromg, background planet: Kateryna Larina; S. 9 Bild 1 phone (M): hfng, Bild 1 beach (M): Anton Gvozdikov, Bild 3 ticket: Renata Novackova; S. 11 oben smileys: More Trendy Design here, unten unhappy smiley (u. 27 u. 47 u. 67 u. 87 u.

107): Dawn Hudson, unten happy smiley (u. 27 u. 47 u. 67 u. 87 u. 107): In-Finity; S. 12 drama club: Tracy Whiteside; S. 13 unten cooking club: BooHoo; S. 14 Bild C: Andy Dean Photography, Bild D: UrosK; S. 17 unten li.: cobalt88, re.: Oleksiy Mark; S. 19 unten: antoshkaforever; S. 22 Bild 3: jocic, Bild 4 unten: Dario Sabljak, Bild 8: Catalin Petolea; S. 23 theatre masks (u. 117): Alhovik; S. 25 photo club: Booka, pony club oben re.: hippopotamus, Fahrrad-AG: notkoo, Musikklub: notkoo; S. 30 Bild 1 fireworks: RTimages; S. 31: Lerche&Johnson; S. 33 Honey: Micimakin, Sheeba: Sergej Razvodovskij, Tim/Tilly: Hanna Hoychuk; S. 34 oben li.: karam Miri; S. 35 Bild 2 (u. 135): val lawless, Bild 3: Gerald Bernard; S. 40 Bild A: Pontus Edenberg, Bild B: Fotolistic, Bild C: selfnouveau, Bild E: jeff gynane, unten re.: rSnapshotPhotos; S. 43 apples: pick, water: Ilya Andriyanov, toilet rolls: Alfonso de Tomas; S. 45 Bild A: photofriday, Bild B: Paul Orr, Bild C: Evgeny Karandaev, Bild D: Yuri Samsonov, Bild E: Evgeny Karandaev, Bild F: Picsfive, Bild G: Xebeche; S. 46 Hintergrund: Bocman1973 (M); S. 47 oben li.: Lorelyn Medina, oben Mitte: HitToon.Com, oben re.: Sarah Harland; S. 48 Bild D: Nagel Photography; S. 49 Bild H: Nativa, Bild I re.: oliveromg, Bild K: Monkey Business Images, Bild L: MAErtek; S. 50 Hey! logo: Sunna_ann, help button: valdis torms, question mark: Kancho Kostov, exclamation mark: AirOne; S. 53 boy (M): sheff; S. 54 Days out 4 teens cartoon kids: Alena Kozlova, Days out 4 teens sun: Klara Viskova, Central Park icon: IR Stone, Dartmoor zoo monkey icon: Zuura, Theatre Royal mask icon: Neda; S. 56 Bild A (M): sbego; S. 60 oben Bild C: Konstantin Chushcha, Bild E: ultrapro; S. 61 li. boy swimming (M): John Wollwerth; S. 62 films: Morgan Lane Photography, sports shows: Dmitriy Shironosov, crime series: Lisa F. Young, documentaries: Alexander Chaikin, soaps: StockLite, reality shows: Yuri Arcurs; S. 68 Nr. 6 Bild A: Kinga, Nr. 6 Bild B: Dmitry Kalinovsky, Nr. 6 Bild C: Pinkcandy, Nr. 9 Bild A: Andrey Shtanko, Nr. 9 Bild B: Jiri Hera, Nr. 6 Bild C: ElenaGaak; S. 69 A: Fotokostic, B: pav197lin; S. 70 Bild D chips (M): Peter Polak, donut (M): Lucie Lang; S. 71 food doctor: holbox, Bild 1: restyler, Bild 3 peanuts: Allison Herreid, Bild 5: Oleksiy Mark, Bild 6: Lars777, Bild 7: matka_Wariatka; S. 79 bicyclist: sabri deniz kizil, fruit: Marie Nimrichterova, TV: Oculo; S. 81 oben: Elena Elisseeva, Mitte: sianc, unten: holbox; S. 84 oben: Duettographics, Bild 1 milk (M): EuToch, Bild 1 bread (M: White78, Bild 2: Milan Vasicek, Bild 4: Venus Angel, Bild 5: olmarmar, Bild 6: Tomislav Pinter; S. 86 Bild 2: swissmacky, Bild 5: manaemedia; S. 86 hat: niky, football, wash hands: mhlam, sneeze: solgas; S. 88 Mitte li.: Alexandra Lande, Mitte re.: maga, unten li.: Picsfive; S. 89 sheep: Putut, ponies: DavidYoung, badger: Sue Robinson, owl: David Davis, fox: Arthur van der Kooij; S. 90 oben map (M): Creative Jen Designs, unten mountain: Daniel Gale, unten looking at map: Anatoliy Samara; S. 91 mobile: Oleksiy Mark, pyjamas: Dario Sabljak, trainers: Arkady, tent: Veniamin Kraskov, sunglasses: Hein Nouwens, green camera: taelove7, e-reader: Robnroll, boots: forest badger, hairdryer: Nordling, sleeping bag: Mark Herreid, rucksack: f9photos, rain gear: John Kasawa, jeans: Oleksii Sagitov, football: irin-k, blue camera: Chiyacat, crisps: Jiri Hera; S. 93 rucksack: Lipsky, boots: Steve Cukrov, water: Mariyana Misaleva, nuts: Alexey Chernitevich, chocolate: bogdan ionescu, map: HomeStudio, compass: Ragnarock, whistle: veter67, plastic bag: Stanislav V., mobile: irin-k; S. 96 Bild D: jennyt, weather icons: Ziven, temperature gauges: -Albachiaraa-; S. 97 cottage: kevin wise, tor: DavidYoung; S. 102 oben li.: Patrick Wang, oben re.: Barone Firenze; S. 103 no fire, no camping icons (M): Ziablik; S. 105 map of Britain (M) (u. 174), map of Germany (M): skvoor; sun, clouds (M): Ziven, windsock, temperature gauges (M): Bastetamon; S. 116 Mitte: Daniel Gale, unten: Samot; S. 118 unten (u. 119): bellenixe; S. 119 Queen Elizabeth: Georgios Kollidas, Golden Hind: AISPIX by Images Source; S. 121 Bild 3: T & S STEVENSON, Bild 4: Samot, Bild 5: ian woolcok; S. 127: Goodluz, S. 159 tram stop: Jurand, chemist's: Dmitry Kalinovsky, dry cleaner's: mangostock, butcher's: Tyler Olsen, petrol station: Gary James Calder, children's playground: Againstar, library: Stephen Coburn, train station: WH Chow, hotel: Kzenon, sports ground: imging; S. 160 funfair: Kenneth Sponsler, Christmas market: Jan S., merry-go-round: pryzmat, roller coaster: James M Phelps Jr,, big wheel: Ewan Chesser, bumper car: wrangler, ghost train: Jacqueline Abromeit, mime artist: Vacclav, raffle ticket: Stephen Aaron Rees, cuddly toy: monticello, toffee apple: Quanthem, gingerbread heart: Peter Zurek, candyfloss: yvart; S. 161 Meals unten re.: Monkey Business Images, Clothes oben: Monkey Business Images, unten li.: Dirk van der Walt, Other oben: Goodluz, Mitte: gorillaimages; S. 162 plums: Nitr, grapes: Imageman, bananas: urfin, pears: Aleksandr Bryliaev, tangerines: Sergio33, cherries: Coffeemill, strawberries: Evgeny Karandaev, melon und peaches: Viktar Malyshchyts, cauliflower: Madlen, cucumber: Elenamiv, sweetcorn: SOMMAI, tomatoes: loflo69, peppers: Ruslan Anatolevich Kuzmenkov, broccoli: yamix, peas: Photocrea, beans: Valenyn Volkov, mushrooms: Yasonya, grilled steak: Dan Peretz, ham: Sundebo, fish fingers: Magone, lamb chops: Robyn Mackenzie, meatballs: Kesu, mineral water: monticello, cola: Evgeny Karandaev, iced tea: Blue Lemon Photo, butter: Multiart, cheese: Galayko Sergey, fruit yogurt: Denis Tabler, boiled eggs: Peter zijlstra, scrambled eggs: Nitr, fried eggs: artproem, mashed potatoes: Victor1, rolls: Semjonow Juri, rice: Norman Chan, cereals: Gtranquility, pasta: Noraluca013, chocolate bar: Hein Nouwens, trail mix: Michael C. Gray; S. 163 broken arm: creestee, cough: Juriah Mosin, ear ache: John Wollwerth, toothache: c.byatt-norman, sore neck: Four Oaks, sore shoulder: sixninepixels, dry: David Aleksandrowicz, sticky: Rob Hainer, stormy: photobank.kiv.ua, icy: Wendy Nero, frosty: Cattallina, hail: HABRDA, rain showers: Alina G, tornado: Todd Shoemake, tsunami: Christian Vinces, sunshine: york, lightning: szpeti, flooding: paintings; S. 166/167 flames: Hefr; S. 166 Bild 4: Nella; S. 167 Bild 6: Philip Lange; S. 173 detective: Richard Peterson, gun: Neamov, hat: Gnilenkov Aleksey, telephone: Losevsky Photo and Video, car: Perry Correll, Baskerville Hall: Patryk Kosmider; S. 174 Bild B: Inc, weather icons: Involved Channel; S. 176 newspaper (M): Iwona Grodzka, notebook paper (M): vovan; S. 180 flags (u. 181 u. 186): Christopher Poliquin, unten: Olena Kryzhanovska; S. 189 elephant: Talvi, monkey, bear, sheep, cow, cat: Eric Isselée, guinea pig: vovan, hen: s_oleg, rabbit: Stefan Petru Andronache, sun: pio3, football: David Spieth, sunny, rainy: Thomas Amby, friendly, unfriendly: Azuzl; S. 190 oben: Mona Makela, oben question mark, light bulb: i359702, unten question mark (u. 198), exclamation mark (u. 198): Yayayoyo; S. 191: schwarzhana; S. 193 unten: nito; S. 198 oben: i359702, Mitte: AnetaPics; S. 199 oben: Flashon Studio, unten: foaloce; S. 200 Merlin: Mike Heywood; S. 201 card (M): photastic; S. 206 Mitte: mdd, unten: Olga Sapegina; S. 208 oben: ClintLovell; S. 208 unten li.: Miguel Angel Salinas Salinas, unten re.: Petr Vaclavek; S. 210 oben: Cristian Gusa, unten: Julian Rovagnati; S. 211 oben: Verkhovynets Taras, pockets: urfin, bags: Africa Studio; S. 214 gloves: Grandpa, boots: forest badger; S. 215 clown: africa924; S. 215 deal: bioraven, toy train: ayzek; S. 216: Vladimir V. Georgievskiy; S. 218 oben: Sergieiev, Mitte re.: Tatyana Vishnyakova, unten: Jiri Hera; S. 219 li.: Cupertino10, re.: Yuri Arcurs; S. 221 oben: Yulia Glam; S. 223 whistle: optimarc; S. 225: Inc; S. 226 oben: Stefan Ataman; S. 226 Mitte: Anton Balazh; S. 227 unten: MagSpace; S. 230: Peter Zaharov; S. 266: Laurie Barr; S. 267: HitToon.Com)

Titelbild: Trevor Burrows Photography, Plymouth

Liedquellen: S. 19 *You've got a friend in me* by Randy Newman. Walt Disney Music Company (ASCAP). All rights administered by Warner/Chappell Music GmbH & Co KG; S. 53 *Cooler than me*. Holljes, Eric Richard/Posner Mike. Eric Holljes Music/ North Greenway Productions/Sony-ATV Tunes LLC. Neue Welt Musikverlag GmbH, Hamburg. Sony/ATV Music Publishing (Germany) GmbH, Berlin.

Textquelle: S. 164-165 Abridged and adapted from *The Brilliant World of Tom Gates* by Liz Pichon. Scholastic Children's Books, London, 2011. © Liz Pichon.